文化的重要作用

价值观如何影响人类进步

［美］塞缪尔·亨廷顿
劳伦斯·哈里森 ◎主编

CULTURE MATTERS

HOW VALUES SHAPE HUMAN PROGRESS

新 华 出 版 社

图书在版编目（CIP）数据

文化的重要作用：价值观如何影响人类进步（再版）
（美）亨廷顿，哈里森主编；程克雄译，—2版
北京：新华出版社，2018.4
书名原文：Culture Matters：How Values Shape Human Progress
ISBN 978—7—5166—3958—0
Ⅰ.①文… Ⅱ.①亨…②哈…③程… Ⅲ.①文化人类学—研究 Ⅳ.①C912.4
中国版本图书馆 CIP 数据核字（2018）第060453号
著作权合同登记号：图字：01—2009—6749号

文化的重要作用——价值观如何影响人类进步
主　　编：（美）塞缪尔·亨廷顿　劳伦斯·哈里森

责任编辑：唐波勇　　**封面设计**：臻美书装
责任印制：廖成华

出版发行：新华出版社
地　　址：北京石景山区京原路8号　　**邮　　编**：100040
网　　址：http：//www.xinhuapub.com
经　　销：新华书店
购书热线：010—63077122　　**中国新闻书店购书热线**：010—63072012

照　　排：新华出版社照排中心　　**印　　刷**：三河市君旺印务有限公司

成品尺寸：148mm×210mm
印　　张：17　　**字　　数**：380千字
版　　次：2018年6月第2版　　**印　　次**：2018年6月第1次印刷

书　　号：ISBN 978—7—5166—3958—0
定　　价：68.00元

图书如有印装问题，请与出版社联系调换：010—63077101

目 录

第一部分 文化与经济发展

第二部分　文化与政治发展

第三部分　人类学家的辩论

第四部分　文化与性别

第五部分　文化与美国少数民族

第六部分　亚洲危机

第七部分　促进变革

前　言

文化的作用

塞缪尔·亨廷顿

20世纪90年代初，我碰巧浏览了加纳和韩国在20世纪60年代初的经济统计数据，惊讶地发现两国当时的经济水平何其相似：它们的人均国民生产总值大致相等。在经济构成方面，初级产品、制造业和服务业所占的比例彼此相近；绝大部分的出口是初级产品，韩国当时仅生产为数不多的若干工业制成品。它们接受的经济援助水平也差不多相等。30年后，韩国成了一个工业巨人，经济名列世界第14位，拥有一些跨国公司，大量出口汽车、电子设备及其他高级制成品，人均收入接近希腊的水平。此外，它在巩固民主体制方面也取得长足进展。加纳却没有发生这样的变化，它的人均国民生产总值仅相当于韩国的1/14。发展快慢相差如此悬殊，能作何解释呢？无疑，这当中有多种因素，然而在我看来，文化应是一重要原因。韩国人珍视节俭、投资、勤奋、教育、组织和纪律。加纳人的价值观则有所不同。简而言之，文化在起作用。

另一些学者在90年代初也得出同样的结论。这反映出一个重大的事态发展，即社会科学界重新对文化大感兴趣。早先，在40年代和50年代，曾有不少学者重视文化因素，从文化的角度理解各种社会，分析它们之间的差别，解释它们的经济和政治发展状况。当时有关的学者包括玛格丽特·米德、鲁思·本尼迪克特、戴维·麦克莱兰、爱德华·班菲尔德、亚历克斯·英克尔斯、加布里埃尔·阿尔蒙德、西德尼·维尔巴、卢西恩·派伊和西摩·马丁·利普塞特等人。这批学者著述甚丰。然而，在其后的60年代和70年代，学界对文化的研究一度显著减少。到了80年代，对文化这一变量的兴趣开始回升。此时，最引人注目和最有争议的一部早期著作，是劳伦斯·哈里森——一位前美国国际开发署官员——撰写的《不发达是一种心态：拉丁美洲案例》，1985年由哈佛国际事务研究中心出版。此书以彼此对应的个案研究表明，在多数拉美国家，文化成为发展的一大障碍。哈里森的分析引起了经济学界、欧美拉美问题专家和拉美知识分子的一场抗议风暴。可是，几年之后，这几个方面的人士大都开始看到他的论断有道理。

这时，社会科学界越来越多的学者把目光转向文化因素，用它解释各国的现代化、政治民主化、军事战略、种族和民族群体的行为以及国与国之间的联合与对抗。为本书撰文的学者当中，多数人都在这一文化复兴中起了重要作用。他们取得了成就，而引起的反应之一是出现了贬低文化作用的反动向，它象征性地和明显地表现在《经济学家》周刊1996年12月刊载的一篇文章里，这篇文章以高度怀疑的态度评论了弗朗西斯·福山、劳伦斯·哈里森、罗伯特·卡普兰、西摩·马丁·利普塞特、罗伯特·普特兰、托马斯·索厄尔以及鄙人的近著。就这样，在学术界展开了一场论战，一方认为文化是影响社会、政治和经济行为的一个重要的但不是唯一的因素，另一方则坚持一些普遍适用的解释。例如有些经济学家认为物质上的自我利益是决定因素，有些政治学家主张“理性选择”论，有些国际关系学者主张新现实主义。读者会发现本书中也包含若干此类观点，因为本书有意要收纳与书名主旨不同的意见。

关于文化在人世间的地位，最明智的说法或许就是丹尼尔·帕特里克·莫伊尼汉的两句话：“保守地说，真理的中心在于，对一个社会的成功起决定作用是文化，而不是政治。开明地说，真理的中心在于，政治可以改变文化，使文化免于沉沦。”为了探讨莫伊尼汉所说的这两条真理的正确，哈佛国际与地区问题学会在劳伦斯·哈里森的主持下，组织了这一研究课题，本书即是主要的但并非唯一的研究成果。要回答的问题是：文化因素对经济和政治发展能影响到何种程度？如果确有影响，又该如何消除或改变文化对于经济和政治发展的障碍，以促进社会进步？

为回答这些问题，首先有必要界定我们所讨论的名词的含义。本书副题中的“人类进步”是指走向经济发展和物质福利、社会—经济公正及政治民主。而“文化”一词，在不同的学科中和不同的背景之下，自然有着多重的含义。它常常用来指一个社会的知识、音乐、艺术和文学成品，即社会的“高文化”。有些人类学家，尤其是克利福德·格尔茨，强调文化具有“深厚意蕴”，用它来指一个社会的全部生活方式，包括它的价值观、习俗、象征、体制及人际关系，等等。然而，在本书中，我们关心的是文化如何影响社会发展；文化若是无所不包，就什么也说明不了。因此，我们是从纯主观的角度界定文化的含义，它指的是一个社会中的价值观、态度、信念、取向以及人们普遍持有的见解。

本书所探讨的，是这种主观意义上的文化如何影响到各个社会在经济发展和政治民主化方面取得进步或未能取得进步，其成败有多大，又是怎样形成的。因此，多数论文是将文化聚焦为一个独立的或说明性的变量，即自变量。然而，如果说文化因素确实影响人类进步，有时又阻碍这一进步，那么，我们也就关心作为一个非独立因素即因变量的文化，这就是探讨莫伊尼汉指出的第二个真理：政治行为或其他行为如何能改变或消除文化对于进步的障碍？我们知道，经济发展会使文化改变，但这一道理无助于我们达到上述目的，即消除文化对于经济发展的障碍。社会经受重大创伤之后也可能相应地改变其文化。德国和日本在第二次世界大战中的灾难经历，使这两个世界上最军国主义的国家变成了两个最和平主义的国家。同样，马里亚诺·格龙多纳在他的文章中指出，阿根廷在20世纪90年代中期正走向经济改革、经济稳定和政治民主，其原因之一就在于它惨痛地经历过粗暴的军事独裁、战争失败以及超高通货膨胀。

这里的关键问题在于，一国的政治领导人能否促进文化变革，以取代灾难。在某些情况下政治领导人可以做到这一点，新加坡即是一例。正如本书中由西摩·马丁·利普塞特和加布里埃尔·萨曼·伦兹合写的一章所强调指出的那样，腐败的程度往往是沿着文化界线而变更。最腐败的国家包括印度尼西亚、俄罗斯以及若干拉美国家和非洲社会。在北欧和前英国殖民地的一些新教社会，腐败程度最低。儒学社会大都居于中间。但有一个儒学社会，即新加坡，却是与丹麦、瑞典、芬兰和新西兰一样，并列为世界上腐败问题最轻的国家。这一反常现象的原因显然就在于李光耀决心使新加坡成为尽可能无腐败的国家，而且成功了。这正是“政治改变了文化，使之免于沉沦”。但是现在的问题是，在李光耀不再当政以后，无腐败的新加坡能保持多久？政治能永远使社会“免于沉沦”吗？政治行为和社会行动如何能使文化变得更有利于进步，这是我们希望在今后的研究中加以探讨的中心问题。

“文化价值观与人类进步”研究课题以及本书首先应归功于劳伦斯·哈里森，是他的想法、毅力和献身精神的成果。他构思了这一课题，列出了要涵盖的题材，延聘了各专题小组的成员，编辑了他们的文稿，并为了做到这一切而筹措了经费。哈佛国际与地区问题学会很高兴地参加这一活动并充当它的主办单位。因为这一活动与该学会的业务直接相关。该学会自从 1986 年成立以来，已经为相当大一批年轻的社会科学工作者提供为期两年的奖学金，让他们把自己在本学科的出色学识与他们对某一个非西方大国或地区的语言、文化、社会状况、体制和政治等方面的专门知识结合起来。该学会的一些学友如今已任教于全国各地的一些著名高等院校。负责该学会工作的，是哈佛大学一些资深学者组成的一个委员会，这些学者都是研究外国问题的一流专家。三年前，该学会决定在原有经验的基础上扩大研究范围，从研究各单个社会和文化，进而研究世界各主要文化和文明之间的同异及相互作用。1997 年，该学会召开了一次学术会议，探讨各主要国家和地区精英对世界政治潮流和理想社会秩序的特点的见解。本书探讨各种不同的文化对经济和政治的影响，可以说是该学会的第二个研究成果。

1992 年，在研究文化与发展二者关系的一部著作中，罗伯特·克利加德提出了一个问题："既然文化如此重要，人们研究文化又已百年有余，为什么我们还没有周全的理论和切实的指导方针，而且没有在研究文化的人及制定、管理发展政策的人之间建立密切的专业的联系？"本书以及我们这些人希望进一步开展的工作的中心目的，正是要逐步建立这样的理论，推敲出这样的指导方针，推动学者与实干家之间的这种联系，从而促使文化状况有利于增进人类社会的进步。

| 绪 论 |

文化为什么重要

劳伦斯·哈里森

在20世纪后半期，世界注意力的焦点由那些遭到第二次世界大战破坏的国家的重建，转到了设法结束非洲、亚洲和拉丁美洲大部分人所忍受的贫穷、愚昧和不公正，至今已近五十年了。当初，西欧马歇尔计划的惊人成功和日本从战败后的瓦砾中迅速复兴，曾引起一片乐观主义。人们认为发展是必然的，特别是在殖民枷锁消失以后。沃尔特·罗斯托1960年出版的那本影响非常大的书《经济增长的舞台》曾预测说，推动人类进步的辩证法是会加速的。

殖民枷锁的确消失了。菲律宾于1946年独立，印度和巴基斯坦独立于1947年。英法两国在奥斯曼帝国崩溃之后对中东实行的托管，在战后不久就取消了。东南亚、非洲和加勒比地区的非殖民化进程，到20世纪60年代末已基本上完成。

约翰·肯尼迪针对古巴革命而发起的争取进步同盟，曾博得一片称赞。人们说，它将再现马歇尔计划的成就，不出十年，拉丁美洲就会朝着不可阻挡的繁荣和民主迈出大步。

可是，当我们走进新世纪的时候，乐观情绪已经被挫折和悲观所代替。少数几个国家和地区——西班牙、葡萄牙、韩国、中国台湾、新加坡及中国香港——沿着罗斯托描述的轨迹跨到第一世界。然而绝大多数国家和地区依然远远落后，在许多国家中，人民的物质状况甚至比半个世纪前并无改善。在当今全球约 60 亿人口当中，生活在发达民主国家的人还不到 10 亿。按照世界银行的分类，超过 40 亿的人生活在“低收入”或“低中收入”的国家。

那些国家的生活质量是可悲的，尤其是在半个世纪的发展援助之后依然如此，就更是令人失望了：[①]

• 23 个国家的成年人有半数或半数以上是文盲。它们多数在非洲，非洲以外的有阿富汗、孟加拉国、尼泊尔、巴基斯坦，还有一个甚至是在西半球——海地。

• 35 个国家的妇女有半数或半数以上是文盲。其中除了上述的 23 国以外，还有阿尔及利亚、埃及、危地马拉、印度、老挝、摩洛哥、尼日利亚、沙特阿拉伯。

• 45 个国家中，人们的预期寿命低于 60 岁。它们大多在非

① The following data are drawn from the World Bank, “Selected World Development Indicators,” *World Development Report* 1998/99 (New York: Oxford University Press, 1999).

洲，此外还有阿富汗、柬埔寨、海地、老挝、巴布亚新几内亚。预期寿命低于50岁的有18个国家，全部在非洲。在塞拉利昂共和国，预期寿命仅为37岁。

·5岁以下儿童死亡率超过100‰的，至少有35个国家，其中多数在非洲，非洲之外的有孟加拉国、玻利维亚、海地、老挝、尼泊尔、巴基斯坦和也门。

·最贫穷国家的人口年增长率高达2.1%，为高收入国家人口年增长率的3倍。一些伊斯兰国家的人口年增长率高得惊人：阿曼为5%，阿拉伯联合酋长国为4.9%，约旦为4.8%，沙特阿拉伯和土库曼斯坦为3.4%。

在向世界银行提供人口收入比例数据的国家中（并不是所有的国家都提供这种数据），贫富最悬殊的是一些较穷的国家，尤其是在拉丁美洲和非洲。在巴西，最富裕的10%人口占总收入的将近48%；肯尼亚、南非和津巴布韦仅略低一点。在智利、哥伦比亚、危地马拉和巴拉圭，最富的10%人口约占总收入的46%；在几内亚比绍、塞内加尔和塞拉利昂共和国约占43%。对比一下发达民主国家的情况：贫富最悬殊的富国之一是美国，那里最富的10%人口占总收入的28.5%。

在非洲、中东和亚洲其余一些国家，民主体制普遍薄弱或者根本阙如。在拉丁美洲，过去15年来民主兴旺，然而民主实验仍然脆弱，秘鲁、巴拉圭、厄瓜多尔、委内瑞拉、哥伦比亚和墨西哥近年来的事态均证明了这一点。一个沉重的问题依然存在：拉丁美洲作为西方的延伸，为什么在各国独立150余年之后，还未能巩固民主的体制？

总之，在20世纪末，世界仍比20世纪中期多数人的预期要穷得多，不公平得多，集权得多。

在美国，在提出“伟大社会”的设想和“向贫穷宣战”口号的那些令人振奋的岁月之后，已过去了三十多年，贫穷却依然存在。拉美裔美国人有30％仍处于贫困线之下，已取代黑人而成为最穷的少数民族群体。在某些印第安人居留地，失业率在70％以上。黑人，尤其是黑人妇女，状况有了可观的进步。但仍有27％的黑人生活在贫困线以下。要知道这一切是存在于美国经济已有几乎长达10年的持续增长和低失业率之后。

那些曾经乐观地在国内外为消除贫穷而奋斗的人们，如今已感到疲惫，甚至是悲观。

解释失败的原因：殖民主义、依附论和种族主义

当人们看出，解决不发达问题之难超出了发展问题专家们当初的料想时，有两种植根于马克思列宁主义的解释开始在穷国的大学和政界以及富国的大学里占主导地位，这就是殖民主义论和依附论。列宁曾断定帝国主义是资本主义的一个晚期的和不可避

免的阶段，他认为这反映出日趋垄断的资本主义国家已无法为它们的产品和资本找到国内的市场。

有些国家曾是列强的殖民地、领地或托管地，曾经受到英国和法国这两个最大的殖民强国或者荷兰、葡萄牙、美国和日本的统治，直到不久以前才获得独立。在他们看来，帝国主义是现实，在国民心理上留下了深刻的印记，也为它们的不发达状态提供了一个方便的解释。在非洲尤其如此，那里的国界往往是由列强任意划分的，而没有顾及文化的同一性或部落的整体性。

有些国家，如拉丁美洲的国家，已独立一百来年而仍被称作“第三世界”。在他们看来，帝国主义表现形式是造成它们对列强的“依附”——这种“依附”论认为“周边”的穷国受到“中心”的资本主义富国的欺压，那些富国压低世界市场上的基本商品的价格，抬高工业制成品的价格，其跨国公司靠损害穷国利益而赚取额外的利润。

不论是殖民主义论还是依附论，今天都没有多少人再相信了。在许多人，其中包括一些非洲人看来，用殖民主义解释不发达原因的说法早已失去追诉时效了。更何况有四个前殖民地——其中两个由英国统治（中国香港和新加坡），两个由日本统治（韩国和中国台湾）——如今已跃入第一世界。依附论今天已很少有人提及了，甚至在美国的大学里也很少再有人说了，而仅在若干年以前，依附论还在那些学府里被奉为常识，容不得半点异议。这种变化有几个方面的原因，其中包括：东欧的共产主义崩溃了；中国的共产主义转变为常规的、日益趋向自由市场的集权主义；古巴的经济在俄罗斯停止了前苏联提供的大量补助之后陷于困境；东亚“四小龙”在世界市场上取得成功；尼加拉瓜的桑地诺阵线在 1990 年选举中遭到惨败；墨西哥主动与加拿大和美国缔结了北美自由贸易协定。（关于依附论，戴维·兰德斯为本书撰写的一章作了精辟论述。）

就这样，在 20 世纪的最后十年，出现了解释上的空白。多年来，各个发展援助机构提出了一系列的解决办法，其中包括土地改革，社区开发、规划，将精力集中于最贫穷者，满足基本的吃穿住需要，引进合适的技术，让妇女参与开发，实行私有化，权力下放，还有现今的“可持续发展”。顺便提一下，20 世纪 70 年代的一项创举还动用了发展援助机构中的人类学家，来设法使援助项目适应于各地现有的文化现实。这种种举措，更不用说对自由市场经济和政治多元化的强调，都是有益的，收效大小不等。但是从单项来看以及累积来看，它们都未能在第三世界产生广泛的经济迅速增长、民主和社会公正。

在 20 世纪中期，美国黑人地位低下，原因容易理解。它显然是由于不让黑人得到均等的机会——在教育方面、在就业方面、在选举方面，都是如此——黑人作为少数种族，从来没有被邀请加入融合的熔炉，《人权法案》确实没有运用到他们头上。但过去五十来年，在许多方面发生了一场种族革命，不仅表现在撤掉了通往机会的路障，而且表现在白人方面对待种族的态度有了巨大的改变。这场革命已经使大批黑人进入中产阶级，黑人白人之间的教育差距已大幅度缩小，不少黑人参政，黑人白人通婚现象日益增加。但是，在高等教育、收入和财富方面，种族差距依然存在，27%的黑人处于贫困线之下，多数黑人儿童出生于单身母亲家庭，黑人贫民区的问题仍然相当普遍。

尽管种族主义和种族歧视的一些现象继续存在，但是在半个世纪之后，再用种族主义和种族歧视来解释黑人的成就不足，已经说不过去了。这一点还可以得到旁证：今天，拉美裔美国人成就不足的问题比黑人更大。30%的拉美裔美国人处于贫困线之下，他们的中学生辍学率也在30%左右，比黑人中学生辍学率高一倍。拉美裔移民受到歧视，但其程度肯定低于黑人移民，大概也不会高于华人和日本人移民。而后两类移民如今在教育、收入和财富方面均已大大超过全国平均水平。这里还顺便指出，在拉丁美洲，贫穷率更高——将近50%；中学生辍学率也更高——约70%。①

① 拉丁美洲和加勒比海经济委员会1993年发表的《拉丁美洲社会概况》(The 1993 edition *of Social Panorama of Latin America*）报道说“每5名城市居民中有2人是贫民，在农村每5人中3人是贫民”(p. 35)。这说明1990年拉美人口中46%是在贫困线以下，22%为赤贫。中学生70%辍学率这一估计数字取自世界银行《世界发展报告，1997年》(*World Development Report* 1997)，表7。

文化范式：哈佛学会研讨会

如果说殖民主义和依附论两种因素不足以解释海外各地的贫穷和集权政治（而种族主义和种族歧视的因素不足以解释国内少数民族的地位低下），如果说地理/气候因素的解释无法解释太多的例外（例如热带的新加坡、香港、巴巴多斯和哥斯达黎加；详见下文），那么，过去半个世纪以来人类争取繁荣和政治多元化的进步不能令人满意，还能有什么别的解释呢？

现在，越来越多的学者、新闻工作者、政治家和实际从事发展工作的人，正在把注意力集中到文化上的价值观和态度在促进或阻碍进步方面所起的作用。从学识上看，他们继承了三位前辈的学说，其中一位是亚历克西斯·德·托克维尔，他断定，美国政治制度之所以行得通，是因为文化适宜于民主；另一位是马克斯·韦伯，他解释资本主义兴起时，认为它基本上是一种植根于宗教信仰的文化现象；第三位是爱德华·班菲尔德，他说明了意大利南部贫穷和专制的文化根源，这一见解具有普遍适用的意义。

在 20 世纪 40 年代和 50 年代，研究文化问题和重视文化的作用，曾是社会科学界的主流。后来，这方面的兴趣降低了。然而在过去 15 年中，文化研究有了复兴，正接近于明确提出一个新的以文化为中心的发展范式，或人类进步范式。

1998年夏季，哈佛国际与地区问题学会决定探讨文化与政治、经济、社会发展之间的联系，主要考虑穷国的问题，但也注意到美国少数民族成就不足的问题。我们很幸运，得以吸收近年来为文化研究的复兴出过力的很大一部分学者，还有持对立观点的另一些学者，参加我们的工作。1999年4月23—25日，在马萨诸塞州坎布里奇市[1]美国艺术科学学会举行了“文化价值观与人类进步”研讨会，出席会议的有各界的杰出人士。

研讨会的分组和参加人员

研讨会按议题分为八个组。头两天当中，每天举行四个组的讨论，最后为半天的综述。

第一组由哈佛的豪尔赫·多明格斯主持，讨论政治发展与文化的关系。罗纳德·英格尔哈特——“世界价值观调查”项目的协调人——发言指出，各民族的文化价值观与政治表现——及经济表现——之间存在着强有力的联系。弗朗西斯·福山论述了社会资本在促进民主体制方面的关键作用。西摩·马丁·利普塞特追溯了文化与腐败之间的关系。

① 美国的坎布里奇市亦译“剑桥”。——译注

有两个组讨论文化与经济发展的关系。其中第一个组由美国企业研究所所长克里斯托弗·德穆思主持。戴维·兰德斯在会上进一步阐述了他在《国富国穷》一书中提出的“文化使局面完全不一样”的结论。[①] 迈克尔·波特承认文化能影响经济发展和竞争力，但强调说全球化包括着文化传播，其趋势会使文化均质化，使各国较易于克服文化和地理上的不利因素。杰弗里·萨克斯则争辩说，文化因素并不如地理和气候那样重要。

讨论同一题目的第二个组，由美国国际开发署副署长哈里特·巴比特主持，马里亚诺·格龙多纳讲述了他对有利于发展和阻碍发展的各种文化的分类，其基础主要在于他研究过阿根廷有哪些抵制发展的因素阻碍了进步。卡洛斯·阿尔韦托·蒙塔内尔说明了同一拉丁美洲文化如何影响了精英群体的行为，而损害了更广泛的社会的利益。丹尼尔·埃通加—曼格尔论述了非洲的发展和竞争力所遇到的文化障碍。

头一天的第四个组由哈佛的霍华德·加德纳主持。发言人有三位人类学家：头一位是罗伯特·埃杰顿，他认为有些文化比另一些文化更有利于人民；另一位是理查德·施韦德，他自称是一位文化多元论者，主张容忍和尊重所有的文化；还有一位是托马斯·韦斯纳，他集中谈了文化的传播，特别是在童年时期的传播。

---

① David Landes, *The Wealth and poverty of Nations* (New York: Norton, 1998), p. 516.

第二天，哈佛的罗德里克·麦克法夸尔主持了讨论亚洲危机的小组，参加者包括经济学家德怀特·珀金斯、政治学家卢西恩·派伊和汉学家杜维明。帕金斯和派伊的发言内容有些相近，两人都强调指出，在东亚一些国家中，一向是传统的个人亲朋关系在经济中占主导地位，而且政府领导人在私营经济部门起突出的作用，这种状况需要改变。杜维明则对比了西方文化和儒学文化对待发展的态度。

另一组讨论性别与文化，由世界银行的菲利斯·波梅兰茨主持，首先发言的是《纽约时报》的芭芭拉·克罗西特，她谈了文化相对主义与联合国《世界人权宣言》之间的冲突。她的结论与理查德·施韦德的结论形成了尖锐的对比。玛拉·赫滕论述了拉丁美洲性别关系方面的变化，指出有一些文化上的障碍及其他障碍不利于这些变化的完成。鲁比·沃森谈了中国的一些文化上的势力形成了男尊女卑的状况。我们在这里顺便说一下，遗憾的是她不同意把她的发言编入本书。

前科罗拉多州长理查德·拉姆主持了讨论文化与美国少数民族问题的小组。奥兰多·帕特森首先发言，强调文化与少数民族问题的联系，分析了奴隶制和种族歧视对婚姻制度的影响，指出哪些经历影响到现今黑人单身母亲家庭的高发生率。理查德·埃斯特拉达由于有病而临时取消了与会的计划。[①] 哈佛的斯蒂芬·

① 我们悲痛地获悉，理查德·埃斯特拉达已于1999年10月29日去世，享年49岁。

塞恩斯特罗姆代替他发言，谈人口趋势。内森·格莱泽在发言中谈到了人们对民族群体各种不同表现的文化分析所激起的政治问题和情感问题。

最后一组由兰德公司的罗伯特·克利加德主持，讨论了现在为促进积极的价值观和态度而已经采取的一些措施。我发言谈到研究不发达状态与文化二者关系的文献正日益增多，其中有许多作者是第三世界的，还叙述了拉丁美洲当地人为促进文化变革而主动采取的若干做法。斯特斯·林赛和迈克尔·费尔班克斯介绍了博德公司[①]——设在马萨诸塞州坎布里奇市的一家咨询公司——为“改变国民心态”而作的努力。

每一组在发言人讲完后都展开了热烈讨论，到了最后的半天会议时，在是否应促进文化变革的问题上，正反两面意见作了激烈辩论，没有达成一致意见。鉴于文化问题的争论以及与会者的不同见解，大家也没有期待意见一致，但是多数与会者都认为文化价值观和态度是人类进步中的一个重要的而过去却被忽视的因素。此外，即使是在怀疑者中间，也承认有必要更好地理解本绪论最后谈到的一些问题。

---

① 博德公司英文原名是 Monitor Company，是著名经济学家波特 1983 年成立的一家国际咨询机构。——译注

主要问题

会议的发言和讨论主要是围绕以下五个问题，这里我列举这些问题，而且谈谈自己的看法：

- 价值观与进步之间的联系
- 价值观的普遍性和西方“文化帝国主义”
- 地理与文化
- 文化与制度之间的关系
- 文化变革

价值观与进步之间的联系

对于文化价值观与人类进步之间的联系，持怀疑态度者主要是来自两个方面：经济学家和人类学家。许多经济学家认为不言而喻的是，相应的经济政策只要得到有效的实施，就会产生同样的效果，而不论文化如何。这里的问题是有些国家存在着多种文化，其中各民族群体都是按照同样的经济信号行动，可是有些民族群体却比另一些做得更好。例如，泰国、马来西亚、印度尼西亚、菲律宾和美国的华人，巴西和美国的日本裔人，西班牙和拉丁美洲的巴斯克人,[①] 以及移居各地的犹太人，都是如此。

在这个问题上，美国联邦储备委员会主席艾伦·格林斯潘就是一个经济传统派——只是谈到苏联瓦解后的俄罗斯状况时才变了腔调。他首先断定人人都是天生的资本主义者，说共产主义崩溃后人们“会自然而然地建立自由市场的企业制度”。他断定资本主义是“人的本性”。可是他谈到俄罗斯的经济灾难时，又说这“根本不是本性，而是文化”。[②]

格林斯潘此言等于是有力地赞同了戴维·兰德斯在《国富国穷》一书中所作的分析和结论，不用说还有至少从托克维尔以来一系列学者对于文化的重要性及其与进步的联系问题的真知灼见。然而事实依然是多数经济学者不愿意跟文化打交道，其重要原因在于文化牵涉到定义问题，难以定量，而且作用于非常复杂的心理、体制、政治、地理等因素的背景之下。

正是考虑到这些问题，我建议读者注意马里亚诺·格龙多纳为本书撰写的那一章。它对促进发展和阻碍发展的各种文化作了分类。虽然他的分类主要着眼于阿根廷和拉丁美洲，但我相信它也适用于更广的范围。卡洛斯·阿尔韦托·蒙塔内尔的一章也相当重要：它说明阻碍发展的文化如何影响精英群体的行为。

---

① For an early account of Basque success in what would become Venezuela, see Francois Depons, *Viaje a la parte oriental de la tierra firme en la América meridional* (1806; reprint, Caracas: Banco Central de Venezuela, 1960).

② The Greenspan quotes appear in William Pfaff, "Economists Hatch a Disaster," *Boston Globe*, 30 August 1999, p. A17.

许多人类学家——以及受他们影响的另一些社会科学家——的首要问题，是近百年来主导人类学这一学科的文化相对主义传统，这一传统拒绝评估另一社会的价值观和习俗。

内森·格莱泽的文章（第 16 章）很有水平然而是很勉强地谈了文化在解释美国各民族群体广泛成就方面的作用，其中的因素之一就在于上述的传统。而与格莱泽在同一组发言的奥兰多·帕特森则提出了要正视文化的极具说服力的理由，认为在解释非洲裔美国人的问题时，核心的因素就是文化（见第 15 章）。

有些人讨厌对别人的文化说三道四，在他们看来，本书的书名就可能成问题。许多人认为，文化按其定义来说就是和谐的和有适应性的，而冲突和苦难则是外力侵犯的结果。然而，有些人类学家对文化持有很不同的看法，其中突出的一位是我们这次研讨会的参加者罗伯特·埃杰顿，他有一段话尤其与这次研讨会的主旨密切相关：

> 不同社会里的人，不论是城里人还是乡下人，都能够有同情心，慈善心，甚至是爱心。他们有时还能以惊人的毅力驾驭他们所处的环境所提出的挑战。可是他们在处理自己彼此间的关系以及与别的社会和自然环境的关系中，所保持的一些信念、价值观和社会体制，也可

能是源自于毫无意义的残酷、无谓的虐待以及十足的愚蠢。①

价值观的普遍性和西方“文化帝国主义”

“进步”的概念在那些坚持文化相对主义的人看来是可疑的，因为他们认为每种文化都有自己明确的目标和伦理，不能以另一种文化的目标和伦理为尺度加以评价。有些人类学家认为西方企图把进步的概念强加于别人的文化。极端的文化相对主义者和文化多元论者甚至会争辩说，西方人无权批评别人的毁伤妇女生殖器、殉夫自焚（印度教徒的一种习惯：丈夫死后，遗孀不论是否愿意，均须与其夫尸体俱焚）直至奴隶制等制度。

但是，经过半个世纪以来的传播革命以后，西方所理解的进步已几乎成为普遍的愿望。进步的概念——生活得长寿一些，健康一些，负担轻一点，更满足一点——并非局限于西方，而且也清楚表现在儒家学说以及一些非西方、非儒学的高成就的少数民族（如印度的锡克教信徒）的信念之中。我并不是说进步就是富裕的消费社会，然而脱离贫困显然是一个普遍的目标，而这就必然意味着提高消费水平。普遍愿望的模式还要更广泛，它表现在联合国《世界人权宣言》的一些条文之中：

---

① See Chapter 10 of this book.

> 人人享有生活、自由和人身安全的权利……人们应享有言论和信仰的自由……法律面前人人平等，人人有权得到无任何歧视的同等保护……人人有权直接地或通过自由选择的代表参与自己国家的治理……人人有权得到相当的生活水平，以保证其本人及其家人的健康和福祉，包括食、衣、住房和医疗照顾及必需的社会服务……人人享有受教育的权利。

我在这里顺便提一下，1947 年，美国人类学联合会的执行委员会决定不赞成这一宣言，认为它是一个种族主义的文件。他们的主张姑且不论，我相信世界上绝大多数人都会同意：

> 活比死好。
>
> 健康比疾病好。
>
> 自由比受奴役好。
>
> 富裕比贫穷好。
>
> 教育比无知好。
>
> 正义比非正义好。

理查德·施韦德同意美国人数学联合会执行委员会的决定，他认为我们这次研讨会（假如允许我引用他写的那一章标题中的说法）是“新福音传道者”提倡的一场“第一世界的自吹自擂”。

可是参加研讨会的学者当中，有三位是来自第三世界，他们是丹尼尔·埃通加—曼格尔、马里亚诺·格龙多纳和卡洛斯·阿尔韦托·蒙塔内尔。他们分别指出，非洲和拉丁美洲的贫穷、专制和非正义的根源在于传统的文化价值观，这就与施韦德的观点直接针锋相对。施韦德在他写的那一章的尾注中反驳了这三位，说他们代表不了自己的社会，而是“世界主义的知识分子”，对于他们来说“旅行计划如今比祖宗更重要”，“眼睛向上瞅着美国乞求学识和道义指导及物质援助”。

埃通加—曼格尔、格龙多纳和蒙塔内尔三人对施韦德的这一尾注作了答复，附于施韦德那一章尾注之后。然后，施韦德又作了评论。这场交锋使人纳闷，有些人类学家是不是在从事一种人类学的帝国主义，要把文化封在永久冻土层里面？施韦德也许认识到这一危险，他说：“我认为一种‘真正的’文化，值得给予肯定评价的文化，是那种经得住外来批评的生活方式”。(来自内部的批评大概该是更有说服力的。)既然说有“值得给予肯定评价”的文化，那么大概也有不值得给予肯定评价的文化，这也许表明施韦德事实上同意罗伯特·埃杰顿的观点。

如此说来，理查德·施韦德也许并不是像他自己所声称的那样，是一个什么“奋兴布道会上的异教徒”。

地理与文化

杰弗里·萨克斯在他的那一章中强调，解释经济增长快慢的决定因素是地理位置和气候。在他的观点的影响下，贾雷德·戴蒙德最近写出了一本书《枪炮、细菌和钢铁》，其结论是“各大洲各民族长期历史之间的显著差别，不是由于这些民族内在的不同，而是由于他们所处环境的不同”。①

显然，地理位置（包括天然资源）和气候是解释国家穷富的重要因素。几乎所有发达的民主国家都是在温带，而穷国大多是在热带。可是例外的情形也值得注意：俄罗斯就跟高度繁荣和民主的北欧国家及加拿大位于相同的纬度上。（我们还可以补充一点：按照透明度国际的统计，北欧国家和加拿大属于腐败最轻的前十国之列，俄罗斯则列入腐败最严重的十国之列。这也让我们想起格林斯潘的评论。）新加坡、中国香港和半个台湾地区都在热带。它们的成就堪与日本媲美，说明儒学文化的作用胜过地理条件。韩国、泰国、印度尼西亚、马来西亚和菲律宾境内的华人少数民族，还有热带秘鲁、巴西境内的日本裔少数民族，亦是如此。

地理条件不足以解释意大利北方和南方为什么相差那么明

---

① Jared Diamond, *Guns*, *Germs*, *and Steel* (New York: Norton, 1997), p. 405.

显。与此相似的，还有危地马拉、洪都拉斯、萨尔瓦多和尼加拉瓜四国与哥斯达黎加的对比。另一个例子是海地与巴巴多斯的对比：海地曾是最富的奴隶甘蔗园殖民地，如今却陷入绝望境地，而巴巴多斯亦曾为奴隶甘蔗园殖民地，如今则是民主繁荣。我们还可以指出，拉丁美洲的三个温带国家——阿根廷、乌拉圭和智利——至今仍未享受到第一世界的繁荣，在20世纪70年代和80年代，它们还都经历过军事独裁统治。

贾雷德·戴蒙德在他的书的最后一章中提到了文化的潜力：

> 文化的因素和影响……显得不小……世界各地文化特征差异很大。有些文化差异无疑是由环境差异造成的……然而一个重要的问题是各地有一些文化因素与环境无关，它们可能有多大的重要性。一个小的文化因素可能起源于当地的小事、暂时性的事情，然后固定下来，预定了一个社会走向更重要的文化选择……它们的意义如何是一个有待于回答的重要问题。[①]

文化与制度的关系

应重申的是：文化不是一个自变量。影响文化的因素包括地

① Ibid.，p. 417—419.

理位置和气候，政治以及历史的变幻无常等。关于文化与制度的关系，丹尼尔·埃通加—曼格尔说：“文化是制度之母。”从长远看，这当然正确。就短期而言，制度上的变更——往往是由政治促成的变更——可能对文化产生影响，恰如莫伊尼汉的名言所说的那样。意大利在20世纪70年代决定在公共政策和行政管理方面实行权力下放，就在一定程度上起了这样的作用。罗伯特·帕特南在《使民主运转起来》一书中曾记载过这一情形。[①] 虽然帕特南的中心结论是说意大利南北迥异的根源在于文化，但他也指出，那一次的权力下放在南方促成了一定程度的信任、缓和及妥协，而当地原先那种近乎病态的文化现象，在爱德华·班菲尔德的《一个落后社会的精神基础》一书中有过深刻的描述。

道格拉斯·诺思在《制度、制度变迁与经济绩效》一书中反复谈到制度与文化的关系，他的主题是制度而不是文化，但是他对二者关系的提法使人感到，他也许是同意埃通加—曼格尔的意见。他谈到制度的演变受到一些“非正式的限制”，它们来自“社会传播的信息，而这种信息是我们所说的文化的一部分……表现为以语言为基础的记载和解释传感器官传递给大脑的那些信息的一种概念架构”。[②] 诺思随后谈到了美洲的前英国殖民地和

① Robert D. Putnam, *Making Democracy Work* (Princeton: Princeton University Press, 1993).

② Douglass C. North, *Institutions, Institutional Change, and Economic Performance* (Cambridge: Cambridge University Press, 1990), p. 37.

前西班牙殖民地的不同演变：

> 在前英国殖民地，形成了一种制度架构，它允许人们之间的交往不以个人关系为转移，这种复杂的交往是政治稳定所必需的，而且能抓住现代技术所带来的经济增长潜力。在前西班牙殖民地，个人关系仍是许多政治交往和经济交往的关键。这种关系源自一种不断演变的制度架构，这架构既产生不了政治稳定，也不允许始终如一地实现现代技术的潜力。①

豪尔赫·多明格斯在主持了关于文化与政治发展的小组讨论后，曾对文化的影响力有多大提出疑问，因为他指出拉丁美洲各国，除了古巴以外，都在过去 15 年内成了民主国家。可是今天拉美各国民主实验的脆弱性表明，诺思的见解仍是有道理的。在哥伦比亚，民主政府面临着不符合时代精神的左翼革命势力的严重威胁。在与之相邻的厄瓜多尔，民主制度存在着被经济混乱推翻的危险。秘鲁的总统往往表现得像是一个独裁者。阿根廷的总统梅内姆不顾该国的宪法，一再暗示他有意于三连任。而委内瑞拉不久前当选的总统，曾是两次企图搞政变的军官，观察家们不禁怀疑他是否尊重民主规范。

---

① Ibid., p. 117.

1999 年 12 月，我曾访问危地马拉，就文化与民主的关系作了演讲。随后，危地马拉社会学家贝尔纳多·阿雷瓦洛讲了一句贴切的话："我们有民主的硬件，而软件却是集权主义。"①

早先我曾经在诺思意见的激发下提出一个问题：为什么——尤其是鉴于拉丁美洲是西方的旁系，更要问一个为什么——拉丁美洲要经过 150 多年之久才回头实行民主？对于西班牙和葡萄牙也许可以提出类似的问题，至少直到几十年前是如此。

文化的变革

所有在研讨会发言的人及其他与会者都一致认为，文化价值观是会变化的，尽管在多数情况下变化缓慢。（态度会变得快一些，西班牙人从集权统治到民主政治的态度转变即是一例。）研讨会上最有争议的问题之一，也是最后一天综述会议上谈得最多的一个问题，就是应在多大程度上把文化变革的因素结合进政治和经济发展的构想、策划、安排和规划之中。研讨会表明，当文化变革的倡议是来自西方时，这一问题就引起非常激烈的争议。

人类学家在世界银行和美国国际开发署之类的发展机构中已经工作了二十多年。但是几乎在所有的场合中，他们所作的努力都是力争让有关的决策者了解，什么样的文化现实应反映在政策

① Quoted in the Guatemalan newspaper *La Prensa Libre*, 14 December 1999.

与规划的设计和执行之中。几乎不曾有人费心去设法倡导文化的改变。实际上，倡导改变文化的整个概念成了一个禁忌。

当谈到从文化的角度解释美国一些民族群体成就不足的问题时，也存在着类似的禁忌。讨论文化与美国少数民族问题的小组主持人理查德·拉姆介入了这一问题的辩论。他问道："在科罗拉多州和西部多数其他的州，拉美裔中学生几乎有半数辍学。科罗拉多州可以或者说应该在多大程度上考虑文化上的因素？"

倘若理查德·埃斯特拉达出席了这次研讨会，他几乎肯定也会表达出同样的关切。他在世时，是美国移民改革委员会的成员。由芭芭拉·乔丹担任主席的这一委员会曾建议大幅度减少移民入境。埃斯特拉达特别担心从拉丁美洲来的移民大量涌入美国，有碍于各民族的融合。

内森·格莱泽指出，要避免正面提出文化因素的理由之一在于，倘若那样提，就会意味着认为某些文化优越于别的文化，至少是说它们更有利于促进人类福祉，这就会触及高度敏感的民族、种族和个人自尊心的神经。格莱泽认为，至少在美国，追求文化上的解释会有风险，弊大于利，这特别是因为美国这个民族大熔炉社会倾向于淡化各族人民起始的差别。然而，理查德·拉姆提出的问题一定会令他深思。

拉姆和格莱泽的辩论突出表明一个问题，即研讨会应引导向何方——下一步的工作该怎么做。如果说某些文化价值观确实是妨碍进步的根本障碍——如果说它们有助于解释为什么第三世界许多地方的贫穷和非正义难以解决——那么，除了倡导文化上的变革以外，就别无他途。并不需要、的确也不应该把这一点看做是西方要强加于人。并不是只有丹尼尔·埃通加—曼格尔、马里亚诺·格龙多纳和卡洛斯·阿尔韦托·蒙塔内尔这三个非洲人和拉丁美洲人得出结论说文化重要。至少在拉丁美洲已有各界的许多人士得出结论说文化上的变革必不可少，而且正在采取步骤，在学校，在教堂，在工作场所以及在政界，倡导这样的变革。他们要更好地理解，在他们的文化中，有哪些东西阻碍他们实现让生活变得更公正、更繁荣、更富足和更有尊严的愿望——同时他们能做些什么来促进其改变。

奥兰多·帕特森在《整合的磨难》一书中写道："当我们力求理解为什么存在着技能差距、能力差距和工资差距，以及为什么数以百万计的非洲裔美国人陷入病态心理的社会深渊时，一定可以从文化中找到答案。"[①] 在那本书中以及在它的续篇《血的仪式：美国两百年中的奴隶制后果》一书中，他都指出文化问题的根源在于奴隶制的经历：

> 在这个国家中，非洲裔美国人有三分之二的时间是在奴隶制中度过……这种恶毒的剥削制度严重阻碍了非

① Orlando Patterson, *The Ordeal of Integration: Progress and Resentment in America's "Racial" Crisis* (Washington, D.C.: Perseus Counterpoint, 1997), p. 213.

> 洲裔美国人的发展，尤其表现在它损害了家庭和婚姻关系等这样一些根本的社会制度，它将非洲裔美国人排除在占主导地位的社会组织之外，同时在这一过程之中，使他们得不到机会去学习为了在新出现的工业社会中求生存而非掌握不可的行为模式。[①]

因此，当美国试图解决黑人和拉美裔人成就不足的问题时，还能忽视文化因素么？

在最后一天综述会议上谈到的另一个问题是：在多大的程度上存在着普遍的文化因素，即在任何地理、政治或人种背景下都起作用或都不起作用的价值观。有些与会者反对用“黑匣子”或“细目清单”的一律方式对待文化变化，而主张一种可以称作“人种志”的方式，即就事论事，区别对待每一种文化，而对别处的情形只作有限的参考。但我认为，有些价值观范式是跨越地理界限的，在很不相同的环境下都会产生相似的后果。例如，职业道德、教育、业绩、勤俭等价值观，在西欧、北美、澳大利亚和新西兰以及东亚都是共同的。

然而，如果我们想要像罗伯特·克利加德所说的那样，拥有“周全的理论和切实的指导方针，而且在研究文化的人及制定、管理发展政策的人之间建立密切的专业的联系”，我们就必须对

① Ibid.，p. 109.

一些重大问题有更加深刻得多的了解。

将价值观和态度的变革纳入发展之中：一项理论和应用研究的规划

人类自从第二次世界大战结束以来的进步幅度是令人失望的，而且，除了东亚、伊比利亚半岛和非洲裔美国人以外，进步之小甚至是令人心寒的。一个重大原因，依我看来，就在于各国政府和发展机构未能考虑到文化可以阻滞或促进进步的力量。举例而言，马歇尔计划成功而争取进步同盟却遭到了失败，我想，主要原因就在于西欧和拉丁美洲的文化反差。

从政治和情感两方面来看，文化问题处理起来都是困难的。它在学术上也难以处理，因为涉及定义和衡量上的问题，而且文化与政治、制度、经济发展等其他变量可以是互为因果的。

我们这次研讨会达成了一点重要的共识：应当制订一项综合的理论与应用研究规划，以便做到将价值观和态度的变革纳入第三世界国家的发展政策、安排和规划以及纳入美国的反贫困计划。这项研究的最终成果应是争取改变价值观和态度的指导方针，包括切实可行的举措，以便倡导进步的价值观和态度。

这项研究的日程包括以下六个基本部分：

一、价值观和态度的分类：目的是（1）确认哪些价值观和态度能促进社会进步，并评估其轻重缓急，同时确认哪些价值观和态度会阻碍社会进步；（2）列出对民主政治制度、经济发展和社会正义的演变起正面影响和负面影响的价值观和态度，划分其等级。

二、文化与发展的关系：目的是（1）在面临那些阻碍发展的价值观和态度的情况下，有哪些因素能促进发展，对这一问题取得在实际操作上有用的认识；（2）查明当这些因素起作用而出现了发展时，传统的价值观和态度将受到什么影响；（3）探讨一个问题：如果传统的价值观和态度并无重大改变，民主制度能否巩固，经济发展和社会正义能否持续下去。

三、价值观和态度与政策和制度之间的关系：目的是（1）评估政策和制度是在多大程度上如同托克维尔和埃通加—曼格尔所说的那样，反映出价值观和态度；（2）更好地理解，当价值观和态度与政策和制度不相适应时，可能会发生什么情况；（3）判明政策和制度能在多大程度上使价值观和态度起变化。

四、文化的传播：目的是理解价值观和态度在传播方面的一些主要因素，例如育婴方式、学校、教会、媒体、同侪交往、工作场所以及移民向自己原籍国家的“社会反馈”等，所起的作用。我们需要知道（1）在这些因素中，普遍而言以及就世界不同地理和文化环境而言，哪些因素现今作用最大；（2）每一因素能如何有助于形成进步的价值观和态度；（3）在价值观和态度的变化方面，政府能起什么作用。

五、价值观和态度的衡量：目的是结合上述第一项任务的成果，扩大在国际上衡量价值观和态度变化幅度的体系。这将包括（1）确认现有的衡量价值观和态度的工具（例如“世界价值观调查”组织）；（2）使这些工具适用于支持价值观和态度变革的举措。

六、评估已在实行之中的促进文化变革的举措：至少在拉丁美洲，已有一些由当地学者发起的促进文化变革的举措，例如秘鲁的“人力发展研究所”已在几个拉美国家的教育系统中倡导“发展十诫”。另一些举措，例如财产所有权凭证计划，也可能在促进文化变革方面收到重要的效果，尽管这不是它们目标之所在。这些举措应加以评估，将它们的成果转化为政府和发展机构可以遵循的指导方针。

文化价值观和态度可以阻碍社会进步，也可以促进社会进步，可是它们的作用一直大体上受到政府和发展机构的忽视。我相信，将改变价值观和态度的因素纳入发展政策、安排和规划，是一种很有意义的办法，会确保在今后 50 年中世界不再经历多数穷国和不幸民族群体过去 50 年来所陷于其中的贫困和非正义。

第一部分

文化与经济发展

经济发展的自相矛盾之处在于，经济价值观不足以保证经济发展。经济发展十分重要，决不可仅仅托付于经济价值观。一国人民接受什么价值观或不接受什么价值观，这属于文化领域的事情。所以我们也可以说经济发展是一个文化过程。

｜第一章｜

文化使局面几乎完全不一样

戴维·兰德斯

本章系摘自戴维·兰德斯著《国富国穷》一书（The Wealth and Poverty of Nations, *New York*: *Norton*，1998）。

马克斯·韦伯的看法是对的：如果说我们能从经济发展史学到什么，那就是文化会使局面几乎完全不一样。不妨看看那些移居在外的少数民族的兴业精神——东亚和东南亚的华人，东非的印度人，西非的黎巴嫩人，散布于欧洲各地的犹太人和加尔文派教徒，等等。可是，文化具有的内在价值观能引导民众，因此而令学者们害怕。它带有种族和继承的刺鼻气味，带有免疫力的味道。在沉思的时刻，经济学家和其他社会科学家承认事实并非如此，而且欢迎文化向好的方向变化，叹息它向坏的一面变化。但是欢迎也好，叹息也好，都表明观察者处于被动地位，无法运用他们的知识去左右人及事物。做技术工作的人则宁愿实干，改变利率和汇率，放开贸易限制，修改政治体制，实施管理。此外，对文化提批评是会得罪人的，会伤人感情和自尊心。外界的人提批评意见，不论多么策略和间接，也都会带有教训别人的味道。善心的改良派学会了绕道而行。

可是，如果说文化起这么大的作用，它的作用为什么不是始终如一？经济学家，还有另一些人，提出过问题：为什么有的民族——譬如说华人——在海外办企业那么出色，在自己国内却长期效率低下？如果说文化起作用，为什么它没有使中国变化？（我们应当指出，由于中国现在有了鼓励而不是压抑经济发展的政策，国内与海外华人之间的差距正在消失，中国现在保持着惊人的发展速度，这一速度推动儒学文化的这条“龙”从第三世界迈向第一世界。）①

对于上面提到的——如今大概已经过时的——这一反常现象，一位经济学界的朋友（也是一位主张政治经济学疗法的大师）所作出的回答是根本否认文化与经济发展有联系。他说，文化并不能让他预测经济结果。我不同意。如果考虑到文化，本应能够预见到日本和德国的战后经济成就。韩国与土耳其相比，印

① 兰德斯的这一章基本上是摘自他 1998 年出版的《国富国穷》一书的有关章节，但这里括弧内的话是原书所没有的。可对照《国富国穷》中译本（新华出版社 2001 年版）第 733 页。——译注

度尼西亚与尼日利亚相比，也是如此。

另一方面，文化并不是孤立的。经济分析喜欢维持一种假象，似乎一条好的理由就足够了，可是复杂过程的决定因素必然是多方面的，而且它们彼此相联系。单条理由是说不通的。同样的价值观可能在国内因政策不好而受阻，却在别处得到机会而施展，上面谈到的华人即是一例。所以，移居国外的人往往办企业特别成功。古希腊人把外来人称作 metics，说他们在鄙视金钱和手艺的社会里是急功近利的酵母（因而出现了一个希腊语词根的贬义词 banausic——实利主义的）。于是，外来人经商赚了钱。

由于文化和经济发展是相连的，一方面的变化就会反过来影响另一方面。在泰国，所有正经的年轻男子从前都要用几年时间出家当和尚，修身养性。这有益于精神和灵魂，也适应于当时经济活动和办事的慢吞吞的节奏。现今不一样了，泰国生活节奏加快，商贸兴旺，企业要人。年轻人修身养性缩短成几个星期，刚够学会一些念经礼仪，就返回到现实的物质世界。人人都知道时间就是金钱，时间的相对价值变了。这一变化是不可能强加于人的，除非来一场革命。而泰国人自觉自愿调整了他们的轻重缓急。（这里要顺便指出，是泰国的华人少数民族带了头。）

泰国的这个故事表明，文化对经济增长作出了反应。反过来也有可能——文化可能会阻滞经济发展。以俄国为例，那里的人们受了 75 年的反市场、反利润的教育，只有权贵能享受特权，于是人们形成了反企业的态度。甚至在那一政权垮台以后，人们还是担心市场变幻无常，怀念以往受雇于国家时那种保险的单调日子。或者说，他们是怀念贫穷中的平等，这一心态是世界各地的农民文化所共有的。俄国人有个笑话说，农民伊凡妒忌邻居鲍里斯，因为鲍里斯有一头山羊。一位仙女降临，向伊凡说可以帮他满足一个愿望。伊凡的愿望是什么呢？原来是赶快让鲍里斯的山羊死掉。

幸好，不是所有的俄国人都这样想。马克思主义的清规戒律取消以后，企业活动蜂拥而起。高明的人搞知情人交易，有的人搞犯罪，有许多人是俄罗斯人之外的少数民族（亚美尼亚人、格鲁吉亚人等）。酵母有了，这往往就足够了：形形色色的人有了经营的积极性。但与此同时，老的习惯依然存在，腐败和犯罪活动猖獗，文化战在激烈进行之中——选举受这些问题左右，这种局面的结果如何，尚不得而知。

依附论、阿根廷及卡多佐的转变

对于不发达状态的原因，用依附论来代替文化上的解释，是挺方便的。拉丁美洲的学者和同情拉美的旁观者一直把拉丁美洲发展上的失败——尤其是与北美相比更显出了这一失败——归咎于强国、富国的种种不端行径。处于依附地位而易受伤害，意味着处于一种劣势，不能主宰自己的命运，受制于别人。这些别人自然是利用他们的优势从依附经济国家榨取产品，做法跟先前的殖民统治者差不多。帝国的抽水泵成为资本帝国主义的抽水泵。

然而，要同化独立的主权国家，光搞掠夺是不行的，还需要贷款和投资。阿根廷即是一例，它自己没有存下什么钱，越来越多地依靠外国资本。（依附论的首要设计师劳尔·普雷维什就是一位阿根廷经济学家。）有些经济学家争论说，外国资本有损于经济增长；另一些经济学家则说它有助于经济增长，但不如国内投资有效。显然，这在很大程度上取决于怎样使用这些钱。然而与此同时，没有人打算因为效率问题而拒绝外国人的钱。政客们想要这些钱，让那些依附论理论家干着急。

阿根廷有些人很有钱，然而“由于始终不明白的缘故……这些人一向依赖外资，因而听命于贷款国，严重损害本国治理自己事务的能力”。① 英国人在阿根廷修建铁路——1871 年还不到 1000 公里，20 来年后超过了 12000 公里——但那是为了英国人的利益。可是，建起这样一个铁路网怎么没有促进国内市场繁荣呢？说是没有促进，那么，过错何在？本国的企业家精神哪里去了呢？多数阿根廷人并不自问这类问题。责怪别人总是容易的。结果是出现了仇外的反帝国主义和自灭志气的委屈情绪。

在 19 世纪，一位杰出的阿根廷人胡安·包蒂斯塔·阿尔韦迪曾经为自己同胞的企业家精神不足而担忧。他在 1850 年写了

① Nicholas Shumway, *The Invention of Argentina* (Berkeley: University of California Press, 1991), p. 156n. 3.

以下一段话，韦伯在50年之后也深有同感：

> 要尊重每一种信仰。西班牙属下的美洲却是独尊天主教而排斥任何别的宗教，像是一座孤单冷寂的女修道院……在南美洲排斥不同的信仰，也就是排斥英吉利人、德意志人、瑞士人和北美人，即南美洲最需要的人。让他们来而不许他们带自己的信仰，也就是不许带他们之所以成为他们自己的原动力。①

有的人把阿根廷的低储蓄率归因于人口的高增长率和高移民率——我还要补充一点：爱摆阔气的不良消费习惯。不管怎样，外资的流入量既取决于国外资金来源，也取决于阿根廷所能提供的机会。第一次世界大战期间，英国人需要钱，不得不清理他们在国外的资产。他们尽管仍是阿根廷的最大债权人，但不再像此前几十年那样发挥促进阿根廷经济增长的作用。美国多少填补了一点空白，但又是美国的政治和商业周期起决定性影响。结果，阿根廷在外国投资额和贷款额两方面都断断续续、反反复复地陷于困境。这些情况激化了阿根廷与债权人的冲突，反过来又导致反应性的孤立主义，采取限制性措施，这些措施只会加重资金短

① Juan Bautista Alberdi, *Bases e puntos de partida para la organización política de la República Argentina* (1852), cited by Shumway, Invention of Argentina, p. 149.

缺和依附性。阿根廷经济学家和政治家谴责这些确实存在的和想当然的问题和恶劣行径，只是使问题更加复杂化。人们合乎逻辑地把依附论者称作“茧派经济学家”，他们确实帮助了阿根廷和别的拉美国家的经济免遭大萧条的最糟影响。这正是“茧”的作用。但这也使它们被割断了与竞争、刺激和增长机会的联系。

依附论在拉丁美洲盛极一时，且传播甚远，在第二次世界大战以后随那些新解放的殖民地的经济困境和政治意识而引起共鸣。冷嘲热讽的人也许可以把依附论说成是拉丁美洲最成功的出口产品。然而它对于人们的主观努力和士气起消极作用。它养成光埋怨别人而无自责的不健康习性，加剧经济上的无能。即使它是有理的，也最好是把它收起来。

今天看来，拉丁美洲正是这样做的。西半球所有的国家，包括古巴在内，现今都欢迎外国投资。在这一转变中，阿根廷是一个带头人。依附论所建议的国家主权主义已瓦解于一片私有化浪潮之中。墨西哥曾经是一些最坚定的依附论者的据点，现在却形成了一种新的国民共识，其象征是参加了北美自由贸易协定，在经济上与美国和加拿大紧密相连，认为这最符合它自己的利益。羔羊跳进了狮子的嘴中，看来已从这样的遭遇中得益。

多年内，依附论学派的一位领头人物是费尔南多·恩里克·卡多佐。在 20 世纪 60 年代和 70 年代，卡多佐作为社会学家，曾就这一课题写作和主编了二十多本书，其中有一些成为造就一代学者的标准读本。最有名的一本也许就是《拉丁美洲的依附与发展》。在该书的英文版本中，结束语是一句冗长的、并不那样带鼓动性的格言：

> 实际的战斗……是展开于技术官僚治国论与大众工业社会形成过程的理想之间，这一理想能提供具有特定民族性的得人心的内容，能成功地将人们对于较发达的经济以及对于民主社会的需求转化为这样一种状态：它能表达真正民众力量的活力，能寻求社会主义的未来社会组织形式。①

1993年，卡多佐出任巴西财政部长。他看到自己的国家翻滚于高达7000％的年通货膨胀率之中。当时，政府对通货膨胀这一货币麻醉剂已经习以为常，老百姓也纷纷采取别出心裁的对策（例如出租汽车的计费器可以按照物价指数自作调整，也许还可以因人而异）。所以，连一些严肃的经济学家都宁愿对这种动荡局面加以轻描淡写，居然说通货膨胀的肯定性就是稳定性的一种形式。

对于能采取预防措施的巴西人来说，这种说法也许有道理。可是通货膨胀有害于巴西的国际信用，而巴西是需要借债的。它

---

① Fernando Henrique Cardoso and Enzo Faletto, *Dependency and Development in Latin America* (Berkeley: University of California Press, 1979), p. 216. In all fairness, the text may read better in Spanish.

还需要跟别的国家做生意，尤其是要跟那些被视为敌人的资本主义富国打交道。因此，卡多佐开始从不同的角度看问题，以至于观察家们称赞他是一位务实派。反殖民主义激情消失了；也不再敌视巴西与外国的联系以及其中包含的依附意味。卡多佐说，巴西没有别的选择。假如巴西不愿成为全球经济的一部分，那就“无法竞争……这不是外界强加于我们。这是我们自己的需要”。①

善有善报。两年之后，卡多佐当选为巴西总统。一个重要原因是他使巴西多年来头一次有了自己坚挺的货币。

日本的明治维新——与依附论相对立的事例

伯纳德·刘易斯说过：“当人们认识到出了错误时，他们可能提出两种问题。一种是问‘我们做错了什么?’另一种是问‘这是什么人搞的?’后者使他们琢磨是谁在搞阴谋，导致偏执狂。前者则会引出另一种思索：‘我们怎样来纠正?’”② 在20世纪后半期，拉丁美洲选择了阴谋论和偏执狂。在19世纪后半

① Matt Moffett, “Foreign Investors Help Brazil's Leader Tame Its Raging Inflation,” *Wall Street Journal*, 15 *December* 1995, *p*. A1.

② “The West and the Middle East,” *Foreign Affairs*, January—February 1997, p. 121.

期，日本却是自问“我们怎样来纠正？”

日本在1867—1868年间发生了一场革命。封建的幕府统治被推翻——实际上是崩溃——政权回到了居住在京都的天皇手中。这样就结束了德川幕府长达265年的统治。但是日本人不将这一巨变称作革命，而宁愿称它为维新，因为他们认为这是回归到国家正常状态。此外，革命是中国的事。中国人经历了许多朝代，而日本始终只有一个皇族。

国家统一的象征是现成的；民族自豪感的理想明确。这省却了不少动荡。革命就像内战一样，会打乱国家的秩序和安定。明治维新期间也出现过不满和不同政见，往往还表现为暴力。旧体制的最后几年和新体制的最初几年沾染过暗杀、农民暴动和反动势力叛乱的血迹。尽管如此，日本的过渡仍比法国和俄国的政治变革顺利得多。其原因有二：新政权在道义上站得很稳；反对维新的人虽然感到失落和权益受侵犯，也还是有所顾忌，怕给外敌入侵提供由头和机会。帝国主义蠢蠢欲动，国内分裂就会招致他们的干涉。不妨参看一下帝国主义在别的地方的行径：印度正是因为国内互相争斗和彼此玩弄阴谋诡计，才真正将欧洲势力招引了进去；同样，中国在日本明治维新后不久就陷入了屈辱境地。

日本这个社会原本是从来不接纳外人的，一些西方人留驻日本，引来了不少麻烦。日本有一些强横的年轻人不止一次地向狂妄自大的外国人挑衅，袭击他们，想让他们明白谁是主人。谁是主人呢？面对西方列强提出的惩办歹徒和赔偿损失的要求，幕府当局只能闪烁其辞，敷衍了事。这样，不论在外国人面前还是在日本爱国者的心目中，都丢了脸。

欧美列强一而再地耀武扬威，激起了日本民愤。日本人喊出了“尊王攘夷”的口号。这一运动的领导者是日本最南端和最西部两个藩①的藩主，他们曾彼此为敌，这时却联合起来反对幕府。他们胜利了；他们也失败了。这就是这场维新运动的又一自相矛盾之处。这些藩主以为他们是在复古，结果却是被拖进了明天，卷入了现代化的浪潮之中，因为这是通向打败蛮夷的唯一道路。你们西方人有枪炮，好吧，有一天我们也会有的。

日本人以他们特有的毅力和体制着手现代化。他们作好了准备——治理有效的传统，百姓的高识字率，紧密的家庭结构，职业道德和自律精神，民族认同感和固有的民族优越感。

这是核心之所在：日本人知道自己的优越性。正因为如此，他们也能够认识到别人的优越性。他们一方面沿用德川幕府时期的做法聘用西方专家和技术人员，同时又派遣自己的专业人员出国，让他们带回在欧美时的所见所闻。这样积累起来的知识使他们得以对比各家的长短优劣，择其精粹。例如，他们最初学习的军事榜样是法国军队，但是法国在1870—1871年战争中被普鲁士打败以后，日本人就相信从德国军队那里可以学到更多东西。在法规的制订和实施方面，他们学习的对象也是由法国转到

① 即九州岛上的长州藩和萨摩藩。——译注

德国。

日本没有放过任何学习机会。1871 年 10 月，日本派出了一个高级代表团，其中包括大久保利通和伊藤博文等人，到美国和欧洲，参观工厂和炼铁厂，造船厂和兵工厂，铁路和运河。差不多两年以后，他们于 1873 年 9 月回国，满载着学到的知识和要求改革的“火一般的激情”。①

日本这些领导人的亲身经历把一切都改变了。在英国的时候，大久保坐在火车上陷于痛苦的沉思，他说在离开日本之前，他本以为该做的事都已经做到了：天皇收回了帝国权力，封建割据已由中央政府所代替。现在他才明白还有艰巨的任务在前头。日本跟“世界上更先进的强国”无法相比。尤其是英国给他上了自强的一课。它曾经与日本一样是个小岛国，但是它系统地实施了自强的政策。在英国商船队逐渐壮大而称霸全球方面，航海法起了关键的作用。英国曾坚持贸易保护政策，直到它取得工业领先地位以后，才转而主张自由贸易。（分析得不坏。亚当·斯密若地下有知，也不会不同意的。）

诚然，日本没有 17 世纪的英国所享有的控制关税和商贸的自主权。但是德国的榜样更有意义。德国和日本一样，不久前才艰难地完成了国家的统一。德国也像日本一样，从那样一个经济

① Sidney D. Brown, “Okubo Toshimichi: His Political and Economic Policies in Early Meiji Japan,” *Journal of Asian Studies* 21 (1961—1962): 183—197.

劣势的起点发展起来，可是瞧它走得有多远！大久保遇到的德国人给他留下了很深刻的印象：他们勤劳、节俭、“朴实”，就像日本的平民。他还发现德国领导人是现实主义者和实用主义者，全神贯注于壮大国家的实力。他们是19世纪的重商主义者。大久保回日本后，就把德国的经验当做日本政府办事的指针。

日本政府从一些日常的任务着手：建立邮政，实行新历法和新时制，普及义务教育（先是男生，随后也包括女生），实施义务兵役制。普及教育就普及了知识，这正是教育的使命，但与此同时，它也灌输了纪律、服从、守时和忠君观念。要超越幕府时代养成的各地自奉其主的狭隘地方观念，而形成全体国民统一的民族特征，上述的做法是必不可少的。陆海军的建设则完成了这一使命。在统一的着装和纪律熏陶之下，普遍兵役制消除了阶级和地方的区别。它增强了民族主义的自豪感，使男子暴烈阳刚之气大众化，而结束了武士对武器的垄断。

与此同时，政府和社会着手“殖产兴业”：怎样用机器制造产品，怎样在没有机器的情况下造出更多的产品，怎样运输货物，怎样与外国厂商竞争。不容易啊。欧洲工业国家已经发展了上百年。日本要急起直追。

首先，日本着力于已经熟悉的产业——尤其是丝、棉纺织业，还有不会被外国模仿的食品加工业，例如日本清酒、日本豆面酱和酱油。从1877年到1900年——日本工业化的第一代——工业产值的增长额中，食品业占40%，纺织业占35%。总之，日本人努力发挥自己的比较优势，而不是不切实际地追求重工业。工厂大多是小规模的，例如棉纺厂只有 2000 纱锭，而西欧的厂一般在 10000 锭以上。他们使用木制水车，比欧洲技术落后好几代。日本煤矿的井巷崎岖蜿蜒，使用人工铲斗，相比之下，英国早年那些恶名远扬的老矿井竟然像是海滨宽敞大道。

人们常说后来者有优势，可采用最新技术，而日本后来者一开始的做法却显得反常。对这种现象，经济学家们通常的解释是资金匮乏：私人财力单薄，又没有投资银行。其实，日本当时有些商人已经积累了巨额财富，政府也愿意建设工厂并提供补贴。它正是这样做的。但是后来者要追上先行者，这一长途跋涉最需要的还不是钱，而是人才——这些人才要富有想象力和首创精神，要懂得规模经济，要不仅知道生产方法和机器，而且还通晓生产的组织以及我们现今所说的软件知识。有了这些，资本就会跟上来，成长壮大。

日本人还决心由消费品生产再往前进。要建立自己的现代经济，就不能不做好费力的工作：制造机械设备，造船和造机车，修建铁路、港口和船坞。政府在这方面起了关键作用，资助出国考察人员，聘请外国专家，建设厂房设施，补贴商业企业。但更重要的是日本爱国志士的才干和决心。他们为了国家的事业不惜改行而放弃原有的前程。还有日本工人的素质，尤其是那些工匠们早就在手工作坊中经受了紧密协作和严格监督的磨练，练出了一身技能和敬业精神。

日本尽管搞工业经验不多，却轻快地进入了以电力为标志的第二次工业革命。对于日本成功和迅速的工业化，一般评价都很高，使这一评价有所降低的因素，只是人们不喜欢日本伴随着工业化而迸发出来的严峻、强烈的民族主义激情——那种无情的追求使得人们对于发展进程有了认识和紧迫感。日本是除西方国家之外第一个实现了工业化的国家，它至今仍为后进国家起榜样作用。别的国家向国外派遣留学生，但不见他们返回；日本的学成人员却回国效力。别的国家引进外国的技术人员来当教师，日本人却大体上是自己教自己。别的国家进口外国的机器设备就尽量使用，日本人却是用心仿造，加以改进，造出自己更好的机器。有一些国家可能由于历史的原因而不喜欢日本人（又有多少拉丁美洲人喜欢来自英语国家的“外国佬”?），但是他们还是羡慕和赞佩日本人的成就。

日本人成功，部分的原因在于他们有着强烈的集体负责的精神。一个工人若好逸恶劳、吊儿郎当，就不仅会损害自己，而且还伤害全家人的声誉。还有国家——不要忘了国家。在德川幕府统治时期，日本人很少会有国家意识，因此多数日本工人和农民在维新后初期还想不到国家。这成了新帝国的首要任务：向国民灌输“忠君爱国”思想，并将它贯彻到工作中去。学校用很大的一部分时间进行伦理道德教育。在一个没有正规的宗教教育和礼仪的国家里，学校成了道德品质和伦理教育的殿堂。1930 年的一本教科书中写道：“体现爱国主义的最便捷途径，是在日常生活中严格律己，在家庭中保持良好的秩序，尽心尽力完成自己的工作职责。”① 还要节俭，反对浪费。

这就是韦伯的新教伦理的日本版本。在政府倡导现代化和民众集体致力于这一目标的情况下，有了这样的职业道德，所谓的日本经济奇迹才成为可能。要认真理解日本的成就，就必须看到这种由文化因素所决定的人力资本。

关于韦伯

马克斯·韦伯（1864—1920）最初是研究古代世界史的历史学家，后来成了一位精通多门社会科学的奇才。1904—1905 年，他发表了影响最大和引起争议最多的论著之一《新教伦理与资本主义精神》。其主题是：新教教义——更具体说是加尔文教派教义——促进了现代资本主义的兴盛，即他从自己的祖国德国所了解到的工业资本主义的兴盛。他说，新教做到这一点，并不是由于它减轻或废除罗马天主教那些阻碍或抑制自由经济活动的条规（例如禁止高利贷），也不是由于它鼓励人们追求财富（更不是它

① Haruhiro Fukui, "The Japanese State and Economic Development: A Profile of a Nationalist—Paternalist Capitalist State," in *States and Development in the Asian Pacific Rim*, ed. Richard P. Applebaum and Jeffrey Henderson (Newbury Park, Calif.: Sage, 1992), p. 205

发明这种追求），而是在于它确定和支持了日常行为的伦理而促进了经济上的成功。

韦伯认为，新教加尔文派教义做到这一点，最初是因为它确认了得救预定论：人不能靠信仰或行为而得救；能否得救是从每个人出世之初就预定了的，无论什么东西都改变不了一个人的命运。

这样一种信念很容易鼓励宿命论的态度。既然行为和信仰改变不了什么，为什么不纵欲寻欢呢？又何苦还要为善？这是因为按照加尔文派教义，善是上帝可能选择的迹象。人人都可能被选中，但唯一理智的假定是，大多数被选中的人会通过自己的性格和行为表现出他们心灵的品质和命运的性质。这种含蓄的确认有力地鼓励了恰当的思想和行为。死硬的预定得救论的信念只持续了一两代人的时间（这样的教条不会有持久的吸引力），然而它最终转化为一种世俗的行为准则：勤奋，诚实，严肃认真，节省金钱和时间。

所有这些价值观有助于商业和资本积累。但韦伯强调，好的加尔文派教徒不以财富为目的。（但他也许不难相信，诚实致富是上帝恩宠的一个标志。）在宗教改革之前，欧洲就早有希望致富的人。韦伯的见解是，新教教义造就了新型实业家，他们致力于按一定方式生活和工作。重要的是这种方式，财富充其量不过是一种副产品而已。很久以后，新教伦理才蜕化为一套物质成就的格言以及关于财富价值的自鸣得意、虚情假意的说教。

韦伯的论点引起了形形色色的反驳。社会学家罗伯特·默顿由韦伯论点衍生出来的论点，即认为新教教义与现代科学的兴起二者之间有着直接的联系，也引起了同样的争论。实际上可以说，今天的多数历史学家都认为韦伯的论点站不住脚，不可接受：它时兴过一时，但已成为过去。

我不同意这种看法。从经验的层面上看，不能同意，因为记录表明，新教生意人和制造商在贸易、银行业和工业方面都起过领先者的作用。从理论层面上看，也不能同意。问题的核心实际上在于造就一种新人——理性的、有条理的、勤奋的、讲求实效的人。这些品德在以前不是没有过，但恐怕并不常见。新教使这些品德在它的信徒中间普遍化，新教徒彼此之间以它们作为衡量的标准。

新教徒的两个特点反映出并证实着这一联系。其一是强调教育和文化水平，对男孩女孩都一样。这是读《圣经》的副产品。好的新教徒应能自己读《圣经》。（相形之下，天主教徒当时以教理答问的方式传教，但不一定要自己读经，教会明显地不鼓励人们自己去读。）结果是：新教徒识字率高，一代又一代有文化。母亲有文化是重要的。

其二是时间观念强。在这一点上，我们有社会学家所谓的“不引人注目的证据”：钟表的制造和购置。即使是在法国和巴伐利亚这样的天主教地区，大部分钟表制造者也是新教徒；而在英国和荷兰，钟表的使用及其向农村的普及在当时也比天主教国家先行了一大步。没有什么能比时间观念更加促进农村社会的“城市化”了，它还意味着价值观和品位的传播。

这并不是说，韦伯所谈的资本家“理想类型”只能存在于加尔文教派以及由它演化而成的其他教派之中。所有各种宗教信仰和不信教的人都可以成为理性、勤奋、有条理、讲实效、整洁和严肃的人。他们也不一定都是商人。在各行各业，人们都可能展现出这些品质并从中获益。在我看来，韦伯的论点在于，在16—18世纪的北欧，宗教鼓励了原先曾是少有的、冒风险的这类人的大量出现，正是这类人创造了我们称之为（工业）资本主义的新经济（一种新的生产方式）。

历史告诉我们，最成功的治贫疗法只能来自本身。外援可以有帮助，但是它像意外之财一样，也会有害处。它可能降低自身努力的动力并造成一种有害的无能感。正如非洲人一句谚语所说，“接人东西的手总是在给人东西的手的下方。”这不行。还得靠自己工作，节俭，诚实，耐心，顽强。贫困潦倒的人也许会觉得这些要求做不到，而自暴自弃。但是，归根结底，真正有效的办法只能是自强。

这些话听起来像是老生常谈，像是我们小时候在家里和学校里听父母和老师讲过的那一番道理。现今人们不爱听这些话，认为这是陈词滥调。可是，明智之言怎么会过时呢？诚然，我们是生活在一个蜜饯时代。我们希望件件东西都是甜的。我们之中，太多的人是工作为了生活，生活则要幸福。这倒是没错，只是不会催人提高效率。你想要高效率吗？那就应该是生活为了工作，而幸福则是随之而来的副产品。

不容易。生活为了工作的人是少数，但却是幸运的精华。凡是自己下决心、积极肯干的人，都可以加入到这精华的行列之中。在这世界上，能办成事的人是乐观者，这不是因为他们一贯正确，而是因为他们积极肯干。甚至在犯错误的时候，他们仍坚持实干，从而纠正错误，不断改进，直至成功。明达事理，视野开阔的乐观主义者会有成就；悲观主义只能说自己不犯错误而提供空洞无物的安慰。

｜第二章｜

态度、价值观、信念以及繁荣的微观经济学

迈克尔·波特

态度、价值观和信念，有时笼统地称之为“文化”，它们在人类行为和进步的过程中，无疑起着作用。我在一些处于很不相同的发展阶段的国家、州邦、地区、城市和公司工作过，对此有所体会。问题不在于文化是否起作用，而在于如何从更广泛的经济繁荣的决定因素这一角度，来理解这一作用。已经有大量的文献从各种视角探讨文化与人类进步的联系。我在本章中所探讨的，则是这一广袤领域的一个局部，即可以称之为“经济文化”的那些因素在经济进步中的作用。经济文化，是指那些对个人、单位及其他机构的经济活动有影响的信念、态度和价值观。

文化在经济进步中起作用，这是没有疑问的，可是怎样做到在兼顾其他有影响的因素的情况下，来诠释文化的作用，而且把文化的影响单独提出来，却相当不容易。人们在谈论文化在经济繁荣中的作用时，往往将注意力集中于一些被认为是可取的一般性文化属性，例如勤奋，主动性，重视教育，以及来自宏观经济

学的因素，例如储蓄和投资的习惯。它们当然与繁荣有关联，但是这些一般性的属性当中，没有哪一项是明确无误地与经济进步相关。工作勤奋是重要的，但同样重要的是这种勤奋工作所遵循的指针和方向。主动性是重要的，可是并非所有的主动性都是有成效的。教育是关键性的，但同样关键性的是看追求什么样的教育，以及将教育用于什么样的目的。储蓄固然好，但要看储蓄的钱是否得到有经济效益的配置。

实际上，同样的文化属性，在不同的社会中，甚至是在同一个社会的不同时期中，对于经济进步而言，可能具有很不相同的意义。以节俭为例，它在日本起了好作用，然而是到近年的持续衰退为止；如今它却构成了经济复苏的一个障碍。只要调查一下经济成功的一大批国家和地区，例如美国、日本、意大利、香港、新加坡、智利、哥斯达黎加等的实例，就会看出，它们各自的有助于改善经济状况的文化因素有许多差别，错综而微妙，这进一步证明文化与繁荣之间并不存在一种简单的关系。

在本章中，我将探讨经济文化与经济进步之间的复杂联系。这里主要是以国家或者邦、州为地理单位来看繁荣的水平。我一般是谈各个国家的情形，然而，相关的经济单位往往也可能是更小一些。几乎在每一个国家中，各个邦、州或地区的经济繁荣程度是有明显差异的，其原因有时也可能归结到态度、价值观和信念。在思考一些跨地理单位的群体——例如各地的华人——的经济繁荣程度时，也可能应用许多同样的因素。

下面，我将首先概略谈谈人们近年来对当今全球经济中繁荣源泉的认识。接着，我将就这些源泉与有助于繁荣的各类信念、价值观和态度二者之间的联系，提出一些初步的看法。在这方面，我们会遇到一个重要的问题：一些无助于生产率的文化为什么会出现，并持续存在？我将从近百年来流行的经济思想和状况的角度，探讨一下这个问题。最后，我将谈谈在现代经济中，文化差异的存在有多大的余地，以及在市场全球化引起的经济趋同的情况下，文化的影响可能有什么样的变化。

繁荣的源泉：是比较优势还是竞争优势

一国的繁荣，或生活的水平，取决于它利用其人力资源、资本及自然资源所实现的生产率。生产率决定着可持续的工资及资本赢利率的水平，而后二者决定着一国人均国民收入的高低。因此，生产率是“竞争力”的基础。它取决于一国的企业所生产出的产品及服务的价值，例如来自品质和独特性以及生产率的价值。经济发展的中心问题，是如何为迅速而持续的生产率增长创造条件。

在现代全球经济中，生产率所依赖的，主要不是一国企业在哪些产业从事竞争，而是它们如何竞争，也就是说，它们是如何运作的，它们的战略如何。在今天的全球经济中，几乎任何一个产业的企业都可以通过运用更成熟的战略，投资于现代技术，而提高其生产率。在各行各业，例如在农业、小包裹递送或半导体生产这样一些极不相同的领域，现代技术都为升级换代提供着重大的机会。同样，几乎在任何一个领域都有采用更先进的战略的余地，其中包括区分不同的顾客对象，产品和服务作适当的差异化，按照顾客的特定需求安排有效的产品递送链。

因此，政府挑选有制胜能力的产业而给予优惠的做法，是有缺陷的。在新的“生产率范式”中，谈不上哪个产业好哪个产业不好，而是要看企业能否采取最好的方法，集合最优秀的人才，利用最好的技术，来尽可能不断提高生产率水平。一国经济是不是农业经济，或服务业经济，或制造业经济，并不是关键。关键在于，该国是否有能力围绕着生产率决定国民生活水平这一前提，把自己组织得有效率。

在生产率范式中，本国企业和外资企业之间的传统区别亦将失去其意义。一国经济是否繁荣，是本国企业和外资企业在该国所作所为的反映。本国企业若采用落后的办法生产低质产品，就会拖该国生产率的后腿，而外资企业若带进新的技术和先进的管理方法，就会促进该国生产率和职工工资的提高。地方产业和外贸产业二者之间的传统区分，以及只关注后一类产业的倾向，也是成问题的。地方产业关系到公民的生活费用以及外贸产业的交易成本。像日本的情况那样，忽视地方产业，会带来严重的不利后果。

作为经济繁荣的基础的生产率范式，对于以往的财富源泉的理念而言，是一大转变。100 年前，甚至是 50 年前，人们曾广泛认为，一国繁荣与否，来源于该国是否拥有土地、矿产等方面的自然资源以及充足的劳动力后备，从而比那些资源较少的国家占有**比较优势**。然而，在现代全球经济中，企业可以廉价地和有效地从任何地方获取资源，这就使资源本身的价值不那么高了。资源的实际价值在下降，过去百年来一些基本商品的实际价格逐渐降低，就证明了这一点。同样，廉价劳动力无处不有，劳动力的拥有也不再自然而然地构成一项优势。随着交通运输和通信联络的费用迅速下降，靠近市场或贸易线路的有利地理位置这一点的重要性现今也不如从前了。位于香港或智利的企业尽管距离欧美市场遥远，也仍然可以成为美国或者欧洲的重要贸易伙伴。

作为财富的基础，比较优势已让位于**竞争优势**，而竞争优势表现为能以优越的生产率，调集资源创造出有价值的产品和服务。竞争优势的基础在于知识、投资、睿智和创新，一国的企业只要能开发出更成熟的竞争优势源泉，就可以有更高的生产率，这样的国家就能提高其生活水平。

在今天的全球经济中，一个具有讽刺意味的现象是，在决定一家企业是否比别的企业有更高竞争力和生产率方面，本地的因素正变得日益重要和日益起决定性作用。这是因为贸易、资本和信息流动迅速，企业靠外地的投入而建立的优势会被抵消。如果说一国的企业是从德国买机器设备，它的竞争者也可以同样买。

如果说企业是从国外吸取资本，它的竞争者也可以这样做。如果说企业是从澳大利亚进口原料，它的竞争者也能照样进口。这种种举措可能都是必要的，然而它们实质上已构不成现今全球经济中的竞争优势。剩下的竞争优势的源泉则日益具有本地性，其中包括是否拥有特殊的供应商或顾客/客户关系，能否在本地顾客/客户和合伙人的启发下对市场需求获得独到的真知灼见，或者能否利用附近的供应商而取得生产上的灵活性。

繁荣的微观经济基础

一国企业竞争优势的许多外部源泉如今被经济全球化抵消了，因此，一个国家想要提高自己的经济的地位并为自己的公民创造经济繁荣，就不能不用心培植潜在的内部优势源泉。人们的注意力往往集中在宏观经济上、政治上和法制上建立一个良好的环境。宏观经济条件固然是必要的，可是要确保经济繁荣，仅靠这些条件还是不够的。实际上，人们较少斟酌微观经济政策。而微观经济政策若不完善，国家就会受到国际资本市场的惩罚。

繁荣归根到底有赖于改善竞争的微观经济基础。生产率的微观经济基础，在于两个相互关联的领域：公司运作和战略的成熟，以及微观经济的工商环境质量。在一国运营的公司必须达到较高生产率，否则经济就不可能实现较高的生产率。而公司竞争所能达到的成熟程度，在很大程度上受到公司所在国家的工商环境质量的影响。工商环境对于公司所能实行的战略以及企业运作的效率，起着很大的作用。例如，倘若规章制度方面繁文缛节、拖拖拉拉，后勤不可靠，或者企业不能及时得到所需要的生产设备零部件的供应或高质量的服务，那么企业就无法做到有效率的运行。

要弄懂微观经济层次上的工商环境的性质，是很不容易的，因为地区因素对生产率的影响包罗万象，错综复杂。在《各国竞争优势》一书[①]中，我把地区对竞争的影响概括为四个相互关联的方面：生产要素（投入）条件；企业战略和竞争的地区背景；当地的需求条件；各相关的和后援的产业的实力。它们构成微观经济的工商环境，一国的企业即是在这种环境中从事竞争，并从这种环境中吸取竞争优势的源泉。经济发展是一个长期过程，要在这一过程中逐渐建立起这一系列的相互依存的微观经济能力和动力，以支持更先进形式的竞争。

生产要素条件是指企业为生产产品或提供服务而能够吸取的各种投入因素的性质和规模。这些要素包括劳动力、资本、道路、机场及其他交通运输和通信联络的基础设施，以及自然资源。生产要素的投入是一个系列，从基本的要素（例如廉价的劳动力和基本的道路），直到高级的要素（例如多模式的交通运输

---

① Michael E. Porter, *The Competitive Advantage of Nations* (New York: Free Press, 1990).

系统，高速的资讯通联设施，有高等学历的专业人才，等等)。就这些投入因素而言，质量和专业化要比数量重要得多。例如，如果一国的基础设施适用于该国从事竞争的领域，那么生产率就会提高。同样，重要的是要拥有受过专门训练的劳动力，他们掌握了必要的技能，能够生产各类专门的产品，掌握更先进和生产率更高的生产流程，这要比拥有未受训练的后备劳动力更加有价值得多。总之，成功的经济发展需要在一国的投入因素的质量和专业化程度方面实现持续的改善。

当地的需求的质量，是一国微观经济竞争力的第二个关键的决定因素。顾客/客户要求严格，能有力地促进生产率提高。当地顾客/客户施压于一家企业、一个产业以及当地产业竞争的性质，会促使它们提高产品的质量和价值，从而提高生产率，这些产品在出口市场上取得成功的可能性也就随之增大。顾客/客户的要求能迫使当地企业懂得怎样去改善自己的产品和服务，使之更新换代，从而让顾客/客户直接受益，虽付出更高价格但获得更大的价值。反之，若当地的需求疲软无力，企业只不过是仿造别地研制出的产品，那么生产率和产品的国际市场价格就会受损失。

顾客要求高，其重要性从意大利的制鞋业可见一斑。意大利妇女在买一双鞋之前，会先试二三十双鞋，仔细查看皮革质量、做工、鞋跟的式样和高低大小，穿起来是否舒服，合不合时尚，如此等等。这就等于在当地开了一座实验室，能在这样一种环境中生存和发展的制鞋商，就能有信心，既然，自己的鞋能在意大利畅销，那么出口到世界各地大概也错不了。

企业战略和竞争的背景，是指当地的竞争的类型与强度所要遵循的规定、动力和准则。欠发达的经济通常在本地没有竞争。要向发达经济前进，就必须在本地发展强劲有力的竞争，从尽量降低成本和减少仿造，到提高生产流程的效率，最后达到创新和差异化。本地企业之间的健康的竞争，是迅速提高生产率的根本。如果一个企业不能在国内竞争，它在国外市场也竞争不了。[①] 如果在国内没有激烈的竞争，企业就永远不会锻炼得身手灵巧并不断创新。国家可以运用各种手段促进本地的健康竞争，制定反垄断的法律，实行鼓励兴业精神及扶植新企业的政策，就是这一类的措施。

一国微观经济方面的工商环境的最后一个决定因素，是本地供应商和相关产业的规模和质量。中等的和高等的发达水平均有赖于企业集群的形成。集群就是在地理位置上集中的同一产业相互竞争的企业及其众多相关产业和后援机构所形成的网络。硅谷、华尔街和好莱坞都是强大集群的例子。事实上，在世界各地，在几乎每一个经济发达的国家，以及几乎在每一种产业，都有与硅谷和好莱坞相似的情形。集群其实早已有之，只是如今显

① See, for example, Michael E. Porter and Mariko Sakakibara, "Competing at Home to Win Abroad: Evidence from Japanese Industry," Harvard Business School Working Paper 99—036, September 1998.

得日益重要。相互竞争的企业、供应商、相关产业和后援机构集中于一地的现象之所以会出现并长久存在，是因为它有助于促进生产率，比那些需要从远方吸取生产要素和新思想的企业运作得更好，而且有助于更好的改进和创新。

跟其他的竞争力范式相比，在生产率范式中，政府的作用有所不同，而且比较间接。政府的责任首先是在宏观经济、政治和法制方面创造一个稳定的和可预见的环境，从而使企业能够在长期经营的战略上，作出为提高生产率所必需的抉择。此外，政府必须确保企业能得到高质量的生产要素，例如受过教育的人力资源以及可靠有效的基础设施；制订能促使企业提高生产率的竞争规则和鼓励措施；为企业集群的形成提供方便和鼓励；制订并实施一套积极的、有特色的和长期的经济升级规划，以动员政府、企业、各种机构和公民个人等各方面的潜力。政府以及高等院校、标准计量单位等机构和各产业群体应共同努力，保证工商环境有利于生产率的提高。

在生产率范式中，促进企业集群的形成和升级，是政府和私营企业双方均应努力承担的一项日益重要的任务。这与从前的做法大不相同。过去，是政府选择重点发展的产业，实行对它们有利的产业政策。那种产业政策只照顾本国的公司，政府通过保护主义的政策对企业竞争实行干预，还采用产业倡导和价格补贴等手段。决策高度集中于全国层次，颇像中央计划体制。

企业集群的理念则与此不同。它的基本出发点是：所有的企业集群都能为国家的繁荣作贡献；本国公司和外资公司都能促进生产率的提高；跨产业的相互联系和相辅相成是竞争优势必不可少的源泉，应予鼓励。从前的产业政策是力图扭曲竞争，使之对本国有利；鼓励集群的政策则是力图加强竞争，因为它促进竞争的各方面的形成，并消除生产率和提高生产力的努力所受到的种种限制。集群方针在决策方面也是比较分散的，鼓励邦、州和地、县各层次发挥积极性。

经济政策与发展过程

经济进步是一个连续升级的过程，在这一过程中，一国工商环境的种种要素均逐步演变，以支持日益成熟和有效的竞争方式。从工商环境的角度来看，必备的条件是随着一国从低收入到中等收入再到高收入的运动而有所变化。在早期发展阶段，企业竞争主要靠廉价劳动力和自然资源。基本的要求是争取摆脱那种状态。脱离贫困以后，国家就必须使自己企业的生产要素、运作机制和生产技能升级，以便能进行较成熟的竞争，从而提高生产率。这就要求使人力资本升级，改善基础设施，对贸易和外商投资开放，保护知识产权，提高规章制度标准以迫使企业提高产品质量和加强环境保护，并扩大地区的整合。

一国要达到中等发达水平，就必须日益注重改善人力资源的质量，提高国内需求的水平，奠定科技基础，保障本地的竞争，并建立先进的信息和通信基础设施。政府应与私营企业、高等院校及其他机构协力建立强大的企业集群。要再达到先进的经济水平，就必须发展在世界技术前沿领域创新的能力，企业在此基础上可以创造出新颖独特的商品和服务，而这样就能保障公民的高工资。这方面的步骤包括增加基础科研的投资，扩大科技人才队伍，增大企业获取风险资本的机会。

建造繁荣：信念、态度和行为的涵义

在讨论竞争力的微观经济基础时，我们看到某些信念、态度和价值观有助于繁荣和促进繁荣。最关键的是人们对于繁荣的基础所普遍持有的信念。个人和企业对自己取胜之道的见解，强有力地影响到他们的态度和经济行为。能支持成功经济发展的最基本的信念，大概就是相信繁荣是取决于生产率，而不是依靠资源控制、经济规模、政府优惠或军事力量；相信生产率范式对社会有益。如果没有这样的信念，人们就会想方设法谋取租金和垄断地位，这样的病态心理现今仍在影响着许多发展中国家。

另一个有助于繁荣的基本信念，是相信财富的潜力是无限制的，因为财富立足于思想和睿智，它们不因资源不足而陷于停顿。许多人只要能提高生产率就可以扩大财富。这一信念促使社会中各行各业都采取提高生产率的步骤，从而扩大财富总额。相反，有些人认为财富是固定的，就那么多，努力不努力都一样，因此人人勾心斗角，只想从现有财富总额中多占一份，这样一来，几乎必定导致生产率下降。这种认为一方之所得即另一方之所失的零和世界观，是全球皆可见的农民文化的核心。[①]

生产率范式引出了整整一系列有助益的态度和价值观：创新是好的，竞争是好的，责任制是好的，严格的规章制度标准是好的，能力和技术方面的投资必不可少，雇员是资产，企业集群成员的地位是一项竞争优势，与供应商和顾客/客户的合作是有益的，联系和网络是必需的，教育和技能是工作有成效的必备条件，只有生产率提高才能升工资，等等。与这形成对照的，则是不利于生产率提高的态度和价值观，例如：垄断是好的，权力决定报酬，僵硬的等级制是保持控制的必要条件，生意上的合伙关系取决于封闭的家族关系，等等。

在任何国家中，群体与群体以及个人与个人之间，在信念和态度上都会有所不同。大家还会看到，在一国的经济文化中，既有促进生产率的一面，又有损害生产率的一面，一国的经济发展在某种程度上正是由这两方面的拉锯战所形成的。分量特别重的，是政府领导人和企业界精英的信念和态度。强有力的政府可以硬性推行一种有助于生产率的经济文化，至少推行一段时间，

① See, for example, Jack M. Potter, May N. Diaz, and George M. Foster, eds., *Peasant Society—A Reader* (Boston: Little, Brown, 1967).

然而这必须被企业界利益集团所接受，否则，经济进步就会是缓慢的和可能逆转的。要实现持续的发展，就必须做到使那些有助于生产率的信念、态度和价值观伸展到工人中间，伸展到教会、院校等机构，最终伸展到整个文明社会。否则，有助于生产率的政策若触犯既得利益集团的利益，就会得不到足够的政治支持。

我通过调研发现，从许多方面来看，要加强国家竞争力，最艰巨的任务之一，就是如何改变经济文化。有助于竞争力的政策和行为是什么，现在已较好地为人所知，可是问题在于怎样才能让人们真正接受它们。因此，在经济发展中，一项重大的任务在于教育，让人们理解现代经济，看清自己在现代经济中的作用，并了解社会中其他群体的行为对他们的利害关系，因为许多公民，甚至还有他们的领导人，缺乏这些认识。正由于缺乏这样的认识，一些特殊利益集团便得以阻碍一些广泛有利于国家繁荣的变革。

为什么一些国家中存在着不利于生产率的文化?

对于繁荣的决定因素以及能促进经济进步的信念、态度和价值观，人们已经有越来越大的共识。既然如此，为什么我们仍然见到一些不利于生产率的经济文化？为什么它们能在某些社会中持续存在？难道那些个人和群体是明知故犯，存心与自己的经济利益背道而驰?

这些问题的答案是复杂的，无论从理论上或实践上来看，都很值得探讨。显然，人与人之间以及社会与社会之间，利益是可能不相吻合的。同时，人们可能只看见近期利益，因而作出的抉择和行为违背其长远利益。在这里，请让我谈几点较一般的看法。首先，在一国流行的经济思想或范式，对经济文化有强烈的影响。百年来，对于经济繁荣出现过众多的各不相同的理论，例如中央计划经济，进口替代论，生产要素积累论，等等。在一些社会中，这样一些主张通过教育系统、知识分子和政府领导人的倡导以及无数的其他途径，已深深扎根。与此同时，一般的人乃至一些政治领导人对国际经济的状况及其运作，常常是无知的。无知造就出真空，从而让那些老的想法保持不变。

人们对于怎样才能富裕繁荣的信念在很大程度上关系到他们的行为。信念会反映在态度和价值观之中。而不利于生产率的经济文化之所以出现，主要不是由于根深蒂固的社会习性，而是由于无知，或者是因为他们不幸受到了有缺陷的理论的引导。而人们接受有缺陷的理论，有时纯粹是出于意识形态，但有时则是为了统治者便于利用这种理论来维持他们所希望的那种政治控制。例如，军政权往往喜欢实行进口替代和自给自足的政策，因为这种政策有利于他们加强自己的权力以及对公民的控制。有些国家由于种种缘故得以避免有缺陷的理论，因而在经济繁荣方面受益。

第二，经济文化看来还在很大程度上来源于以往和现今的微观经济背景。的确，个人的行动可能有损于社会的集体利益或国家利益。可是根据我的了解，个人很少会明知故犯，违背自己或集体的利益。因此，文化属性很难脱离总的工商环境和社会体制的影响。在一个社会中，人们行动的方式，与该社会经济制度所给予的信号和诱因，有很大关系。

举例来说吧。常常有人抱怨说，发展中国家的工人职业道德差。可是既然勤奋工作得不到应有的报酬，得不到提升，人们还能怎样呢？看待一国国民的职业道德，离不开该国总的经济的激励制度。同样，发展中国家的公司在行为上往往表现出机会主义，不是从长远着眼安排计划。可是，在政府政策多变和不可预测的环境中，这种短期行为也许倒是合理的。公司谋取分外的经济收益，也往往是政治体制促成的。

可见，归结为文化的国民特性往往是有其经济根源的。日本的终身雇用制及高储蓄率就是明显的例子。终身雇用制远远不是第二次世界大战之前的规范，它是在那次大战结束后不久，为控制工潮而实行起来的。按照人们普遍的看法，高储蓄率在很大程度上是由于日本人总记得战时及战后的艰难岁月，再加上退休年龄较早，退休金制度欠完备，住房花费昂贵，他们不得不尽力攒钱。

因此，源于文化的行为，与经济体制所促成或强化的行为，是很难分开的。从这个意义上说，历史，包括“太平盛世”和

“艰难岁月”的经历，都给经济文化留下深刻的印记。文化有赖于境遇，有些穷国的人移居另一种经济体制的地方后取得了成功，就是证明。这样的事例很多，移居美国的一些萨尔瓦多人事业有成，即是其中一例。

第三，社会政策的取舍可以对经济文化产生强烈的影响，因为这方面的政策影响到经济背景。社会保障网方面的政策就是一个明显的例子。这方面的政策直接影响到人们的工作态度、储蓄行为以及自己投资于教育的意愿，还间接影响到一国经济政策的其他方方面面。实际上，经济政策和社会政策是彼此紧密相交织着的。

所以，经济文化在很大程度上是直接或间接由经济所形成的。也有例外，其中包括一些信念、态度和价值观根本不是源于经济利益或个人的利害得失，而是源于纯粹社会或道义上的抉择。社会/道义上的态度和价值观的例子，有对待老年人的社会态度、人际交往的准则和宗教信仰上的教义等，它们会间接地影响到经济文化。它们对一国社会政策的轻重取舍也起很大的作用。然而，即使是社会/道义方面的态度和价值观，也可能带有以往经济境遇和经济学识的印记。对于有利于或者不利于生产率的经济文化，宗教和哲学都很可能有重大影响。

综合以上几点看法来考虑，我们就不要轻易地因为文化上的问题而贬低一国经济，譬如说：“某某国家工人懒惰，公司腐败，经济就是不行。”可是，倘若那个社会学习了不同的经济信念，实行了不同的经济体制，情况又会如何？在今天的全球经济中，人们都可以学到先进的技术和知识，因此，若用地理环境、气候、宗教等某一方面的因素来断定一国的贫富，那同样也是危险的。

总之，经济文化是执著的，不易改变，但又并不是像某些人所说的那样一成不变。尤其是那些妨碍生产率提高的信念、态度和价值观，一旦它们不再受到流行的信念的支持，或是它们所造成的现实迫使公民和企业感到非变不可时，它们就有可能改变。当然，在放弃已有观念之前，总会出现无知、怀疑或者惰性。然而最近十来年的实际情况表明，一旦时机成熟，一些国家是可以让经济文化迅速转变的。[①] 有理由预测，潜在的转变步伐正在加快，下文中将谈到这一点。

围绕着生产率文化的全球趋同

从历史上看，世界政治和经济形势提供了经济文化广泛变化的余地。如上文中所说，世界上有过很不一样的多种经济模式，有的国家追求某种模式达数十年之久。这些不同的模式给经济行

① A good example is the case of Chile in Anil Hira, *Ideas in Economic Policy in Latin America: Regional, National, and Organizational Case Studies* (Westport, Conn.: Praeger, 1998).

为人打下了印记，它们之所以持续那么久，正是反映了当时的世界形势。在20世纪头七八十年，国际经济远不如现今这样全球化，所以各国经济受到的国际竞争压力也较小。许多国家实行保护主义政策，更加剧了各国经济的相互隔离。有些国家即使生产力低下，得不到改善，也依然可以在数十年之间我行我素。军事力量和地缘政治扭曲了贸易格局，在经济繁荣程度方面发出了较虚假的信息。发展中国家盛行的贸易保护主义反过来又使一些穷国感到它们只好向欧洲和美国出售自然资源和廉价劳动力，而没有努力更新自己的经济。冷战形成的全球政治进一步阻碍了一些国家着手于它们所需要的经济变革。大量的外援流入一些发展中国家，支撑了那些无能的领导人，却模糊了他们的经济政策的灾难性。

不利于生产率的经济文化长时期存在，还因为许多知识受限制，穷国改善经济的能力受限制。一些公民往往处于被隔绝状态，接触不到别的行为准则。技术变化的步骤相当慢，技术落后或采用新技术迟缓所付出的代价，还不是像今天这样触目，于是不好的政策便得以持续下去。经济知识和管理知识的扩散相对缓慢，对国外的投资也比现在少得多。企业知识的国际传播费用高昂，也不如现今有效。经济成就的跨国衡量和评比还是罕见的。关于繁荣程度、经济政策和企业管理的那些有缺陷的老观念得以存在，在某些场合还受到积极鼓励。在许多不同的经济模式并存的情况下，人们选择什么态度，一国能有多大成就，都可能受到文化因素的重大影响。

然而，在今天，我们面对的经济环境已大不一样了。人们不再自满自足，不再容忍慢吞吞的发展，而且迫切地争取符合全球经济的要求。与生产率范式不相符的那些发展理论已失去信誉，无法应付公开竞争，无法应付技术和管理方面的高速进步。对于什么是经济繁荣的基础，什么是适当的政策抉择，人们的意见分歧正在缩小。在什么是有利于生产率的经济文化这一问题上，知识正在迅速传播。公民们已经比较容易看见别人的成功的经济行为。由此可见，在如何做到经济繁荣这一问题上，全球各地的意见正日渐趋同。

生产率范式方面的见解日益趋同，使那些未能实际遵循这一范式的国家受到强大的压力。经济政策和行为日益受到跨国的衡量和比较。政策不健全的国家受到金融市场的惩罚；不能提供有利的工商环境的国家面临着外商投资枯竭；缺乏良好职业道德的员工就会失业。政治领导人即使不对本国公民负责，也日益被迫向更广泛的经济力量负责。技术的快速进步也使得那些不接受国际惯例的人付出越来越大的代价，从而加重了他们承受到的上述种种压力。

结果是，许多国家都在努力接受生产率文化，尽管成就高低不等。以中美洲为例。那里多数的国家几百年都曾坚持民族主义的、内向的政策，如今却已投身于开放和经济一体化的过程，例如协调交通运输基础设施和协调关税准则等中美洲各国都在逐步采纳竞争和生产率范式。全球化的力量已促使这些小国把狭隘民族主义利益放到一边，大踏步改变它们以往长期的一些做法。

与此同时，对于经济行为是否有利于生产率，全球化是奖惩分明的；经济文化的方方面面能推动生产率提高，就会引来空前大量的资本、投资、技术和经济机会。国家愿意接受经济全球化，全球经济就会使它能够以惊人的速率进步。获得知识和技术的机会将空前增多。现代技术使得商品能有效率地远程输送，贸易可以在气候不同的地区之间有效率地进行。从前当人们的眼界局限于比较优势时，一些国家的发展受到自然资源限制。而当生产率、主动性和学识成为繁荣的决定因素时，发展中国家增加财富的机会就空前增多。

新经济的力量是如此强大，以至于实际上可以毫不夸张地说，经济文化已不再是一个如何选择的问题。现在的问题是：各国是否愿意改变那些阻碍生产率的老信念、态度和价值观，而自愿地接受有利于生产率的经济文化，或是最终被迫转变？问题已在于一国的经济文化何时变和变得快慢如何，而不在于是否愿意变。尽管在旧体制下成长起来的老一代人往往抵制这种转变，可是较年轻的二三十岁的一代管理人员往往受过新经济文化训练，其中不少人在国际商学院校学习过。因此，在许多发展中国家的商界精英的内部也存在着要求变革的力量。

现代经济正施加巨大的压力，迫使各国接受生产率范式所要求的信念、态度和价值观，在这种形势之下，文化是否依然与过去经济体制不同的时候一样，在经济领域起着同等的作用？在历史文献中，往往可以看到有关文化属性影响社会及其经济发展道路的大量论述，这是因为从历史上来看，各社会的文化属性曾长期存在，对社会经济形态确有颇大影响。然而，经济观念的趋同以及全球市场的压力可以说是已经缩小了文化属性影响社会经济道路的选择的余地。

现在我们所见到的情形，从许多方面来说，就是一种国际性的经济文化的核心内容正在出现，它跨越各种传统文化的界限，将为越来越多的人所共有。对经济起作用的一批信念、态度和价值观将成为共同性的，而显然不利于生产率的文化因素将会在全球经济的压力之下以及全球经济带来的机会的促进之下，逐渐消失。在经济繁荣方面，文化的重要作用将依然存在，但这很可能是一种更加正面的作用。各个社会仍会有一些独特的需要、技能、价值观和工作模式，这些将构成经济文化的一些各自不同的方面。这些有利于生产率的文化特色，例如哥斯达黎加对生态的热心，美国对于方便的迷恋，日本对于游戏和卡通的爱好，会成为别人难以模仿的竞争优势的重要源泉，造成国际专业化的新格局，因为各国人民会日益发挥他们的文化给予他们的独特优势，生产相关的产品和提供相关的服务。

可见，虽然围绕着生产率范式的全球趋同与日俱进，但文化上的差别肯定仍将存在。全球化不会像某些人担心的那样消灭文化。但是文化上的差别将不再使人们受隔绝而陷于经济劣势，相反，它们将能促进重要的专业化优势，从而使各国人民在全球经济中增进繁荣。在全球经济中，许许多多的东西都不难从任何地方获取，在这种情况下，能提供独特产品和服务的文化差别应当是更值得庆贺的。

第三章

对新的经济发展社会学的几点看法

杰弗里·萨克斯

引言：经济增长之谜

最费解的经济发展之谜，就是为什么持续的经济增长如此难以实现。1820 年以前，实际上谈不上有什么持续的经济增长。据安格斯·麦迪逊 1995 年估计，从 1500 年到 1820 年，世界人均国内生产总值的平均年增长率仅为 0.04%。到 1820 年，西欧及其在北美洲和大洋洲的殖民地已经走到了其他地区的前面，可是西欧与世界最穷地区（撒哈拉沙漠以南的非洲）之间的差距，据麦迪逊估计，仍仅为 3∶1。

1820 年以后，世界各地的人均收入均有所上升，从 1820 年到 1992 年，世界年均增长率提高到 1.21%，但增长是不平衡的。1820 年时已经领先的两类国家，即西欧各国和麦迪逊所说的西方后裔国（美国、加拿大、澳大利亚和新西兰），往前走得更远了，它们今天构成了发达世界成员中的大多数。在 1990 年世界上最富的 30 个国家和地区中，上述两类国家和地区占了 21 个。5 个在亚洲：中国香港，日本，韩国，新加坡和中国台湾。其余的 4 个是两个小产油国（科威特和阿拉伯联合酋长国），以色列和智利。这 30 个国家和地区占世界总人口的 16%。到 20 世纪 90 年代，最富地区（西方后裔国）和最穷地区（撒哈拉沙漠以南的非洲）之间的差距扩大到大约 20∶1。

以下三点总的说明，也许有助于解释这一发展之谜。

• 地理位置：世界某些地方具有地理环境上的有利条件，其中可能包括拥有重要的自然资源，濒临海洋并且有通海的内河航道，邻近另一些经济成功的国家，自然条件宜于农业，有利于人的健康。

• 社会制度：有些社会制度有助于现代经济发展，另一些则不然。立足于农奴制、奴隶制、不可分割的土地占有制等前资本主义制度通常均阻碍现代经济增长。从经济增长和生活水平看，近百年来的社会主义试验证明也不是很成功。19 世纪和 20 世纪的殖民统治也通常不利于经济的高速增长。

• 正反馈：正反馈过程扩大了早期工业化的优势，从而加宽了贫富差距。首先，欧洲的早期工业化国家通过军事征服和殖民统治，剥削了落后地区。在富国的军事和经济挑战下，许多落后的社会崩溃了。第二，先进国家和落后国家之间的技术差距通常都是随着时间的推移而日益扩大，而不是缩小。技术创新像是一种连锁反应，现时的创新为未来的创新提供燃料。

新古典经济学理论回答不了经济增长之谜，因为它无视于地理位置、社会体制和正反馈机制的作用。它甚至对创新的动力机制也研究不足，直到不久前才有所改变。在新古典经济学中，经济发展实际上谈不上是多大的挑战。市场体制被认为是既定的。各国都被认为会储蓄和积累资本，而技术和资本则被认为会方便地跨国界流动。既然资本的边际产值在资本不足的国家高于资本充裕的国家，既然技术落后的国家可以进口富国的技术，穷国就被认为会比富国经济增长得更快。

新古典经济学因此而对经济趋同的前景深感乐观，相信穷国会比富国增长得更快，收入水平的差距会缩小。当然，亚当·斯密以来的古典经济学家和新古典经济学家都承认有缺陷的经济体制会妨碍增长，但是新古典经济学家认为体制竞争或公众选择会使有缺陷的经济体制遭到抛弃，所以他们保持乐观。

新古典经济学肯定有助于解释当代一些重要的经济快速增长的插曲。东亚一些地方近几十年的增长快，在很大程度上是由于它们在以市场为基础而资本不足的情形下迅速积累了资本和技术。同样，北欧和南欧之间的差距在战后时期缩小，明显地与新古典经济学所强调的趋同机制有关，同时也是因为新古典经济学的框架很适用于西欧的环境。然而，主要的问题是，这些趋同机制只是在一些特定的场合得到应用，而没有构成普遍的进程。

本章将为理解世界经济增长的不平衡性提供一个范围较广的社会学框架。我要强调指出，一种适当的理论必定要论述地理条件，以及社会体制的演变，在这两方面都要论及社会内部的变化以及各社会跨国界的相互作用。

地理位置的作用

社会科学工作者只要多花点时间看看地图，就会看到在经济发展方面呈现着突出的地理格局。基本格局有二：第一，世界温带地区比热带地区发达得多。（在30个最富的国家和地区中，只有两个，即中国香港和新加坡，是在热带，而它们的人口在30个最富国家和地区的总人口中所占的比例还不到1%。）第二，地理位置上偏僻的地区——远离海岸或通航河流或者深居于崇山峻岭之中，国内和国际交通运输费用高昂的国家——比沿海平原或通航河流两岸的社会在发展水平上也差得多。内陆国一般说来问题最严重。它们远离海岸，至少要经过一道国界才通到国际商路。欧洲固然有几个富的内陆国（尤其是奥地利、卢森堡和瑞士），但它们享有一大有利条件，即周围都是富裕的沿海国家。在别的几大洲，内陆国几乎全是穷国。

热带地方普遍穷，原因是复杂的，但这现象却随处可见，世界各大洲均如此。世界上经济发展的分野实际上不在南北，而在于温带与热带。

热带持续贫穷，也许可以从三个主要方面来解释：农业因素，健康因素，以及与科技资源的动员相关的因素。热带农业面临的一些问题导致多年生植物以及特别是粮食作物生产率低，这些问题包括：热带雨林条件下土壤贫瘠，侵蚀和流失严重；水资源难调控，在雨季旱季交替的情况下还存在旱灾的风险；农业和畜牧业病虫害发生率高；食品易腐烂难贮存；在夜间气温高的地方纯光合潜能率降低。结果似乎是许多热带地区粮食生产率受到固有的限制。例外的情形包括冲积土和火山土地区，例如尼罗河三角洲和爪哇，还有夜间气温较低的山间谷地。热带人口稠密的地区包括中美洲，安第斯山区，东非大湖和大裂谷区，以及喜马拉雅山麓。

传染病的负担，热带也重于温带。在温带，多数传染病是直接在人与人之间传播（例如肺结核，流感，肺炎，性病等）。在热带，则另外还有一些由传病媒介传播的大病（如疟疾，黄热病，血吸虫病，锥虫病，ochocerciasis，恰加斯病，丝虫病，等等）。在炎热气候下繁殖的昆虫和动物，如苍蝇、蚊子和一些软体动物，是这些疾病的重要传染媒介，充当寄生物的中间寄主。

农业生产率低，加上传染病发病率高，产生了多方面的不利影响：务农人口比例高（农民生产不出剩余农产品）；城市化水平低；大量人口集中于偏僻高原地区（如安第斯高原和东非大湖区），为的是尽量躲避更热的平原地区的种种问题；人的预期寿命短以及人力资本增益较低。

热带地区还可能有第三种不利因素。至少 2000 年来，温带地区人口一直多于热带。根据麦克埃夫迪和琼斯 1978 年的统计资料，在过去两千年，热带人口大约只占世界总人口的 1/3。如果说生产率的增长与人口规模成正比，如果说一种生态区的生产率进步不容易推广到另一种生态区，那么温带人口在世界总人口中的比例大，大概就构成一种优势。以上两点假设看来是符合实际的。社会需求量大，会促进生产率的增长，而社会的潜在创新者多，又有利于提高生产率。同样，温带地区在农业、保健、建筑等领域的生产率进步，恐怕难以直接应用到很不相同的热带生态环境。因此，较高的温带生产率不易扩展到热带。

说到这里，需要专门谈谈香港和新加坡。它们从地理位置来说在热带，但从生态上说只有新加坡位于生态热带。的确，它们经济发达，不同一般。但它们属于小岛城市之邦，经济集中于制造业和服务业，并不需要应付农业生产率和传染病中介之类的令人头疼的问题。

地理位置的另一个重要方面，是矿产资源，尤其是能源和黄金、钻石等贵重矿产。在 19 世纪，交通运输费用比现在高许多，煤在当时成为重工业的必备条件。缺煤的斯堪的纳维亚国家、南欧、北非和中东在重工业方面处境不利，而英国、比利时、法国、德国、波兰、俄国等位于产煤地带的国家在这一点上得天独厚。当时，缺煤的地区可以发展农业和轻工业，但却无法发展冶金、交通运输和化学工业。到了20世纪，石油、天然气、水电等能源逐渐广泛采用，交通运输的费用下降，上述的局限才得以缓解。

地理因素无疑只是发展之谜的一个部分。温带的一些地区发展得并不快，至少是不如西欧、东亚（日本，韩国，中国台湾）以及所谓的西方后裔国。温带中的滞后地区包括北非和中东，南半球若干地方（阿根廷，智利，乌拉圭和南非），中欧和东欧的大部分，以及不久前还处于共产主义统治下的前苏联。为了理解这一点，就需要谈谈社会制度问题。

社会制度与经济增长

从实际经验看，经济增长一向是与政治、文化和经济因素相关联，尤其是紧密联系到资本主义社会制度，其特点是国家实行法治，文化有利于人们社会地位的高度流动性，经济制度以市场为基础，保持广泛而又复杂的社会分工。能表现出这种政治、文化和经济制度相结合的社会是很少的。历史还表明，社会通过内部演化来建立这些制度的强烈趋势，是并不存在的。

实际上，社会演变的阻力是很强大的，因此根本性的制度变革通常不是来自内部进化，而是要靠外力推动。过去两百年来，最重要的因素是经济先进的社会与经济落后的社会彼此之间动荡不安的交往。这些交往引起落后社会中深刻的社会动荡，而打破其内部的社会平衡。这样的动荡可能促使社会制度改换方向，进而推动经济增长。然而，结果也往往是经济崩溃，甚至是国家丧失主权。

杰出的韦伯社会学第一次适当地揭示了现代资本主义的社会制度。韦伯对资本主义以前的社会和资本主义社会的“理想类型”作了区分。在资本主义以前的社会中，政权是传统的和专制的，不受法制约束。社会规范是支持等级制的。不存在大市场，只有小市场，而小市场也不受社会或法律准则制约。在资本主义社会，则是国家接受法治，社会地位流动性高，经济上的交往受到市场机制有力的调节。

韦伯的社会学著作是写于 20 世纪初。他考察的领域是资本主义在西欧的出现，以及资本主义为什么没有出现于旧大陆的其他地方。现在已经到了 21 世纪初，韦伯社会学的内容应该有所更新，我们不妨提出一个有所不同的问题：为什么资本主义向世界其他地方的传播不平衡？

韦伯对社会制度的比较分析可以为回答上述问题提供部分答案，然而他不曾充分论述以下三个问题：第一，他对资本主义社会和非资本主义社会的描述是相对固定的，而没有论述它们的社会演变的指导原则。第二，他没有充分论述各种社会之间的交互作用，包括制度上的模仿或扬弃、殖民统治以及军事冲突。第三，他只集中谈了资本主义以前的社会和资本主义社会。他的社会学地图不曾扩大到至少三大类社会组织：殖民统治，社会主义社会，以及崩溃的社会。请允许我简短地描述一下它们。

在殖民地社会中，国家机器掌握在殖民列强手中，政治的实质是独家排他的统治，主要目标是维持秩序。传统的文化制度受到系统的破坏，以利于保障经济剥削。经济体制则要保证殖民者强加的贸易条件。殖民统治不是现代资本主义的一个很好的“流派”。

在社会主义社会，政治受到一党制控制。传统文化，尤其是宗教，受到压制，所有的私人市场活动和私人财富积累也没有施展的余地。在苏联瓦解之后再作回顾，可以清楚看出这些社会主义国家在经济上也不是很成功，也许只有苏联内部一些得到大量补贴的偏远地区是例外。

还有一种常常出现的社会状况，我们也许可以将它称为“社会崩溃”，即原有社会制度停止起作用，社会陷入霍布斯描述过的人人彼此为敌的状况。在社会内部崩溃以后，重建任何一种社会秩序都很困难。由于发展中世界已多处经历了这种社会崩溃，我们不妨对它的主要特点再多说几句。

在政治上，国家权威不复存在或极其有限，并且往往伴随着暴力横行。社会信任的文化机制和经济的市场机制均告瓦解。黑市随之出现，利用货币进行的交易被以货易货所取代。

韦伯社会学的一大目的，就是要解释社会在前资本主义、资本主义、殖民主义、社会主义和崩溃的社会这几类状态之间的运动。为什么有些地方比较顺利地过渡到资本主义，而另一些地方却沦为殖民地，还有一些社会陷入崩溃？殖民地的经历在什么情况下为社会过渡到资本主义作了准备，而在什么情况下却使这种过渡无法实行，甚至在殖民统治结束之后仍行不通？我们现在还没有条件回答这些问题，下一节中，我们只是简括地谈一点假设性的看法。

资本主义扩散的格局

在理解西欧新资本主义制度的动力方面，马克思和恩格斯是有先见之明的。他们正确地预测，资本主义依靠其经济生产率上的优势，将最终扩展到全球。

资产阶级依靠生产工具的迅速改进和交通联络手段的大发展，吸引着各国进入现代文明。资本主义的商品价格低廉，成为它摧城拔寨的重炮，并迫使“野蛮人”投降。它强迫各国若不愿灭亡就得接受资本主义生产方式。它强迫它们引进“文明”，即自己也成为资本主义。它按照自己的形象塑造世界。

然而，这一过程决不是迅速的和顺利的。如果我们要理解这一漫长的、往往是痛苦的、常常还充满暴力的过程，我们就需要在体制变革问题上有一套更好的社会学理论。可是我们并没有一套全面的社会演化理论，在资本主义如何从西欧扩散到了别的地方以及如何未能扩散到另外一些地方这一问题上，也没有完整的图谱，因此我认为最有效的办法是提出若干假想性的看法，或者至少是有根据的推测。

· 由于资本主义意味着社会、政治和经济上的竞争加剧，资本主义制度通常受到各种非资本主义社会的统治精英的抵制。因此，在前资本主义、社会主义、殖民主义等各种社会中，统治精英几乎总是力图挫败或限制法治、社会地位流通性准则和市场机制的实施。

· 在社会等级森严的社会（例如 19 世纪的俄国或奥斯曼帝国），资本主义改革最难以取得进展，因为社会精英处于有利的地位来抵制变革。

· 当统治精英拿不出有力的理由来证明其统治的合法性时，他们会尤其激烈地反对资本主义改革。例如 19 世纪的中国统治者是一个合法性很成问题的外来异族（满族）王朝，这就无疑使国内的制度变革遇到阻碍。

· 许多地方的内部改革因殖民统治而中断。殖民列强通常都不曾在它们统治的殖民地社会实行市场改革，因为这种改革会增强当地居民的地位而危及殖民者的统治。因此，正是欧洲资本主义列强自己中断了资本主义向殖民地的传播，往往使之推迟了一百多年。

• 一些受到威胁的社会往往是发生社会崩溃，而不是实行改革，这主要是因为外来的威胁导致金融危机从而导致政权崩溃，或者是外来的威胁使当地的政治统治者丧失其合法性，或者是二者兼而有之。

• 社会的崩溃可能引起形形色色的后果，其中包括长期的混乱（例如海地）。沙皇俄国的政权在 1917 年发生金融崩溃和政治崩溃以后，列宁尽管尚未得到民众的广泛政治支持，却仍然成功地夺取了政权并使之巩固下来。随后，苏维埃制度通过武力扩展到了东欧和中欧各地。

• 以下几种地理条件十分有利于实行资本主义制度：

——是沿海国家而不是内陆国家；

——邻近别的资本主义国家；

——位于重要国际贸易通道上的国家；

——土壤肥沃、农业发达因而有利于高度城市化的国家。

• 通过文化的联系（例如居主导地位的宗教信仰，或犹太人之类的散居各国的少数民族群体）而与世界市场相通的社会，更易于实行资本主义制度。

在地中海地区出现活跃的贸易和经济发展数百年之后，现代资本主义开始形成于北大西洋各国社会，尤其是英格兰和荷兰。它很自然地传播到北美的新移民定居地以及澳大利亚和新西兰。

这些地区有不少特点，其中最重要的是它们跟英国一样位于温带生态环境，当地原有居民稀少，在欧洲人带来的传染病几次大流行之后，人口就更少了。至于西欧，拿破仑的远征、1848 年革命以及英国工业化的榜样，使资本主义体制逐步东延。到 1850 年，现代资本主义已存在于西欧及西方后裔国。

关于美洲其他各地，需要专门说一下。加勒比海诸岛当时成了奴隶社会，大多从事甘蔗种植业。除了伊斯帕尼奥拉岛（海地和多米尼加共和国）以外，这些岛屿仍然是殖民地，有的是到 19 世纪末为止（如古巴），有的是到 20 世纪中期为止（如小安的列斯群岛和牙买加）。它们大多是白人长期统治贫穷的百姓（先前的奴隶），而且热带的土地被开发过度，环境恶化。

西班牙的各处殖民地，情况有很大差别。阿根廷、智利和乌拉圭位于南半球温带，与北美和大洋洲相似。土著人口稀少。气候与西班牙差不多。它们在独立后头 50 年（大致是 1820 年至 1870 年）政局不稳，但是到 1870 年时，它们已具有正式的民主结构，或多或少成为资本主义社会，只是在土地分配上极不平等。在热带的中美洲各国和安第斯山区各国，形势大不一样。它们的土著印第安人口多得多。社会不平等，欧洲白人后裔与土著以及从外面运进来的奴隶形成高低不等的阶层。这些社会抵制资本主义体制更长久得多，无疑是由社会的极端不平等造成的。

在经济改革问题上，19 世纪最激烈的斗争是发生在欧亚大陆上的几个大帝国（中国，日本，俄国和奥斯曼帝国）。上文中所谈到的一般性原则在这里似乎是能说明问题的。事实证明，除了日本以外，其他三个社会中反对资本主义改革的势力都很强大，甚至在帝国受到西欧列强蚕食的根本威胁时仍然坚持老的体制。只有日本在1868年一次政变后出现了一场迅猛的“资本主义革命”。在这一点上，日本的有利条件在于，它原先已有一个商业社会；它的文化在全国是均[illegible]的，它四面环海，可以靠出口带动经济增长；还有它煤藏丰富，可以早早实现工业化。而在另外三国，社会中的一系列政治障碍和文化障碍结合在一起，挫败了改革的尝试。政治和文化向同一方向起作用：社会精英反对改革，因为改革威胁到他们在千百年来老制度中所享有的特权。

至于世界其余地区——基本上是在欧亚非旧大陆热带地区——几乎全都沦为殖民地。非洲尤其是如此。在奎宁的推广使欧洲殖民者得以战胜疟疾而长驱直入撒哈拉以南各地以后，没有一个社会幸免于这种遭遇。北非、印度次大陆和东南亚也陷于欧洲列强的统治。朝鲜半岛和台湾成为日本的殖民地，中亚则被俄罗斯帝国吞并。

到1900年，有一个虽然粗略但却清楚的统计：资本主义盛行于西欧和西方后裔国，在一定程度上实行于南美锥形区（阿根廷，智利和乌拉圭），还有日本。它们加在一起占世界人口将近1/5。新大陆热带地区（加勒比海诸岛、中美洲和南美洲大部分）大都是白人统治的、高度分化的社会，很大一部分的人口得不到自由、教育及社会地位上升的机会。旧大陆热带地区和印度次大陆处于欧洲列强殖民统治之下。三个大帝国——奥斯曼、俄罗斯和中国清朝——在欧洲列强欺凌之下摇摇欲坠，在国内日益不得人心而失去其合法性，同时在外部压力下财力日虚，捉襟见肘。

请允许我跳过65年——越过布尔什维克革命、两次世界大战和大萧条等事件——到1965年，社会主义扩展到许多地方。非殖民化的进程在印度次大陆和东南亚大部分地区已经完成，在非洲亦在进展之中。我要强调指出，直至此时，实行了资本主义的地方仍不多。世界格局大致如下：

· 资本主义世界：西欧，西方后裔国，日本，韩国，中国台湾和香港，新加坡（占世界人口的21%）；

· 社会主义世界：苏联，中欧和东欧，朝鲜，中国，古巴（占世界人口的32%）；

· 高度中央集权制、部分兼有社会主义一党统治的国家：阿根廷，智利，埃及，印度，印度尼西亚，伊朗，墨西哥，土耳其（占世界人口的23%）；

· 资本主义与非资本主义混合型的社会（国民极不平等）：热带美洲，南非，罗得西亚（占世界人口的6%）；

· 其他：殖民地社会，传统社会等（占世界人口的18%）。

总之，在当代历史中，世界多数人生活于非资本主义制度之下。社会改革的进程受到的阻力来自四个方面：旧大陆传统社会

（主要是俄国、中国和奥斯曼三大帝国）；殖民统治；社会主义；以及社会崩溃。迟至1965年，世界上仍只有大约1/5的人可以说是生活于资本主义的社会制度之中。

与生产规模成比例的经济收益日益增多：社会不平等加剧的另一原因

贫富差距日益扩大的另一个原因，可能在于经济发展过程的一个重要组成部分，即技术创新，具有使经济收益的增长与生产规模的扩大成比例这样一个特点。按照事物生长源于其内部的理论，技术创新依靠的是社会内部积累的已有技术“蓝图”。思想产生思想。技术创新的动力在于它能使经济收益随生产规模的扩大而增长，是由已有的创新思想激发的一种连锁反应。已积累有丰富技术思想的社会，有可能使经济腾飞而进入自我持续的发展，而缺乏这种思想的社会则可能陷入经济的持久停滞。既然已有的技术创新思想是新思想的来源，富者就会更富。

这种看法肯定是有道理的。在世界上，科学的分布比财富的分布更加不平衡。高收入的地区（西欧，北美，日本和新兴工业国，大洋洲）在世界人口中占16％，在世界国内总产值中占58％，而在世界科技出版物中占的比例高达87％左右，在欧洲和美国登记的专利中占的比例更是惊人，高达99％。

关于经济发展源泉的若干计量经济学数据

世界上，半数以上人口居住于温带、少量人口居住于寒带的国家，共有61个。其中，24个国家在第二次世界大战以后的多半时间内是社会主义国家。非社会主义的温带/寒带国家为37个，其中有6个（莱索托，马拉维，尼泊尔，巴拉圭、赞比亚和津巴布韦）是西欧以外的内陆国。既非社会主义国家亦非西欧以外内陆国的国家，共31个。

在这31国当中，按1995年经济购买力平价法作调整后的人均收入1万美元为界限，只有7个国家达不到发达国家的水平。其中，4国在北非和中东（黎巴嫩，摩洛哥，突尼斯和土耳其），3国在南半球（阿根廷，南非和乌拉圭）。从地理位置看，这七个国家是例外。为什么它们没有实现经济发达？在文化、政治和经济体制三者当中，哪一个是罪魁祸首？

喜欢从文化角度看问题的人认为，北非和中东发展滞后，证明文化因素起重要作用。如果撇开气候和地理位置因素，是否有证据表明这些伊斯兰国家在经济发展方面面临着更深的内部障碍？请注意文化障碍可以是内部的（例如从社会内部出现的市场体制遭到反对），也可以是外部强加的（例如欧洲国家在贸易政策上歧视该地区）。即使假定二者或者其中之一是实际正确的，要在宏观经济层次上孤立突出这种说法，也是不可能的。

要从文化因素上解释另外三国的情况，更是可疑的。阿根廷和乌拉圭大体上是移民国，在文化规范上主要与南欧相同。然而它们在经济上比南欧落后得多，所以我们不禁要怀疑，这种落后的主要原因并不在于文化本身，而是在于地理和政治上的因素。再看看以下一个事实就更清楚了：直到 1929 年，阿根廷人均收入水平仍比意大利领先不少（据麦迪逊统计，按 1990 年购买力平价调整后的美元计算，阿根廷 1929 年人均收入是 4367 美元，而意大利是 3026 美元）。可是在过去半个世纪中，阿根廷落后了，这显然是由于庇隆执政时期及其以后的国内政治和经济战略的变化。乌拉圭的经济发展则是步阿根廷这个大邻邦之后尘。最后，对于南非，则应主要着眼于殖民政策和种族政策，而不是文化。

那么，热带的经济成功例子又如何呢？可惜，这样的事例微乎其微。在经济发达的头 30 名当中，热带国家只有一个新加坡，再一个是原为殖民地、如今成为中国一地区的香港。不妨再看看比较成功的例子，即 1995 年人均收入在 6000 美元以上的热带国家和地区：除新加坡和香港以外，还有 8 个（总数是 46 个），它们按人均收入高低排列，是马来西亚，毛里求斯，加蓬，巴拿马，哥伦比亚，哥斯达黎加，泰国，以及特立尼达和多巴哥。巴拿马无疑是得益于它的地理位置有利，而不是政府好或文化优越。特立尼达和多巴哥以及加蓬这两国主要是靠石油收入。比较有意思的倒是马来西亚，毛里求斯，哥伦比亚，哥斯达黎加，以及泰国。我们还是应该问一问：它们经济比较成功，其决定因素何在，是文化还是政治？

泰国和马来西亚过去30年来主要得益于以出口为导向的产业的增长，这些产业又异常高度集中于它们的华人群体，而这些华人群体又与美国、日本和欧洲的投资者建立了联系。一般说来，亚洲各国（尤其是印度尼西亚，马来西亚，新加坡和泰国）及大中华圈（香港，台湾和大陆）华人群体之间的贸易和金融联系很可能被用以证明文化因素有助于经济发展。（但在这里，对于文化可能起的作用，照样存在一点重要的疑问：起作用的，究竟是华人群体信念体系内部固有的因素，还是这种关系提供的一个受信任的经济联系网络？）当然，具有讽刺意味的是，韦伯社会学在说明基督教新教的文化规范促进经济发展时，曾经把中国作为一个实例，来证明文化阻碍了发展。半个世纪来的实际情况，包括中国自己1978年后对市场力量的开放，却有力地表明，中国以往数百年的经济发展滞后，原因是在于政治因素和糟糕的经济体制，而不在于文化本身。

综上所述，国家贫富上的巨大差异涉及地理和政治（尤其是战后是否奉行社会主义）。如果说文化也是一个重要决定因素，那么与更广泛的地理和政治/经济因素相比，它看来是起辅助的作用。有些迹象固然表明文化起调节作用，最明显的现象有二：北非和中东一些伊斯兰社会经济发展不够快；热带某些华人群体集中的国家经济强劲有力。但更深一层来看，这二者都还有一个问题要探索：这种文化上的信号究竟是关系到有关国家社会内部的信念，还是关系到它们与其他国家之间的国际关系（因而还有国际贸易)?

由于篇幅上的限制，这里无法细述1999年就上述假设性意见所作的回归分析。结论：基本变数如所预料——经济政策影响到经济增长率，温带/寒带国家经济增长快于热带国家，瘴疠流行的地区发展慢于无瘴疠地区，内陆国经济增长慢于沿海国家。印度教和伊斯兰教社会的经济发展快慢方面，系数小，在统计上无意义。简而言之，撇开经济政策变数或地理变数，没有证据能说明印度教或伊斯兰教民族的经济增长速度慢。

同样的方法可用来说明，1965年以前曾是殖民地而以后独立了的国家，其1965—1990年期间的经济增长并没有受到前殖民地时期的强烈剩余影响。殖民地时期大概阻滞了当时的经济发展，但看不出对国家独立后仍有长远的不利后果。不过，在这一重要问题上，还需要作更仔细的研究。

总结与结论

本章讨论了如何看待经济发展的社会学，包括文化体制在经济增长快慢方面可能起什么作用。本章指出，现代经济增长与资本主义体制及有利的地理条件有着紧密的联系。除了这两大类经济增长原因之外，只有些微小的证据表明宗教信仰还起些作用。从长期看，北非和中东的一些伊斯兰国家虽地理条件有利（位于温带，尤其是有地中海气候，而且临海），但经济发展不够快。但是没有证据表明这种发展滞后的现象持续到1965年以后，至少在过去10年中，伊斯兰国家的经济增长速度显然超出了世界平均水平。

从文化的角度解释经济发展的快慢，在某些情况下可能是有助益的，尤其是可以用来说明19世纪资本主义改革所遇到的阻力。但是在作这种解释的时候，必须看到社会的其他方面（地理，政治，经济体制）的作用。若不看到这些变数，那么文化发挥重要独立作用的余地就会大大缩小。更广泛地说，现在仍需要作大量的历史研究，来建立一个健全的框架，以衡量和探索社会体制的演化，以及政治、文化、经济诸因素在社会变革过程中的相互作用。同样重要的是，我们必须更好地认识国际因素在社会演化中的作用。至少两百年来，这种因素对社会变革所具有的分量就极大，而在今后，在社会、政治和经济日益全球化的压力下，这一分量将会更大。

参考文献

Kornai, Janos. 1992. *The Socialist System*. Princeton: Princeton University Press.

Landes, David. 1998. *The Wealth and Poverty of Nations*. New York: Norton.

Maddison, Angus. 1995. *Monitoring the World Economy*, 1820 — 1992. Paris: Organization for Economic Cooperation and Development.

McEvedy, Colin, and Richard Jones. 1978. *Atlas of World Population History*. New York: Penguin.

Weder, Max. 1979. *Economy and Society*. Berkeley: University of California Press.

Young, Crawford. 1995. *The African Colonial State in Comparative Perspective*. New Haven: Yale University Press.

第四章

经济发展的文化分类

马里亚诺·格龙多纳

当一个国家从经济发展的一个阶段转入另一个阶段时，经济发展的过程就达到一个转折关头。在此关头会出现各种诱惑。如果该国抵制住了这种诱惑，它就会实现发展；否则，它就只会繁荣一时。

从投入劳动力开始而以再投资为终点的生产周期产生了一些成果，人们因而感到更富裕一些的时候，他们也许会倾向于今后少劳累一些。另一方面，消费可能快速上升而减少了盈余，从而使发展变成市面繁荣。此外，即使盈余有所增长，人们也可能决定不再把它用于生产性投资。相反，人们可能经不住诱惑而把它花费到自以为是当务之急的事情，例如为领导人树纪念碑性质的工程，为振国威而进行的战争，追求福利的乌托邦计划，或者干脆搞享乐腐败。他们还可能企图保留自己的发展阶段，其手段是实行保护主义的战略或政策，而挫伤兴业精神和投资的积极性。

每当一种关键的诱惑出现时，一个国家不是克服它就是陷进去。因此，我们也可以将经济发展过程界定为这样一个没有止境的过程：不论何时出现诱惑，都予以抵制而作出有利于投资、竞争和创新的决策。

一个国家必须能以有利于经济发展的方式度过诱惑的关头。如果有一定的价值观占上风，就可以做到这一点。塔尔科特·帕森斯指出，“价值观”可视作一常规象征体系之中的一因子，它能充作一准绳，人们依据它而在一定情况下可供选择的各种行动方针中，作出自己的抉择。① 国家必须具备那种有利于抵制诱惑而作出正确决策的价值观体系，才能实现持续的、迅速的发展。

价值观有两大类：一类是内在的，一类是工具主义的。内在的价值观是指我们不计个人得失而均予遵循的价值观。例如，爱国主义作为一种价值观，要求人们作出牺牲，有时就个人得失而言，它是“不利的”。然而自古以来，千百万人都为捍卫祖国而献出了生命。

相形之下，工具主义的价值观是指那种因为它直接对我们有利，我们才予以遵循的价值观。假定一国致力于经济增长，为此而强调努力工作、提高生产率和进行投资。倘若有利于发展的决策所追求的只是一种经济上的工具主义价值观，例如要发财致富，那么人们富到一定程度时，努力就会减退。

为什么有的国家富起来了，仍然像它穷的时候一样努力？当

---

① Talcott Parsons, *The Social System* (New York: Free Press, 1959), chap. 1.

人们不断地努力工作、竞争、投资和创新，甚至当他们不再需要如此努力就可以过上富日子的时候，也继续照样努力干，这时经济发展的革命就会发生。只有当人们所追求的有助于繁荣的价值观在繁荣出现以后仍不会消失，才有可能做到这一点。因此，在决策的关键时刻占上风的能导致经济持久发展的价值观，必须是内在的，而不是工具主义的。工具主义的价值观按自身定义来说就是暂时性的，只有内在的价值观才能无穷尽。任何工具在完成了它的用途以后就不再有用，而内在的价值观却永远召唤我们攀登一个又一个高峰。

所有的经济价值观都是工具主义的。我们需要钱，是用以达到某种非货币的目的，例如追求福利，幸福，自由，安全，宗教信仰，或慈善事业，等等。因此，要使发展不停顿，积累的过程就决不能被它自身的成就所窒息。这就是说，推动人们不停顿投资的价值观，不能是经济性的，否则，一旦取得经济成就，价值观即会随之消失。当一国人民富起来了，其价值观体系中，除了发财致富以外，还必须有某种东西能敦促人们继续创造财富，永不满足。这“某种东西”应是非经济性的，也许是维护生存和安全，也许是拯济受难者，或者是追求卓越和威望，甚或是建造帝国，总之是永不满足的价值观。

然而，持续发展所必备的内在价值观，虽然是非经济性的，却决不能是反经济的。它们应既是非经济的，同时又是亲经济的。它们是非经济的，不会随经济成就而消失；它们是亲经济的，将会不停息地推进积累的过程。

经济发展的自相矛盾之处在于，经济价值观不足以保证经济发展。经济发展十分重要，决不可仅仅托付于经济价值观。一国人民接受什么价值观或不接受什么价值观，这属于文化领域的事情。所以我们也可以说经济发展是一个文化过程。

属于文化领域的价值观，叫做“伦理”。一个人本着原已自愿接受的一种内在价值观，或者后来认识到应当如此而加以遵循的一种内在价值观，所表现出的行为，叫做“道德”的行为。按内在价值观为人处世的人，即是有道德的人。当一个国家遵从非经济而又亲经济的价值观实现经济发展时，我们可以断定这种经济发展是一个有道德的现象。如果没有持续经济发展所需的价值观，诱惑就会占上风。诱惑体现的是短期的愿望，而经济发展是长期的过程。在短期与长期的斗争中，如果决策过程缺乏一种内在的价值观作依据，短期愿望就会得势。这里就看出价值观的功能：充当短期愿望和长期愿望之间的桥梁，决定性地增强长远目标的力量，否则人们就会只顾满足眼前的利益。

在《不发达是一种心态》一书①中，劳伦斯·哈里森集中从文化的角度论述了经济发展。为了阐明自己的论点，他作了一系列双方的对比：哥斯达黎加与尼加拉瓜，多米尼加共和国与海

---

① Lawrence E. Harrison, *Underdevelopment Is a State of Mind* (Cambridge: Center for International Affairs, Harvard University; Lanham, Md.: University Press of America, 1985).

地，巴巴多斯与海地，澳大利亚与阿根廷，美国与拉丁美洲。在每一对比中，作者都以文化因素说明了发展的差距。他还用一章的篇幅论述了西班牙与通行西班牙语的拉美诸国在文化上的相似性及其后果。

我读了哈里森的这本书以后，禁不住想尝试一下再进一步，在双方对比之外，对两种类型的价值观体系作一文化分类，其中一类是完全有利于经济发展的，另一类则是完全阻碍经济发展的。在这一理论分类的框架之下，从哈里森的分析可以看到相关的实例。

各种各样的价值观，可以按照相容的格局予以归类，这就是“价值观体系”。实际的价值观体系是复杂的，而纯价值观体系仅存在于我们的思维之中，即理想的类型。有可能构建两种理想的价值观体系，一种只包括那些有利于经济发展的价值观，另一种只包括那些阻碍经济发展的价值观。尽量靠近前一种的国家，就属于现代国家；尽量靠近后一种的，则属于传统国家。这两种理想的价值观体系在现实中并不存在，也没有哪一个国家完全地属于其中哪一种。然而，有些国家比较靠近前一个极端，另一些国家则比较靠近后一个极端。

现实的价值观体系是处在运动之中，而且优劣兼备。如果它们是朝向有利的价值观体系运动，它们就会改善一个国家的发展机会。如果它们是朝相反的方向运动，那就会使一个国家的发展机会缩小。

这一分类包含着20种因素，对于这些因素，有利于经济发展的文化和阻碍经济发展的文化在看法上是大不相同的。这种差异与两种相对立的文化的经济成就是密切相关联的。在两类理想价值观之中，人们选择靠近哪一种的价值观体系，实际上就表明他们宁愿要哪一种经济，结果也就会是那样的经济。这就引出一个人们有争议的结论：归根结底，一个社会的经济发达或者不发达，并不是外界所强加，而是社会自身所选择的。

看法上相对立的20种文化因素

宗教

从古至今，宗教信仰一向是最丰富的价值观源泉。当然，正是马克斯·韦伯把基督教的新教，首先是它的加尔文教派，认定为资本主义的根源。换句话说，启动经济发展，靠的是一场宗教革命，其关键是如何看待生活中的胜利者（富人）和失败者（穷人）。韦伯将倾向于穷人的宗教潮流（主要是罗马天主教）称之为“承办式的”（publican），将倾向于富人即成功者的宗教潮流（主要是新教）称之为“遵守教义的”（pharisaic）。

在承办式的宗教占主导地位的地方，经济难以发展，因为穷人认为自己守穷是正当的，而富人却感到难受，觉得自己有罪过。相比之下，在遵守教义的地方，富人为自己庆贺，认为自己的成功是受了上帝的恩典，而穷人则认为穷是上帝的谴责。不论贫富，人人都有强烈的愿望要通过积累和投资，来改善自己的状况。

按照这样的分类，承办式宗教倡导的是抵制经济发展的价值观，遵守教义的宗教则是倡导有利于经济发展的价值观。

对个人的信任

经济发展的首要引擎是个人的工作和创造性。引导他们去作出努力和投资的，则是一种自由的气氛，能让他们掌握自己的命运。如果个人感到他们是由别的人来负责，他们的劲头就会降低。如果个人的思想和信念都是听命于别的人，其结果就会是个人丧失原动力和创造性，或者是在服从和造反二者之间作一选择。然而，不论是服从或造反都不会产生发展。服从会使社会失去创新者，造反则使精力从建设性工作转向反抗，引出障碍和破坏。

相信个人，对个人有信心，是有利于发展的价值观体系的要素之一。相比之下，不信任个人，表现为监督和控制个人，是阻碍发展的社会的典型现象。相信个人的社会还应愿意接受一种风险，即个人作出的选择也许不符合政府的意愿。如果不接受这样的风险，让个人步步受到监控网的控制，社会就会失去经济发展的基本动力，即人人都要按自己的愿望去生活和思考，表现出自己的本色，努力使自己卓越超群。倘若没有个人，只有“人民”和“群众”，就不会有发展。那时，人们不是唯唯诺诺，就是起而反抗。

道德规范

道德有三个基本层次。最高的层次是利他主义和无私无我——这是圣人和殉道者的道德。最低的层次是犯罪，不顾他人的权利和无视法律。中间的层次则是雷蒙德·阿伦所说的“合理的利己主义”：个人的行为既不是圣人，也不是犯罪，而是在履行社会责任和遵守法律的范围之内，合理地谋求自己的利益。

马克思提出的口号“各尽所能，各取所需”以及罗马天主教坚持的教士无欲操守，就体现了最高的道德。两者均与人性不符。

在有利于发展的文化中，人们广泛地遵守法律和行为准则，这些法律和准则并不过分苛求，因而是现实可行的。道德方面的法律与社会现实是实际上相吻合的。而在阻碍发展的文化中，则是存在着彼此不通的两个世界。一个是最高标准的崇高世界，另一个是鲜廉寡耻、普遍伪善的现实世界。法律是遥远的、乌托邦式的理想，只不过是表达了人们在理论上抱有的向往，而现实的世界却全然与法律无涉，通行的准则是弱肉强食，巧取豪夺，充斥着披羊皮的狐狸和豺狼。

两种财富观

在阻碍发展的社会中，财富首先是指已有的东西，在有利于发展的社会中，财富则首先是指尚不存在的东西。在不发达世界，首要的财富在于土地以及能从土地获取之物。在发达世界，首要的财富在于有成功希望的创新过程。[①] 以计算机为例：在阻碍发展的社会中，看重的是今天的计算机，而在有利于发展的社会中，注意力集中于计算机的下一代。

在当年的英属北美殖民地，那些无人居住的土地是谁开垦就属于谁。而在南面的西属和葡属殖民地，却是一切土地归王室所有。从一开头，财富就属于有权势者。所以，财富不是来自创业，而是来自博取和保持国王恩宠的本事。

两种竞争观

要想得到财富和卓越地位，就必须竞争，这是有利于发展的社会的特点，它不仅表现在经济中，而且也表现在社会其他方

---

① This definition of the view of wealth in poor countries is close to the zero—sum worldview that George Foster and others have emphasized as central to "universal peasant culture."

面。企业家、政治家、知识分子和各行业专业人士成功的关键都在于竞争。在阻碍发展的社会中，竞争却受到谴责，被说成一种敌对行为。他们主张用团结、忠诚和合作来取代竞争。代替企业竞争的，是社团主义。政治是围着领袖人物转，知识界不得不按照既定的教条来调整自己的生活。只有体育运动接受竞争。

阻碍发展的社会对竞争持否定的看法，这反映出他们使妒忌合法化，追求乌托邦式的平等。这种社会虽然批评竞争而赞扬合作，但实际上的合作往往还不如“竞争性”社会中那样常见。我们可以争辩说，正如体育运动所表明的那样，竞争事实上也是一种合作，因为竞争双方都不得不尽力而为，从而共同受益。竞争培育着民主、资本主义以及不同政见。

两种公平观

在阻碍发展的社会中，分配上的公平涉及的是现在活着的人，强调的是现在，还反映出更重视的是消费，而不是储蓄。有利于发展的社会在考虑分配上的公平时很可能还考虑到未来几代人的利益。在这种社会中，更重视的往往是储蓄，而不是消费。

工作价值观

在阻碍发展的社会中，工作并不受到很高评价，这样的哲学思潮可以回溯到古希腊时代。商人是不受信任的，但体力劳动者稍许好一点，因为他们必须工作才能生存。社会上受尊敬而地位高的人，是知识分子、艺术家、政治家、宗教领袖以及军队将帅。在基督教社会，在宗教改革之前，情形亦与此相似。但是正如韦伯所指出的，宗教改革，尤其是加尔文派的教义，把社会地位的高低排列扭转过来了，使职业道德神圣化。这一扭转了的价值观体系从一个重要的方面说明了西欧和北美——还有东亚——为什么繁荣，而拉丁美洲和其他第三世界地区为什么相对贫穷。

离经叛道的作用

当年在教条主义一统基督教天下时，马丁·路德以他的《论纲》对圣经作出了他自己的解释，成为宗教界知识多元化的先驱。在那个时代，离经叛道被视为异端邪说，是不可饶恕的大罪。然而，只有在思想上能提出疑问，才会造就创新，而创新正是经济发展的引擎。正统社会，包括前苏联，都压制创新。前苏联坚持马克思列宁主义正统而不容许离经叛道，这是它瓦解的一个不小的原因。

教育不是洗脑

我们看到，有利于发展的价值观体系所培育的人，敢于创新和提出异议。培育人才的主要工具是教育，但这种教育必须有助于受教育的个人去探求自己的真理，而不是强制灌输什么是真理。在阻碍发展的价值观体系中，教育却是灌输教条的过程，培养出唯唯诺诺的应声虫。

实用性的重要

发达世界避开无法核实的理论，宁愿探索实际上可核实和有用的理论。拉丁美洲的知识传统却偏重于大的宇宙观，使它在发展上处于不利境地。乌拉圭作家何塞·恩里克·罗多在他1900年发表的轰动一时的《埃里厄尔》一书中，借用莎士比亚《暴风雨》中的两个人名，突出展现了这一区别，以潇洒、精明的埃里厄尔代表拉丁美洲，以丑陋、斤斤计较的卡利班代表美国。然而，开辟了经济发展道路的，却是北美人，而不是拉丁美洲人。但与此同时，我们也必须看到，不能搞功利主义，因为它有严重缺陷，纳粹德国和前苏联就是可怕的例证。

较轻的美德

发达社会还尊重一系列较轻的美德，如办事稳妥，整洁有条理，讲礼貌，准时。它们既有助于效率，又有助于人际关系的和谐。但是它们在传统文化中几乎不受重视。因为它们有碍个人的自持，还因为人们只重视一些大的传统美德，如爱，正义，勇敢和崇高气概。上述较轻的美德却是发达社会的特点，在这种社会中，人们更尊重他人的需要。

时间上的重点

时间有四个范畴：过去，现在，最近的未来，以及直到来世的遥远未来。发达社会在时间上的重点是力所能及的未来，它是唯一能够掌握或加以计划安排的时间框架。传统文化的特点却是为过去自鸣得意。至于他们看重的未来，则是遥远的、人类最终命运的未来。

理性

现代世界的特点是强调理性。理性的人是在有所成就后才在一天的末尾感到自慰，进步则是大量的小成就的结果。相形之下，传统文化强调的是宏伟的项目，例如金字塔，阿斯旺水坝，革命。阻碍进步的国家处处都有未完工的纪念碑，道路，厂房和宾馆。没关系。明天又会有一个新的梦想。

权力

在理性社会，权力在于法律。法律的最高权威确立之后，社会就按照近代哲学家（如洛克，休谟，康德）归结为宇宙一自然法则的理性来运转。在阻碍发展的社会，君主、元首或国家机器的权力就像是一个喜怒无常、不可预测的上帝。无法指望人们让自己适应于已知的、合乎逻辑的、始终如一的法律要求；相反，他们不得不力图神化当权者的专制意志，所以这种社会必然存在着不稳定。

世界观

在有利于发展的文化中，世界被看做是行动的舞台。世界等待着人们去有所作为以改变它。在阻碍发展的文化中，世界被认为是一个庞大的实体，其中各种不可抗拒的势力在表现它们自己。这些势力名目繁多，诸如神，鬼，强大的国际阴谋，资本主义，帝国主义，马克思主义，犹太复国主义等。在这种文化中，人们主要操心的事是拯救自己，往往采取乌托邦式的举动。因此，这种社会中的个人往往是动摇于狂热和悲观怀疑之间。

生命观

在进步的文化中，生命被视为操之在我，我是主体。在阻碍发展的文化中，人们认为一切是命中注定，我只能听天由命。

救己与救世

在阻碍发展的文化中，人们的目标是拯救自己，让自己从这个世界得到超度。按照传统的天主教的说法，现世界是尘世“泪谷”。拯救自己的办法是抵制各种诱惑，争取超度到死后的另一世界。但是在新教徒看来，在那另一世界的超度取决于个人努力转变这一个世界的成就。天主教观念的象征是僧侣，新教观念的象征是企业家。

乌托邦

有利于进步的文化和阻碍进步的文化，都有自己憧憬的乌托邦，即理想境界。在进步的文化中，人们认为世界是通过个人的创造性和努力而慢慢向遥远的乌托邦前进。在抵制进步的文化中，个人却是寻求早日进入一个实际上达不到的乌托邦，结果又是摇摆于狂热和悲观怀疑之间。后一种观念就体现于罗马教皇约翰一保罗二世对印度的访问，他在那里坚持说，所有的印度人都有权摆脱贫困过好日子，而同时又拒绝节制生育。

不同的乐观主义

在阻碍发展的文化中，乐观主义表现为人们盼望交好运，得到上天或强者的恩惠。在有利于发展的文化中，乐观主义则是表现为人们作出一切必要的努力以保证有一个令人满意的命运，相信起作用的是自己的行动。

两种民主观

阻碍发展的文化是专制主义传统的继承人，即使它采取了卢梭主张的大众民主的形式，也依然是如此。它不承认法律的限制和体制上的监督。按照这种观念，国王对人民享有绝对权力。在进步的文化中，民主观的特点在于洛克、孟德斯鸠、麦迪逊和阿根廷学者胡安·包蒂斯塔·阿尔韦迪所主张的那种开明的、按宪法实行的民主，政治权力分散到几个不同的部门，法律至高无上。

最后的几点想法

以上是有利于经济发展的价值观体系与阻碍经济发展的价值观体系通过 20 种文化因素的对比。这一清单并不是结论性的。它可以通过更多的对比加以扩充，也可以压缩而只列出最重要的区别。我的标准是实际可用，即通过这 20 种因素，足以对两种价值观体系彼此相对立的观念，有所了解。

应当提醒的是，不论是这种“有利于发展的文化”还是“阻碍发展的文化”都不是现实世界中存在的现象。借用韦伯的话来说，它们是“理想的类型”，或“心灵上的构念”，展现的是两个极端，有助于作分析，能帮助我们对某一具体社会加以定位和给予评价。一个社会愈是接近于有利的理想一端，它实现持续经济发展的可能性就愈大。反之，靠近不利一端的社会实现持续经济发展的可能性就较小。

在这两个极端之间可以有一条想象的直线，现实的社会可以定位于该线上的某一点。然而，这种定位不是固定不变的，因为没有哪一个价值观体系是静止不变的。它们总是沿两极之间的直线朝向这一极或那一极不断运动，尽管是缓慢地运动。两种理想类型就像是相反方向上两个照明的港口，召唤船舶的领航员向它们靠拢。这就让人们可以判断某一个国家是朝经济发展的方向前进，还是相反，朝脱离经济发展的方向移动；其运动的速度是快还是慢。倘若它已靠近阻碍经济发展的那一端，那就该考虑是否需要改变它的价值观体系的运动方向和速度，争取改善发展的前景。同时，还有可能判断，是不是有一些价值观虽然并不完全有利于发展，但却体现着一个社会的特性，只要它们不阻碍发展，就应该保留。

不论是在西方还是在东方，真正的经济发展在 17 世纪之前还不曾出现。欧洲和中国、印度以及哥伦布发现新大陆之前的美洲，均是如此。全球各地当时都处于低生产率水平，因为都还是农业社会。年景时好时坏，主要看气候，尤其是降水量如何。但是没有持续的经济发展。原因在文化。着眼于扩大生产和提高生产率、鼓励资本积累的价值观，尚不存在。那时的价值观体系是反经济的，它们重视的是另一些东西，例如，怎样超度埃及法老的灵魂，研究古希腊的艺术和哲学，罗马帝国的法制和军制，中国的传统哲学和文学，以及中世纪欧洲人弃绝尘世和寻求永远的超度，其手段往往是征战。

最先在北欧和北美造就了经济发展的，是产生了新教的宗教改革。宗教改革以前，在欧洲居领先地位的角色，是法国，西班牙（与信奉天主教的奥地利结盟），北意大利（文艺复兴的摇篮）以及梵蒂冈。新教的文化革命使形势大变，原先的二流邦国——荷兰，瑞士，英国，斯堪的纳维亚诸国，普鲁士，还有原英属北美殖民地——跃居领先地位。表现为工业革命的经济发展，给新的领先者带来了财富、威望和军事力量。非新教国家不得不面对现实：它们实现不了经济发展，就得受新教国家主宰。它们不得不作出选择：是承认新教霸权，还是坚持它们固有的价值观。

非新教国家的反应，各不相同。一个极端是波多黎各，它出卖了自己的拉丁灵魂以换取一杯羹的实利。另一个极端是坚持宗教激进主义的伊朗，它坚决拒绝西方式的发展，认为那会威胁到自己祖先传下来的特性，它的当权者都以保存这一特色为己任。

另一些国家是在这两个极端之间运动。中国的帝国统治者蔑视西方的力量，最后却被迫屈服。毛泽东领导的共产党革命可以被看做是中国顺应西方潮流的真正第一步，虽然它选择的是西方的一种异端思潮，即马克思主义。邓小平又向西方再迈出了一步，向资本主义开放了门户，虽然保持着集权主义的政治体制。

日本人在 1853 年美国军舰强行驶入东京湾以后，认识到他们已抵挡不住西方。明治时代的新领导集团采取不同的方针：接受西方技术，而又不接受西方文化。随后，日本建立了相当了不起的战争机器，打败了中国和俄国，却在第二次世界大战中毁了自己。屈辱之后被迫民主化，这民主化生了根，日本人将重点从打仗转向了办工商业，结果惊人。韩国和中国台湾这两块原日本殖民地也走了相似的路。

欧洲的天主教国家接受了经济发展的逻辑，在第二次世界大战之后尤其如此。新教国家的经济速率如今降低了，部分的原因在于早先的宗教动力有所减退；与此同时，法国、比利时、意大利、爱尔兰和西班牙则已经跨越了发达和不发达之间的界线。

天主教的拉丁美洲会走上同样的发展之路吗？在 20 世纪 80 年代——那“失掉了的十年”——拉丁美洲经历了它那些阻碍发展的价值观所引起的经济危机。拉丁美洲能否攀登上经济发展、民主化和现代化的高度，还有待于观察。

第五章

拉丁美洲：文化与精英行为

卡洛斯·阿尔韦托·蒙塔内尔

长期来，拉丁美洲在政治观念方面苦于躁狂抑郁症的周期。有时它处于兴奋状态，媒体宣称这片大陆终于成熟了。我们听到人们说，哥伦比亚是一只新的“亚洲虎”；哥斯达黎加是拉丁美洲心脏中一处令人惊叹的硅谷；巴西将对美国称霸西半球的地位提出挑战。然后，却又降临体制性的灾难：政变和未遂政变；极度通货膨胀；稳定化计划失败；资本外流。我们陷入阴郁的不景气，外国投资者开始逃离这里。随后，抑郁变成绝望，我们认输，下结论说“无路可走啦!”或许我们该开始议论一下是不是有一种兴奋和压抑交替的文化。

当 20 世纪终结时，我们正处于这一周期的抑郁阶段。诚然，如今除了古巴以外，所有拉美国家的政府都是产生于自由的选举，这在历史上还是头一回。可是人们不无理由地担心，我们的民主是不是比我们所估计的要更脆弱一些。委内瑞拉那位信奉集权主义的中校乌戈·查韦斯在 1992 年曾企图夺权而未果，留下了400来人的死亡，可是这同一位查韦斯如今却在那个国家当政，还颇得民心。厄瓜多尔的议会曾指责一位总统阿夫达拉·布卡拉姆“发疯”而把他赶下台，如今那个国家正陷于一场经济危机之中，谁也不知道出路何在。巴西的货币在三周之内购买力跌落一半，伴随着这场通货贬值，费尔南多·恩里克·卡多佐总统的威望也猛跌了。墨西哥有时看来是在朝向现代民主前进，有时又是背道而驰。哥伦比亚变成了彼此隔绝的一系列城市孤岛，它们只有靠飞机维持不可靠的联系。那里至少有三支军队各自为政，一支是中央政府军，一支是共产党游击队，还有一支是准军事集团的部队。在同一时候，这三支军队又深浅不一地被第四支力量所渗透，那就是毒品贩子，他们用钱收买武器和人们的良心，手下掌握有成百上千的雇佣杀手。在巴拉圭，副总统路易斯·马丽亚·阿加尼亚与总统劳尔·库瓦斯为敌，遭对手暗杀，而库瓦斯也随即被赶下台，跟鼓吹政变的将军奥维多一起逃跑。但是何必还多费笔墨呢？简单地说，我们是处在一个抑郁的周期之中。

无休止的讨论

拉丁美洲为什么未能像加拿大和美国那样取得发展成就，在这个问题上的辩论一直是拉美知识界反复呈现的一个焦点。说法五花八门，人们可以各取所需。19 世纪初，人们把一切问题归咎于西班牙和葡萄牙遗留下的影响及其缺乏容忍心的天主教教义。19 世纪中期，种种缺陷又归因于土著居民似乎好逸恶劳，反对进步。到 20 世纪初，尤其是 1910 年墨西哥革命以后，人们说贫困和不发达的原因在于财富分配不公平，首先是农民得不到土地。20 世纪 20 年代起，人们愈益激烈地谴责“剥削成性的帝国主义”，主要是“美国佬帝国主义”。在 30 年代和 40 年代，又出来一种看法，说拉丁美洲的虚弱是由于拉美各国政府虚弱，纠正的办法只能是将这些政府变成“经济的发动机”，让公务员变成企业家式的人物。

到了 80 年代——“失掉了的十年”——这种种诊断和主张都达到了危急关头，实际情况证明，尽管这些说法都各有一点道理，但全都说明不了问题。而韩国、新加坡、中国台湾这几个在 50 年代还低于拉美平均水平的穷地方在几十年间迅速发展起来了，这证明拉丁美洲根本错误理解了繁荣的关键。于是我们又必然回到了那个老问题：过错在谁?

一个虽然只是局部但却可能站得住的答案是：过错在于“精英”，即那些领导和主管社会各主要公私部门的群体，他们的行动体现出一定的价值观、态度和意识形态，而这些东西就拉丁美洲而言并不是有利于集体的进步。罪过并不在于哪一个人；应该为持久贫穷负责的，是那些在公私机构占据领导岗位的一大批人，即那些人中间的大多数。

认为传统文化的价值观和态度是进步的一大障碍这样一种看法，已逐渐为越来越多的人所接受。但是这些价值观和态度是怎样表现于人们的行为之中？在本章中，我想谈谈它们如何表现于六大类精英的行为，这六大类是：政治家，军人，企业家，教会人士，知识分子，以及左翼人士。我希望一开头就说明白，把罪责仅仅加在精英身上是不公平的，他们在很大程度上不过是更广泛的社会的反映。假如他们的行为全然背离广大社会的准则，他们就会遭到抛弃。此外，在精英人士内部，也有例外：有一些人是在努力，争取让那些把我们带到今天这般田地的传统行为模式有所改变。

政治家

让我们从政治家说起，因为他们是最抛头露面的。如今在拉丁美洲，政治家的名声相当不佳，所以人们一旦当选公职，都要表白一番，声明自己根本不是政客，而是别的什么：是军官，是技术专家，是选美王后，等等。总之，不是玩政治的。为什么会这样？主要是因为公职官员当中存在着腐败而又不受惩罚，这已成为拉丁美洲处处可见的正常现象。它有以下三种表现形式：

一是典型的形式，即政府官员让某人赢得一个工程项目，或者听任某人违规牟利，就得到“佣金”和贿赂。

二是间接的形式，即腐败是让某个与自己结盟的人获利，而自己本人也许还是清白的。这样的例子包括多米尼加共和国的华金·巴拉格尔和厄瓜多尔的何塞·马丽亚·贝拉斯科·伊瓦拉。

三是收买人心的形式，它也是代价最高昂的一种，即耗费公款收买大量的选民。

如今，政治家仿佛不是当选后应奉公守法的公仆，而是相反，倒像是胡作非为的专制君王，衡量他们的威望有多高，就要看他们违法乱纪的本事有多大。凌驾于法律之上的本事，成了拉丁美洲的真正权力的定义。

事实在于，在拉丁美洲存在一种现象，即个人的忠诚应得到报偿，而是非曲直倒可以撇到一边。很大一部分拉丁美洲人要么是自己培育这种关系，要么是对此予以容忍。在拉丁美洲的文化中，忠诚很少超出亲朋的圈子。因此，公职部门在很大程度上不受信任，公益观念很淡薄。由此而不可避免的就是，能报答盟友和同情者的政治家就是最成功的政治家。

诚然，这些丑恶行径并不是拉丁美洲所独有的。可是，令人担忧的是，它们在这片地区发生得如此频繁，如此强烈。更令人担忧的是，对于这类行径以及干了坏事而不受惩罚的现象，人们竟然熟视无睹。拉丁美洲人似乎不明白，公职人员的腐败和无能是本地区贫穷的一个多么重大的原因，而最终为此付出代价的是人民自己。

军人

对于拉丁美洲的问题，军人差不多负有同样的责任。在先进民主国家，军人的职责是保卫国家抵御外侮。在拉丁美洲，军人却常常自己承担起一项任务，即在政治家失败的时候挺身而出，救国救民，要么用武力行使军队式的社会正义，要么干脆自己执政，维持公共秩序。在这两种情况下，他们的行为都像是自己国土上的一支占领军。

一直有人说，拉美军人的行为反映出老宗主国西班牙的影响。可是历史事实是，当拉美各共和国于 1810 年至 1821 年间先后独立的时候，西班牙的政变还是个别情况，而且谈不上什么成功。后来，伊比利亚半岛上的造反事件是与拉美类似事件发生于同一时期，而不是在拉美事件之前。拉美军方领导人在 19 世纪挑起过数不清的内战，在 20 世纪又多次实行过长期的军事独裁，这实际上是一种拉美历史现象，它是与那种既不尊重法律又不尊重民主价值观的集权主义心态相联系的。

自从 19 世纪初期拉美国家独立以来，军事独裁就屡见不鲜，可是在 20 世纪 30 年代和 40 年代，在赫图利奥·瓦加斯①领导下

① 瓦加斯（vargas，1883—1954），巴西总统（1930—1945；1951—1954），亦译巴尔加斯。——译注

的巴西以及胡安·多明各·庇隆领导下的阿根廷，军人又自认为承上天旨意应该完成新的使命：促进由国家驱动的经济发展，包括任命高级军官为国营企业的经理。实际上从未奏效的基本论点是：既然拉美国家机构软弱、混乱，只有军队凭借其庞大规模、传统和纪律，可以建立大规模的现代工业，从而能够在 20 世纪的复杂工业世界上参与竞争。

军人参与国有企业，使拉丁美洲付出了惨重代价。像政治家一样，军官也变得腐败。他们保护下的企业扭曲了市场，而且往往过于膨胀，人浮于事。结果是效率低下，设备老化。

拉丁美洲虽然有过几位文人出身的国家元首（caudillos），例如阿根廷的伊波利托·伊里戈延和巴拿马的阿努尔富·阿里亚斯，然而绝大多数的元首是军人。拉斐尔·莱昂尼达斯·特鲁希略，胡安·多明各·庇隆，阿纳斯塔西奥·索莫查，阿尔弗雷多·斯特罗斯纳，曼努埃尔·安东尼奥·诺列加，菲德尔·卡斯特罗，均是如此。元首不单是一个靠武力执政的独裁者，许多的公民，实际上还有整个权力结构，都把镇压工具的决策权和控制权完全交给了他。其结果不仅是有悖于民主的发展，而且从经济上看也是代价极其高昂，而且必然造成公私财产的混乱。

企业家

拉丁美洲政治上最令人啼笑皆非的局面之一，就是人们常常把50%的居民生活于简陋棚屋艰难度日的贫困归咎于“野蛮的资本主义”。真正的悲剧却在于，拉美资本有限，而这有限资本之中，很大一部分不是掌握在肯冒风险、勇于创新的真正企业家手里，而是属于那些谨慎怕事的投机分子，他们宁愿投资于房地产，指望他们国家的经济如同植物般的增长将会使他们的房地产升值。他们不是现代的资本家，倒像是封建传统下的地主。

然而更糟的是，这些唯利是图的（mercantilist）企业家不是参与市场竞争，而是与政客相勾结，指望靠政治庇护发财。[①]他们让腐败的政客分享利润，形成恶性循环，利润增长的同时，腐败也日益加深。他们收买海关寻求保护，结果引起物价上扬，消费者得到的商品和服务质量低劣。他们可以借口维护本国利益和实现规模经济，而买通官员取得垄断地位。他们还可以花钱买到减税免税、国家补贴、优惠利率、无需偿还的贷款以及低价套购外汇。

---

① The term “mercantilist” in the sense that it is used here was popularized by Hernando de Soto in *The Other Path*（Lima：Instituto Libertad y Democracia，1986）.

奸商与贪官朋比为奸的关系，尤其突出地表现在按基本汇率套购外汇，进口生产资料再卖给本国厂矿。在一些国家，美元有三种不同的汇率，只要买通了官员，就可以按基本汇率买进美元，再把其中的一部分秘密地高价倒手卖出去，而进口物资时又是另一种汇率。这样一倒腾，利润就魔术般地翻番。他们越富，腐败也越严重。

这类官商勾结营私的行径，别处也有，可是在拉丁美洲出现得十分频繁和严重，而且干了坏事可以不受惩罚，人们对此听之任之，这种状况真令人心忧。人们似乎没有看到，奸商勾结贪官而获取的那些钱，归根结底是直接或间接从纳税人的腰包里掏出去的，而且这类非法行径增高了总的交易成本，使商品和服务价格上升，而使穷者愈穷。

事实是，除了极个别的例外，拉丁美洲还不曾经历过与政治民主相结合的现代资本主义，不了解西方富国以及东亚越来越多的地方是以什么方法提高了人民的生活水平。

宗教界人士

在谈到应当为民众的不幸负责的精英时，不得不把宗教界人士也包括进来，这是令人痛心的。痛心，是因为并非所有的宗教界人士都有过错，应当负责的只是那些通过布道反对市场经济而且为反民主行径辩护的人。痛心，还因为后一类宗教界人士这样做并非出自为自己谋利。他们以为自己是主持社会正义，事实上只会让穷人永世受穷。这真是善心办坏事，引导人们走上通向地狱之路。

大致说来，天主教会自从 19 世纪下半叶以来失去了它原有的大部分财产，只剩下学校、医院和若干大众传媒。它原先曾是西方世界中最大的地主，如今却早已在经济领域不占重要地位。然而这并不意味着它的影响，尤其是道义上的影响，也缩小了。它仍然可以让某些价值观和态度显得合情合理，也可以让它们变得无立足之地，从而对人们的贫富产生深刻影响。

当拉丁美洲主教会议或者“解放派神学家”或耶稣会教士们谴责“野蛮的新自由主义（neoliberalism）”时，他们是在宣扬谬误。① 他们所攻击的“新自由主义”其实不过是旨在缓解拉美经济危机的一系列调整措施，如削减政府开支，削减国有单位工薪总额，国有企业私有化，争取预算收支平衡，谨慎控制货币发行量——在拉丁美洲的干涉主义经济模式半个多世纪来未能广泛改善人民生活而遭到失败之后，采取这些措施应是纯属常识。受到宗教界强烈批评的这些措施，实际上与欧洲富国为了发行欧元而彼此提出的要求，没有什么不同。这纯粹是为了实行一种明智的经济政策。

① “Neoliberalism” is the pejorative term used by critics，most of them ex－adherents of various forms of socialism，to describe free market capitalism.

更糟的是，那些主教们，尤其是解放派神学家们，还遣责赢利动机、竞争和消费主义。他们为穷人的贫穷而悲叹，但与此同时却又宣扬拥有财产的念头是有罪过的，靠勤奋、节约和创新而取得经济成就的行为也是有罪过的。他们所宣扬的态度是与成功心理学背道而驰的。

在某些解放派神学家看来，只要存在着富国尤其是美国的帝国主义，贫穷就是不可避免的。唯一的出路是武装暴力——解放派神学领导人古斯塔沃·古铁雷斯就提出这种主张，而且从来没有公开收回这一主张。[①]

知识分子

知识分子在拉丁美洲抛头露面的程度之高，在世界上也是少见的。也许这是来自法国对拉美知识分子的强烈影响。法国也是如此：一位作家或画家一旦成名，就变成了所有问题上的专家，可以评论任何事情，包括巴尔干半岛上的战争，试管胚胎受精的是与非，以及国有企业私有化引起的灾难，等等。

我们拉美文化的这一特点本来起不了什么大作用，只是它会造成破坏性的后果。我们的知识分子热情得很，对他们缺乏知识

① Gutiérrez's best－known book is *Una Teología de la Liberación*（Lima：CEP，1971）.

的每件事情都毫不谦虚地说三道四，吵吵嚷嚷，其代价是，他们反复说的话会成为形成拉美人世界观的一个关键因素。拉美知识分子当中的许多人是反西方、反美和反市场的，因而后果是严重的。不管他们的言论是如何地违反我们星球上 20 个最发达、最繁荣国家的实际情况，对拉美人世界观的影响仍然是深刻的。这些言论造成的后果，是削弱民主，妨碍人们对未来建立合情合理的信心。如果这些知识分子鼓吹可怕的革命前景，那么我们就会毫不奇怪地看到资本外逃，人们会感到我们的政治和经济体制长久不了。

此外，知识分子在报刊和书本、电台和电视中发表的言论，会在拉美多数高等院校中得到响应。拉美公立大学中的大多数以及私立大学中的相当一部分都是老式马克思主义经济理论和社会理论的古老储存所。他们至今仍在强调跨国投资的危险性，全球化的危险性，以及让市场力量去处理资源配置的经济模式所包含的邪恶。这就说明了为什么年青的大学生在大学里听了课，竟然又去联系一些从事颠覆活动的团体，例如秘鲁的“光辉道路”分子，乌拉圭的图帕马罗斯分子，委内瑞拉的“左派革命运动”，哥伦比亚的 M—19 运动，或者墨西哥的萨帕塔民族解放军。这些青年带进丛林、山区和城市街道的武器所用的弹药，正是来自大学的课堂。

在拉丁美洲，高尚体面的高等学府不多，一般的大学都不是办成独立的教学科研中心，而是无休止地重复一些陈腐、有害的理论。更令人心寒的是教学内容与社会实际需要严重脱节。这些学府似乎是存心向它们讨厌的社会模式造反，全然不考虑如何培养合格的专业人才去为真正的进步作贡献。尤其不像话的是，这些大学的经费由国库提供，花纳税人的钱，可是80％或90％的大学生却是来自中产阶级和上层阶级。这就是说，从钱少的人的口袋里掏钱，供钱多的人去花销。这些钱所维持的却是一些荒谬理论，它们只会让穷人永远穷下去。

左翼人士

这最后的一类精英，包括反对市场经济和私有财产的工会人士，以及拉丁美洲特有的一些革命派。

诚然，拉丁美洲也有一些负责的工会，致力于工人的合法权益。可惜它们通常不占主导地位。在拉美社会处处可见的工会，反对国有企业私有化，尽管这些企业几十年来一直亏本，提供劣质低效的商品和服务。有些教师工会闹罢工，只因为它们反对教师执行标准的能力测试办法。有些腐败的工会贵族把持职工退休基金和健康保险金，损公肥私。

有些工会不懂得现代企业必须灵活适应形势的变化才能有竞争力。它们坚持僵硬的劳资合同，使企业难于增减职工，或者一裁员就得付出沉重的代价。这就使企业失去竞争力，而且不愿雇用新人，导致失业增多。

至于那些革命派，是指这样一些激进分子：他们自以为得到了任意胡作非为的特许证，能以社会正义的名义违背法律。有些人只宣传革命，自己不再采取进一步的行动去推进革命。另有一些人则奉切·格瓦拉为守护神，认为自己从事政治暴力是天经地义，而不顾及自己的行动给别人造成什么后果。在他们看来，政府倒是非法的，该不惜任何代价予以打击。他们的手段有：学生罢课，街头暴乱，怠工，绑架，爆炸，以及游击战。

这些天不怕地不怕的革命派的行动给拉美国家造成了多大的损失呢？这损失是无法计量的，但可以说，他们是拉美不发达的主要原因之一，这不仅是因为他们给现有的财富造成了破坏，而且还因为他们打乱了拉美国家储蓄、投资、营利和再投资于生产财富这样一个漫长而又脆弱的过程。

总之，以上列出的这些精英群体，显然还不能涵盖所有的各种各样使拉丁美洲继续沦于贫穷和非正义状态的人。但以上这几类精英是很突出的。我的希望是：通过描述是什么样的传统文化价值观造就了这些人，突出这些人的行为，批驳他们的论据，我也许可以为拉丁美洲的转变出一份力，使这些精英变成促进人类进步的力量，首先是帮助那些最需要帮助的人：让拉丁美洲失去了希望的人们能够对自由、尊严、正义和繁荣的生活抱有合理的希望。

第六章

非洲需要一个文化调整计划吗？

丹尼尔·埃通加—曼格尔

非洲的苦境是触目惊心的：

· 人们的预期寿命，在 28 国低于 60 岁，在 18 国低于 50 岁，在塞拉利昂仅为 37 岁。

· 在撒哈拉以南的 6 亿多人口中，约有半数生活于贫穷之中。

· 至少 13 国的半数以上成年人是文盲。

· 至少 18 国的半数以上妇女是文盲。

· 至少在 28 国，5 岁以下儿童死亡率在 100‰以上，而在塞拉利昂高达 335‰。

· 人口的年增长率高达 2.7%，几乎是高收入国家人口增长率的 4 倍。

· 在向世界银行提供收入分配统计数字的国家当中（并非所有的国家都提供这类数据），有一些收入分配最不公平的国家是在非洲。在肯尼亚、南非和津巴布韦，最富的10%人口占有收入的47%左右；在几内亚一比绍、塞内加尔和塞拉利昂，这一比重在43%左右。①

- 在整个非洲，民主体制显然是普遍薄弱或者根本不存在。

尽管非洲人蒙受着这种种苦难，我还是要引用一位非洲政府部长的一句名言："在我们当政的时候，国家是在地狱的边缘；从那时以来，我们已经前进了一大步。"

我引述这番话，原因之一是我们再也没有理由把我们的现状归咎于殖民列强。我们实际上掌握自己的命运，已经有几十年之久了。然而今天非洲却更加依赖于富国；别人一只手给你一点东西，另一只手又拿走东西，对于这种花招，非洲无可奈何，在这一点上比任何其他大陆都不如。世界银行通常是经费和忠告的一大来源，如今也一筹莫展。只是一个结构调整计划（其效果如何尚有待证明），此外是一片沉寂。

显然有必要问问非洲的文化怎样了。非洲文化的特点是什么？这一文化是否适合人们个人和国家在21世纪之初所面临的需要？如果不适合，该怎样调整文化的方向，从而做到在国际大协奏中，我们不再走调？**非洲需要一个文化调整计划吗？**

---

① All data are from World Bank, *World Development Report* 1998/99 (Oxford: Oxford University Press, 1999).

我们是什么

一个人要评论自己，暴露自己的灵魂，从来是不容易的，特别是要暴露非洲的灵魂就更不容易。因为呈现出来的方方面面有许多，各不相同。在这里至少有三重危险。一是把自己理想化和美化，以便显得更有分量一些。二是不说任何一句话，来揭开各种文化的人都给自己罩上的神秘光环。三是什么人有资格来代表我们大家说话呢？非洲有句谚语说得好：从井底看天的人只能瞧见天的一小片。

这些担心是有道理的，可是它们不能阻止我们照照镜子。尽管认识自己是困难的，我们是不是敢于正视自己呢？

50个非洲，单一的文化？

我们早已习惯于把非洲看做是一个多样化的实体。鉴于非洲像巴尔干半岛一样四分五裂，人们看到有的书的标题是《45个非洲》[1] 或《50个非洲》[2] 时，谁也不会感到惊奇。正如基-泽博在后一本书的引言中所说，“非洲是触摸得到的。那里也是有利可图的。”

只要描写一下非洲的多样性，就足以让奥林匹克滑冰冠军也头晕目眩。有人不同意，往往强调非洲不过是分为一个白非洲和一个黑非洲，前者在撒哈拉以北，后者在撒哈拉以南。可是南非共和国和津巴布韦又如何呢？它们都有白人，虽居少数，却很有权势。在人种之分的屏幕后面，人们会迅速发现一个重大得多的多样性源泉：语言。有通行阿拉伯语的非洲，通行英语的非洲，通行法语的非洲，通行葡萄牙语的非洲，通行西班牙语的非洲，更不用说还有非洲原有的、与欧洲殖民者无关的好几十种语言。

我们不妨再跨越现今的国界，看看当年殖民者肢解非洲，把约鲁巴人、豪萨人、皮乌尔人、马林克人等一大批民族分割到了几个不同的国家，又会作何感想呢？如果我们按照表皮肤色和语言来看非洲的多样性，就会说这里有几千个非洲！我们还必须考虑到人类学家的意见。是不是可以说非洲有多少个部落，就有多少种文化？文化种类的数目是不是和殖民者划分的国家数目相符？从总的方面谈整体上的非洲文化，还有什么意义呢？

① Hervé Bourges and Claude Wauthier, *Les 45 Afriques* (Paris: Le Seuil, 1979).

② Frank Tenaille, *Les 50 Afriques* (Paris: Petite Collection Maspéro, 1979).

我认为是有意义的。存在着多样性——大量的亚文化，这是不可否认的。然而从根本上看，仍然有一些共同的价值观、态度和体制，它们将撒哈拉以南各国人民联系在一起，在许多方面还将撒哈拉以北的各国人民也联系在一起。这有些类似于英国的情形：尽管那里存在着苏格兰、威尔士和北爱尔兰的亚文化，但没有人会怀疑还存在着一个英国文化。

非洲文化的这一共同基础的存在是如此真实，以至于人类学家们也怀疑从外面传入的宗教，即基督教和伊斯兰教，是否真的影响了非洲自古以来的一些信念，或者是否让非洲人对当今社会的看法有所改变。非洲的现代政权往往带有传统宗教礼仪的特点；占卜和巫术至今流行于宫廷。在非洲各地，宗教与社会之间的联结依然强劲。正如象牙海岸已故的首任总统乌弗埃—博瓦伊所说（他是一位天主教徒，知道自己所说的是什么）："从非洲大主教到最平凡的天主教徒，从大巫医到最平凡的穆斯林，从本堂牧师到最平凡的新教徒，我们人人都有一段信奉泛灵论的过去。"①

非洲文化是不容易领悟的。它不接受包装，也不让人将它加以系统化。下面的分类论述并不是完全令人满意的，但有助于我们对非洲文化的现实有所理解。

---

① Cited by Alassane Ndaw，*La Pensée Africaine－Research on the Foundations of Negro－African Thought*（Paris：Nouvelles Editions Africaines，1983），p. 233.

等级距离

按照D·博林格和G·霍弗斯特德的看法，等级距离——社会的垂直度——在热带和地中海气候区通常是巨大的，群体的生存和增长受人为干涉的程度低于寒带温带国家。① 在等级距离大的国家，社会一般是静止的，在政治上则是中央集权。国民财富少，集中于精英手中。人们的心态世世代代变化微小。等级距离小的国家则相反。群体需要技术进步，因为技术更新快；政治体制上是权力分散的，以代议制为基础；国民财富雄厚，分配的范围广；孩子们能学习到他们的父辈从来不知道的东西。

在比较呈水平状态的文化中，部属认为他们的上级是跟他们相同的人；人人权利平等；法律高于权力。这导致人们相信改变社会体制的最好办法是重新分配权力。在比较呈垂直状态的社会——非洲属于这样的社会——部属认为他们的上级是与众不同的，有权享有特权。权大于法，所以改变社会体制的最好办法是推翻当权者。

等级距离涵盖社会的许多方面（例如政治体制，宗教规矩，企业组织），所以它实际上足以解释一个社会为什么不发达。然而，正如博林格和霍弗斯特德所指出的，法国、意大利（尤其是

---

① D. Bollinger and G. Hofstede，*Les différences culturelles dans le management*（Paris：Les Editions Organisation，1987）.

南部）和日本也是等级距离大的国家。

对未来的掌握

在某些社会，社会成员被迫认定未来是无法掌握的，过一天算一天。谈不上什么工作热情。人们容忍别人的行为和意见，因为他们在内心深处感到维持现状倒比较安全。

在另一些社会，人们受到的文化熏陶却是要征服未来。这导致人们焦虑不安，工作热情，积极进取。社会制度因而倾向于改变现状，同时减少风险。

非洲除了最南一角以外，看来都是属于前一类社会，人们对未来的掌握很弱。要建立安全的社会，需要三个杠杆：技术，法律，以及宗教。我们也许会说非洲各国社会是有力掌握未来的社会，但可惜这一掌握仅仅是通过宗教。归根结底，如果说非洲人埋头于现在而对明天不大关心，那么主要的原因并不在于我们周围的社会结构安全，而是在于人们听天由命。

回头看宗教的根源，非洲人认为只有天神能改变永恒世界的逻辑。世界以及我们的行为都是由天意注定的，这天意早在神秘的过去授给了我们的开山祖宗，他们的智慧至今照亮着我们的人生准则。非洲人仍然是环境的奴隶，大自然是他的主人，决定着他的命运。

非洲人认为茫茫宇宙万物都是上天安排的，这一观念使非洲人具有一种特殊的空间和时间观念。

不饶人的时间

非洲人将空间和时间视为一个单一的实体。尼日利亚人说："钟表并不曾发明人。"非洲人向来有自己的时间观，为此常常受到批评。例如，让－雅克·塞文－施赖伯写道：

> 在非洲，时间既有象征价值又有文化价值，怎样度过时间和感受到时间，非常重要。坦率地说，这既是优点也是缺点。说优点，是因为每个人以自己的韵律生活一段时间，是令人满足的，他们决不愿意放弃。可是这又是缺点，因为非洲人是处于与外国人的竞争之中，这些外国人工作方式却不同，在生产率水平上的竞争正是表现为更合理地利用时间。①

塞文－施赖伯说得对。在传统的非洲社会，人们通过讲故事和寓言赞颂祖先的光荣的过去，却不努力为未来作准备。非洲人扎根于祖先传下来的文化，深信过去只会自我重复，对未来却马马虎虎很少操心。然而，对未来没有一种活力强劲的时间观念，

① Jean－Jacques Servan－Schreiber, *L'art du temps*（Paris: Fayard, 1985）.

就没有计划，没有预见，没有方案的制订；换句话说，就是没有一项涉及未来事态进程的政策方针。人们不可能歌唱未来，因为我们的文化并没有教导我们对未来提出问题，反复思索，使未来服从我们的意志。可是在现代社会，人人都必须对未来作准备。否则，就会像塞文一施赖伯提醒我们的那样，坐不上前进的列车，到月底没有钱花，到晚饭时冰箱里没有可吃的东西，在两个收获季节之间粮仓变得空空的。[①] 总之，这关系到非洲的日常生活啊！

权力不可分

两三千年来，西方社会逐渐演变，已大体脱离了宗教的影响，导致政教分离，尘世上的事与精神世界上的事分开了。这一演变导致了国家权力的出现，它当然仍有精神的一面，但不再受超自然力的干预。但是，在非洲，宗教的力量继续沉重地影响着个人和集体的命运。一个常见的现象是非洲领导人往往宣称他们具有神奇的力量。

非洲人畏惧身穿酋长衣袍的神，这一点恐怕是非洲人消极被动的一大原因。假如一位国王或总统遭遇袭击（即使是一次模拟的袭击）而安然脱险，全体国民就会推断说他有神力，因而是不可战胜的。这种将权力与神力等同起来的习性，不仅适用于“国

① Ibid.

父”式的人物，而且适用于一般的人——即便是最普通的人——只要他一旦手里有点权，就会如此。随便找一个非洲人，给他一点权力，他大概就会变得自以为了不起，傲慢专横，不容人，唯恐失去他的特权。他时时刻刻提防别人，嫉贤妒能（能力不是选神的标准），残酷无情，直到有一天一道讨厌的命令任命了别的人来接替他为止。他结束自己的仕途生涯，会完全遵奉平庸做人的哲理。（一个众所周知的事实是，在我们的一些共和国里，你只要指出某一位政客或技术官僚如何卓尔不群，就足以永远断送他的仕途。）

非洲人不愿接受社会地位的改变：统治者和被统治者永远各居其位，所以阶级划分的变化往往受到谴责。人们常埋怨在我们的国家里兴办私人企业是多么困难。这种困难的根源在于，在一切人际关系中居主导地位的因素是妒忌，这种心理与其说是想要得到别人拥有的东西，不如说是想要防止社会地位的变更。

在非洲，你必须一出生下来就是统治者，否则你就没有当权的权利，除非是你搞政变。整个社会承认向当权的强人俯首听命是天经地义。有人争辩说，不发达的不是人民，而是那些领导人。这说法既对也不对。如果非洲各国人民并不是不发达（就是说并不是消极被动、听天由命和胆小懦弱），那么他们为什么会接受不发达的领导人？别忘了有什么样的人民，就有与之相称的领导人。

群体主宰个人

如果说我们必须列出非洲文化的一个特征，那么，个人服从于群体这一点肯定是值得记取的。非洲思想拒绝承认个人是一个自主的、负责的生物。从垂直方向看，非洲人植根于家庭，植根于老祖宗，即使说还追溯不到天神；从水平方向看，则是与自己所在的集体相连，与社会相连，与天地相连。非洲人是家庭的个人，社会的个人，一切与宇宙相连，只能通过社会生活和家庭生活求得发展和兴旺。

我们怎样才能让个人恢复一定程度的自主性，使个人能够确立为一个政治上、经济上和社会上的行为体，而同时又保存非洲人作为其生存实质的社会性呢？压制个人，是确保传统社会平等的根本办法，它不仅表现在经济上——最终的市场价格随假定的购买者购买力而定——而且也表现在文化上，文化的传播是由口述的传统所垄断。我们甚至可以猜测，非洲人是不是故意避免使用文字，以确保压制个人主义。非洲思想还避免人们的怀疑主义，不让个人传播怀疑这一病毒。因此，既定的信念体系就保持其绝对地位。一旦祖宗传下来的信念受到了威胁，唯一可能的选择就是：要么恢复原有秩序，要么一团混乱。

在我们极其集中化的传统结构中，根本不存在个人责任的概念。在喀麦隆，“负责”一词译过去就意味着“头目”。假如对农民说他们应为一个集体举措负责，那就等于告诉他们全都是“头目”，不可避免的后果就是无休止的人际冲突。

个人的作用在我们的社会中消失，这不但可以说明为什么像加纳总统杰里·罗林斯那样的人可以爬上去而民众却保持沉默，还可以说明为什么人们瞧不起那些在等级制阶梯中居于中间的人。例如，在政府的一个部门中，人们都知道只有部长一人能解决问题，即使是最平常的小问题也得由他拍板。他手下的层层官员则都只是摆样子的。我们的部长对此毫无怨言。他们懂得不宜将权力分派给手下的人，那样做有危险，会鼓励一颗政治新星诞生，那新星最终可能成为一个竞争对手。

我们必须面对现实。在我们非洲国家，部落宗族主义盛行，既是因为个人作用遭否定，同时也是因为我们缺乏一套行之有效的个人权利与义务的法规而使个人处境很不牢靠。难道我们可以继续蹦蹦唱唱，集体滑向地狱，以维护一种假想的万众一心？或是相反，该让个人得到应有的种种权利？

过分的欢乐气氛和回避公开冲突

非洲人是工作为了生活，而不是生活为了工作。人们爱好彼此宴请，吃吃喝喝，以显示社会的气氛欢乐。家里生了孩子，给孩子做洗礼，结婚，过生日，晋升，当选公职，长短旅行归来，办丧事，议会开会和休会，过传统节日和宗教节日，以及诸如此类的每件事，都是欢宴的借口。不论自己收入是多是少，不论家里粮仓是满还是空，宴席都要办得漂漂亮亮，客人越多越好。

请客的人要花钱，被请的客人也得花一份钱，才能踏踏实实地分享主人的快乐或悲伤。社交是人人的一大美德；的确，非洲人把他见到的每一个人都当作朋友，要等到事实证明情况是相反时才改变。友谊重于公务或商务；在业务会谈中，若开门见山谈问题的实质，是不礼貌的。非洲人需要无穷尽的彼此沟通交流，视人际亲和重于内容。非洲办事机构效率低下，主要原因即在于此。人们向政府部门提出申请时，都是想方设法直接与有关的负责官员面谈，避免冷冰冰的信函往返。

在别的地方，解决意见分歧是社会生活的基础，而在非洲，人们却回避分歧，以维持表面上的社会团结。非洲人总想在脆弱的意见一致的基础上寻求社会和平，因而设法避免冲突——可是非洲却总也摆脱不了冲突。在某些非洲地方，避免冲突意味着司法部门不能在白天工作。在喀麦隆西部一些巴米累克人村落，正式的公安和司法单位都是秘密的，只在夜间开会。它们的工作人员都戴面具，以防止别人认出他们是谁。

在任何有人群的地方，总会有冲突。可是我们却想把冲突扫到地毯下面掩盖起来，而在这一点上，又做得十分不成功。

效率低下的经济人

在非洲，人品高低是看他内在的价值和出身。如果说非洲人不大节俭，那就是因为他在世界观上不重视——太不重视——生活的财经性一面。除了喀麦隆的巴米累克人或肯尼亚的坎巴人等几个群体以外，非洲人作为经济人是很差劲的。衡量一个人的尺度，不是看他“有”什么，而是看他“是”什么。此外，由于上文中谈到的时间观念，非洲人优先考虑的是眼下怎样消费，而不是如何为未来储蓄。有定期薪金收入的人想攒钱也难，他不能不出钱供自己的弟兄们、堂弟表弟们、侄儿侄女们上学，安排新来者食宿，以及参与那充满社会生活的大量请客送礼活动。

毫不奇怪的是，城市精英阶层也欣赏这种奢侈传统，表现得如同暴发户。他们当然有办法大把捞钱，主要是从国库捞钱，而大把花钱的习惯不仅让亲戚朋友得到实惠，还让瑞士、卢森堡和巴哈马的银行得到好处。非洲国家的政府在理财方面显然不比非洲的个人强，频繁发生的经济危机就证明了这一点。

非理性主义的高昂代价

今天，魔术和巫术盛行的社会，一定是病态的社会，笼罩在紧张、恐惧和道义混乱的气氛下。非洲文化的重要内容是讲究调理冲突和维持现状，而在这方面以妖术作为机制，是代价高昂的。因此，是否可以说巫术是反映我们社会现状的一面镜子？这一点的表现是很多的。巫术既是实行社会强制的一个工具（用以维持甚至强化个人对氏族的忠诚），又是一种很方便的政治工具，用来消灭任何可能出现的反抗。对于我们来说，巫术是一种心理庇护所，我们的种种无知都从它找到答案，我们最离奇的幻想都由它变成现实。

与某些人的看法相反，基督教传入以后，远远没有结束非洲的巫术，反而使巫术显得更加有理了。圣经和白人神父承认撒旦的存在，这就肯定了巫士和其他旁门左道的说法。

教派在非洲很流行，它们通常以其头目或先知的魔力为基础。贝宁是宗教势力特别强的地方，也是海地和巴西的伏都教的摇篮。1981 年至 1986 年，贝宁就冒出了 58 个新的教派，使该国教派总数达到了 92 个。在肯尼亚，教派大概多达 1200 个，某些农村地区里教堂比学校还多。某些教派的先知在街道上设有“殿堂”，生活富裕，他们自称能识别恶鬼。另一些人能保佑人们免病消灾。还有一些教派头目能帮助你保住职业和增加收入。

我常常谈到的一个例子是一个卡车运输队的老板科姆博，他的卡车在象牙海岸和布基纳法索跑买卖。科姆博认为除了欧洲式的预防措施，即车辆定期检修以外，还必须采取非洲式的预防措施。什么措施呢？原来，他的巫师给他刺鲀粉，让他把刺鲀粉撒进车胎以防止被戳破。这是为什么呢？原来，刺鲀这种鱼受到攻击时，身体就会膨胀一倍。所以巫师说刺鲀粉对于保持车胎气压大有好处。

巫术的势力还延及政府。非洲的总统们身边常有一群巫师。政治上不论发生了什么重要的事，总统都会求教于巫师。他们是神秘的高参，要确保当局平安，及时发现和消灭可能出现的对手。他们的权力之大，连最有影响的西方政府顾问也会自叹弗如。巫师们往往会敛财，有时还直接出任官职，行使权力。

足球是非洲人的兴奋剂，它跟政治一样，也受巫术影响。曾流传一时的一个故事说，在一次非洲杯足球赛中，阿比让的雄狮队输给了埃及队，因为雄师队的队长在上半场快完时突然失去了他的魔力。全队努力找，到底也没有找回来。大家都相信，是埃及人发现了这一魔力，设法使它消失了。埃及人靠这一骗术赢了球，2∶1。

在21世纪之初依然浸沉于非理性主义的，当然不只是非洲人，可是我们至今仍将解决问题的责任托付给妖士巫师，这是怎么也说不过去的。让一弗朗索瓦·雷维尔就问道："不用理智指导自己的人，能是理智的人吗?"[①] 在我看来，非洲人并非不理智，只是对自己的理智用得最少——只要乐于听天由命过日子就行。非洲拒绝将知识与活动联系在一起，我们的真正文化特性起作用，就表现为雷维尔说的："给我们以津贴为形式的发展吧，

① Jean－Francois Revel, *La connaissance inutile* (Paris: Grasset, 1988), p. 99.

这样我们就不必费劲去有效地面对现实了。”[1] 正是由于同样的文化，我们就可以有权利从事低效率生产，有权利搞腐败，有权利藐视基本的人权。

相互残杀的和极权主义的社会

非洲人彼此之间干了些什么，简直令人难以置信。种族灭绝，血腥内战，暴力犯罪泛滥，表明非洲社会从各个社会层次来看，都是程度不等的食人社会。制定法律的人和负责执行法律的人，恰恰是践踏法律的人。例如，在几乎所有的非洲国家，从独立之后的一天起，都颁布了吸引外国投资的投资法规，可是非洲的有钱人却争先恐后把钱存到瑞士、法国、比利时和英国的银行，给人的印象就是他们对自己、对自己的国家、对自己的产品毫无信心。他们的表现就是用自己的手拆毁自己所建设的东西。

真相很快就明白了。从内部来看，非洲社会就像是这样的一支足球队：队员们彼此作对，缺乏团队精神，一个人不给另一个人传球，因为怕那另一个人破门得分。我们还怎么能指望胜利呢？在我们的一些共和国，各部族自成“水门汀”（其实再仔细看看，这些“水门汀”也是有许多孔隙的），“水门汀”之外的人彼此几乎毫无共同之处，所以国家竟然还能存在，简直是一个奇

---

① Ibid.

迹——能有这一奇迹，部分原因在于人们还想要利用这个国家的存在谋取私利。人们很难指望一个美好的未来。与此同时，若有人发挥主动性努力干，会受到谴责，说他是想要自己发财。巫士们主张的是大家守穷的平等。有人盖了一幢房子，别人就叫他别住进去；有人开始建设，别人就叫他停工，否则性命难保。像这样的事例多得很。

非洲的极权主义是随独立而来的吗？当然不是！它早已存在，镌刻于我们部落文化的基石之上。极权主义渗透在我们的家庭，我们的村庄，我们的学校，我们的宗教。它是我们的一种生活方式。

所以，面对着这样一种强大的、僵硬的文化，我们怎样才能改变非洲的命运？我们要么求变，要么灭亡，别无他途。

文化与变革

我们的第一个目标是保存非洲文化，这一现存的最富人情味的文化之一。但是它必须得到新生，要从它内部发动这一过程，让非洲人既保持为非洲人，而又同时跟上时代。我们必须保留富于人道主义精神的价值观，例如：不分老幼、不分贵贱的团结；社会交往；不分肤色的睦邻友好；保护环境，等等。但是我们必须摧毁我们内部那些阻碍我们掌握未来的东西，而我们的未来应是富裕和公正的，应是人人参政决定我们自己的命运。

在这样做的时候，我们要记住，文化是制度之母。较有效和公正的非洲体制有赖于我们文化的变革。

我们必须引导的四场革命

我们需要在教育、政治、经济和社会生活这四个方面进行和平的文化革命。

教育。非洲儿童接受的传统教育，是为了培养他们纳入自己的部落群体。给孩子们灌输的，不仅是他们自己年龄和性别惯常的习惯，而且有作为他们所属的群体文化基础的种种价值观和信念。教育首先被当作一种社会化工具，按照传统，孩子们是接受整个群体的教育。问题在于，这种制度提供不了什么动力来促使孩子们自强、创新和力争胜过自己的父母。

这种教育制度受到保守文化的强力束缚，又苦于基础设施和教学设备的不足（例如，一个教室里挤着的学生往往多达 125 人）。那么，我们怎样才能改革这种制度呢？办法很简单，就是要确立教育绝对优先的地位，不允许宗教设施和宫殿的建设挤掉学校的建设，同时修改教学内容，不但要突出科技教育，而且尤其要让学生明白非洲社会必须有什么变革。这意味着要培养批判性思维，提倡跨部落的地区团结和非洲团结，合理地开发动手和动脑筋的能力，而且全面地培养进步心、想象力、敢于提出不同意见、发挥创造性、掌握专业知识和本领、富有责任感以及乐于完成任务等素质。

非洲学校应当培养未来的企业家，将来能为人们创造就业机会，而不是只得到一个学位就去担任闲职。从小学时候起，就应该让非洲的青少年养成办事讲效率的时间观念，将来不仅抓紧生产，还及时安排基础设施和设备的保养维修。与那些强调一党制有利于国民团结以及“国父”英明伟大的课程相比，技术保养课程显然更加重要。

还要作更多的变革。非洲妇女社会地位低下的状况也必须改变。现在妇女无权在银行存款、贷款或拥有财产。她们没有发言权。尽管妇女是农业生产的重要劳力，她们却基本上受不到农业教育，得不到农业信贷和技术指导，等等。

像别的地方一样，妇女的解放是衡量非洲政治民主和社会进步的最佳尺度。如果非洲的妇女不自由，无法担负责任，那么非洲的男人也就不可能真正独立站起来。

政治。一旦教育改革了，非洲的政治体制就会随之改变。新型的公民将会出现，个人会有较大的发展空间，成为有价值的社会行为主体，能适应自己所处的体制环境，满足群体进步的要求。非洲民族的多样性，应扩展到政治上的多元性。他们应养成容忍心，强调按照事情的是非曲直处理问题。应以非洲的团结取代民族主义。

经济。为了使经济文化发生革命性转变，我们必须懂得不能依赖那种实际上将我们排除在外的世界市场，而应当建立我们自己的联合市场。我们必须承认利润是发展的引擎。我们必须承认个人首创精神是必不可少的，个人应当有享受自己劳动成果的不可剥夺的权利。我们应懂得，没有充分就业，就不会有真正的持久的经济增长。所有非洲人都应该有工作可做。任何人都不可能在失业后当一个好公民。在缺少社会安全网的国家尤其如此。

社会生活。如果非洲人的行为没有质的改变，就不会有非洲的文明社会。这改变首先是在非洲人彼此之间的关系上，同时也在对待外国人的态度上，不再自卑。我们应增强自信心，增强彼此之间的信任，致力于进步而让人人受益。我们需要更严格地系统地制订发展战略，并且不惜任何代价加以贯彻实施。

结　论

我们正处于一个十字路口。非洲已经遭受了一次又一次的破坏性的经济危机和政治危机，这应当促使我们猛省，必须行动起来，不再延误。我们必须透彻审视我们的道德观念和习俗，铲除那些妨碍我们社会走向现代化的污垢。我们必须自己努力进行这样的思想革命，否则就不可能有技术转移。我们必须把赌注押在我们的智慧上面，因为非洲人如果有了能干的领导人，完全能够努力摆脱妒忌心，摆脱自己对非理性主义的盲从，摆脱消极无为的心理。欧洲只是地球的一角，人口占世界人类的很小一部分，却能够站稳脚跟，控制世界，利用世界为自己的利益服务，这只是因为它建起了一种严格办事、努力进取和求胜的文化，摆脱了那些幽冥势力的影响。我们也必须这样做。

第二部分

文化与政治发展

对于民主而言，各文化之间的差异的一些重要方面尤其起重要作用。我们将看到，各社会的一大区别在于有的社会强调“生存价值观”，有的则强调“自我表现的价值观”。强调后者的社会成为民主社会的可能性远远大于强调前者的社会。

｜第七章｜

文化与民主

罗纳德·英格尔哈特

根据韦伯学说的传统，弗朗西斯·福山（1995）、劳伦斯·哈里森（1985、1992和1997）、塞缪尔·亨廷顿（1996）和罗伯特·帕特南（1993）认为，文化传统是持久的，影响着今天各种社会的政治和经济行为。而现代化理论家，从卡尔·马克思直到丹尼尔·贝尔（1973、1976），还有本文作者（1977、1990、1997），则认为工业社会的兴起是与文化脱离传统价值观体系的连贯的转变相联系的。① 本文将论证两种论点都是正确的：

- 发展是与一系列可预见的从绝对社会准则转向日益理性、宽容、信任和后现代的价值观的转变相联系的。
- 但文化是轨道所依赖的一个因素。从社会和历史上看，有基督教新教社会、东正教社会、伊斯兰教社会、儒学社会等，由

① 作者姓名后括号内的年份，为有关著作出版、发表的年份，可依此线索查阅文末所附的《参考文献》。下同。——译注

于这一事实而形成了相应的文化区域，有着非常不相同的价值观体系，当我们对照经济发展的作用时，这些价值观体系始终存在。

不同的文化区域的存在，具有重大的社会和政治后果，有助于形成从人口出生率直到经济行为的种种重要现象；本章还将表明，它们影响到民主体制的形成。对于民主而言，各文化之间的差异的一些重要方面尤其起重要作用。我们将看到，各社会的一大区别在于有的社会强调“生存价值观”，有的则强调“自我表现价值观”。强调后者的社会成为民主社会的可能性远远大于强调前者的社会。

经济发展似乎能促进从生存价值观到自我表现价值观的逐渐转变，因此较富的社会更有可能民主化。我们从下文将会看到，生存价值观或自我表现价值观与民主之间的关联是相当强劲的。自我表现价值观（包括人与人之间的信任，容忍，以及参与决策）是否能促进民主？抑或是民主体制引起这种价值观的出现？要判断这一因果关系总是不容易的。但有迹象表明，主要是文化影响民主，而不是相反。

现代化与文化区域

亨廷顿（1993，1996）认为，世界分成八九个主要的文明，其基础是持续了许多个世纪之久的文化差别。他认为未来的冲突将发生在这些文明分界的断层线上。

这些文明大体上是由宗教信仰传统形成，这种传统今天仍然是强大有力的，尽管存在着现代化的力量。主要的文化区域有西方基督教、东正教、伊斯兰教区域，以及儒学文明、日本文明、印度教文明、佛教文明、非洲文明和拉丁美洲文明区域。亨廷顿认为，随着冷战结束，政治冲突将主要发生于这些文化的分界线上，而不在意识形态或经济的分界线上。

与此相关的论点有：帕特南（1993）声称，在意大利，民主体制今天发挥作用最成功的地方，是文明社会几百年前就已经相当发达的地区。哈里森（1985，1992，1997）认为，发展受到社会基本文化价值观的强烈影响。福山（1995）说，社会在全球市场上的竞争能力决定于社会信任："低信任"社会处于不利境地，因为它们在发展大的、复杂的社会体制方面效率较低。以上这些分析都反映出一种见解，即各种当代社会的特点在于以往长期形成的独特的文化属性，这些特性对社会的政治和经济表现有重要的影响。

这种见解有多大的准确性呢?

另有一批重要文献提出了一种似乎与此不相容的观点。现代化理论家，包括本文作者在内，认为世界是以侵蚀传统价值观的方式在变化。经济发展几乎是不可避免地带来宗教、狭隘地方观念和文化差异的衰退。

本文将利用“世界价值观调查”——这是一批学者成立的一个组织，已调查过65个社会，涉及世界75%的人口——三批调查的资料，证明上述两种看法都是正确的。经济发展是与一系列可预见的从绝对社会准则转向日益理性、宽容、信任和后现代的价值观的转变相联系的。但文化是轨道所依赖的一个因素。各社会从历史上看，有基督教新教社会、东正教社会、伊斯兰教社会、儒学社会等，由于这一事实而形成了相应的文化区域，有着非常不相同的价值观体系，当我们对照经济发展的作用时，这些价值观体系始终存在。

这些文化上的差异与一些重要的社会现象有密切联系，我们将集中谈其中的一个现象：它们与社会能实行民主体系的程度有非常强劲的联系，关于这一程度，“自由之家”对许多社会1972至1997年的政治权利和公民自由权状况作过评估。在论证这一点之前，让我们先看看，尽管经济发展往往会带来系统的文化变革，但持久的各文化之间的差异是确实存在的。

传统价值观与理性—法制价值观；生存价值观与自我表现价值观；各文化间差异的两个关键层面

要以简单明了的方式对比各种文化，就需要作大量的数据简化工作。“世界价值观调查”已衡量数百个价值观（可以设想将会调查的会达到数千个），若要一个个挑出来，供八九种文明作对比，那将会是没完没了的漫长过程。有意义的数据简化过程，需要用一种比较简单的结构来表明各文化间的差异。我们不能认为这样的结构是现成的。幸好，我们似乎还可以找到这样的结构。

本文作者在1997年出版的《现代化与后现代化》一书第三章中，分析过“世界价值观调查”1990—1991年对43个社会所作的调查之中的国家层次上的综合数据，发现了各文化间大量的和一贯的文化差异。富裕社会人们的世界观系统地不同于低收入社会人们的世界观，这涉及广泛的政治、社会和宗教准则和信念。因子分析显示出有两个主要的层面，它们连接了大量的变量，说明了半数以上的各文化间差异。这两个层面反映各国社会的两极分化，一是对待权力的传统态度与世俗—理性态度之分，一是生存价值观与自我表现价值观之分。按照这两个层面，就有可能在全球文化地图上给每一个社会定位。

本文以上述研究成果为基础，构建可用以衡量各文化间差异的可比尺度，它们能运用于“世界价值观调查”的所有三批调查资料，而且适用于个人层次和国家层次。这使我们能够沿着上述的两个层面审视一段时期的变化。本作者早先的分析（1997）采用过以1990—1991年调查中的22个变量为基础的因子分数。我们挑选了一套包括10个变量的子集，它不仅在这两个层面上有很大分量，而且按同样的格式应用于“世界价值观调查”的所有三批调查之中。这一子集是用来最大限度缩小数据不全的问题（若一国缺少一变量，该国就完全不纳入我们的分析）。

按照项目缩小了的这一子集而分析得出的因子分数，与早先用22个项目分析得出的因子分数（见英格尔哈特，1997）高度相吻合。我们在这里采用的传统价值观/世俗—理性价值观层面，与11个变量基础上的可比较层面所得出的因子分数，几乎是完美地相吻合；生存价值观/自我表现价值层面亦是如此。我们接触到文化间差异的一个健全的方面。

这两个层面各自连接到涉及几十个基本价值观和观念上的文化间差异的主轴线。传统/世俗—理性的层面首先反映出宗教居重要地位的社会与宗教不居重要地位的社会二者的对比，但它还接触到许多的其他事项。其中重要的主题是强调家族联系的重要性和服从权力当局（包括相对而言接受军政府统治），还有避免政治冲突，强调意见一致重于对抗。处于传统一端的社会强调宗教、绝对标准和传统的家庭价值观；主张维持大家庭；否定离婚；反对人工流产、安乐死和自杀。他们重视的是社会整合，而不是个人成就；赞成意见一致而不赞成公开的政治冲突；主张顺从权力当局；有高度的民族自尊心和民族主义观念。居于世俗—理性价值观一端的社会则在这些事情上均持相反看法。

在我们审视的60多个社会中，上述的倾向性都很明显。尽管我们有意挑选了范围广泛的事项，情况依然如此。我们本来可以只挑选与宗教有关的5个项目，那样就会出现更紧密的相关簇，然而我们的目标是衡量文化间差异的广泛的方方面面。

遵从什么样的价值观，会在客观世界中产生重要的后果。例如，强调传统价值观的社会在人口出生率方面就比强调理性—法制价值观的社会高得多。

生存价值观/自我表现价值观

生存价值观/自我表现价值观这一层面，涉及后工业社会所特有的一些题目。它的主要成分之一是物质主义与后物质主义价值观的两极对比。许多迹象表明，这一对比关系到从一代人到另一代人的变化，从强调经济安全和物质安全转向日益强调自我表现、主观康乐和生活质量。（见英格尔哈特1977，1990和1997）这种文化转变在所有的发达工业社会皆有所见，它出现在那些已经不为生存操心的条件下成长起来的较年轻人的身上。自我表现的价值观关系到人们日益强调环境保护、妇女运动以及日益要求参与经济生活和政治生活的决策。过去 25 年来，这些价值观在几乎所有的发达工业国都日益普遍，这一过程具有大量的时间序列证据。然而这还只是更广泛的文化差异层面的一部分。

强调生存价值观的社会表现出个人主观康乐处于相对低水平，人们健康状况较差，人际信任程度低，对外人容忍性较差，对男女平等的支持不力，强调物质主义价值观，高度相信科学技术，环保积极性较低，比较赞成集权主义政府。强调自我表现价值观的社会，在所有这些问题上均态度相反。社会是强调生存价值观还是强调自我表现价值观，会产生重要的客观效果。我们将会看到，与强调生存价值观的社会相比，强调自我表现价值观的社会成为稳定民主社会的可能性要大得多。

全球文化地图：1995—1998 年

现在让我们看看，根据我们刚刚谈到的由因子分析产生的两个层面，我们调查的 65 个社会定位在什么地方。这里的全球文化地图（见图 7.1），纵轴线标示从传统的权力观一极到世俗理性权力观的一极，横轴线则标示从生存价值观一极到自我表现价值观的一极。图中各类国家之间的界线是参照亨廷顿（1993，1996）提出的文化区域而标示的。

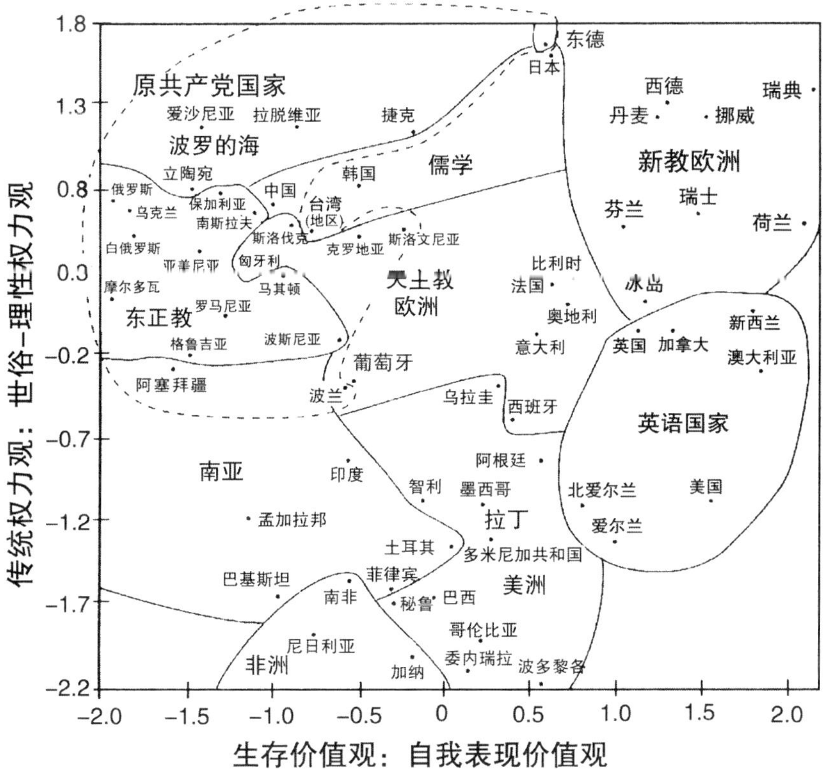

图 7.1　65 个社会在文化间差异两层面上的位置

注：每一轴线上的标度表明各社会在相应层面上的因子分数。

资料来源：以下 50 个社会资料源于“世界价值观调查”1995—1998 年的调查：美国，澳大利亚，新西兰，中国，日本，台湾（地区），韩国，土耳其，孟加拉邦，印度，巴基斯坦，菲律宾，亚美尼亚，阿塞拜疆，格鲁吉亚，英国，东德，西德，瑞士，挪威，瑞典，芬兰，西班牙，俄罗斯，乌克兰，白俄罗斯，爱沙尼亚，拉脱维亚，立陶宛，摩尔多瓦，波兰，保加利亚，波斯尼亚，斯洛文尼亚，克罗地亚，南斯拉夫，马其顿，尼日利亚，南非，加纳，阿根廷，巴西，智利，哥伦比亚，多米尼加共和国，墨西哥，秘鲁，波多黎各，乌拉圭，委内瑞拉。而加拿大，法国，意大利，葡萄牙，荷兰，比利时，丹麦，冰岛，北爱尔兰，奥地利，匈牙利，捷克共和国，斯洛伐克和罗马尼亚的资料则是源于“世界价值观调查”1990 年的调查。哥伦比亚和巴基斯坦数据不全，其图上位置系估计而定。

这一地图与我们根据1990—1991年的调查所绘出的地图（英格尔哈特，1997）颇为相似。我们可以明显看出基督教新教、天主教、拉丁美洲、儒学、非洲和东正教这几个各不相同的文化区域，反映出每一种文化区域内的各个社会有着相似的价值观。这里的调查只包括很少几个伊斯兰教社会，它们一般都位于此地图的西南角。

正如韦伯、亨廷顿及另一些学者所言，宗教传统对这65个社会的当代价值观体系有持久的影响。但宗教不是形成文化区域的唯一因素。一个社会的文化反映出它的全部历史遗产。20世纪最重要的历史事件之一是一个共产主义帝国的兴衰。这一帝国一度统治了世界上1/3的人口，给这些人的价值观体系留下了明显的印记。东德在共产党统治下生活了40余年，它在文化上仍然跟西德差不多，然而在价值观体系上却向共产主义区域靠拢。中国是儒学文化区域的一员，但又属于广泛的受共产主义影响的区域。阿塞拜疆亦与此相似，它虽是伊斯兰教区域的一部分，但受共产主义文化区域控制了数十年。

殖民地经历的影响在原属西班牙和葡萄牙的拉丁美洲文化区域表现得很明显。同样的因素还能说明为什么存在着一个英语区域，它包括英国和其他讲英语的社会。本文谈到的所有七个讲英语的社会在文化上均有相似的特征。我们在1995—1998年之前不曾调查过澳大利亚和新西兰的价值观体系，但本文作者曾在1990—1991年资料中指出它们属于英语文化区域。从地理位置看，它们远在半个地球之外，但在文化上，它们却是与英国和加拿大相毗邻。

曾是殖民地的社会若有大量人口是从原宗主国社会移民而来的，后者在文化上对前者的影响就尤其强烈。在上面的文化地图上，西班牙和意大利属于天主教区域，乌拉圭和阿根廷属于拉丁美洲区域，但它们的位置在这一地图上靠得很近，尽管它们在地理位置上相距遥远。这就是因为乌拉圭和阿根廷的人口主要是西班牙和意大利移民的后裔。同样，托姆·赖斯和简·费尔德曼（1997）指出过，美国一些少数民族群体虽然已经移居美国两三代人之久，但在文化价值观上仍然与他们祖先所在的社会相近。

文化区域有多么真实？

在图 7.1 中，每一社会的位置是客观的，是根据价值观调查资料的因子分析而确定的。但图上标示的区域界线是主观的，是参照了亨廷顿对世界文化区域的划分。这些文化区域有多么“真实”呢？这些界线本来可以有各种不同的画法，因为这些社会受到了各种不同因素的影响。因此，有些界线有互相重叠之处，例如，原共产党国家区域就与新教、天主教、儒学、东正教和伊斯兰教这几个文化区域有若干重叠。又例如，英国是位于英语区域和新教欧洲区域交界之处。调查资料表明，英国与五个英语社会相近，所以我们把它划入这一区域。但若对资料稍作修改，英国就可以划入新教欧洲区域，因为它在文化上也与那些社会相近。现实是复杂的。英国既是新教社会，也是英语社会，调查所得的实证资料对现实的这两个方面均有反映。

同样，我们在所有拉丁美洲社会的周围画上了一道界线，因为按照亨廷顿的推论，它们构成一个独特的文化区域。从全球角度看，拉美的十个社会确实表现出相似的价值观。但是，若稍作修改，我们就可以划出一个西班牙语文化区域，把西班牙和葡萄牙也包括在内，因为从实证资料看，它们也与拉美社会比较相近。或者，我们还可以划出一个更广的天主教文化区域，把拉丁美洲、天主教欧洲以及菲律宾和爱尔兰都包括在内。以上几种区域划分从概念上和实证上看，都可以说是有道理的。

图 7.1 是根据基本价值观的相近或相远而制作的，但它也反映出这些社会在其他许多层面上的远近，这些层面包括宗教、殖民影响、共产党执政影响、社会结构和经济水平等。图7.1可以说是相当好地综合反映了许多不同的历史因素的影响。然而这种种因素并不总是贴切地相吻合，所以图上出现了若干明显的反常现象。例如，日本和东德在图上的位置彼此靠近。当然，它们都是高度世俗的社会，比较富裕，产业工人占很高的人口比例，从这一意义上说，它们位置相近是合适的。可是日本社会受儒学遗产影响，东德社会则是受新教影响，从这一点看，它们位置相近就显得不合适了。（不过，哈里森〔1992 年〕曾指出，儒学文化

和新教文化二者之间有一些重要的相似之处。）

尽管有若干明显反常现象，但具有共同文化遗产的社会总的说来还是出现在共同族群。然而，它们的位置也反映出它们的经济发展水平、职业结构、宗教以及其他的重大历史影响。它们在这张两层面图上的位置反映出多层面的现实。这些不同层面的状况相当协调，这看来表明了，一个社会的文化是由它的整个经济和历史遗产所形成的，而文化又对经济产生影响。

经济发展看来对文化价值观有强烈影响。富国的价值观体系系统地不同于穷国的价值观体系。图 7.1 的总体布局反映出从低收入社会（靠近该图左下角）到高收入社会（靠近该图右上角）的逐渐上升梯度。

图 7.2 展示了这一点。它是在图 7.1 基础上加工绘制的，将图上的 65 个社会划分成 4 个不同的经济区域。有 19 个社会，人均年国民生产总值在 15000 美元以上，它们从两个层面看，都分数比较高，在图中右上方形成一个区域。这一经济区域跨越了新教社会、原共产党国家、儒学社会、天主教社会和英语社会这 5 个文化区域的界线。相反，人均年国民生产总值在2000美元以下的社会，全集中于图中的左下方，这一经济区域与非洲、南亚、原共产党国家和东正教这 4 个文化区域相交。有迹象表明，不论各社会文化遗产如何，经济发展一般说来都是推动它们向共同的方向前进。然而，在工业革命两百多年后的今天，各文化区域依然有着自己的特点。

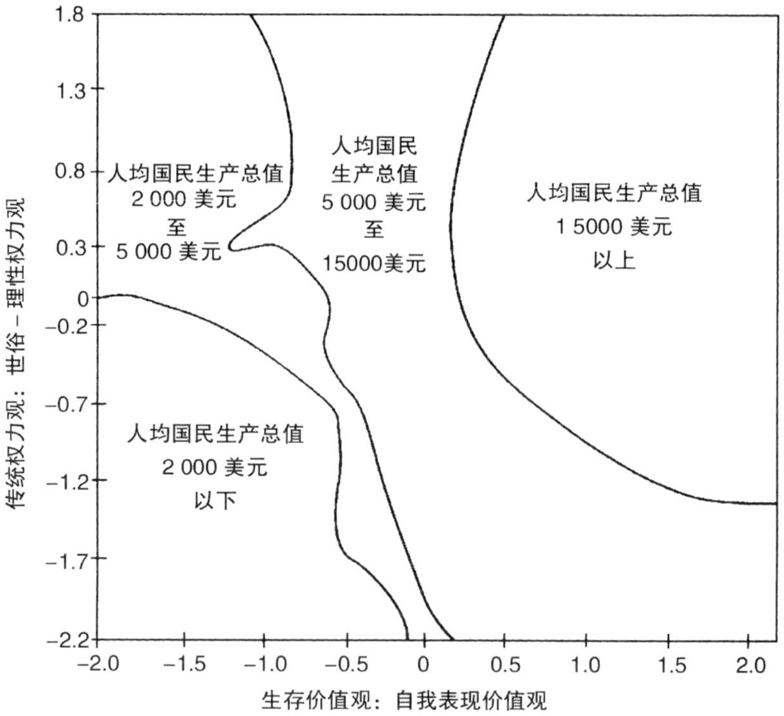

图 7.2　在图 7.1 基础上叠制的 65 个社会经济水平

注： 图 7.1 所示的 65 个社会中，除多米尼加共和国以外，其余 64 个的位置均符合于本图划分的经济区域。

资料来源： 经济水平是按照世界银行 1995 年美元购买力平价折算的；见该行《世界发展报告，1997 年》，第 214—215 页。

人均国民生产总值只是经济发展水平的一个指标。马克思指出过，产业工人阶级的兴起是现代史之中的一个关键事件。进一步看，从劳动力性质的变化，可以将经济发展划分为三个不同的阶段，即农业社会、工业社会和后工业社会。（贝尔 1973，1976）这样，对图 7.1 和图 7.2 中的界线，又可以有不同的划分方法。农业劳动力比例高的社会，位置偏向于下方，工业劳动力比例高的社会偏向于上方，而服务业比例高的社会则靠向右手一边。

现代化理论意味着，当社会在经济上发展时，其文化通常会朝着可预测方向转变。我们的调查资料是与这一预言的涵义相吻合的。经济上的差别与文化上大量的、普遍的差别相联系。然而我们还是看到有明显的迹象表明了长期形成的文化区域的存在。我们利用最近调查每个社会所得到的数据，设立了一些哑变量，对照图 7.1 中的每一族群，来反映某一具体社会是否主要属于英语社会、原共产党社会等。对这些变量所作的实证分析表明，各社会的文化位置排列远远不是杂乱无章的。图 7.1 中 9 个文化区域中，有 8 个从统计上看至少是与该图两主要层面中的一个有重大关系（唯一的例外是天主教欧洲族群；它本身是相当连贯的，但在两主要层面上均居于中性位置）。

这些文化族群是否简单地反映经济上的差别？比方说，新教欧洲的那些社会是否单纯地因为它们富，所以才有类似的价值观？答案是：否。当我们通过多重回归分析对照人均国民生产总值和劳动力结构时，可以看到一个社会的历史文化遗产的影响是一直存在的。（英格尔哈特和贝克，2000）

为了看看这些族群有多大的连贯性，我们不妨考察一下论述文化间差异的文献中谈到的关键变量之一：人与人之间的信任（生存价值观与自我表现价值观这一层面上的一个组成部分）。詹姆斯·科尔曼（1988，1990）、加布里埃尔·阿尔蒙德和西德尼·维尔巴（1963）、帕特南（1993）以及福山（1995）都认为，要建立民主体制所依赖的社会结构以及作为大型经济企业的基础的复杂社会组织，人与人之间的信任是必不可少的。图 7.3 表明，在人与人之间的信任这一点上，几乎所有的历史上属新教的社会，得分均高于历史上属天主教的社会。即使对照经济发展水平时，情况依然如此：人与人之间的信任与人均国民生产总值水平二者之间有很大连带关系，然而，即便是富裕的天主教社会，在人与人之间的信任这一点上，也不如同等富裕的历史上属新教的社会。

共产党统治的经历也对这一变量有影响。几乎所有的原共产党社会均得分较低。像东德和拉脱维亚这样的社会，历史上原属新教社会，后来经历了共产党统治，人与人之间的信任度也变低了。信任度较高，即 35%以上的公众信任大多数其他人的社会共 19 个，其中 14 个是历史上属新教的，3 个是受儒学影响的，1 个是以印度教为主的，而历史上属天主教的只有 1 个（爱尔兰）。在图 7.3 中位置最低的 10 个社会中，8 个历史上属天主教，而历史上属新教的一个也没有。

在这里顺便指出，这些调查结果，与 S. M. 利普塞特和 G. S. 伦兹为本书撰写的第九章谈到的透明度国际的调查结果“腐败感指数”有着显著的吻合。

在各社会内部，天主教徒与新教徒在人与人之间的信任度上是相等的。这种信任度不是个人的人品问题，关键在于各民族的

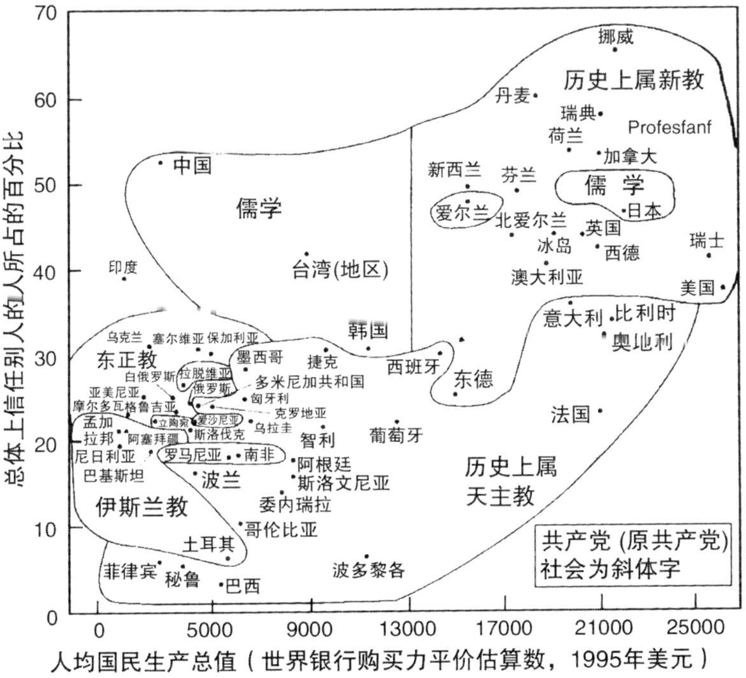

图 7.3　按文化传统、经济发展水平和宗教传统看人与人之间的信任

按人均国民生产总值衡量信任：r=.60p<.000

共同历史经历。正如帕特南（1993）所指出的，地位平行的、受当地分散监控的组织有利于人与人之间的信任，而大型的、等级森严、集中控制的机构则似乎会损害这种信任。从历史上看，罗马天主教会是等级制、集中控制的机构的典型，而新教教会则是相对说来权力分散的，较多地接受当地的监控。

是受当地监控，还是受控于一个遥远的统治机构，这一区别对人与人之间的信任度有着重要的长远的后果。显然，这种文化间的差别并不反映有关教会在现今的影响。近数十年来，天主教会已有很大改变。此外，在许多国家，尤其是新教国家，已经只有很小一部分居民还经常上教堂做礼拜。大部分人今天与教会很少联系或全无联系。然而，在历史上受到天主教或新教强烈影响的社会的生活，仍然会有这种历史的印记。在一个社会中生活的每一个人，不论是新教徒还是天主教徒，或是非基督教徒，都会受到这一社会文化的影响。

新教社会和天主教社会今天展现出不同的价值观，主要是由于相关教会对整个社会的历史影响，而不是由于教会现今的影响。正因为如此，我们将德国、瑞士和荷兰列为历史上属新教的社会，即它们的社会在历史上是受新教的影响，尽管在今天由于人口的迁徙以及新教徒较低的人口出生率和较高的世俗化率，它们国内现有的天主教徒可能多于新教徒。

文化与民主

在阿尔蒙德和维尔巴合著的《公民文化》一书于 1963 年出版以后，关于政治文化与民主二者有联系的观点曾产生巨大影响，但由于种种原因，在 70 年代又不再风行了。政治文化的论点提出了一个重要的实证问题：各个具体的社会是否具有能促进民主的政治文化？有些评论家认为，这种论点带有“自以为高人一等”的味道，因为它声称某些文化比别的文化更有助于民主。

正确的理论应当是坚持所有的社会均同等地有可能成为民主社会。让一种理论适应一特定意识形态的需要，就可能造成一种不符合现实的理论；因此而作出的预言最终就会出错；对于那些在现实世界中试图解决民主化问题的人而言，这样的理论会产生误导。

到90年代，从拉丁美洲到东欧直到东亚的一些观察家发现，在他们遇到的民主化问题中，文化因素起着重要作用。因此仅仅制定出一部民主的宪法是不够的。

关于民主的大多数实证分析中，都省略了文化因素，其部分的原因在于，截止到目前，我们还没有可靠的衡量尺度来测定文化因素在较多国家中所起的作用。当有的学者，如本文作者英格尔哈特（1990）和帕特南（1997），将文化因素纳入考虑范围时，文化因素看来是起重大作用的。

经济发展能导致两类有助于民主的变革：

·经济发展会转变一个社会的结构，带来城市化、民众教育、职业专业化、日益增多的组织网络和较广泛的收入平等，还有各种相关的事态发展，它们都会动员群众参与政治。日益升高的专业化和教育水平会使劳动力具有独立感，专业技能还使工人们有较大的讨价还价力量来对付精英阶层。

·经济发展还会促进一些有助于稳定民主体制的文化变革。它会促使人们养成人与人之间的信任和容忍，导致后物质主义价值观的推广而使人们高度重视其自我表现和参与决策的权利。由于经济发展会提高人们的生活水平，这就会使政府当局具有合法性，从而在困难时期也能坚持住民主体制。合法性是任何一种政体都需要的一种资产。而对民主政体来说更是具有决定性意义。压迫性的专制政权即使缺乏民众支持也仍然可能维持下去，但民主政权非有民众支持不可，否则就会在选举中败北下台。

一种政治体制的成功可以使民众支持在职的领导人。就短期而言，这种支持的依据是“你近来为我做了些什么?”但是，如果一种政体的政绩从长期来看是好的，它就会得到“漫射性支持”(伊斯顿，1963)，即民众普遍认为这一政治体制本质上是好的，而不论其当前表现如何。这样的支持能熬过困难时期。

我们利用“世界价值观调查”所得到的数据，就有可能从世界范围检验一下这一命题。图7.4的横轴线显示各社会在生存价值观/自我表现价值观这一层面上的位置，纵轴线显示“自由之家”1972年至1998年对各社会政治权利和公民自由权状况的评分，由此图可以明显看出相关价值观指数与民主水平的相互关联。这一关联是很强劲的。它显然不是方法学上的玩弄花招或巧合。因为这两个变量是在不同的层面上衡量而来，而且它们的来源也完全不同。几乎所有的在生存价值观/自我表现价值观层面上得分高的社会都是稳定的民主社会；而在该层面上得分低的社会，则几乎全都有集权的政府。在本章中，我们不打算阐释这中间的复杂因果关系。在这里我们只想指出，当我们参照人均国民生产总值这一变量时，图 7.4 所表明的强劲关联也依然存在。让我们看看几种主要的可能的解释。

一种可能的解释是，民主体制引起了自我表现的价值观的发展，二者关系密切。换句话说，民主使得人们健康，快活，有容忍心和信任心，而且注入后物质主义价值观（至少是在年轻一代当中）。这一解释对人们极有吸引力。它为民主提供了强有力的论据，而且言外之意是我们可以迅速解决世界上的大多数问题：采用民主体制，从此就生活幸福。

可惜，这种解释对于原先在苏联统治下的那些社会就说不通。自从他们 1991 年后剧烈转向民主制以来，人们并没有变得更健康，更快活，更有容忍心和信任心，或者有更多的后物质主义。对他们当中的多数人来说，情况倒是恰恰相反。拉丁美洲的民主宪政不稳定的境况，又是一个例子。

另一种可能的解释是：经济发展会逐渐导致社会和文化的改变，这些改变会使民主体制日益有可能得以生存和繁荣。这也许有助于说明，为什么从历史上看，大众民主制直到不久以前才出现，而且它即使是在如今为什么最有可能出现于经济比较发达的地方，尤其是那些视自我表现价值观重于生存价值观的地方。

这后一种解释既令人鼓舞，又令人沮丧。不幸的是，民主这种东西并不是只要制订了合适的法律就可以轻易得到的。它要在一定的社会和文化环境中才得以繁荣，否则就难。在俄罗斯、白俄罗斯、乌克兰、亚美尼亚和摩尔多瓦这样一些地方，现有的文化条件似乎还比较不利于民主。

好的消息则是，过去几百年来的长期趋势是走向经济发展，这一过程在过去几十年期间还有了加速和扩展。此外，经济发展还倾向于引出有利于民主的社会和文化条件，在这种条件下，民主制日益有可能出现和存在下去。如果说前苏联范围内的许多地方尚前景不佳，那么从图 7.4 可以看出，有一些社会已相当接近于民主，其程度高于一般的估计。例如，墨西哥转向民主的条件似已成熟，它在后现代价值观轴线上的位置已大致相当于阿根廷、西班牙或意大利。还有另一些社会也位于这一过渡地带，其中包括土耳其、菲律宾、斯洛文尼亚、韩国、波兰、秘鲁、南非和克罗地亚。

至于中国，虽然它在这一层面上的位置很靠后，但是它正在经历迅速的经济增长，正如我们所看到的，这种经济增长看来正带来朝向自我表现的价值观的转变。执政的中国共产党精英显然决心保持一党制，只要他们继续掌握着军队，他们当可按自己的心意干下去。但是中国人表现出一种朝向民主的禀性，这与“自由之家”给中国的很低评分是不相符的。

从长期看来，现代化倾向于促进民主体制的传播。某些亚洲社会的集权统治者争辩说，这些社会有着特别的“亚洲价值观”，这使得它们不适合于民主制。（李光耀，1994）“世界价值观调查”的调查资料并不能支持这样的解释，更不用说还有日本、韩

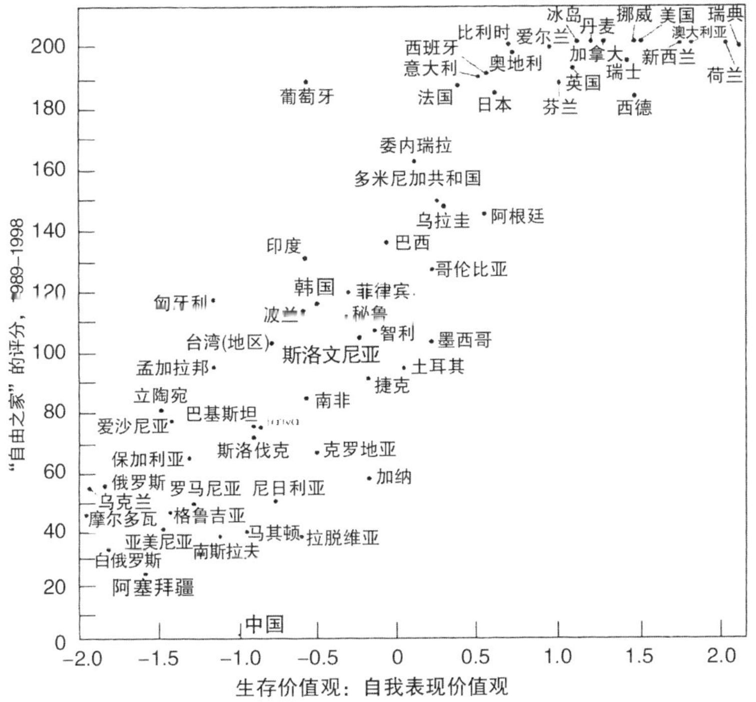

图 7.4　自我表现价值观与民主体制

注： 纵轴线是"自由之家"对各社会 1981—1998 年公民自由权和政治权利状况的评分。该评分的分数起点高，我们在此图中相应地减去 236（原来给中国社会的评分为 235，此图中改为 1，其余依此类推）。横轴线则如同前面的图 7.1 和图 7.2 一样，标示各社会在生存价值观/自我表现价值观层面的位置，它涉及后物质主义价值观、信任、容忍、政治活动及主观上的康乐。

r=.88　N=63　P=·0000

资料来源："自由之家"的调查结果见各年版本的《世界上的自由》；横轴线数据来自"世界价值观调查"1990 年和 1995 年的调查。

国和中国台湾向民主制演变的实例了。上述调查表明，儒学社会可能比一般人的看法更易于实行民主制。

结　论

看来，经济发展会带来文化上的逐渐改变，这些变化会使得公众日益可能要求民主体制，而在已有民主体制的情况下会使它得到更多的支持。这一转变并不是容易的或自然而然的。掌握着军警的统治精英可以抵制民主化的压力。但经济发展会使公众有更大的信任心和容忍心，并促进他们日益重视自己在生活中的各个领域，包括在政治领域中的独立自主和自我表现，而要压制政治自由化的要求就会变得困难，要付出高昂代价。随着经济发展水平提高，会出现有利于民主的文化格局，使公众更有可能要求民主，而且更善于得到民主。

富的社会比穷的社会实行民主制的可能性大得多，但财富本身不会自然而然地带来民主；倘若真会带来民主，科威特和利比亚早就会是民主的典范了。但是，现代化过程从趋势上看会带来有利于民主的文化变化。就长期趋势而言，要避免公众要求民主化的压力上升，唯一的办法是拒绝工业化。恐怕没有什么社会的统治精英会愿意这样做。有些社会正在向工业社会的轨道前进，它们很可能会面临渐渐增长的要求民主化的压力。

有迹象表明，在实行民主制方面，文化所起的作用，要比以往 20 年来的文献的看法更加重要得多。在生存价值观/自我表现价值观这一层面上所探讨的人与人之间的信任、容忍、生活水平及参与决策的权利等价值观，其综合的作用尤其关键。仅仅作些体制上的修改或者在精英层次上玩弄花招，是终究实现不了民主的。要保护民主制，同样也得依靠普通公民们的价值观和信念。

参考文献

Almond，Gabriel，and Sidney Verba. 1963. *The Civic Culture*. Princeton：Princeton University Press.

______. 1990. *The Civic Culture Revisited*. Boston：Little，Brown.

Bell，Daniel. 1973. *The Coming of Post-Industrial Society*. New York：Basic.

______. 1976. *The Cultural Contradictions of Cspitalism*. New York：Basic.

Coleman，James S. 1988. "Social Capital in the Creation of Human Capital." *American Journal of Sociology* 94：95-121.

______. 1990. *Foundations of Social Theory*. Cambribge：Harvard University Press. Diamond，Larry，ed. 1993. *Political Culture and Democracy in Developing Countries*. Boulder：Lynne Rienner.

Diamond，Larry，with Juan Linz and Seymour Martin Lipset. 1995. Politics in Developing Countries. Boulder：Lynne Rienner.

Easton，David. 1963. *The Political System*. New York：Wiley.

Fukuyama（福山），Francis. 1995. Trust：The Social Virtues and the Creation of Prosperity. New york：Free Press.

Gibson, James L., and Raymond M. Duch. 1992. "The Origins of a Democratic Culture in the Soviet Union: The Acquisition of Democratic Values." Paper presented. at The 1992 annual meeting of the Midwest Political Science Association, Chicago. Gibson, James L., with Raymond M. Duch. 1994. "Postmaterialism and the Emerging Soviet Democracy." *Political Research Quarterly* 47, no. 1: 5-39.

Harrison, Lawrence E. 1985. *Underdevelopment Is a State of Mind—The Latin American Case*. Cambridge: Harvard Center for International Affairs; Lanham, Md.: Madison Books.

______. 1992. *Who Prospers? How Cultural Values Shape Economic and Political Success*. New York: Basic.

______. 1997. *The Pan-American Dream: Do Latin America's Cultural Values Discourage True Partnership?* New York: Basic.

Huntington, Samuel P. 1993. "The Clash of Civilizations?" Foreign Affairs 72, no. 3.

______. 1996. *The Clash of Civilizations and the Remaking of World Order*. New York: Simon& Schuster.

Ingelhart, Ronald. 1977. *The Silent Revoluton: Changing Values and Political Styles in Advanced Industrial Society*. Princeton: Princeton University Press.

______. 1990. *Culture Shift in Advanced Industrial Society*. Princeton: Princeton University Press.

______. 1997. *Modernization and Postmodernization: Cultural, Economic, and Political Change in Forty-Three Societies*. Princeton: Princeton University Press.

Inglehart, Ronald, and Wayne Baker. 2000. "Modernization, Cultural Change, and the Persistence of Traditional Values." *American Sociological Review*, *February*.

Lee Kuan Yew and Fareed Zakaria. 1994. "Culture Is Destiny: A Conversation with Lee Kuan Yew." Foreign Affairs 73, no. 2: 109-126.

Lipset, Seymour Martin. 1990. "American Exceptionalism Reaffirmed." *Tocqueville Review* 10.

______. 1996. *American Exceptionalism*. New York: Norton.

Putnam, Robert. 1993. *Making Democracy Work: Civic Traditions in Modern Italy*. Princeton: Princeton University Press.

Rice, Tom W., and Jan L. Feldman. 1997. "Civic Culture and Democracy from Europe to America." *Journal of Politics* 59, no. 4: 1143-1172.

U.S. Bureau of the Census. *World Population Profile*: 1996. Washington, D.C.: Govyernment Printing Office.

Weber, Max. 1958. *The Protestant Ethic and the Spirit of Capitalism*. New York: Scribner's.

Welzel, Christian, and Ronald Inglehart. Forthcoming. "Analyzing Democratic Change and Stability: A Human Development Theory of Democracy."

第八章

社会资本

弗朗西斯·福山

社会资本的定义简单地说，就是一个群体的成员共同遵守的、例示的一套非正式价值观和行为规范，按照这一套价值观和规范，他们便得以彼此合作。如果这个群体的成员能期待其他成员的行为可靠和诚实，他们就能彼此信任对方。信任的作用像一种润滑剂，它使一个群体或组织的运作更有效率。

共同遵守一些价值观和规范，这本身并不会产生社会资本，因为价值观也可能是坏的。例如，在意大利南方，尽管也存在着强有力的社会规范，但人们几乎一致认为那是世界上一个有名的缺乏社会资本和普遍信任的地方。社会学家迪耶戈·甘伯塔给我们讲过这么一个故事：

> 一个退休了的黑手党头目回忆说，当他还是一个少年的时候，有一次他的父亲，一名黑手党人，叫他爬上一堵墙，然后又叫他跳下来，答应说会接住他。他一开

> 始不肯跳，但在他父亲坚持下，他终于跳了，结果跌得嘴啃泥。他父亲这样做，是为了让他明白一个道理："你必须学会不信任别人，连你的爹娘也别信任。"①

黑手党以强有力的内部行为规范而著称，其中一条就是"拒绝作证"；他们将自己的党徒称作"正派人"。可是他们的规范仅仅适用于黑手党的小圈子，决不对外。至于西西里社会其余的人，普遍流行的规范可以描述为："趁每一个机会利用你家庭直系亲属以外的人，否则他们就会先利用你。"而甘伯塔举的例子说明，即便是自己的亲属也不一定那么可靠。这样的行为规范显然无助于社会合作，它们对于好的政府以及对于经济发展来说，只会造成负面的后果，其事例在文献中比比皆是。② 南意大利是西欧最穷的地方之一，而且向来是意大利政界腐败瘟疫的来源。

相比之下，能产生社会资本的规范必须实质上包括一些美德，如讲真话，履行义务，互惠互利等。并不奇怪的是，这些规范在很大程度上与韦伯谈到的清教徒价值观相重叠，而韦伯在他的《新教伦理与资本主义精神》一书中指出，清教徒价值观对西

---

① Diego Gambetta, *The Sicilian Mafia: The Business of Private Protection* (Cambridge: Harvard University Press, 1993), p. 35.

② See, for example, Edward C. Banfield, *The Moral Basis of a Backward Society* (Glencoe, Ill.: Free Press, 1958); and Robert D. Putnam, *Making Democracy Work: Civic Traditions in Modern Italy* (Princeton: Princeton University Press, 1993).

方资本主义的发展起了关键作用。

所有各个社会都有自己一定的社会资本；它们之间的实际差别，可以称之为“信任半径”。这就是说，诚实、互惠等有利于合作的规范，能应用于多大的有限的范围，而不应用于同一社会中的其他人。家庭显然到处都是一个重要的社会资本源泉。

然而，家庭亲属纽带的强度在各个社会有所不同。相对于其他类型的社会义务而言，它的强度也有变化。在某些情况下，信任和互惠的纽带在家族内部和外部似乎适成反比：一个强，另一个往往就弱。在中国和拉丁美洲，家族关系是强的，有凝聚力，可是对外人就很难信任，公共生活中的诚实度和合作水平要低得多，一个后果就是任人唯亲和官场腐败。韦伯之所以重视基督教的新教改革，主要原因还不在于它提倡企业家个人诚实、互惠和节俭，而是在于它头一次使这些美德广泛实行于家庭亲属之外。

在没有社会资本的情况下，利用各种正式的协调机制，如合同契约、等级制、宪法和法律等，也完全有可能建立成功的群体。但是非正式的规范可以大大降低经济学家所说的“交易成本”——用于正式协议的监督、立约、裁定和强制执行等事务上的费用。在一定的形势之下，社会资本还可以促进更高程度的创新和群体适应。

社会资本的益处不仅仅是在经济领域。它对于建立健康的文明社会，包括家庭与国家之间的层层群体和联合体，也是极其重要的。文明社会是柏林墙倒塌以后一些原共产党国家内相当关注的焦点，被认为是民主制成功的关键。社会资本能使一个复杂社会内的各个不同的群体联结起来捍卫自己的利益，防范这些利益受到强大国家机器的漠视。①

虽然社会资本和文明社会被广泛赞扬为好东西，可是也需要指出，它们并不总是有益的。所有的社会活动，不论好的或坏的，都必定有协调。黑手党和三 K 党都存在于美国文明社会之内，它们都有自己的社会资本，但二者对更广泛的社会而言都是有害的。在经济生活中，一种生产形式需要群体的协调，可是一旦技术或市场变了，就可能出现不同的一批群体成员，需要另一种不同的协调。这时，原先有利于生产的社会互信互惠纽带会成为生产的障碍，日本的许多公司在 20 世纪 90 年代就遇到这样的问题。再借用经济学的术语来说，这一社会资本在这时可以说是陈旧了，需要在社会的资本账上予以折旧。

社会资本有时可能用于破坏性目的，或者有时可能陈旧，然而并不能因此而否定许多人的共同看法，即社会资本总的说来是社会需要的好东西。更何况钱物之类的有形资本也并不总是好的东西；它可能陈旧，还可能用于生产冲锋枪、萨立多胺中枢镇静剂、索然无味的娱乐片等一系列的社会“坏东西”。但是各个社会都有法律来禁止生产最恶劣的坏东西，包括用有形资本或社会资本生产的这类坏东西，因此我们可以断言，从社会角度来说，

① See the discussion of civil society in Larry Diamond, "Toward Democratic Consolidation," Journal of Democracy 5 (1994): 4－17.

社会资本的多数用途会是好的，不会次于有形资本所生产的东西。

凡是采用过“社会资本”这一概念的人，大多持这种看法。“社会资本”这一术语已知的最早出现，是莱达·贾德森·哈尼范1916年用它来描写乡村学校社区中心。[1] 简·雅各布斯在她的经典性著作《美国大城市的死与生》一书中也使用了这一名词，她在书中谈到较老的市区街坊中存在的紧密社会网络构成了一种社会资本，它有助于公共安全。[2] 经济学家格伦·洛里，还有社会学家伊凡·莱特，在20世纪70年代都使用过这一名词来分析美国城市中心少数民族居住区的经济发展：亚洲裔美国人和另一些少数民族群体在各自的社区中保持有信任的纽带和社会联系，而非洲裔美国人却缺少这些东西，这在很大程度上说明了为什么黑人小企业相对说来没有什么发展。[3] 到80年代，社会学家詹姆斯·科尔曼和政治学家罗伯特·帕特南更广泛地使用了

---

① Lyda Judson Hanifan, “The Rural School Community Center,” *Annals of the American Academy of Political and Social Science* 67 (1916): 130－138.

② Jane Jacobs, *The Death and Life of Great American Cities* (New York: Vintage, 1961), p. 138.

③ Glenn Loury, “A Dynamic Theory of Racial Income Differences,” in *Women, Minorities, and Employment Discrimination*, ed. p. A. Wallace and A. LeMund (Lexington, Mass.: Lexington Books, 1977); Ivan H. Light, *Ethnic Enterprise in America* (Berkeley: University of California Press, 1972).

“社会资本”这一名词。[①] 由于帕特南的看法，学术界还就社会资本和文明社会在意大利和美国所起的作用问题展开过激烈的辩论。

我们怎样衡量社会资本？

对于“社会资本”这一术语的广泛使用，不论是社会学家还是经济学家都感到不高兴。社会学家觉得这是经济学侵入社会学领域的又一表现；经济学家却认为这一概念含糊不清，即使不是不可衡量，也是难以衡量。的确，要把建立在诚实和互惠准则基础之上的合作性社会关系作为一种资本，衡量其总量大小，绝非易事。

罗伯特·帕特南在《使民主运转起来》一书中谈到，意大利各个不同地区的治理质量，是与社会资本相关联的，而在美国，这一社会资本自从20世纪60年代以来已呈衰落之势。该书谈到了衡量社会资本的一些困难，为了这种衡量，帕特南采用了两个

① James S. Coleman, “Social Capital in the Creation of Human Capital,” *American Journal of Sociology* supplement 94 (1988): S95—S120; Coleman, “The Creation and Destruction of Social Capital: Implications for the Law,” *Journal of Law, Ethics, and Public Policy* 3 (1988): 375—404; Putnam, Making Democracy Work, 1993; Robert Putnam, “Bowling Alone: America's Declining Social Capital,” *Journal of Democracy* 6 (1995): 65—78.

类型的统计数据。其一是关于各种群体——从体育运动俱乐部和合唱团直到利益集团和政党组织——及其成员数目的信息，还有参政指数（如投票率）和报纸读者人数。此外，还有较详细的时间安排调查以及另一些表明人们从起床到就寝是如何实际支配时间的数据。其二是一些调查研究资料，如对美国的“全面社会调查”以及对世界六十余国的“世界价值观调查”，这些调查就价值观和信念提出了一系列的问题。

帕特南认为美国的社会资本在过去两代人时间内呈下降趋势的论点，引起了热烈的争论。有些学者指出资料有自相矛盾之处，如美国各种群体及群体成员在过去一代人时间内实际上是在增多；另一些学者指出，在像美国这样的复杂社会，现有数据根本说明不了群体生活的现实。[①]

群体及群体成员数目是否能得到全面统计，这是一个问题。除此以外，这种衡量方法至少还有三个问题。首先，社会资本有一个重要的质量层面。保龄球联合会或园艺俱乐部固然像托克维尔说的那样，可以培养合作和公共精神，但是就它们培养的集体行动的性质而言，它们与美国海军陆战队或摩门教显然大不相同。一个保龄球联合会起码是不能冲击一片滩头阵地。要充分地

---

① Everett C. Ladd, “The Data Just Don't Show Erosion of America's ‘Social Capital,’ ” *Public Perspective* (1996): 4—22; Michael Schudson, “What If Civic Life Didn't Die?” *American Prospect* (1996): 17—20; John Clark, “Shifting Engagements: Lessons from the ‘Bowling Alone’ Debate,” Hudson Briefing Papers, no. 196, October 1996.

衡量社会资本，就需要考虑一个群体所能担负的集体行动的性质——它固有的难度，该群体出品的价值，它能否在不利的形势下采取行动，等等。

第二个问题，用经济学的术语也许可以称之为群体成员的“正外差因素”，或者，我们可将其称作“正信任半径”。虽然所有的群体都需要有社会资本才能运作，但有些群体将信任的纽带（因而还有社会资本）架设到自己的成员之外。例如，正像韦伯指出的那样，清教徒精神要求不仅对自己的教友要诚实，而且对所有的人都应该诚实。另一方面，互惠的准则却只能在一个群体的成员之中的一小部分人中间所共享。有的群体很庞大，例如美国退休人员联合会就有会员三千多万人，很难设想其中的任何两个会员仅仅因为每年都向同一个组织交会费，就会彼此信任或联合行动。

第三个问题涉及“负外差因素”。某些群体鼓吹对自己群体以外的人采取不容忍和仇视的态度，甚至采取暴力行动。三K党、“伊斯兰国”和“密歇根民兵”等组织都有其社会资本，可是一个社会若尽是这类群体，那恐怕不会有什么吸引力，也许不再成其为民主社会。这类群体彼此难以合作，它们的联结纽带只适用于自己人的小圈子，防范自己成员受到周围环境的影响，因而适应性差。

看来，在像美国这样的庞大、复杂的社会中，想要根据群体人口调查，用一个可信的数字来表现社会资本的多寡，应当说是几乎不可能。对于实际存在的众多群体，我们只能对其中的一部分取得实证数据，这些数据的可靠性也高低不一，而且任何统计数据都表达不出质量上的差异。①

也许可以考虑，不是用一个正数表达社会资本的多少，而是用一个比较容易的办法，通过社会机能障碍的一些传统衡量尺寸，例如犯罪率、家庭破裂率、吸毒率、诉讼率、自杀率、逃税率等，来衡量一个社会缺乏社会资本时会出现的情形。这想法就是：既然社会资本是反映合作准则的存在，那么，社会偏差事实上就是反映社会资本的不足。社会机能障碍的种种指数虽然难说是没有问题，但总比群体成员数据充足得多，而且可用于比较。美国的全国公民复兴委员会就采用这种办法衡量公民背离义务的程度。

利用社会机能障碍数据，作为从负面衡量社会资本的一个尺度，也有一个很严重的问题，就是表现不出分布的情形。正像通常的有形资本在社会内部分布不平衡（财富和收入高低不等）一样，社会资本的分布也大概是不平衡的——一些人高度社会化和自我组织化，而另一些人却处于极端割裂和社会病态之中。

---

① How, then, can we get a handle on whether a given society's stock of social capital is increasing or decreasing? One solution is to rely more heavily on the second of the two data sources—survey data on trust and values.

道德规范谱系

社会资本并非像某些人有时描述的那样是一种稀有的文化财产，代代相传，一旦失去即不可复得。相反，它是由人们在日常生活中随时随地自发创造的。传统社会中创造过社会资本；在现代资本主义社会中，个人和企业则是在日常活动的基础上，创造着社会资本。

社会秩序，因而还有社会资本，是怎样能以自发和分散的方式出现，对此，学术界进行了系统的研究，这是 20 世纪后期最重要的学术发展之一。领头的是经济学家——这并不奇怪，因为经济学研究的中心是市场，而市场本身就是自发秩序的首要范例。正是弗里德里希·冯·哈耶克规划了如何研究他所说的“人类合作的广泛秩序”，即允许个人在一个资本主义社会中一起工作的所有规则、规范、价值观和共有的行为的总和。①

谁也不会否认，社会秩序往往是按等级制形成的。但应该看到，秩序可以有一系列来源，其中包括从等级制和集中制类型的权力当局，直到完全分散的和自发的个人交往。图 8.1 展示了这

① Friedrich A. Hayek, *The Fatal Conceit*: *The Errors of Socialism* (Chicago: University of Chicago Press, 1988), p. 5; see also Hayek, *Law*, *Legislation*, *and Liberty* (Chicago: University of Chicago Press, 1976).

一连续体。

等级制的秩序可以有多种形式，从先验式的（例如摩西从西奈山带来《十诫》），直到世俗式的，例如一家公司的首席执行官宣布新的有关处理顾客关系的“公司精神”。自发的秩序也有不同的来源，其中包括从自然力的无形交互作用，直到律师们就地下水权利进行的有严密结构的谈判。一般说来，自发产生的规范往往是非正式的，也就是说，不是书面的和颁布的，而按等级制产生的规范和规则往往是书面的，如法律，宪法，条例，圣书，或机构编制图表，等等。在某些情况下，自发形成的秩序和按等级制产生的秩序二者之间的界线是模糊的。例如，在英国、美国等英语国家，习惯法是通过无数的法官和律师交互作用而逐渐自发形成的，但又被正式的司法系统所承认，具有约束力。

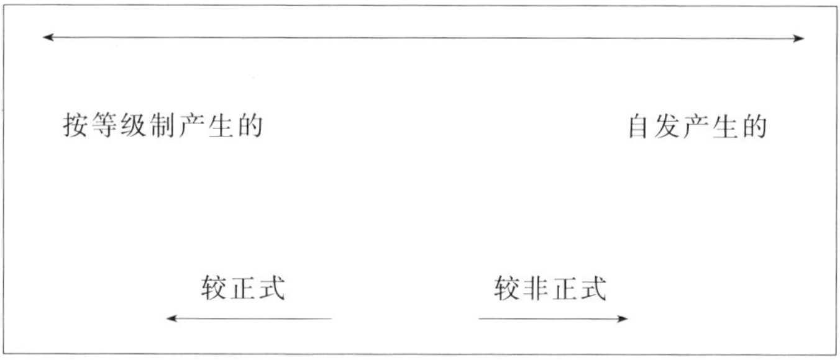

图 8.1　规范连续体

除了图 8.1 所示的从按等级制产生的规范到自发产生的规范这一社会规范连续体以外，我们还可以在该图基础之上，再展示另一个规范连续体，其中一类规范是理性选择的产品，另一类规范来源于社会继承和非理性选择。将两轴线结合在一起，就构成一个四象限的矩阵，见图8.2。这里的“理性”一词的意思只是说人们事先有意识地讨论过若干方案，作过对比。显然，理性的讨论结果不一定是好的选择。人们也许会作出并不真正符合他们利益的坏选择，而非理性的规范则可能是很起作用的，例如有些宗教信念有助于社会秩序或经济增长。

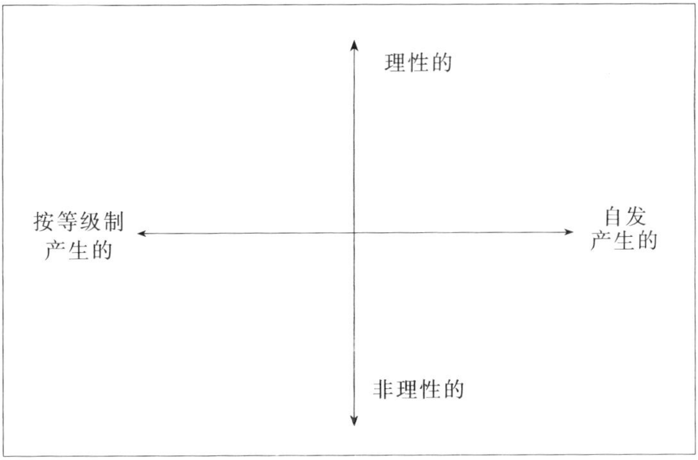

图8.2　规范全域（一）

从许多方面来看，理性与非理性之间的区别，跟社会学与经济学之间的界线是相符的。社会学归根结底是一门研究社会规范的学科。社会学家认为，随着人们生长和成熟，他们就社会化为整整一系列的身份和角色，如天主教徒、工人、离经叛道者、母亲、官吏等，被一系列的复杂规范和规则所界定。这些规范将群体联结在一起，为他们所强制执行，严格地限制着人们对自己的生活所能作出的选择。

经济学家的见解

在过去一代人时间里，经济学家们日益注意规范和规则在经济生活中的重要性。罗纳德·海纳指出，作为有理性的人，我们其实并不可能在日常生活中的每一时刻都作出理性的决定。倘若我们想要那样做，我们的行为就会变得不可预测，而且可能陷于瘫痪，因为我们要时刻不停地计算是不是该给侍者小费，是不是应该扣减出租汽车的车费，或者是不是每个月该在自己的养老金账户上储存一笔不同的金额。① 事实上，理性的做法倒是人们简化自己行为的规则，即使这些规则并不能每一次都让我们作出正确的决策，因为决策本身是费时费力的，而且往往需要必要的信息，可是这些信息也许一时得不到，也许是错误的。

经济学有一门分支叫做"新制度经济学"，它研究的中心就

---

① Ronald A. Heiner, "The Origin of Predictable Behavior," *American Economic Review* 73 (1983): 560—595; and Heiner, "Origin of Predictable Behavior: Further Modeling and Applications," *American Economic Review* 75 (1985): 391—396.

是观察规则和规范对于理性经济行为的关键意义。经济史学家道格拉斯·诺思说，“制度”就是指正式的或非正式的规范或规则，它指导着人们的社会交往。[①] 他指出。为降低交易成本，规范是必不可少的；举例来说，假若我们没有尊重产权的规范，那么每一次就都要就所有权的规则先谈判一番，这不利于市场交易和投资，也无助于经济增长。

在强调规范的重要性这一点上，经济学家和社会学家没有什么不同。他们的区别在于他们自省的说明规范的来源的能力。大体说来，社会学家（以及人类学家）最擅长的是描述社会规范，而不是解释它们何以成为规范。许多社会学著作对人类社会描绘出一幅非常静止的图画，例如，谈到纽约意大利裔居民区的下层小伙子们的社会化时，说他们是受到“同辈群体压力”而加入团伙的。

可是这种说法只会叫人纳闷：那些同辈群体的规范又是从何而来呢？我们可以从他们身上回溯一代或两代，可是最终仍然对它们的更遥远的来源感到迷茫。曾经有过一个“功能主义”的社会学和人类学的学派，它试图对一些最奇特的社会规则找出理性的实利主义的理由。例如，印度教徒禁止吃牛肉，据说是因为牛能用于耕田和供奶，是应予保护的资源。这就无法解释，为什么印度的穆斯林处于同样的生态环境和经济条件之下，却很爱吃牛

① Douglass C. North，*Institutions*，*Institutional Change*，*and Economic Performance*（New York：Cambridge University Press，1990）.

肉，或者，当新德里的麦当劳快餐店可以任意从澳大利亚或阿根廷进口牛肉时，印度教徒仍然禁食牛肉。

经济学家走进了这一空当，他们近几年来毫不犹豫地运用他们的研究方法，来探讨越来越广泛的社会行为。经济学有一个巨大的而且很发达的分支，叫博弈论，它试图解释社会规范和规则是怎么来的。如上所述，经济学家不否认人类的活动受到种种规则和规范的约束。但他们认为人类如何形成这些规范，是一个理性的过程，因而是可以解释的。

简要地说，经济学博弈论的出发点是：我们大家生到这世界上，都是作为孤立的个人，各有一堆自私的愿望，而并没有许多的社会联系及彼此间的义务。然而，在许多场合下，如果我们与别人合作，并因此而议定合作的规范以指导社会交往，我们就可以更有效地满足自己的愿望。按照这种说法，人们可以采取利他主义的行动，但这只是因为他们在某种层次上盘算过利他主义对他们自己也有利（大概是因为那样一来别人也会采取利他主义的行为）。博弈论背后的数学就在于试图以正式的方式理解人们按照什么样的谋略可以从自我利益进到彼此合作的结果。

如果我们要在图 8.2 的四象限矩阵上给不同类型的规范定位，我们得出的就会大致如图 8.3 所示。

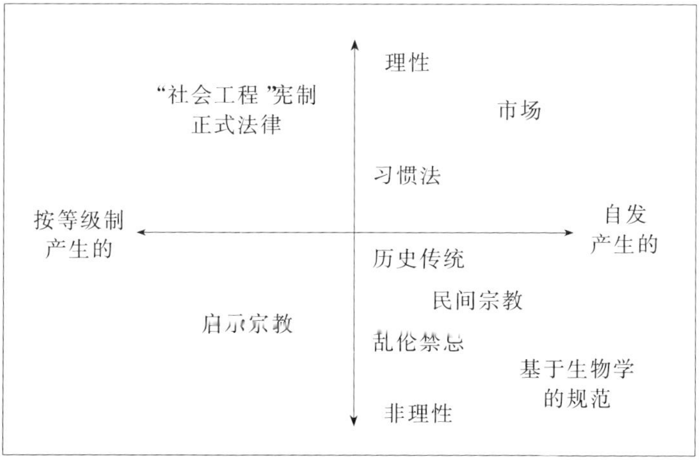

图 8.3　**规范全域（二）**

举例来说，几个有自备汽车的人轮流共乘其中一辆车的合伙用车的规则，属于理性、自发产生的规范象限。这就是说，有关的规则是他们自发、分散形成的，但可以设想是经过了一定的讨论，而且经过一番试验，合伙者都满意了，才实行起来。正式的法律，不论是独裁政权颁布还是民主政权颁布的，都属于理性的、按等级制产生的规范象限；宪法文书、社会工程及所有由上头采取的指导群体行为的措施，亦是如此。另一方面，习惯法与合伙用车规则一样，属于自发的、理性的象限。有组织的启示宗教通常来自有统治权的来源——最高的权威是上帝——这种宗教的规矩也不是理性讨论的结果。有些民间宗教（如东亚的道教和神道教）及准宗教性的文化习俗则可能是分散地、非理性地形成的。因此，前一类宗教的规范属于左下象限，后一类宗教的规范属于右下象限。最后，某些基于生物学的规范属于非理性的、自发的象限。乱伦禁忌属于这一范畴。最近有些学者经研究认为，乱伦禁忌虽系约定俗成，其基础却在于人类对近亲性交持有自然而然的反感。

可以假定，正如许多人已经认为的那样，随着社会趋于现代化，属于左下和右下象限的规范的形成会趋于减少，属于两个上方象限，尤其是左上象限（即由政府当局制定）的规范则趋于增多。亨利·梅恩、马克斯·韦伯、艾米尔·涂尔干、费迪南德·特尼斯等理论家就社会现代化提出的一些经典性论点，如理性化，政府机构化，从地位向契约的转变，从礼俗社会向法理社会的转变，等等，全都表明，在现代社会中，往往是赋予国家机器的正式的、理性的法律权力正在成为秩序的首要来源。然而，凡是在当代美国工作场所或学校试图艰难闯过那些盘根错节的性别歧视方面的不成文规矩的人，都会明白，非正式的规范并没有从现代生活中消失，今后大概也不会消失。

人们一般都比较重视权力当局发布的规范，而较少意识到哈耶克所说的“人类合作的广泛秩序”所形成的规范，因此，我们更仔细地看看图 8.2 右方的两个象限，争取理解自发秩序的范围和限度，也许是有益的。“自行组合”如今成了一个时髦字眼，不但经济学家和生物学家爱用它，而且信息技术大师们、管理学顾问们和商业院校的教授们也对此高谈阔论。然而，只有在某些特定的条件下，“自行组合”才会出现，而且它也不是实现群体协调的一个万能的公式。

共享公共资源的规则

在过去一代人时间内，有关自发秩序的理论研究和实证研究著述，最大量地来自经济学界及其相关领域，如法律与经济学，公共选择论，等等。这方面的许多早期作品都谈到与产权有关的规范的来源。[①] 一些所谓的公共资源——如牧场，渔场，森林，地下水和空气——属于群体共享，但在合作方面遇到格外困难的问题，因为它们受到加勒特·哈丁所说的“公共地悲剧”。[②] 哈丁认为，公共地悲剧导致了社会灾难，如海洋捕鱼过量，牧场放牧过度。在他看来，如何共享公共资源的问题，只有靠权力当局才能得到解决，很可能要由国家采取强制措施，甚至要依靠超自然力的调节。

与这种主张按等级制产生规范的见解不同，有一些经济学家主张采取比较自发的办法。整个法经济学的源头，是人们常常引用的罗纳德·科斯的文章《社会成本问题》，该文指出，当交易

---

① For an overview, see Karl—Dieter Opp, “Emergence and Effects of Social Norms — Confrontation of Some Hypotheses of Sociology and Economics,” *Kyklos* 32 (1979): 775—801.

② Garrett Hardin, “The Tragedy of the Commons,” Science 162 (1968): 1243—1248.

成本为零时，正式责任规则的改变将对资源的分配不产生影响。[1] 在实际应用科斯这一定理时，当然会遇到一个问题，即交易成本几乎从来不会为零。个人之间要达成合适的协议，通常是要付出代价的；当一方比另一方更富或更有势力时，尤其是如此。

然而，在许多情况下，交易成本是相当低的，因此，经济学家得以指出相当不少的令人感兴趣的自行组合事例，此时社会规范是通过自下而上的过程形成的。罗伯特·萨格登叙述过英格兰海滩上分享漂流木的规则：先来先得，但只能取一定的数量。[2] 罗伯特·埃利克森谈到过自发的经济规则的许多例子。比方说，19 世纪的美国猎鲸者往往遇到有可能引起冲突的情况：一艘船叉到了一头鲸，可是它挣脱了，而另一艘船不费时不费力就捕住这头鲸把它卖掉。于是，猎鲸人想出了各种各样的非正式规则来

---

① Strictly speaking, Coase himself did not postulate a "Coase theorem." Ronald H. Coase, "The Problem of Social Cost," *Journal of Law and Economics* 3 (1960): 1—44. This article is the single most commonly cited article in the legal literature today.

② Robert Sugden, "Spontaneous Order," *Journal of Economic Perspectives* 3 (1989): 85—97; Sugden, *The Economics of Rights, Co-operation, and Welfare* (Oxford: Basil Blackwell, 1986).

处置这种情况，做到平等分利。[①]

谈到自发秩序的著作往往只是摆事例、讲故事，而没有从道理上透彻阐述新规范是如何以分散的方式自发形成的。埃莉诺·奥斯特罗姆的书则是一个例外，她为研究公共资源问题收集了5000多个事例，这就足以使她有条件针对这一现象作出有实证根据的归纳。[②] 她的总的结论是：人类社会在不同的时间和不同的地点找出过种种的办法来解决公共地的悲剧，这类事例之多远远超出了人们通常的想象。解决这类问题的许多办法既不涉及公共资源的私有化（那是许多经济学家的主张），也不涉及由国家制定条例章程（那是经济学界之外许多人的主张）。相反，许多地方的人们想出了合理的非正式的规则，有时还形成正式的规则，来分享公共资源，做到既公平，又不会导致这些资源的过早贫化或枯竭。他们运用了数学上所谓的叠代法，即通过一次又一次的修改补充，使解决办法渐臻完善。既然人们知道他们必须继续在有限的群体范围内生活在一起，而继续合作是对大家有利的，他们就有维护自己名誉的愿望，同时彼此监督，惩罚那些违

---

① Ellickson's own detailed field research shows that ranchers and farmers in Shasta County, California, have in fact established a series of informal norms to protect their respective interests, just as Coase predicted they would. Robert Ellickson, *Order Without Law* (Cambridge: Harvard University Press, 1991, p. 143ff., 192.)

② Elinor Ostrom, *Governing the Commons: The Evolution of Institutions for Collective Action* (Cambridge: Cambridge University Press, 1990).

反群体规则的行为。

从奥斯特罗姆和另一些人的著作中可以看出，只有在具备一定条件时，自发的秩序才能形成，而在许多情况下，这种秩序失败了，未能实现，或是给整个社会造成了不良的后果。奥斯特罗姆谈到，人们为分享公共资源而建立规范的努力最终归于失败的事例，也是屡见不鲜的。她指出了自我组合所必备的一些条件，从中可以看出，有几个范畴的原因说明为什么社会并不总是能够形成自发秩序的解决办法。

规模。曼卡尔·奥尔森提出，群体规模越大，某些人不出力而白占便宜的问题就越严重，因为监督个人行为会变得愈加困难。在一家小诊所或律师事务所，如果有哪个人不尽力尽职，同事们大概都会看见；而在万人的工厂，就不一定了。在比这更大的群体内，问题就更多，监督系统会出故障。有人做坏事也不怕丢面子，别人认不出来；监督和奖惩的实施要付出越来越高的代价，因为规模经济要求指派相当多的人专门从事这方面的工作。

界线。谁是群体的成员，必须有明确的界线，才能形成自发的秩序。假如人们可以随意进入和退出这个群体，假如谁是这个群体的成员（因而有权分享公共资源的好处）并不明确，那么个人就没有必要为自己的名誉操心，而无所顾忌。这就从一个方面说明，为什么在人员流动性高的街区，例如正经历迅速经济变化或靠近火车站或长途汽车站的地方，往往犯罪率较高，社会资本水平较低。

经常交往。奥斯特罗姆研究过的那些成功解决了共享公共资源问题的社区，有许多是传统的村落，人们在社会地位方面几乎没有什么变动，与外界也很少接触，成员都是山民、稻农、渔民等。人们知道他们今后还得长期彼此交往，所以小心维护自己的名誉。

先前的规范已成为共同的文化。建立合作规范，往往有一个前提，即群体的成员先前已有一套共同遵守的规范。这种共同的文化不仅让人们有共同的词汇，而且有共同的手势、面部表情和个人习惯，彼此易于沟通。文化有助于人们识别真假，认出谁是合作者谁是骗子，以及传递行为规则，使得群体内部的行动易于预测。对于破坏自己文化规则的人，人们更愿施以惩罚，而对别人的是非就不一定那样关心。反过来说，要想在几种不同文化之间建立新的合作规范，会困难得多。

权势与公正。非正式的社会规范常有可能反映出，一部分人凭借其财富、权势、文化能量、智力，或直接凭借暴力和威吓，而统治另一部分人。有的社会规范尽管被有关的人自愿接受，也可能是不公正的。奴隶制和男尊女卑的社会规范就是这样的例子。

坏的选择也可能长期维持。尽管不公正的、低效率的或者起反作用的规范也存在过，人们可以争辩说这样的规范会自发地消失，因为它们不符合有关群体的利益。在法律和经济学著作中，常常见到一种进化论的观点：优胜劣汰，适者生存，因此从长期来看，社会是“朝着效率的方向进化”，然而，由于传统、社会化和礼俗的势力，坏的、低效率的或者起反作用的规范也可能在一种社会制度中代代相传，保持相当长久。

自发产生的社会资本可出现于较小的、稳定的群体，其成员只是几百人，在某些地方也会有几千人。但在已有政府和法治的社会中，这样的社会资本也可能出现于范围更大的人群中间，这实际上是法治的一个重要后果。可是，若自发群体过于庞大，就会有各种涉及公共地的问题（例如，由谁来谈判议定规则、监督违规行为、强制执行规范，等等）无法解决。奥斯特罗姆列举的那些共享公共资源的规则只构成小范围的文化，而构不成大的文化体系。文献谈及的自发秩序都够不上国家、人种—语种群体或文明区域等大规模群体的秩序。大范围的文化，如伊斯兰教文化、印度教文化、儒学文化或基督教文化，都不是自发形成的。

图 8.2 所示的四象限矩阵，只是为我们开始思考当代社会中的社会资本究竟来自何方这样一个问题，提供一个分类的框架。

合作规范应来自何方，人们各有自己的看法，往往带有强烈的意识形态色彩。强调传统的保守派认为它们应来自宗教以及左下方象限内的其他非理性等级制来源。自由派人士担心“无拘束的市场”的作用，主张这些规范来自左上方的象限（即由国家机构颁布法规）。左翼和右翼的自由意志论者则希望这些规范是自发产生，来源于右上象限或右下象限。然而应当明白，在当代社会中，每一象限都包含着众多的情况，社会资本的这四方面的来源互相起作用，其方式则是错综复杂的。

正式的法律对非正式规范的形成起重要的作用，美国的民权法律即是一个例证。非正式的规范又会有助于或有碍于一定政治体制的形成。宗教仍然是文化规则的一个重要来源，即使在明显世俗的社会亦是如此；然而，由于宗教规则与一个社会的特定历史环境相互起作用，这些规则也会自发地演变。如何理解这些关系，就实际文化规则的各个来源提供一个经得住实证的图谱，这是今后的一个课题。

第九章

腐败、文化及市场

西摩·马丁·利普塞特

加布里埃尔·萨曼·伦兹

人们广泛地关心民主和经济发展所必要的社会条件，因而在腐败的程度、来源和后果这一问题上，出现了越来越多的著述。本章试图将腐败问题的理论研究和实证分析综合在一起。在首先结合各种文化和历史谈谈腐败以后，本章将报道若干实证调研成果。然后，本章试图将这些成果和若干有独创性的研究结合进两个理论框架：罗伯特·默顿提出的手段—目的模式，以及来自爱德华·班菲尔德的特殊恩宠论观点。

什么是腐败？研究这一主题的学者们提供了各种不同的定义。正像阿诺尔德·海登海默在《政治腐败》一书中所指出的，“腐败”一词“从历史上看，其意义和内涵之繁多是罕见的”。[1]政治学家和哲学家强调的是政治或行政中的腐败：力图以非法手段攫取财富或权力——损公肥私。

---

① Arnold J. Heidenheimer, *Political Corruption: Readings in Comparative Analysis* (New Brunswick, N. J.: Transaction, 1978), P. 3.

从古埃及、古以色列、古罗马和古希腊直到现在，腐败一直不断。独裁政权和民主政权，封建经济、资本主义经济和社会主义经济，基督教文化、伊斯兰教文化、印度教文化和佛教文化以及各种宗教机构，全都经历过腐败，只是在程度上轻重不一而已。腐败现象无所不在，始终存在，而且反复出现，这就表明，不能把它看作是通过人们目标明确的行动即可消除的一种机能障碍。调查研究应试图解释，为什么在不同的时间、地点和文化背景下，腐败有多有少。

直到不久前为止，这一领域的实际研究还主要是个案调研。然而，为了满足跨国公司的日益增长的需要，一些咨询机构设计了一批反映各国腐败情况的指数，从而使腐败问题的研究发生转变，而且使社会科学家得以对腐败的原因和后果提出各种假设并加以检验。

采用得最普遍的政治腐败指数之一，是“透明度国际”组织的“腐败感指数”（CP1）。表 9.1 是按照 1998 年该指数排列的 89 个[①]国家和地区的名单，顺序为由轻到重。

---

① 原文如此。——译注

表 9.1 1998 年腐败感指数

1. 丹麦	23. 博茨瓦纳	46. 巴西	69. 玻利维亚
2. 芬兰	24. 西班牙	47. 白俄罗斯	70. 乌克兰
3. 瑞典	25. 日本	48. 斯洛伐克	71. 拉脱维亚
4. 新西兰	26. 爱沙尼亚	49. 牙买加	72. 巴基斯坦
5. 冰岛	27. 哥斯达黎加	50. 摩洛哥	73. 乌干达
6. 加拿大	28. 比利时	51. 萨尔瓦多	74. 肯尼亚
7. 新加坡	29. 马来西亚	52. 中国	75. 越南
8. 荷兰	30. 纳米比亚	53. 赞比亚	76. 俄罗斯
9. 挪威	31. 中国台湾（地区）	54. 土耳其	77. 厄瓜多尔
10. 瑞士	32. 南非	55. 加纳	78. 委内瑞拉
11. 澳大利亚	33. 匈牙利	56. 墨西哥	79. 哥伦比亚
12. 卢森堡	34. 毛里求斯	57. 菲律宾	80. 印度尼西亚
13. 英国	35. 突尼斯	58. 塞内加尔	81. 尼日利亚
14. 爱尔兰	36. 希腊	59. 科特迪瓦	82. 坦桑尼亚
15. 德国	37. 捷克	60. 危地马拉	83. 洪都拉斯
16. 中国香港（地区）	38. 约旦	61. 阿根廷	84. 巴拉圭
17. 奥地利	39. 意大利	62. 尼加拉瓜	85. 喀麦隆
18. 美国	40. 波兰	63. 罗马尼亚	
19. 以色列	41. 秘鲁	64. 泰国	
20. 智利	42. 乌拉圭	65. 南斯拉夫	
21. 法国	43. 韩国	66. 保加利亚	
22. 葡萄牙	44. 津巴布韦	67. 埃及	
	45. 马拉维	68. 印度	

腐败感指数是“民意测验的民意测验”，它的依据是“以不同方式对世界上许多国家和地区的专家和一般公众有关当地腐败程度的看法进行的多次调查的结果”。① 对这些国家和地区进行的民意测验至少有 3 次，在某些情况下达到 12 次之多，然后将这些可信的调查结果加以归纳。每次调查时，对腐败所下的定义

① Transparency International，“Tl Press Release：1998Corruption Perceptions Index，” Berlin，22 September 1998.

均相仿，指滥用职权谋取私利。调查中尽量将政治腐败和行政腐败加以区别，然后综合其结果，反映出对腐败程度的总的看法。这一指数不涉及是否公正的问题，不涉及各种社会之间和各种文化之间的腐败的同异。它也不包括私营企业的腐败，如知情人内幕交易。

有些人对腐败感指数所采用的方法有争议，说它只调查了国际经理人员对腐败的看法。然而，它实际上也包括了对一般公众的抽样调查。对于有关的国家和地区，至少作过一次公众调查。无论如何，经理人员和专家调查的结果与公众调查的结果是高度相关联的。腐败感指数的最后评分为 0（腐败最轻）到 10（腐败最重）。罗纳德·英格尔哈特指出过，“世界价值观调查”在 1995 年的调查中，有一个问题是询问对腐败程度的看法，结果与腐败感指数的评分非常吻合。

本章主要谈价值观与腐败二者的关系。在价值观和态度方面，缺乏各国的定量数据，因而长期妨碍了人们作比较研究。但“世界价值观调查”于 1981—1982 年、1990—1993 年和 1995—1996 年先后三批对许多国家和地区的大量态度和价值观作了调查，使社会科学家们掌握了这样的数据。1995—1996 年对 60 个国家和地区进行的调查，其数据将会很快整理出来，但可惜眼下还无法利用。本章的分析是以 1990—1993 年的调查数据为依据，那次调查了 43 个国家和地区，其人口占世界总人口的 70%，经济发展水平不一，按人均年收入计算，低的只有 399 美元，高的达到 30000 美元。调查中的抽样在质量上也很不一致。在一些欠发达国家和原苏联辖区内的一些国家，被调查的人绝大部分是城市居民和有文化的居民，他们的看法往往与工业国家相近。[①] 因此，对于第一、第二、第三世界各国之间的差异，最后的估计可能偏低。

经济与腐败

确凿的证据表明，腐败从许多方面损害经济发展。从调研成果可以看出，较高的腐败水平导致国民生产总值增长率大大降低。保罗·莫罗的回归分析显示出，腐败指数（从 1 到 10）每低 2.4，人均收入增长率就高 4 个百分点。[②] 腐败影响经济增长，其原因之一看来是投资水平降低，因为腐败使投资者估算的风险增大。还有一个原因可能在于腐败使教育方面的公共开支减少。

---

① World Values Study Group，“World Values Survey Code Book，” ICPSR 6160（Ann Arbor，Mich.，August 1994）.

② Paolo Mauro，“The Effects of Corruption on Growth，Investment，and Government Expenditure：A Cross-Country Analysis，” in *Corruption and the Global Economy*，ed. Kimberly Ann Elliot（Washington，D. C.：Institute for International Economics，1997），p. 91. See also Paolo Mauro，“Corruption and Growth，” *Quarterly Journal of Economics* 110，no. 3（1995）. For a more comprehensive review of the literature，see Alberto Ades and Rafael Di Tella，“The Causes and Consequences of Corruption，” *IDS Bulletin* 27，no. 2（1996）：6—10.

腐败指数每低 2.38（1 个标准离差），政府的教育经费在国民生产总值中所占的比例就高 0.5%左右。[①]

为什么腐败会影响教育？研究表明，腐败的政府把相对而言较多的钱用到官员易于贪赃枉法的项目上。[②] 他们可能把本该用于教育的公款转移到别的方面，便于自己收取贿赂。机场、公路之类的大项目难于管理，好玩猫腻。而教育方面的开支及其成果相对而言是明摆着的，搞腐败比较难。

另一些研究涉及腐败与收入不平等二者之间的联系。对各国数据作对比，就看出腐败与收入不平等和贫困的关系很明显。腐败愈严重，衡量贫富差距的基尼系数就愈高。腐败指数每高出 0.78，穷人年均收入增长率就低 7.8%之多。[③]

通过国与国之间的对比，可以看出与腐败关系最明显的一个变量是人均收入。[④] 最富和经济最发达的国家，政治腐败也最轻。从“透明度国际”1998 年的腐败感指数（见表 9.1）看，腐败指数最低的头 20 个国家，其人均收入（按购买力平价法计算）在 17000 美元以上，而腐败最严重的 20 个国家人均收入都在

---

① Mauro，“Effects，” p. 94.

② Andrei Shleifer and Robert W. Vishny，“Corruption，” *Quarterly Journal of Economics* 109，no. 3（1993）：599－617.

③ Sanjeev Gupta，Hamid Davoodi，Rosa Alonso－Terme，“Does Corruption Affect Income Inequality and Poverty?” IMF Working Papers 98/76（Washington，D. C.：International Monetary Fund，1998）.

④ Daniel Treisman，*The Causes of Corruption：A Cross－National Study*（forthcoming，1998），p. 22－23.

4000美元以下，它们大都是欠发达国家和原社会主义国家。而西欧国家当中，只有6国是在头20名以外。

有几种见解似乎能解释腐败与收入的关系。官员收入高，腐败所能获取的金钱收益的边际价值看来会降低，动机结构有变化，腐败就可能减少。同时，收入愈高，腐败所招致的惩罚——监禁、犯罪纪录、丢失脸面、今后难找工作等——其代价也愈高。

经济发展还会对民主产生重要的、正面的影响，从而使腐败减少。[1] 此外，经济发展会使人们的教育水平提高，从而可能减少滥用职权的现象。[2] 一国经济融入世界经济愈深——国际贸易愈发达——腐败亦应愈低。融入全球社会后，国家机关和公民就会更多地接触到经济发达社会的个人及市场行为规范，受其约束。欧洲联盟和北美自由贸易协定都规定其成员国必须接受这些规范。

文化与制度

对于文化变量和政治变量如何影响到腐败的潜势，学者们系

① For evidence on the relationship between democracy and economic development, see Seymour Martin Lipset, *Political Man* (Garden City, N. Y: Doubleday, 1960); and Treisman, *Causes of corruption*.

② Treisman, *Causes of Corruption*, p. 6.

统地进行多国对比的研究，这大体上还是一个较新的现象。有定量的数据表明，社会多样性、人种语种的分散状态以及一国居民中遵奉不同宗教传统的人口比例，均与腐败有联系。丹尼尔·特雷斯曼通过复杂的比较研究明确看到，有一些文化上和制度上的因素降低了腐败的水平。在研究影响民主化的因素的同时，他的分析表明，有两个因素，即基督教新教徒的人口比例高和曾经为英国殖民地的历史，均为与低腐败水平相联系的最重要因素，其重要性仅低于国民生产总值。

新教教义影响经济行为的可能机制，将在下文中论及。至于英国殖民地历史，特雷斯曼认为它给人们灌输了一种持久的意识，即强调程序重于强调权力。用哈里·埃克斯坦的话来说，"在英国人看来，程序不仅仅是程序，而是必须照章办事的神圣规矩。"[①] 法官和政府官员都遵守这一规矩，即使自己权力地位受到威胁也要坚持，这看来就增大了腐败被暴露的可能性。英国这一传统对民主有正面影响，这也会减少腐败。

有两个社会学模式能帮助我们理解文化与腐败的关系。第一个来源于社会学创始人埃米尔·涂尔干的著作，又经过罗伯特·默顿的扩充完善而正式形成。默顿在《社会理论与社会结构》一

① Harry Ekstein, *Division and Cohesion in Democracy: Study of Norway* (Princeton: Princeton University Press, 1966), p. 265.

书中提出了手段—目的模式，它能说明种种违规行为的变异。[1] 第二个模式关系到家族。政治学家爱德华·班菲尔德提出了一种令人感兴趣的分析，谈到像意大利南方和西西里那样的强烈家族定向有助于解释腐败严重的问题。[2] 基本的理论源于柏拉图，他曾指出，家族成员之间固有的关系，尤其是父母与子女的关系，促使他们偏爱和偏袒自家人，即裙带风。班菲尔德指出，家族价值观包括强烈的义务感，这种价值观的强弱与腐败有关系。

手段—目的模式

默顿的理论认为，腐败是由动机促成的行为，来源于社会压力，结果则是违背规范。他强调，所有的社会制度都规定有自己文化上的目标，即目的。人作为社会行为者应力图达到这些目的，同时社会又有大家赞许的达到目的的手段（即体制化的规范）。用默顿的话来说，凡是力图以社会赞许的手段去达到这些目的的人，就是奉公守法的人。然而，有许多人由于种族、民族、缺乏技能、缺钱缺物等原因，难以接近社会的机会结构，而

---

① Robert K. Merton，*Social Theory and Social Structure*（1957；reprint，New York：free Press，1968），p. 246—248.

② Edward Banfield，*The Moral Basis of a Backward Society*（Chicago：Free Press，1958）.

社会却仍然迫使他们去设法实现公认的目的，如发财或得到社会地位。社会上的成就市场之中，有许多市场从本质上说就是供小于求，需求大而供应（手段）有限。因此，许多人很早认识到自己没有什么机会，就拒绝公认的游戏规则，试图以非常规的手段（创新，或犯罪）来取得成功。默顿指出了这一分析框架有助于解释为什么美国上层阶级和下层阶级之间以及不同民族群体之间在偏常行为方面存在着差异，丹尼尔·贝尔曾对此作过概括。①

默顿的理论认为，有一些文化强调经济成就是一个重要目标，但又使人们获得经济成就的机会受到严格限制，在这样的文化环境中，腐败会比较严重。这一假设从“世界价值观调查”的1990—1993年多国调查数据得到了印证，那项调查还证明了由默顿的理论推论出来的假设论点，即按照“世界价值观调查”的项目构成的尺度来衡量的经济成就动机的高低，与腐败的轻重有关系。两极端的事例与这一分析框架相符。富裕程度较低而经济成就动机高的国家往往腐败最严重。例如，按照上述尺度衡量，俄罗斯、韩国和土耳其的经济成就动机处于最高水平，它们也是腐败较重的国家。

相反，按照默顿的分析框架，经济成就动机较低而获取相应手段的机会较多的国家，应是腐败程度较低。丹麦、瑞典和挪威最符合这一条。按我们的尺度衡量，它们在经济成就动机方面得

① Daniel Bell, "Crime As an American Way of Life," *Antioch Review*, Summer 1953, p. 131－154.

分最低，同时它们又腐败最轻。这大概是因为在这几个国家中，手段—目的的压力很弱。

斯堪的纳维亚国家这一模式，是由经济成就动机与结构上形成级差的成就机会多寡这二者之间的关系所造成的。经济成就动机的强弱与人均收入的高低成反比。这就提出了一道难题：国家愈富，经济成就动机的水平愈低。这一结果似乎违反了韦伯的文化理论。然而，韦伯在论述宗教价值观对经济发展的影响时，也预见到，一旦高生产率已经体制化，新教教义的正面作用会减弱。可以认为，今天的富国当年在经济发达以前，也曾经属于经济成就动机水平最高的国家行列，只是如今已经富裕了的公民恰如约翰·亚当斯所预见到的那样，转而追求不是与工作相关的目标，如音乐、艺术和文学，用罗纳德·英格尔哈特的术语来说，就是成了后物质主义者。[①] 而另一方面，一些欠发达国家的精英和中产阶级则意识到他们的经济地位较低，可能受到激发而表现出较高水平的经济成就动机。

为检验这一假设，我们作了一项多重回归分析，将“世界价值观调查”的 1990 年数据与作为因变量的腐败感指数相联系。上面已指出，默顿的理论分析认为，经济成就动机水平高而获取

---

① Ronald Inglehhart，*The Silent Revolution*：*Changing Values and Political Styles Among Western Publics*（Princeton：Princeton University Press，1977)；and Inglehart，*Modernization and Postmodernization*（Princeton：Princeton University Press，1977)

相应手段的机会水平低的国家，会苦于严重的腐败。实际的关系是相当牢固的，在常见水平上有统计意义。各国的经济成就动机指数（1到5）每变化1.1（一标准离差），它们的腐败感分数就相应变化近0.5。这一模式适用性高，可以解释腐败方面的许多变异。当对照其他关键因素时，上述二变量之间的联系仍然很显著。

在衡量经济资源和经济自由方面，学者们设计了各种指数。我们主要使用《华尔街日报》和传统基金会公布的1997年经济自由指数。该指数从1（无自由）到5（完全自由），用以衡量政府对自由市场的支持。它包括的因素有：拥有财产的自由，挣钱谋生的自由，经营企业的自由，投资的自由，国际贸易的自由，以及参与市场经济的自由。在回归分析中，经济自由指数每变化0.75（一标准离差），腐败感分数就几乎变化1.5。

像经济自由指数一样，人均收入数字也是一国经济资源的衡量尺度，还能衡量出一国人口的大多数在经济上的满意程度。人均收入与腐败关系密切，这进一步证明，若实现目的的手段已经体制化，腐败的程度会降低，表明默顿的见解是有道理的。将1997年经济自由指数与人均收入二者结合到一起，这一模式能说明腐败方面的许多问题。在对照与腐败有关的各种变量，如人均收入、新教徒人口比例、有无英国人照章办事意识等因素时，经济成就动机与腐败的关系始终牢固，这说明经济成就动机是一个重要因素。

不道德的家族主义

第二个重要的文化框架来源于柏拉图，再由班菲尔德予以发展，它表明腐败在很大程度上是特殊恩宠论的一个表现，即感到自己有义务帮助和施惠于自己负有个人义务的人，首先是家族成员，但也包括朋友和同伙。任人唯亲是最明显的表现。对某个人的忠心也是一种特殊恩宠论的义务感，它在资本主义以前的封建社会表现得很强烈。正如韦伯所说，忠心和市场是彼此对立的。特殊恩宠论的对立面是普世论，即对所有的人一视同仁。市场规范表现出普世论；因此，纯资本主义体现这些价值观，并因之而得以维持。

柏拉图在两千五百多年前就说过，家族联系，尤其是父母与子女的关系，是体制化的社会阶级和归属关系的首要基础势力。[①] 他认为，要建立一个平等的、共产的社会，这种联系——包括家庭本身——必须废除。孩子们一出生就该交给公共机构养育，而不知其父母为谁。当然，柏拉图不会相信一个社会能没有亲子关系，但是他看出了家庭具有的社会力量。

为理解资本主义为何最先在新教文化地区兴起，韦伯指出，

---

① Plato *Republic*（trans. G. M. Grube，rev. C. D. C. Reeve［Indianapolis：Hackett，1992］，chap. 5）.

工业化以前的天主教社会规范是社群主义的，首先要求社会、家庭和统治阶层帮助不幸者。他认为这种价值观阻碍了理性驱动的市场经济的出现。相反，强调个人主义和关心自己，比较有助于资本的积累。加尔文教派和新教其他教派的教义促进了这样的行为。这些教派的人相信，上帝只帮助那些自救的人。韦伯指出，“新教的强调伦理和苦行的教派……的伟大成就，就是打碎了亲属关系（扩大的家庭）的枷锁。”① 正如劳伦斯·哈里森所说，“事实证明，扩大的家庭是生存的有效体制，但却是发展的障碍。”② 只团结亲朋好友，而敌视自己家庭、村庄或部族之外的人，就可能造就出自私自利的文化。

爱德华·班菲尔德研究了意大利南方的情况以后，进一步分析了“不道德的家族主义”。这种文化在实行社群主义价值观方面有缺陷，只促进家族联系。他写道：“在不道德的家族主义者的社会，谁也不想增进群体或社区的利益，除非那样做符合他的私利。”③ 对于更大一点的群体没有什么忠诚可言，人们也不接受那种要求支援他人的行为规范。因此，家族主义是不道德的，会引起腐败，促使人们偏离普世主义和行善的规范。任何事情都

---

① Max Weber，*The Religion of China*（New York：Macmillan，1951），p. 237.

② Lawrence E. Harrison，*Underdevelopment Is a State of Mind*：*The Latin American Case*（Cambridge：Center for International Affairs，Harvard University；Lanham，Md.：University Press of America，1985），p. 7.

③ Banfield，*Moral Basis*，p. 85.

得有利于本人和自己的家族。黑手党是不道德的家族主义的一个极端的例子。班菲尔德实际上认为，意大利南方以及与之相似的一些传统社会中的腐败，正是黑手党赖以维系的那种力量及与之相似的力量的一种表现。

“世界价值观调查”的1990年数据以及世界银行的相关统计数字，使我们得以定出一个衡量家族主义的尺度。它的第一个项目是无条件尊重父母，即不论自己父母品质如何，有何过失，都必须永远爱他们和尊重他们；要统计持这种态度的人占总人口中多大的百分比。第二个项目是百分之多少的人反对离婚，认为离婚无理。第三个项目是平均每一名妇女的孩子数目，它取自世界银行。

按这一尺度衡量，得分高的国家往往也是腐败较严重的。重视家族联系的多数亚洲国家都是这种情况。另一方面，得分最低的是斯堪的纳维亚国家，它们也是人们认为腐败最轻的国家。回归分析也证实了二者的关系。但对照人均收入时，上述关系仍很明显。将家族主义尺度、经济成就动机尺度和购买力平价人均收入都包括在内的模式，能在很大程度上说明腐败感指数的变化。

总之，这一分析证实了不道德家族主义的命题。在另一模式中，我们又加上一个变量，即新教徒所占的人口比例。特雷斯曼已说明这一尺度与腐败感指数的密切关系。这一结果使人想到，家族主义是宗教与腐败之间的一个中间变量。换句话说，新教能减少腐败，部分原因在于它强调个人的、非家族主义的关系。

宗教、文化与腐败

我们在上文中已说过，文化变量有助于说明和预见腐败的程度。然而，什么说明文化呢？这个问题很复杂，远非本章文字所能说得清的。然而，社会科学界一致认为，宗教是较大的世俗文化的一个重要决定因素，这一点可以帮助我们思考一些问题。新教徒占人口绝大多数的地方，腐败较轻。新教教义较有助于遵守规范的行为。新教，尤其是曾被视为异端的教派的教徒，认为个人应对自己避免罪孽负责，而其他基督教教派，尤其是天主教会，却较多强调人固有的弱点、人无法避免罪过和错误以及教会应对人采取原谅和保护态度。天主教、圣公会和东正教都比较乐于承认人有弱点，因为神职人员有权减轻个人的一些责任感。既然对“罪过”的可能性采取较宽容的态度，那么自然的后果就是承认人有脆弱性，承认谁也不可能是圣人。

新教一些教派和福音会的教徒气质却更有可能促使人们遵循绝对的价值观，特别是在道德方面。它们鼓励信徒去努力得到美德并使之体制化，而且，即使不能摧毁也要减少恶人和坏体制坏习俗的影响。在政治上，它们倾向于将社会事件和政治事件看作是上帝与魔鬼之间的交战，几乎毫无妥协的余地。

新教徒保留了当初路德派新教会的一些重要成分。大多数教派都期待孩子们达到成年时自觉自愿决定接受信仰疗法。有的教派要求举行皈依仪式（再生），作为真诚信仰的一个象征。这些教派要求其信徒生活正派，遵守戒律，而戒律有时是很具体的。有的国家中，新教的一些主张禁欲的教派支持禁酒或限制含酒精饮料以及宣布赌博为非法。

新教与腐败感二者之间关系很明显。当对照人均收入时，二者关系仍有意义，但明显度有所减弱。这表明，新教与腐败感的关系中，约有多达 1/4 的成分是与新教徒的较高收入或较发达经济水平相联系的。另一方面，这一研究成果也表明，新教与腐败的关系中，多达 75％的成分可能是源于文化因素。

在分析了经济成就动机与新教徒占人口比例二者之间的关系以后，看出那种认为新教徒经济成就动机已有所降低的说法是有理的。虽然韦伯强调过新教徒比天主教徒或其他保守派更倾向于争取经济成就，但如今可能不再是这样了。现在多数新教国家已经富了，有迹象表明人们已改变了他们的价值观焦点。一国的经济成就动机与新教徒人口比例成反比，新教徒越多，经济成就动机的水平愈低。这倒让我们更有理由估计新教国家比天主教国家腐败轻。

由于新教国家平均说来较富，根据默顿的逻辑，较富社会中致富的手段已体制化，因而也意味着新教国家腐败较轻。此外，天主教国家的政府比较倾向于对经济实行干预，限制经济自由，而新教国家的经济更多是以市场为导向，只有局部的例外（如斯堪的纳维亚国家)。这样，经济自由指数与新教成正比，新教徒在人口中所占的比例越高，经济自由越大。

最后，班菲尔德的不道德家族主义命题，使我们有一个更基本的依据来解释为什么天主教国家可能比新教国家腐败更重。天主教国家偏重于社群主义和家族主义，而新教国家偏重于个人主义和自力更生，这是常识。“世界价值观调查”的数据能证实这一看法。家族主义与新教的关系适成反比。正如上文中已经谈过的那样，家族主义，或者说没有家族主义，这是新教与腐败二者之间的一个重要中间变量。

民主与腐败

除了提高生产率和加速现代化以外，还能有什么办法来减少腐败呢？要回答这个问题，不妨看看韦伯是怎样论述政治公开的社会在限制国家权力方面会收到的效果——更多的民主，个人自由，以及法治。民主包括政治上的反对党，新闻出版自由，以及独立司法，它能促进有潜在威力的减少腐败的机制。反对党为了赢得选举的胜利，就热心于揭露执政党的腐败。执政党若不锐意变革，就可能在选举中失败而下台。另一方面，一党制的国家却缺乏这样的激励机制。米哈伊尔·戈尔巴乔夫作为一个改革派共产党人当政时，至少曾两次公开表示过他担心一党制所固有的滥用权力的可能性。他作为一个共产党人当然并不主张多党制，而只是要求苏联报界和知识分子起反对党的作用，揭露违法乱纪行为。

1999年，欧洲联盟委员会的一些委员们受到了行为不端、用人不当和管理不善的指责，而被迫辞职，这件事突出表明了民主制潜在的净化作用。欧洲议会是由各国、各地区、各党各派代表凑成的大杂烩，然而是民主选举产生的，它向并非选举产生的欧盟委员会发起攻击，揭露其“源于天主教色彩较重的南欧的地中海腐败行径”。① 这一个代议制机构的胜利“标志着权力从非选举产生的行政机构——欧盟委员会——向选举产生的欧洲议会的一次重大转移”。②

对于腐败与民主之间关系所作的分析，大体上证实了以上的假设。民主方面的数据来自“自由之家”关于政治权利和公民自由权的年度调查报告，③ 其指数从1（最自由）到7（最少自由），由两部分组成。第一部分为政治权利，调查的问题是：国家元首和立法机关代表是通过自由而公正的选举产生出来的吗？公民是否有权成立竞争性的政党或其他组织？反对党有没有相当

① “A Message for Europe,” *Economist*, 20 March 1999, p. 15. The *Economist* expressed hope that in reform, the European Union will “exploit the Union's more northern balance and mores.”

② “Earthquake in Europe,” *Financial Times*, 20 March 1999, p. 10.

③ Freedom House, *Freedom in the World: The Annual Survey of Political Rights and Civil Liberties*, 1996 — 1997 (New York: Freedom House, 1997).

有意义的表决权，或有没有现实的机会来增进选民对自己的支持？第二部分为公民自由权，包括衡量媒体有多大的自由和独立，有无言论自由和集会自由，是否法律面前人人平等，司法是否独立和无歧视，能否防范政治恐怖、无理监禁等。

这次调查所针对的时期为1972—1998年，上述两部分的指数的平均数作为综合指数。结果与腐败感指数高度吻合（逆向相关）。在回归分析中，当对照购买力评价人均收入时，这一综合指数仍然有意义。然而，非标准化系数失去其值约一半左右，而当其他关键因素进入这一方程式时，它就变得毫无意义。这表明，民主与腐败之间的负相关，约有一半是由于民主国家通常均较富裕（即致富机会较多）。

虽然“自由之家”综合指数与腐败的关系不很牢靠，但特雷斯曼发现，一国实行民主制的连续年数与腐败的关系即使对照各种关键因素时，也仍然有意义。因此，民主是估计一国腐败程度的一个重要因素。有迹象表明，公民自由权指数，尤其是司法独立而加强了的法治，比政治权利指数更为重要。

结　论

强调理性、小规模家庭、成就、社会地位流动性和普世主义的态度，促进了发达经济的出现，这些因素正是不同于传统主义的现代性的特点。从理想的情况看，它们的标志还表现在家族主义的衰落，那些支持特殊恩宠论式互助体系的价值观的衰落，因为那些价值观是与市场经济所需的价值观相对立的。在强调义务和忠心的封建式社会分层制度瓦解之后，才出现了支持和表现市场逻辑的价值观。

在亚洲国家，人们十分强调群体义务，尤其是对家族的义务，家族观念在不久前还是封建社会的日本比在欧美要强烈得多，而这一点恰恰意味着亚洲国家高度的腐败。"透明度国际"的评估表明，多数亚洲大国腐败较严重，大大高于平均水平。当然，日本似乎是一个重大的例外。它的犯罪率极低。那里犯法违规现象较少，对此的解释是，那样做会给自己家庭及亲朋好友丢脸，使自己蒙受耻辱。然而，高层商界和政界的腐败却层出不穷。在"透明度国际"1998 年腐败感指数中，日本名列第 25，尚低于智利、葡萄牙、博茨瓦纳和西班牙，仅略高于哥斯达黎加、比利时、马来西亚、纳米比亚、中国台湾和突尼斯。

原共产党国家除了匈牙利和捷克以外，均低于平均水平。它们程度不等地具有家族主义、中央集权的社群主义、等级制的宗教（天主教和东正教）文化以及政党的特殊恩宠论，这些东西在共产党当政时期造成了高度的腐败，它们大部分还是穷国。

我们已集中谈了解释腐败现象的两个模式，即默顿的手段—目的模式和班菲尔德所强调的家族主义。默顿和班菲尔德所指出的问题——没有足够的手段达到自己规定的目的，以及家族关系所固有的特殊恩宠论规范——将继续影响一些民族的行为。在欠发达国家和原共产党国家中，如果理性导向的经济价值观和法治能占主导地位，如果它们促进经济发展，那么腐败的程度应当降低。中国香港、中国台湾和新加坡这三个华人社会如今已比较富裕，以市场为导向，而且相对说来建立了法治，它们的腐败程度就已有所降低。

第三部分

人类学家的辩论

对于个人特性和个人幸福来说，身为某一特定意义传统的一员，是一个必要的条件。在我看来，“浓厚民族性”和文化多样性二者皆有其地位，都是事物自然秩序和道义秩序的组成部分。我不认为大自然母亲要让所有的人都长着一样的面孔。

｜第十章｜

传统信念与习俗：是否有一些比另一些好？

罗伯特·埃杰顿

我们天天看到和听到的报刊和电视新闻都在报道团伙暴力、环境污染、无家可归、虐待儿童、毒品泛滥、艾滋病和政党勾心斗角，在这种情况下，要说某些人干的事情是在害人害己，大概是不会有争议的。越来越多的调查报告在给美国各个城市的生活质量评比排名，同样也评比外国的情形。

政治制度也受到评估。如果有人持相对主义立场，硬说萨达姆统治下的伊拉克、希特勒统治下的德国和红色高棉统治下的柬埔寨的政治制度对于它们国内和周边国家的人民来说，是与挪威、加拿大或瑞士等国的政治制度一样好，许多人听了一定会感到不安。如果有的人类学家断言，一个社会的习俗，如宰人祭神、种族灭绝或酷刑审案等，只能由当地的人自己去评价，别的人对此作评估则没有科学根据，那么，多数人也会感到这种说法难以置信。然而，这恰恰是不少宣扬文化相对主义和适应主义的人所提出的论断，而文化相对主义和适应主义仍继续为一些人所坚持，在人类学界尤其如此。

这些论点的根源在于一种信念，即认为“原始”社会比“现代”社会和谐得多。不幸、恐惧、孤独、痛苦、疾病和短命等现象在美国城市贫民区和无家可归者当中是司空见惯的；同样的情况也存在于南非的黑人乡镇、苏丹的饥馑村庄、巴西的贫民窟以及遭受过“民族清洗 ”的巴尔干半岛一些地方。这些地方的人被认为是各种社会、文化和环境压力的不幸受害者，而这些压力当中包括了政府的冷漠失职，种族主义，腐败，民族、宗教和政治上的争斗，以及经济剥削。

但是，人类学和其他学科的一些著名学者认为，上述的种种不幸并不是人类生活的自然现象。他们认为，在一些较小的、人种较单一的“乡间”社会中，人们的生活一向和谐得多，幸福得多。许多小社会今天依然如此。那种认为原始社会比当今社会和谐、认为“野蛮人”更“高尚”、认为从前的生活比今天的生活更富有田园诗意、认为人们昔日共享的社群感如今已丧失殆尽的看法，不仅反映在我们的流行文化的电影和小说之中，而且还根深蒂固地表现在学术论著之中。

快乐的野蛮人

按照上述观点，人类的不幸，是由于出现了社会分化、多种多样的宗教、阶级冲突或者使大社会——尤其是民族国家——苦恼不堪的利益竞争。另一方面，较小和较简单的社会却是根据稳定的环境的要求来发展他们的文化，因此，他们的生活方式必定给他们的居民带来大得多的和谐和幸福。例如，人类学家罗宾·福克斯就生动描写过旧石器时代前期的环境，当时的人是猎取大猎物的猎手，在那种环境中，“作为一个物种而发展起来的属性，包括我们的智慧，我们的想象力，我们的暴力，以及我们的理智和感情，都处于一种和谐的状态，而这种和谐今天已经不复存在了”。（福克斯，1990）当人们现在发现一个缺乏这种和谐的小社会时，社会科学家往往得出结论说，这种状况的根源在于文化接触，尤其是经济变化和城市化，所起的瓦解作用。像文化相对主义一样，这种观念在西方思想界也牢固存在数百年了。（尼斯比特，1973；肖，1985）

罗伯特·雷德菲尔德以人类学的权威支持这种认为古代社会优越的论点，于1947年发表论文，提出了如今已广为人知的乡间社会与城市社会这种分类法。（雷德菲尔德，1947）这种观点认为城市充满了犯罪、无秩序和种种人间苦难，而乡间社会却是和谐的社群，它可以回溯到阿里斯托芬、塔西佗和《圣经·旧约》。在19世纪，通过特尼斯、梅恩、甫斯特尔·德·库朗日、涂尔干和韦伯等一些有影响的人物，这种观点又得到了支持。另一些人也附和他们制造一种共识，认为道义和情感义务、人与人之间亲密无间、社会凝聚和持久的连续性，都是乡间社会的特点，而在人们转向城市生活以后就不复存在了，城市中则到处是社会分化瓦解和病态个性。

在20世纪，乡间“社群”和城市“社会”两者之间的反差，成为西方思想界最基本的观念之一，其持有者包括社会哲学家、政治学家、社会学家、精神病学家、神学家、小说家、诗人以及受过教育的一般公众。一个例子是：基尔帕特里克·塞尔在他的书《征服天堂》（谈欧洲人对美洲土著民族的征服）受人批评以后，公开在报纸上回答说，在美洲被征服以前，那里的“原始社群”就是跟欧洲的文化不一样，远比欧洲“和谐，宁静，善良和知足”。（塞尔，1991）

有些乡间社会是和谐的，有一些却不是。人类学家当中流行的一种观点是：一地民间的传统信念和习俗——他们的文化和社会体制——一定对他们的生活起了积极的作用，否则就不会流传下来。因此，常有人写道，食人肉、酷刑、杀婴、世仇争斗、巫术、毁伤妇女性器官、将强奸妇女当做仪式、割取敌人头颅等习俗虽令外人憎恶，但对于当地的社会一定起到有益的作用。看到生物进化论用适应环境来解释动物为什么会有保护色和飞行用的羽毛，多数人类学者就提出了文化进化论，说这一进化也遵循自然选择、适者生存的原则，只有适合人们需要的信念和习俗才会成为传统保留下来。因此，当人们见到一个社会看来缺少有益的信念体系或体制时，他们就说这一定是因为别的人——殖民者的官员、军人、传教士或商人——对这一社会起了恶劣影响。反正那些人几乎总是比人类学家先到场。

适应不良的特性在小规模社会中会有多少，是根本无从知晓的，因为人种志的记载极少谈到有哪些信念和习俗是有可能适应不良的。如果随便浏览一下一大堆人种志专著，就会发现，对某种信念或习俗的适应不良后果有所分析的专著，是微乎其微的。我自己就有这样的体会。即便是它们提到了某些看来稀奇古怪、非理性、无效率或者危险的信念和习俗，通常也是说这些东西具有适应性，似乎是为了达到某种有用的目的。例如，谈到最极端的毁伤生殖器的行为——割开阴茎，用粗糙的草或其他植物做的杆子鞭打阴茎，毁伤或者缝闭龟头——这些人种志专著（如果说不是精神病学专著）也通常不说这是非理性的、非适应性的或适应不良的习俗，而是说它起到了积极的社会后果、文化后果或心理后果。（考特，贾嘎马拉和巴雷特，1966；法瓦扎，1987）

将适应性理性化

相对主义和适应主义论断所累积起来的效果，是好几代的人种志学者相信，一种长期存在的信念或习俗必定有它的好的社会理由或文化理由。既然它经历了一段长时间，它一定是具有适应性的——在我们所知道的论述小传统社会人们生活状况的著作中，多数都是或明或暗持这种观点。

然而并不是每个人都持这种见解。例如，有些注重生态的人种志学者在谈到一定社会的信念或体制时，很认真地评估它们能有多少适应性。沃尔特·戈德施米特论述乌干达的塞贝社会的人种志专著就是一个很好的例子。在分析了塞贝人在他们的近代史上为适应环境而采取的比较积极的社会和文化举措之后，他又叙述了他所说的“失衡和适应不良”，尤其是塞贝人“未能建立足以保持他们疆界的社会秩序，未能养成遵循一套适当的道义原则的心态”。(1976) 他接着具体分析了导致这些“失败”的社会经济环境的变化。

与此相似的是，克劳斯—弗里德里希·科赫写到印度尼西亚的伊里安查亚地区的查莱人，他们在尚未受到外来影响而同化之前，于 20 世纪 60 年代中期还生活在偏僻的东部“雪山”地区。科赫在结论中指出，他们的内部争端和杀戮那么频繁，是因为他们处理冲突的方法“很少而且很缺乏效力”。(1974) 还有一些人，特别是 C. R. 霍尔派克，也谈到另一些社会的适应不良的习俗。(1972，1986) 然而，即使是注重生态的人种志学者通常也很少注意到适应不良的问题。他们所强调的是各种经济活动与环境相适应的一面。

大部分的人种志专著在谈到某种信念或体制化的习俗的利弊得失时，结果总是往乐观的好的一面去说。例如，在承认巫术之类的信念可能给某地的居民造成损失之后，又马上断言它仍是利大于弊。克莱德·克拉克洪和多萝西娅·莱顿在他们的经典著作

《纳瓦霍人》一书中，分析了纳瓦霍人的一种传统信念，即巫鬼存在于他们自己中间，指出这一信念造成了恐惧，引起了暴力，有时还导致无辜的人“悲惨”遭殃。尽管如此，这两位学者又硬说纳瓦霍人的这种信念“保持了社会的核心实实在在”，因为它使人们将自己对亲友的敌意转移到巫鬼身上去。不仅如此，这一信念还防止了富人和担任司仪的人享有过多的权力，而且总的说来，有利于防止社会分裂行动。（克拉克洪和莱顿，1962）可是，这两位学者没有考虑，既然别的社会找到了更好的办法来达到同样的目的，为什么纳瓦霍人却需要这样的弄神弄鬼的信念，而忍受恐惧、暴力和无辜者遭殃。

在这方面，他们并不是孤立的。大多数人种志学者好像都同意心理学家唐纳德·坎贝尔强调适应性的观点：传统的信念或习俗，不论它看起来多么“古怪”，只要理解了它，就会看出它具有“适应意义”。（坎贝尔，1975）还有一些人同意马文·哈里斯的说法：根本没有必要去声称信念或习俗有适应性，因为社会文化体系“即使不是完全，也是大体上”由适应性特征所组成。（哈里斯，1960）说文化必定具有适应性也好，说文化是完全或大体上由适应性特征所组成也好，这些说法都是悍然不顾相反的大量证据。除了经济习俗这一局部以外，并没有证据能显示出如此广泛的适应性。（埃杰顿，1992）

这一问题不只是限于人类学界，不是一只奇怪、“原始”茶杯里的风暴。凡是希望理解为什么人类社会，包括我们自己的社会，运转不尽如人意的人，都会重视人种志的著述。的确，有些乡间社会比较和谐，有一些至今仍然如此，但较小和较简单的社会中的生活也未必摆脱了人间烦恼和苦难。这里受篇幅限制无法细说，只能指出，有些小社会无力对付其环境的压力，有些则是生活在冷漠、冲突、恐惧、饥饿和绝望之中。还有一些陷入世仇而不能自拔，走向毁灭。尽管如此，有人还是坚持说，小规模社会在适应生态环境方面比我们强。有一些也许是，但肯定另有一些并不是。

不同社会里的人，不论是城里人还是乡下人，都能有同情心，慈善心，甚至是爱心，他们有时还能以惊人的毅力应对他们所处的环境提出的挑战。可是他们在处理他们自己彼此间的关系以及与别的社会和自然环境的关系中，所保持的一些信念、价值观和社会体制，也可能是源自于毫无意义的残酷、无谓的虐待以及十足的愚蠢。人们并不总是聪明的，他们所建立的社会和文化也不都是理想的适应机制而能完善地满足人们的需要。如果像许多学者那样，坚持说一种传统的信念或习俗既然多年沿袭下来，就一定在当地人的生活中起到有益的作用，那是错误的。传统的信念和习俗可能是有用的，甚至可能充当重要的适应机制，然而它们也可能是无用的，有害的，甚至是致命的。

文化相对主义的价值和反面价值

文化相对主义的原则并不是没有历史价值的。它有助于反对民族中心主义和种族主义。它还提供了一个重要的手段，来矫正那种认为所有社会都应经过同样的“进步”阶段直至最后达到近似于某种西欧“文明”为止的单系分阶段进化论。此外，相对主义者坚持应尊重别人的价值观，这一立场虽有害于科学，但更重要的却是它有益于人的尊严和人权。即使是所谓的认识论相对主义者的一些过激的说法也是有益的，因为他们能提醒那些对各种文化评头品足的人：任何一个社会文化体系都是一个复杂的意义网络，其意义须结合其背景加以理解，而且应尽可能设身处地，从它自身成员的角度去理解。（斯皮罗，1990）他们还争辩说，某些见解和情感是某一文化所特有的，某些习俗的意义和功能也许是外人所永远理解不了的，这一看法也可能是正确的。

然而，认识论相对主义者不仅说每个社会都是完全独特的——无法比较和大体上不可理解——他们还断言每个社会里的人都有不同的认识能力。在丹·斯珀伯所说的“认识隔离”和欧内斯特·盖尔·纳所说的“认知无政府状态”中，一些后现代相对主义者和解释主义者假定了各种文化之间在认知过程上存在的种种根本区别，包括逻辑、因果推论和信息处理方面的根本区别。

（盖尔纳，1982；斯珀伯，1982）这种根本的认知力区别是否存在，尚有待于证明；如果说人的认知力和主观间沟通能力的研究史可资借鉴，那么我们可以预言，那种种区别是不会得到证明的。

文化相对主义或适应主义的历史更值得注意。有一些在世界上最受尊敬的人类学家早先都曾经支持过文化相对主义的原则，但最后却公开表示反对用相对主义评估各地的乡间社会。例如，美国人类学泰斗艾尔弗雷德·克罗伯，就在1948年抛弃了相对主义，而且宣称当社会由简单向较复杂“进步”时，它们也更具“人情味”；还说了一句肯定会令当今的一些人类学家怒发冲冠的话：“现代先进文化中的一些精神不健全的人却往往附和古代社会和落后社会中那些健全而有权势的人”。（1948）他接着指出，“进步”——指文化进化——不仅包括科学技术的发展，还包括放弃一些陋习，如礼仪性的嫖娼，将临产期或月经期的妇女加以隔离，酷刑，宰人祭神，信仰魔术或迷信。两年以后，[1] 另一位著名人类学家拉尔夫·林顿——他掌握的世界人种志知识大概超过当时所有在世的人——写道，普遍的道德伦理标准是可以存在的；而三年以后，已经不再坚持相对主义的克莱德·克拉克洪表示他赞成这一立场。（克拉克洪，1955；林顿，1952）

由于提出乡间社会和城市社会对比而闻名的罗伯特·雷德菲

① 原文如此。——译注

尔德，在1953年表示同意克罗伯的观点，提出原始社会不如较先进的文明社会“高雅”和“有人情味”：“整个说来，人类已发展出更多的高雅和有人情味的善意——伦理学上的判断已有转变，使我们不再把未开化的人看做与我们同等的人，而是把他们看做处于人类经历的不同层次上的人”。(1953)

1965年，乔治·彼得·默多克，当时世界上从事比较文化研究的领头人物，在谈到本尼迪克特认为文化信念只能从它自身背景去理解这一相对主义观点，以及梅尔维尔·赫斯科维茨硬说所有的文化应享有同等的尊严和尊敬这一观点时，指出它们“不仅是无稽之谈，而且是感情用事的无稽之谈”。(1965) 他补充说，如果硬要让食人肉、蓄奴、靠魔术治病以及杀掉老人的习俗跟养老保险、科学医术和金属制品同样享有“尊严”和“尊敬”，那就是“荒谬”。默多克坚持说，人人都会喜欢西方技术，而且都愿能养育孩子和赡养老人，而不是把他们杀死。(1965) 可是，除了少数人例外，人类学家们并没有接受这些反对相对主义的观点，他们甚至更强烈地坚持认为文化是而且必定是适应性的。

适应不良

有很多理由说明，为什么某些传统信念和习俗可能变得适应不良。环境变化是一个原因。别的理由则比较复杂，涉及人们解决问题的方式如何。例如，在许多社会中，人们对自己坚持的某些信念或习俗提不出任何理性的道理，他们的某些最重要的决定——何处狩猎，何时出征，何时捕鱼，种什么庄稼——都是以所谓先知的预言、圆梦、占卜等迷信现象为根据。在非洲南部一个王国，当权者听从先知的预言，把牛全宰掉，停止耕种，说是千禧即将来临。结果是人们挨饿，王国覆灭。（佩雷斯，1989）

即使人们试图作出理性的决策，他们也往往失策。原因之一在于，当人们，尤其是较原始社会的人们，需要就自己的环境、邻里邻邦甚或自己的社会体制作出决策时，不可能掌握他们所需要的全部相关知识以确保决策万无一失。此外，关于人们在实验的条件下或者在自然发生的情况下如何决策，学术界已有大量的研究表明，个人的决策往往是并不周全的；而在需要解决新问题或者需要周密盘算各种可能出现的结果时，更是如此。正是这类的问题向人们的适应力提出最严峻的挑战。

多数人不大擅长于估计风险，应付新的威胁尤其难，而且往往对战争和技术变化或经济变化的未来后果估计不足。甚至一些反复发生的灾害，如旱灾、水灾、风灾或火山爆发等，人们也对其后果估计不准。（道格拉斯和怀尔戴夫斯基，1982；拉姆斯登和威尔逊，1981）人们也不都是善于开发新技术，即使环境的压力迫切要求技术有所变化时，也不一定跟得上去。（考吉尔，1975）西方经济学家谈到人们获得、储存、提取和加工信息的能力有限时，采用了“有限”这一概念，经济决策理论就考虑到这

些局限。由于认知力有限，对环境的知识又不完善，人们不可避免地会作出一些不尽妥当的决策。(库兰，1988)

人往往是不理性的，丹·斯珀伯就生动地指出这一点："看上去似乎是文化的信念，相当值得注意。它们稍稍偏离常识，或悄悄超出于证据所允许的范围之外，也不会显得是非理性的。它们倒是显得是对常识理性的挑衅。(1985) 正如斯珀伯等人所指出的，许多乡间社会的人相信，人或动物可以同时出现在两个地方，可以变成另一种生物或者变成隐身的，可以通过自己的意念让物质世界起各种变化。他们还会有迷信念头，至少有时会有。事实上，感应巫术的原则很可能是普遍存在的，因为人的思想是按这类想法逐渐演变过来的。(罗津和内梅罗夫，1990)

此外，现有的种种迹象表明，人们，尤其是乡间社会的人们，常常采用启发式方法作出决策，这种方法促使他们形成固定的意见，即便这种意见的根据不足或有误。这种启发式方法还促使人们固执己见，即便有相当多的迹象表明应该改变原先的意见。正如R. A. 施韦德所说，人的思想"在其科学程序上受限制，在抽象推理上不完备，对经验证据有些傲慢无礼"。(1980)

理性与非理性

应该说上述的种种现象都并不奇怪，因为即便是亚里士多德这么理性的一位思想家，也相信北风劲吹时怀孕就会生男孩；而经过多少代的世俗教育之后，当代的美国人仍然不是很理性。多次调查表明，当代美国人当中，80%的人仍相信上帝会创造奇迹，50%的人相信有天使，1/3以上的人相信有鬼。（盖洛普和卡斯特利，1989；格里利，1989；威尔斯，1990）此外，正如上文所述，我们识别自己环境中的风险的能力是有限的。玛丽·道格拉斯和阿隆·怀尔戴夫斯基指出，各个地方的人们都是集中注意他们面临的几种危险，而忽视其余的危险，其中包括一些明显的危险。例如，扎伊尔的勒勒人面临过许多的严重危险，其中包括一些有致命危险的疾病。然而他们集中注意的危险只有三种，即支气管炎、不孕症和雷击，尽管支气管炎远不如那里也流行的肺炎严重，雷击的危险更不如他们常常染上的肺结核病普遍。（道格拉斯和怀尔戴夫斯基，1982）美国环保局科学顾问委员会指出过，美国人也差不多：对于环境受到的威胁，他们最担心的往往是相对说来不很重要的危险，而可能更加严重得多的危险却大都受到忽视。

托马斯·吉洛维奇谈到过，即使是受过高等教育的美国人也往往持有一些显然谬误的信念。调查表明，美国大学生中，多达58%的人相信占星术的预言灵验；50%的人认为埃及金字塔是外星人帮忙建造的。吉洛维奇举出这样一些事例后指出，当代美国人曲解现实，是因为他们重视一些偶然的现象，往往只记住与自己信念相符的事例，而忘记那些与自己信念不相符的事实。（吉

洛维奇，1991）

还有不少事例说明，我们当中那些被认为是最理性的人，诸如工程师、医师、科学家、教育家等，也有一些愚蠢的信念。既然当代美国人并不是那么理性，那么对于那些文化世俗程度还不及美国的人们，又有什么理由期待他们以更大的理性去解决他们的问题呢？我并不是说乡间社会中的人们就一定比工业化的社会中的人们更缺少理性或者在信念上更适应不良。

C·R·霍尔派克等人认为，小规模社会中的人们从思想过程来看，无法理解西方科学中运用的一些概念，如因果关系、时间观、空间观、现实主义、内省和抽象化，等等。（霍尔派克，1972）所谓的原始思想是不是较少抽象，较多魔幻，或者较少有能力评估边缘概率，这是一个仍然有待于讨论的问题。但是这一问题与我要提出的观念并没有什么关系。我要说的是，所有社会中的多数人，包括一些最熟悉西方科学的人，有时都会犯带来潜在损害的错误，而且常常坚持错误。小规模社会中的人们也许会犯较多的这种错误，但是适应不良的决策是所有社会中都有的。

识别问题

人们要想使自己的信念和习俗的适应性达到最佳，就不仅要理性地思索，而且还必须能够识别所要解决的问题。这往往是困难的。有的问题，例如气候和土壤侵蚀方面的变化，是逐渐形成的，等到它们可被识别时，人们已无法作出有效的反应。另有一些问题，例如疾病的逐渐入侵或饮食变化的危险，可能根本不被认为是问题。人类受害于疟疾达数千年之久，最后直到 19 世纪晚期才认识到，它是由蚊子传播的。许多地方的居民至今仍然不知道他们那里流行的致命疾病是怎么来的。另外一些现象可能被认识到是问题，但却解决不了，因为社会分裂成互相冲突的价值观和利益集团。人们愿意投入多大的精力来增加食品供应？人们是否愿意放弃美味但却不利于健康的饮食，而改用营养较丰富但却不那么香甜可口的饮食？领导人愿意放弃自己的若干特权而造福于整个社会吗？男人愿意放弃自己的若干特权而造福于妇女吗？年长者愿意让出他们的若干权利给年轻人吗？

这并不是说各种社会里的人们不为他们认为是问题的事情操心。拥有公认的领导人、议事机构和办事机构的社会，往往都会为了解决问题而作出决策。当年夏威夷的僧侣和贵族认识到食品禁忌制度是一个问题，就把它废除了。波尼人的一位酋长也曾作出努力废除杀人祭神的习俗。在乌干达的塞贝人当中，一位名叫马图伊的先知创立了一种新的仪式，翻译过来是“通过法律”的意思，在这种仪式上，每个教区的所有男人集合在一起，宣誓不做某些事。（戈德施米特，1976）马图伊的创举大概是适应塞贝人的社会需要的，因为它减少了部落氏族之间的暴力。可是，像这样有远见的领导人在人类历史上一定是不常见的。在整个人类进化过程中，领导人的决策明智到什么程度，不得而知。但从有文字记载的历史来看，他们的决策很少达到理想的结果。相反，恰如芭芭拉·塔奇曼在《愚蠢者进军》一书中所指出的，许许多多的决策都收到反面效果，令人心寒。（塔奇曼，1984）马文·哈里斯曾长期认为几乎所有的传统信念和习俗都是有适应性的，但不久前得出了出人意外的结论："文化进化中的所有重大步骤在其发生的时候，都没有任何人自觉认识到正在发生的是什么事情。"他还补充说，"20 世纪看起来真正是充满了非预谋的、非预料中的和非想象的变化"。（哈里斯，1989）

在小社会中，理性的、经过仔细斟酌的、旨在解决民众问题的决策，是很罕见的。人们怎样狩猎、捕鱼和耕种，怎样举行仪式、控制子女和安排休闲，这些事情通常是不予讨论的，至少，不会讨论怎样使这些活动更有效或更令人愉快。人们对自己生活中的种种问题怨言不断。他们有时也会尝试某种新事物，但传统信念或习俗的根本改变是极其罕见的。如果发生大的变化，那通常是由于外力所迫，例如遇到了外敌入侵、流行病或天灾。否则，人们一般都是沿袭过时的老办法勉强凑合。多数人都是穷将就，不作理性的周密思考去寻求最佳方案。例如，乡下人种庄稼通常都是用老一套办法，只要活得下去就行，即使有人推荐提高产量的新办法，他们也不乐意采用，不愿意冒风险。

这种不愿改变的态度导致一些人类学家将人们的经济上的老办法形容为"最低风险"和"最少麻烦"。信念和习俗能长期保持，往往不是因为它们是最佳的，而是因为它们通常是刚刚顶用，改变它们的必要性还不是不言自明的。既然我们知道在现代国家中，“理性”的计划制定者往往也作出糟糕透顶的判断，那就不难想见，在科学技术不发达的较小、较简单的社会中，人们不大可能作出适应性最佳的决策，即使他们想做到这一点，恐怕也不行。此外，即使他们想出了一个几乎完善的适应于环境的方案，也不一定能长期坚持。

我并不是说传统的信念和习俗永远都是适应不良的，永远都无助于改善当地人们的生活。我也不是说人们永远不会足够理性地思考问题，作出有效的决策，以应付环境的挑战。我也不认为，人们的行为只受生物禀性中坏的一面，例如妄想狂和自私等恶性一面的驱使。人们常常会表现出贪婪、私欲、妒忌等违背公益的毛病。但人们也会合作，助人，有时甚至牺牲自己的利益以成全他人。(埃杰顿 1978，1985)

然而，如果说适应不良的信念和习俗是像它们看起来的那样普遍，那么，它们的存在就是对现今流行的适应主义范式构成了挑战。一个社会的居民要生存，就必定使他们维持生计的活动具有相当的效率，可是这些活动不需要是最佳的（即在时间和精力上以最低的耗费，得到最多的营养)。恐怕从来没有哪个社会的人们做到过最佳的经济适应；实际上也根本看不出有哪个社会的人曾试图做到这一点。社会组织和文化受到一个社会所能掌握的技术及其经济活动的影响，但是社会体制或文化信念系统从未普遍导致最大限度适应环境的境地。它们也从未始终如一地提高社会所有成员的生活水平。

从来还没有哪个社会的居民设计出最佳或完美的手段来利用环境，因此，如果说一个社会的所有成员都一致同意如何去最佳地利用环境，那恐怕也是不可能的。迄今为止还没有一个社会的居民宣布过所有成员的需要都得到了满足。所有的社会，包括人们最健康、幸福和长寿的社会，都仍有改进的余地，都可以再增进健康和安全，进一步提高生活的满意度。现在还没有完美的社会，没有理想的适应——只有欠完善程度的高低之分。人们都在调整自己的生活方式以求生活得更好，但是谁也没有创造出最佳社会。人们不仅会犯错误以及在应付生态环境的过程中作出错误的判断，而且往往为追求自己的利益而损害别人的利益，往往宁愿保持老的习惯而不肯弃旧图新。文化可以是有适应性的，但永远也不会在这一点上尽善尽美。

因此，尽管常常有人说，一个社会只要生存下去，它的传统信念或习俗就必定是有适应性的，但这种说法是不应该的。相反，应当说，任何一种信念或习俗都会在适应性价值的连续线的某一点上失误。它可能是中性的或可容忍的；也可能是有利于社会中的一些人而有害于另一些人。有时，它还可能是有害于大家。

最后，让我引用英国人类学家罗伊·埃伦的一句话：“文化的适应很少是所有可能的解决方案之中的最好一种，而且永远不会是完全理性的”。(1982)

参考文献

Camrbell, D. T. 1975. "On the Conflicts Between Biological and Social E-volution and Between Pstchology and Moral Tradition." *American Psychologist* 30: 1103—1126.

Cawte, J., N. Djagamara, and M. G. Barrett. 1966. "The Meaning of subincision of the Urethra to Aboriginal Australians." *British Journal of Medical Psychology* 39: 245-253.

Cowgill, G. L. 1975. "On Causes and Consequences of Ancient and Modern Population Changes." *American Anthro Rologist* 77: 505-525.

Douglas, M., and A. Wildavsky. 1982. *Risk and Culture: An Essay on the Selection of Technological and Environmental Dangers*. Berkeley: University of California Press.

Edgerton, R. B. 1978. "The Study of Deviance—Marginal Man or Every-man?" In *The Making of Psychological Anthropology*, edited by G. D. Spindler, p. 444-476. Berkeley: University of California Press.

______. 1985. *Rules, Exceptions, and Social Order*. Berkeley: University of California Press.

______. 1992. *Sick Societies: Challenging the Myth of Primitive Harmony*. New York: Free Press.

Ellen, R. 1982. *Environment, Subsistence, and System: The Ecology of*

Small-Scale Social Formations. New York: Cambridge University Press.

Favazza, A. R., with B. Favazza. 1987. *Bodies Under Siege: Self-Mutilation in Culture and Psychiatry*. Baltimore: Johns Hopkins University Press.

Fox, R. 1990. The Violent Imagination. New Brunswick, N. J.: Rutgers University Press.

Gallup, G., Jr., and J. Castelli. 1989. *The People' Religion: American Faith in the Nineties*. New York: Macmillan.

Gellner, E. 1982. "Relativism and Universals." In Rationality and Relativism, edited by M. Hollis and S. Lukes, p. 181-256. Oxford: Basil Blackwell.

Cilovich, T. 1991. *How We Know What Isn' t So: The Fallibility of Human Reason in Everyday Life*. New York: Free Press.

Goldschmidt, W. R. 1976. *The Culture and Behavior of the Sebei*. Berkeley: University of California Press.

Greeley, A. 1989. *Religious Change in America*. Cambridge: Harvard University Press.

______. 1990. *The Human Career*. Cambridge: Blackwell.

Hallpike, C. R. 1972. *The Konso of Ethiopia: A Study of the Values of a Cushitic Society*. Oxford: Clarendon.

______. 1986. *The Principles of Social Evolution*. Oxford: Clarendon.

Harris, M. 1960. "Adaptation in Biological and Cultural Science." *Transactions of the New York Academy of Science* 23: 59-65.

______. 1989. *Our Kind: Who We Are, Where We Came From, and Where We Are Going*. New York: Harper & Row.

Kluckhohn, C. 1955. "Ethical Relativity: Sic et Non." *Journal of Phi-*

losophy 52：663-677.

Kluckhohn，C.， and D. Leighton. 1962. *The Navaho*. Rev. ed. Garden City，N. Y.：Doubleday. Published in cooperation with the American Museum of Natural History.

Koch，K. F. 1974. *War and Peace in Jalemo：The Management of Conflict in Highland New Guinea*. Cambridge：Harvard University Press.

Kroeber，A. L. 1948. *Anthropology*. New York：Harcourt，Brace.

Kuran，T. 1988. "The Tenacious Past：Theories of Personal and Collective Conservation." *Journal of Economic Behavior and Organization* 10：143-171.

Linton，R. 1952. "Universal Ethical Principles：An Anthropological View." In *Moral Principles of Action：Man's Ethical Imperative*，edited by R. N. Anshen. New York：Harper.

Lumsden，C. J.， and E. O. Wilson. 1981. Genes， Mind， and Culture. Cambridge：Harvard University Press.

Murdock，G. P. 1965. *Culture and Society*. Pittsburgh：University of Pittsburgh Press. Nisbet，R. 1973. *The Social Philosophers：Community and Conflict in Western Thought*. New York：Crowell.

Peires，J. B. 1989. *The Dead Will Arise：Nongqawuse and the GreatXhosa Cattle-Killing Movement of* 1856-6. London：Curry.

Redfield，R. 1947. "The Folk Society." *American Journal of Sociology* 52：293-308.

______. 1953. *The Rrimitive World and Its Transformations*. Ithaca：Cornell University Press.

Rosaldo, R., R. A. Calvert, and G. L. Seligmann. 1982. *Chicano: The Evolution of a People*. Malabar, Fla.: Krieger.

Rozin, P., and C. Nemeroff. 1990. "The Laws of Sympathetic Magic: A Psychological Analysis of Similarity and Contagion." In *Cultural Psychology: Essays on Comparative Human Development*, edited by J. W. Stigler, R. A. Shweder, and G. Herdt, p. 205-232. New York: Cambridge University Press.

Sale, Kirkpatrick. 1991. Letter to the editor. *New York Times*, 25 July.

Shaw, P. 1985. "Civilization and Its Malcontents: Responses to Typee." *New Criterion*, *January*, p. 23-33.

Shweder, R. A. 1980. "Rethinking Culture and Personality Theory, Part 3, From Genesis and Typology to Hermeneutics and Dynamice." *Ethos* 8: 60-94.

Sperber, D. 1982. "Apparently Irrational Beliefs." In *Rationality and Relativism*, edited by M. Hollis and S. Lukes, p. 149-180. Oxford: Basil Blackwell.

______. 1985. "Anthropology and Psychology: Towards an Epidemiology of Representations." *Man* 20: 73-89.

Spiro, M. E. 1990. "On the Strange and Familiar in Recent Anthropological Thought." In *Cultural Psychology: Essays on Comparative Human Development*, edited by J. W. Stigler, R. A. Shweder, and G. Herdt, p. 47-61. New York: Cambridge University Press.

Tuchman, B. 1984. *The March of Folly*. New York: Knopf.

Wills, G. 1990. *Under God: Religion and American Politics*. New York: Simon & Schuster.

第十一章

撒哈拉以南的非洲的文化、儿童及进步

托马斯·韦斯纳

每一种经济体制都包含有芸芸众生，他们实践着各自的文化生涯，把自己的目标、动机、能力和当地的文化模式带进经济生活。世界上的各种文化都在想象和努力引导儿童进入美好的和多种多样的文化生涯，希望造就出他们所珍视的人才。文化生涯开始于我们出世之前而且预兆于儿童成长过程之中。欠发达世界中的儿童文化生活是不是严重阻碍经济市场活动或阻碍新形式的文明社会？假如真是这样，那么，父母管教子女的方式和儿童的生活是不是应该成为旨在鼓励经济进步变革的一个焦点？

我在本章中集中谈撒哈拉以南的非洲——那是一片常被列为“除外”的大陆（罗伊，1999），似乎是世界上经济最差而且距离多元政体理想最远的地方。但我认为，在今日非洲的父母管教子女和照顾儿童的方式这一方面，并不存在任何根本性的问题而妨碍经济按某种市场模式发展，或妨碍社会按当地某种模式向多元化社会前进。非洲家庭生活和照顾儿童方面的许多价值观和习俗至少是与经济发展和政治多元化相容的。这包括家庭与社会共同承担照顾儿童的责任；高度重视学校教育和家庭教育相结合；家长希望把孩子培养得既聪明又听大人的话；社会网络能在城乡之间起有效调节作用。

此外，家长们还积极讨论怎样养育子女，尝试各种新的做法和家庭生活的安排。因此，从儿童和家庭来看，已为各种经济活动和政治活动作好了潜在的准备。当前的任务，是要使这些活动和体制就位，而不是根本改变非洲家长和家庭的价值观和习俗。一旦这些活动就位了，那里的儿童和青年就会投入进去。

最后，现在有一种看法，认为文化和价值观是相当不灵活的特性，它们早早养成，成为民族文化“性格”的一部分，但这种看法基本上是不对的。文化信念和习俗是适应环境的工具，而不是对体制起决定作用的固定模式。文化是一个混合体，包括人们共有的价值观和信念，日常生活中有组织的活动，以及具有情感意义的交往经历。文化对儿童的培养往往会给他们造成一些问题，等他们长大成人后还得重新解决这些问题。西方的儿童被教导说他们可以成为各式各样的人物，可以期待每件事情都有它的道理。他们可以有各种选择，还可以通过谈判自定规矩。长大后到了工作岗位，他们却可能要费劲学会妥协，在社会群体中好好工作，而且认识到任何人都不可能完美地实现自己童年时的每一个梦想。

非洲的儿童在受教育时是学习如何互相依靠，共享资源，在家庭和群体的权威系统之内生活，顶多只能暗自提出疑问。长大后，他们却可能要费劲摆脱这些信念，学会独立自主，培养好奇心，寻找新的同盟。信念、价值观、活动和经历从来都不会完满地从童年到人生路上各个发展阶段一贯到底。

儿童获取文化知识，主要是经由非语言渠道，即参与和模仿——口头教诲是重要的，但决不是占主导地位的。这些非语言渠道并不一定提供始终连贯的信息，而在变化时期，这些层次的文化体验和获取知识的模式可以是十分不连贯的。孩子们对学习的文化或父母的灌输总有模棱两可的体会，充满混合信息，还常常采取抵制态度。文化可以有一个明显的中心倾向和模式，但未必是整齐无缝和千篇一律的。

东非的家长、儿童和变化

在非洲民族国家的政治经济和国际经济中，确实有一些条件阻碍着经济的增长。穷国的种种弊病在非洲是加倍地更加严重。（兰德斯，1998；联合国儿童基金会，1992；韦斯纳，1994）经济发展和变革可以说是传遍世界大片大片地区，“非洲除外”。（罗伊，1999）在世界多数地方，人口出生率都已有所降低，大概非洲又是除外——不过在非洲不少地方，人口出生率已在起变化。（布雷德利，1997；罗宾逊，1992）经济增长的典范在世界各大洲均有所见，又是非洲除外（不过非洲也有若干）。罗伊在他的《非洲除外》一书中，将“非洲除外”这一附加语变为表述用的主要词语，表明经济发展的反面。他还提出一些肯定的“反词语”，集中表述当地情况的多样性、意外性、不可预测性和复杂性。

但是对“词语”的关切还未必能反映出非洲面临的深刻而又严重的问题。丹尼尔·埃通加—曼格尔在本书第六章谈了非洲的问题，我同意他的许多看法。对于那些阻碍非洲亿万民众变革和进步愿望的问题，他有亲身的体会。他认为文化是非洲不良体制的原因：“文化是制度之母。较有效和公正的非洲制度有赖于我们文化的修改。”

在非洲，如同在任何地方一样，文化可能是压迫性的和破坏性的。我同意埃通加—曼格尔说非洲一些文化模式有害的看法，很多人对此有体会，而且千千万万非洲人希望有所改变。但是我认为，他说文化重于以资源为基础的体制上的和政治—经济上的因素，是错误的。事实上，这些因素都是在一个综合体之内彼此松散相连接的。

就父母对子女的养育和儿童的发展这方面的信念和习俗而言，非洲并不属于“除外”的情况，恐怕不能把儿童教养方面的做法列入阻碍经济和社会进步的首要因素。我们应该首先注意的是当地生态方面的局限性，以及那些引导或限制非洲儿童和青年潜力的各地区、各国和国际的体制，而不是建议改变儿童教养方式以及家长对孩子所持的价值观和目标。

我并不是无视撒哈拉以南非洲的明显贫困和诸多问题而盲目乐观，也不是说文化对于理解非洲各社会的过去以及影响其未来的进步不起作用。家庭和社群没有条件为自己组织可持续的日常生活，这才是阻碍儿童和家庭提高其经济水平的最重要因素，也是人类学研究所要关注的一个根本问题。（韦斯纳，1997a）在非洲以及世界上其他一些地方，千千万万的儿童和父母没有健康、安全和稳定的最基本条件；他们也没有机会去读书识字和掌握各种技能，以便让自己有条件去参与广泛的公民政治活动和争取重大的经济进步。同埃通加—曼格尔一样，我也深信非洲的儿童应当享有这些基本的物质和社会福利，并且有机会在自己的社会中找到相应的活动和体制，以便能参加进去，促进上述目标的实现。

有些人认为非洲不具备这些基本的物质和社会福利，其原因在于非洲的文化价值观和习俗，因此建议改变非洲的文化价值观。可是在研究非洲的家庭和儿童状况之后可以看出，这样的变化已在进行之中，至少达两代人之久，而且在非洲一些社会内部已有充分的多样性和不均一性，来提供为变化作好准备的个人。给儿童提供基本的保障，然后就可以让他们和他们的父母适应于变化，包括转向新的儿童养育价值观和实际做法。

然而，有些人会争辩说，文化内部的价值观和习俗的明显变化虽然有意思，但对于文化与经济进步二者之间关系如何这一更大的争论来说，却无关宏旨，因为如此之多的撒哈拉以南非洲国家表现出经济发展迟缓甚至下降，同时民主社会的出现仍然缓慢或不见踪影。当然，在这些比较性的差异方面，经济状况、文化状况和历史状况都起一定的作用，然而它们之间的关系顶多也只是松散相联结的。要理解非洲社会内部家庭和儿童中间的现状，就必须了解当地的文化变化和可变性。否则，我们怎么知道该怎么办——是否要干预，如何干预，在什么层次和什么群体干预呢？只有研究当今真实的文化情况，才能回答这一问题。我觉得这一研究计划应得到最优先的考虑。

发达世界的儿童养育、家长目标及经济进步

儿童家长的核心信念和养育儿童的做法，在发达世界也与经济进步有关系。在西方，这些信念和做法不一定是经济进步的原因，但常与经济进步相联系。有一个开发智力的“教育”模式（莱文等人，1994）强调刺激和反应能培养大胆、探索精神、语言技巧和文化水平。它关注对儿童个人的刺激，让他与别人交往，锻炼探索行为，积极识别智慧的认知信号和语言信号，参与语言交流和问答练习。

儿童的个人表现、独立自主、自力更生和自我表现也受到鼓励。父母期盼孩子早熟，公开夸奖早熟的表现，或者在别人谈起

这种早熟时得意洋洋。对孩子会有不断的赞扬和鼓励："干得好!""大胆往前走!""试试吧!""你定能成功!""你真聪明/真健壮/真漂亮!"父母把子女典型的智力发展里程碑看做是智慧或非凡能力的象征。例如，世界各地的婴儿都在出生后三个月左右开始向周围的人微笑。非洲的许多家长认为这是身体健康的表现，西方家长则认为这是理解力和智力的一个早期象征。

西方父母除了盼孩子早早成熟以外，还可能担心孩子在稳定的社会网络之中是否有足够的和可靠的信心、情感稳定和足够的"自尊"。这种信念在北美和欧洲各地有程度上的差异，培养这种理想类型的做法也不尽一致。（哈克尼斯和萨珀，1996）然而，上述的模式被公认为一种可以接受的、可取的做法，没有遇到过质疑和争议。对于它的可行性和正常性，人们有相当程度的共识。

非洲的父母当然也盼望孩子有所成就，抱有类似的希望和目标。但是他们主要不是夸奖孩子个人，而更可能是强调孩子要融入大家庭，为这样的融合提供机会，提供食物和其他物品，给予年幼孩子关爱和接触。家长鼓励孩子通过观察以及与他人合作来进行学习，而不是大人给孩子积极刺激。他们鼓励孩子学会与他人互相依靠，而不是鼓励个人主义的独立自主。罗伯特·塞普尔把这种做法叫做儿童社会化的社会分布模式。(1993)

非洲的许多父母和孩子今天实际上所做的，是一个混杂得多的模式，把教育学上以独立自主为中心的和以社会化为中心的发展目标结合在一起。此外，儿童在个人气质和能力禀性上各不相同，家庭与家庭也不相同，这就必然导致教养模式上的多样性，这样一来，孩子在成长过程中养成的特性，有一些会与教育模式的目标相符，也会有一些不相符。

我并不想掩饰非洲各地在文化上和家庭方面的明显多种多样的状况，但是以上一些概括性的模式对于说明问题还是有用的。这些模式肯定符合，至少是部分地符合非洲许多地区的儿童生活实际，构成中心趋势，而围绕着这种中心趋势又有大量的变异和差别。我同意埃通加—曼格尔的看法：非洲情况自然是多种多样，但"从根本上看，仍然有一些共同的价值观、态度和体制，它们将撒哈拉以南各国人民联系在一起，在许多方面还将撒哈拉以北的各国人民也联系在一起"。① 围绕着中心趋势而在各地出现的多样性，恰好能支持我的论点：非洲各地已有一些儿童和家庭作好了参与新形式的市场活动和公民生活的准备。

经济问题有若干连续性

在 19 世纪和 20 世纪初，非洲有过一些有活力的和扩张性的

---

① 埃通加—曼格尔为了说明他的论点，有意强调了非洲的一些负面价值观。请参看他为本书撰写的第六章。我指出过，童年时期有一些价值观，例如社会上彼此支持和关心；相对而言的男女隔离；强调要成名成家而不自吹自擂；扩大情感联系。

政治经济实体。东非文化曾不断向新的地区扩展，与阿拉伯国家和中东开展了积极的贸易（还包括非洲内部各地区间的贸易），并与邻邦互通有无。那个时代在非常困难的形势下，需要有智慧和雄心才能取得社会上和经济上的成就，在现代也依然如此。

非洲各社会的父母和儿童当时面临的经济问题现今也依然存在。艾伦·约翰逊和蒂莫西·厄尔把这些普遍性的政治经济问题归纳为四类，即生产风险，战乱（安全），资源利用效率低下，以及资源不足。（1987）这些问题今天仍普遍存在。在市场全球化、经济区域化、信息急剧增多和贫富差距加大的当今世界上，非洲各社会面临着寻找其他解决办法的任务。这任务是要设法将过去有用的养育和照顾儿童的办法同需要在儿童照顾和家长目标方面有所创新的新办法更好地结合起来，而不是从头开始认识这些问题。在今天的儿童教养和家庭生活中看来已经在努力寻找新的解决办法。

此外，社会需要给儿童培养多种多样的才能，而不只是现代西方市场经济所界定的狭隘经济技巧。当我们考虑经济进步的需要、父母对子女期待的目标以及儿童社会化这几个方面的结合时，要重视的不仅是办企业的经营才干、会读会算的文化水平及身体的健康。要应付安全、风险和低效率的问题，就需要让个人不但一心一意为经济创新作好准备以及保持广泛的、具有世界主义眼光的社会网络，而且必须掌握多种多样的才能以及在一个具体的社会内的社会化经验。

市场定价是社会关系和精神生活的一条普遍原则

市场定价很可能是所有社会都有的、所有儿童都多多少少学习并加以运用的少数几条普遍原则之一。（菲斯克，1991，1992）艾伦·菲斯克提出的社会关系普遍原则有四条：群体共享（群体内的团结），权威等级（地位，不平等，社会关系中的等级），平等配合（同等者之间的平等同侪关系），以及市场定价（由市场定价或用途确定的交换关系）。这些基本的关系结构不仅是社会组织的普遍属性，也是人们思想的普遍属性。

既然这四条是思想和社会的普遍属性，所有的人从童年起就要学会用其中的一条或几条评价他人并与之相处。市场定价这一条在思想上和社会上也许不是像关心经济进步的人们所希望的那样突出，但是所有社会中的人们似乎都懂得怎样求得这四种社会关系的平衡。在这方面，对于关心经济发展的人来说，问题仍不在于如何在儿童和家长心目中从头开始建立市场思想和社会关系意识，而是在于如何发展和延伸已有的意识。

文化价值观并不界定文化或变革潜力

文化价值观往往被看做是妨碍经济进步的关键障碍，可是它们并不界定文化，文化不是由它们组成。人类学研究价值观的创始人是克莱德·克拉克洪，他曾经用抽象的名词形容价值观是“可取事物的观念”，即人们对于好的事物共同持有的概念。（邓德拉德，1995）克拉克洪确实认为文化是与“生活”相对立以及与适应相对立，他并不认为价值观体系是决定性因素。（埃德蒙森，1973；亦见克拉克洪和斯特罗德贝克，1961）

> 克拉克洪认为生活实质上是无秩序的和混乱的。文化是强加于生活的秩序，对于人类生活延续而言，是必要的……他很明确地认为，文化并没有使所有的人都健康和幸福；从长期看，文化并未确保所有社会的发展或生存；成功的社会并不是无限期地原封保存它们的文化，而是必须使之改变。（费希尔和沃格特，1973）

巴思（1993）争辩说，我们不应该把注意力集中于价值观的制式表述而使之物化，而是应该集中注意它们在社会化中的作用。然而，当文化价值观成为制度的一部分时，确实会对行为产生影响。因此，文化价值观是强有力的，在制度和社会行动两个层面上，均应予以认真对待。但它们是适应的工具，会受到讨论和变化；它们并不能决定文化或构成文化。

价值观重要，在于它们如何引导社会行动。它们起这种作用的方式，是让人们理解周围世界现状，让人们知道为什么要在其中采取有意义的行动，指引人们的注意力评估过程（例如判断我们应当照料的是什么?）；给人们的行动提供社会认可的理由，可以按照大家共有的价值观向自己和旁人证明行动是有理的；还给人们提供一种社会认同的依据——例如，相信我自己是有精神价值的人，而不认同这些价值观的人则不是。（邓德拉德，1991）

价值观对不同的人起不同的作用。尊重权威和长者，可以帮助孩子们知道该照顾什么人，但无助于解释当代变化中的世界的性质，也无助于基本的社会认同。按照尊重权威的价值观，妇女会知道该照顾什么人，但对于这一价值观所意味着的道理和社会认同，妇女与男人会有不同的看法。

就儿童而言评价文化的普遍标准；保障儿童康乐、基本扶持从而导致可持续的文化生活

对文化作评价时，应看它能否给儿童和家庭提供康乐、基本的扶持以及可持续的日常生活。对于儿童生活的这些特点，我坚

持自己的观点，不采取相对主义的立场。对于社会中与我们持有相同的有意义的目标和文化习俗的人，我们当然可以提供我们的忠告并结为朋友。但是，对于以上三个条件如何实现、实现到什么程度以及通往什么样的文化目标，我们只能听任社会内部的变化和辩论的机制去起作用。

让儿童享有康乐，就是让他们能参与社会认为可取的活动，从而得到正面的心理经历。韧力和变化的潜力有赖于儿童及其家庭的这种参与，市场经济活动或者对共同文明社会的参与有赖于这种文化康乐，其依赖程度甚于各种具体的价值观和信念（韦斯纳，1997b)，尽管信念的深浅自然也很重要。

儿童和父母也需要基本的扶持。如何扶持儿童，世界各地有一定的共识。这包括关爱，保证身体健康，共同解决问题，提供食品及其他资源，防范暴力伤害，在道义上和文化上明白谁能提供和应当提供扶持，以及提供扶持的相应方式。(韦斯纳，1994)

各种文化以不同的方式提供基本扶持，其意义不尽相同。在评价各种文化时，重要的一点是要看儿童是否得到文化上始终如一的、可以合理预测的扶持。在非洲和别的地方，都有千千万万的儿童及其父母得不到这种基本水平的扶持。

康乐和基本的扶持结合起来，就可为儿童提供可持续的日常生活。可持续的日常家庭生活具有一定的稳定性和可预测性，对于父母和儿童的目标具有意义和价值，能尽量减少或平衡家庭和社群内的不可避免的冲突和分歧，并且与家庭所能得到的资源有足够的配合。如果父母和儿女能建立可持续的日常生活，就会具备适应变化、掌握新能力及创新的文化基础。若缺乏这一条，任何干预都将无济于事。（韦斯纳，1997a）

东非变化中的父母养育和儿童社会化方式

非洲家庭和养育孩子的习俗，在侧重点上不同于西方中产阶级家庭的目标和习俗，但是它们与各种市场经济活动和政治生活变革并不是不相容的。更重要的是，它们通过社会分布的儿童养育做法、关于家庭资源和权威的灵活而且不断变化的道义辩论、强调儿童养成独立与尊重他人相结合的气质以及扩大家庭的更多与现代性相联系而较少压力的社会网络，可以促进康乐和可持续的家庭生活。

社会分布的儿童养育和照顾

分担管理责任的家庭体系得到社会分布的支持，这在世界上许多地方均有所见。（韦斯纳，1997a）这一文化特质复合体的特点包括：

- 对儿童的照顾往往成为间接的支持链的一部分，其中一个儿童协助另一个儿童，那个儿童又协助第三个儿童。支持往往是间接的和延迟的，不一定是围绕父母与子女的直系关系而组织。

·儿童期待其他儿童的支持，如同期待大人支持一样，甚至在程度上超过后者。

·女孩子照顾儿童和负担家务的可能性远远大于男孩子。男孩子显然也向其他儿童提供支持和照顾，但在他们长到十来岁时就比较不经常了。

·当母亲的妇女支持和抚育孩子，同时还保证别的人也经常参与，如同她们自己直接做一样。共同抚育是常见的。

·对儿童的照顾常常伴随着儿童做另一些家务事。

·同一个人会既支持和抚育儿童，同时又欺凌、戏弄和支配儿童；这种支配随年龄增长而增长。

·食品和别的一些东西是有力的文化关切手段，用于威胁、控制、安抚和抚育。

·对儿童的支持和抚育很少伴随有语言交流和问答对话；儿童与主要抚育者之间讨论权利和特权的情形是少见的。

·判断儿童智力和社交能力，要看儿童能否料理家务，能否表现出适当的社会行为，会不会照顾别的儿童以及支持别人，当然还要看学习成绩。

·在这一系统内，儿童的社会化要经过学徒式的学习，担负自己的家庭角色和责任。

非洲的这种生活格局能促进儿童对哥哥姐姐和成年人的尊敬，训练社交能力和照顾他人的能力，也会形成对自己所在群体的人们的妒忌和怨气，还有对群体之外的人们的不信任。

文化特质复合体包括一系列相互连接、互为补充的生态情况、信念和习俗，而上面所说的社会分布的支持系统是这一文化特质复合体的一部分。一种文化的特质几乎总是持久、固执和难以改变的，因为它们深深嵌入文化特质复合体之中，而这一复合体是在情感上逐渐形成、有着高度共识和默认的文化模式。社会分布的支持与以下一些特质有松散的联系：高人口出生率；关心儿童的健康和死亡率；扩大的、延伸的或联合的家庭格局；母亲的大工作量；扩散的情感行为和社会行为的多重感情模式。分析整个的、背景化的文化特质复合体是很必要的。仅仅指出文化特质复合体的某一个部分，期盼它发生变化，那是不大可能出现变化的。

社会分布的儿童照顾方式的确有可能抑制个人主义和独立自主精神的发展，因为它扩散个人的情感纽带，促进个人养成“以社会为中心”的自我意识。儿童早早就参加家庭的劳动，有可能妨碍他们上学、游戏和社会能力的发展。儿童的活动受到控制，有可能妨碍他们的独立自主以及对新的工作和学习方式的探索。

以上这些特点是有关联的，但这种关联是松散的，因情况而异，家庭与家庭以及儿童个人与个人各不相同。例如，有些分担家务的孩子反而学习得更好一点。无论是男孩还是女孩，参加社会分布的儿童照顾，其学习能力并不降低。抚育儿童的任务也有好的影响，或好坏影响兼有。它会提高女性在家庭中的地位。影响究竟如何，决定因素之一是要看孩子参与这一任务是应母亲的请求，还是环境所迫不得已而为之。（卡斯尔，1995）

关于父母与子女的问题，已有变化了的、复杂的道义性讨论

如果文化价值观和习俗在人们心中根深蒂固、默然接受而无法加以辩论，那么，文化上的变化就困难得多。然而，这样的辩论在非洲是相当开放的。卡罗琳·爱德华兹在她的《丹尼尔和学费》一文（1997）中就讲了一个有趣的关于分担儿童养育责任的辩论事例。给她提供信息的人在谈到家庭有关“尊重”价值观的决定时，既谈到基本的“合理性”，也谈到灵活性。

在她说到的这个事例中，丹尼尔靠哥哥帮忙交学费，得以念完中学。然后，他在内罗毕做工挣工资，他的妻子和孩子仍住在乡下。八年后，他的儿子要开始上学，需要交学费。恰好在这时，他的父母来了，告诉他那位曾帮他交学费的哥哥在一次事故中死了，哥哥的儿子上学要交学费，父母说丹尼尔该付这笔钱。可是丹尼尔的钱只够供一个孩子上学。丹尼尔的妻子认为应首先供自己的儿子读书。丹尼尔左右为难。你认为在这种情况下该怎么做呢？理由是什么？

爱德华兹带着这个问题到了肯尼亚的两个农村，阿巴卢伊亚

和基普西吉斯，去听取人们的意见。人们公认那两个地方的人是诚实、负责任的，而且愿意给别人提出明智的忠告。她采访的成年人当中，一半上过中学，一半没有念过书。她还采访了一些年轻的中学生。从采访的结果看：

> 所有的人，年轻的和年长的，已婚的和未婚的，在谈到这个问题的实质和道义上的冲突时，都使用共同的词汇，畅谈各自的看法。尊重人、和睦、相互依靠和团结这些价值观在他们的言谈中体现得生动活泼，并作为家庭生活的主要美德，受到再三强调……在阿巴卢伊亚人的谈话中，比较突出的一点是应当求得思想和行为上的是否“合理”，而基普西吉斯人强调的则似乎是怎样保持“可尊敬的”关系。（爱德华兹，1997）

在道义推理方面，一代人与一代人之间、不同文化群体之间以及不同宗教和文化背景之间，显然有所不同。例如，受到较多教育的中学生在评论道义问题时，就较少考虑权威标准。阿巴卢伊亚那个地方受过教育的人较多，而且受过基督教贵格会传教士的影响，那里的人就较多地提到怎样做“合理”。

尽管人们对学费问题该怎样处理，看法不一，但是他们有着足够多的共同词汇，足以展开有意义的辩论。这一共同的框架意味着，不论是赞成还是反对的意见，人人都能理解。辩论表现出灵活性，有多重表达形式，而且人们愿意开诚布公，用各种价值观理由说明丹尼尔或别的人为什么应作出什么样的决定。在经济方针或家庭资源在子女间如何分配的问题上，也有类似的辩论。（萨珀和哈克尼斯，1997）

在肯尼亚各地天天都可以听到有关儿童养育问题的辩论。在这类辩论中，对于什么是“正确”，怎样做才算“最好”，可以听到各种各样乃至矛盾的意见。在如何组织家庭生活和如何养育孩子的问题上，文化信念和道义理想并不是以僵硬的价值观为基础。

父母对孩子的行为所期望的目标

父母希望自己的子女应具备什么样的特性，这方面的想法也在变化之中。比阿特丽斯·惠廷在肯尼亚中部约基库尤采访了一些当母亲的妇女，了解她们希望自己子女在性格上有哪些特点。她将采访结果归纳为八点。头四点是：有信心，爱钻研，聪明，勇敢，这些被认为是学习上取得成功应具备的好素质（在市场经济和政治生活中恐怕亦是如此）。另四点是：心地善良，尊重大人，服从，慷慨大方，这些在农村和市郊的等级制的父系社会中，被认为是处好人际交往所需要的品格。

这两组特性都被认为至少是可取的。考虑的范围偏重于怎样做到学习好，而不是全面的文化素质。此外，这些目标对男孩和女孩都一样适用。这些家长希望孩子兼具这些特性。由于兄弟姊妹当中已经可以估计到有气质上的和其他方面的差异，同时各个家庭现代意识高低不一，许多孩子很可能是这一特点或那一特点比较突出，也有些孩子可能发展得相当全面。

惠廷问过这些家长，哪些特性更有可能是天生的和遗传的，哪些是他们可以为孩子培养出来的。这些家长像世界各地的父母一样，懂得先天因素和后天抚育都对孩子的发展有重要影响。总的说来，他们认为孩子们在日常活动表现出来的特点——那些通过“有引导的参与”正式或非正式学到的特点——更有可能因父母的影响而改变。

多数家长认为，好奇心、良好工作习惯、勤奋、服从、尊重大人，这些都是可以培养的。理由呢？让孩子在家里干活，或送到别处工作，就可以学到这些。基库尤的家长说，他们肯定愿意让孩子提问题，通过答案学知识。他们还让孩子通过日常的活动养成好奇心。但是聪明、勇敢、慷慨和善良这些特性是天生的，是核心个性的一部分。（惠廷，1996）

惠廷还设计了一套现代意识综合指数，包括父母的教育程度，母亲的斯瓦希里语和（或）英语知识，家中有无收音机，是不是基督教徒，等等。具备这些特点的父母较多重视孩子的自信心、爱钻研、聪明、勇敢等素质，而较少重视孩子是否慷慨大方、顺从和尊重大人。然而，多数父母仍希望孩子全部具备这两类特性。

现代性是与更多的社会联系和新群体相联系

最后，与乡村和城市社群都有联系的家庭，其现代性高于仅与其中一方有联系的家庭。1970 年起，我曾长期观察肯尼亚西部的一些家庭，他们为了获取经济和社会方面的好处而在城乡两头安家。（韦斯纳，1997a）与主要住在内罗毕的家庭相比，带着孩子在城乡两头流动而且跟几个地方的亲戚有来往的家庭，其感受到的心理生理压力要小一些，而总的现代性水平相仿。与乡村的或城乡两头住的儿童相比，城市里的孩子比较好斗，与大人或别的孩子发生冲突更多一些，交友和照顾婴儿的能力则比较弱一些。父母安排子女和其他亲人的生活及维护其安全的做法各不相同。在城乡两头流动而且几代人参与照顾儿童的家庭，跟只生活于一地的家庭做得一样好，或者更好一些。

结　论

试让世界各地的父母和儿童来决定如何更新和试验他们的文化习俗。假如有条件这样做的人能提供相应的活动和新的制度背景，来鼓励市场积累或多元化政治生活，我们就会看到许多的家庭和儿童会参与这些活动。假如这些新的制度和群体活动的安排是着眼于当地的文化理解（克利特加德，1994），他们就能够找到各自的位置，各得其所。如果能提供市场经济活动以及新的、比较积极的公民政治生活，当代非洲就会有许多父母和儿童相当适应地参与这些新的活动。

当然，如同所有的文化生活方式一样，社会分布的社会化对于个人及经济发展是既有利也有弊。例如，限制男孩和女孩文化生活的性别隔离会继续起不利的作用，对邻邦邻族和其他文化群体的人已经制度化的妒忌和惧怕亦是如此。虽然父母常说男孩女孩可以有平等的发展（随着教育进一步普及和经济进一步发展，父母更加会这样说），但男孩和女孩的文化生活会继续使性别隔离表现得很突出，只是范围会逐渐缩小，逐渐向平等方向转变。地方性的信念会使得家庭财富的平等分配困难重重，难以干预。（霍华德和米勒德，1997）

非洲千百万的父母和儿童已为变革作好准备，日益具有世界眼光，或者至少意识到可以有不同的做法，而且正在创造性地改变他们的家庭生活和儿童养育的方式。然而与此同时也有许多人抵制变革。父母们和群体的想法自然是有矛盾的。他们有“捍卫生活的可预测性的本能……这是人类心理的一条基本的和普遍的原则”。（马里斯，1975）养育和照顾儿童的做法正在改变，可是显然有一些强有力的、涉及情感的文化模式使得这方面的变革既有可能，又困难不小。

考虑到文化的重要性、个人之间的亲密关系以及儿童养育方面的矛盾心理状态，为什么我们要把注意力集中于改变非洲家庭既想捍卫又在努力改变的那些儿童文化生涯价值观和习俗呢？的确，我感到纳闷，为什么那些对经济进步和新式公民生活感兴趣的人，要转移我们的注意力，让我们集中注意父母应怎样养育自己孩子的细节。

要帮助这些家庭，更容易得多的办法，是提供必要的手段以建立基本的和普遍期待的社会保障，从而得到必要的资金来实现有意义的家庭日常生活。没有什么根据去给他们规定一些干预措施和新价值观导向，要求家庭系统之内的父母对子女的目标和养育孩子的做法作出什么具体的改变，因为有迹象表明变化已在广泛出现，而且就个人而言，儿童发育过程本来就有内在的可变性。可是，肯定有理由提供一个基础，让任何一种文化都有能力为儿童提供康乐，这基础就是安全、稳定、健康和资源等方面的基本社会保障，能允许这些家庭在自己社会内为子女们实现可持续的日常生活，以达到他们的目标。这就是进步。

参考文献

Barth, F. 1993. “Are Values Real? The Enigma of Naturalism in the Anthropological Imputation of Values.” In *The Origin of Values*, edited by Michael Hechter, Lynn Nadel, and Richard E. Michod, p. 31 — 46. New York:

Aldine de Gruyter

Bradley, C., and T. S. Weisner. 1997. "Introduction: Crisis in the African Family." In *African Families and the Crisis of Social Change*, edited by T. S. Weisner, C. Bradiey, and P. Kilbride, p. xix — xxxii. Westport, Conn.: Greenwood Press/Bergin & Garvey.

Bradley, C. 1997. "Why Fertility Is Going Down in Maragoli." In *African Families and the Crisis of Social Change*, edited by T S Weisner, C. Bradley, and P. Kilbride, p. 227 — 252. Westport, Conn.: Greenwood Press/Bergin & Garvey.

Castle, S. E. 1995. "Child Fostering and Children's Nutritional Outcomes in Rural Mali: The Role of Female Status in Directing Child Transfers." *Social Science and Medicine* 40, no. 5: 679—693.

D'Andrade, R. 1991. Afterword to *Human Motives and Cultural Models*, edited by R. D'Andrade and C. Strauss, p. 225 — 232. Cambridge: Cambridge University Press. ______ . 1995. *The Development of Cognitive Anthropology*. New York: Cambridge University Press.

Edmonson, M. S. 1973. "The Anthropology of Values." In *Culture and Life: Essays in Memory of Clyde Kluckhohn*, edited by W. Taylor, J. L. Fischer, and E. Z. Vogteds., p. 157 — 197. Carbondale: Southern Illinois University Press.

Edwards, C. C. 1997. "Morality and Change: Family Unity and Paternal Authority Among Kipsigis and Abaluyia Elders and Students." In *African Families and the Crisis of Social Change*, edited by T. S. Weisner, C. Bradley, and P. Kilbride, p. 45 — 85. Westport, Conn.: Greenwood Press/

Bergin & Garvey.

Fischer, J. L., and E. Z. Vogt. 1973. Introduction to *Culture and Life: Essays in Memory of Clyde Kluckhohn*, edited by W. Taylor, J. L. Fischer, and E. Z. Vogt, p. 1—13. Carbondale: Southern Illinois University Press

Fiske, A. P. 1991. *Structures of Social Life: The Four Elementary Forms of Human Relations*. New York: Free Press.

______. 1992. "The Four Elementary Forms of Sociality: Framework for a Unified Theory of Social Relations." *Psychological Review* 99: 689—723.

Goldschmidt, W. 1990. *The Human Career*. London: Routledge & Kegan Paul.

Harkness, S., C. M. Super, and R. New, eds. 1996. *Parents'Cultural Belief Systems*. New York: Guilford.

Howard, M., and A. V. Millard. 1997. *Hunger and Shame: Poverty and Child Malnutrition on Mount Kilimanjaro*. New York: Routledge.

Johnson, A. W., and T. Earle. 1987. *The Evolution of Human Societies: From Foraging Group to Agrarian State. Stanford*: Stanford University Press.

Klitgaard, R. 1994. "Taking Culture into Account: From 'Let's' to 'How.'" In *Culture and Development in Africa*, edited by I. Serageldin and J. Taboroff, p. 75 — 120. Washington, D. C.: World Bank. Proceedings of an international conference held at the World Bank, Washington, D. C.

Kluckhohn, F. R., and F. L. Strodtbeck. 1961. *Variations in Value Orientations. Evanston, Ill.: Row, Peterson.*

Lancy, D. 1996. *Playing on the Mother-Ground: Cultural Routines for*

Children's Development. New York：Guilford.

Landes，D. 1998. *The Wealth and Poverty of Nations*：*Why Some Are So Rich and Some So Poor*. New York：Norton.

LeVine，R. 1973. "Patterns of Personality in Africa." Ethos 1，no. 2：123—152.

LeVine，R.，S. Dixon，S. LeVine，A. Richman，P. H. Leiderman，C. H. Keefer，and T. B. Brazelton. 1994. *Child Care and Culture*：*Lessons from Africa*. Cambridge：Cambridge University Press.

Marris，P. 1975. *Loss and Change*. New York：Doubleday Anchor.

Robinson，W. C. 1992. "Kenya Enters the Fertility Transition." *Population Studies* 46：445—457.

Roe，E. 1999. *Except — Africa*：*Remaking Development*，*Rethinking Power*. New Brunswick，N. J.：Transaction.

Serpell，R. 1993. *The Significance of Schooling*：*Life — Journeys in an African Society*. New York：Cambridge University Press.

Super，C. M.，and S. Harkness. 1997. "Modernization，Family Life，and Child Development in Kokwet." In *African Families and the Crisis of Social Change*，edited by T. S. Weisner，C. Bradley，and P. Kilbride，p. 341 — 353. Westport，Conn.：Greenwood Press/Bergin & Garvey.

UNICEF. *The State of the World's Children*，1992. New York：UNICEF.

Weisner，T. S. 1984. "A Cross-Cultural Perspective：Ecocultural Niches of Middle Childhood." In *The Elementary School Years*：*Understanding Development During Middle Childhood*，edited by Andrew Collins，p. 335 — 369. Washington，D. C.：National Academy Press.

______ . 1994. "The Crisis for Families and Children in Africa: Change and Shared Social Support for Children." *Health Matrix: Journal of Law—Medicine* 4, no. 1: 1—29.

______ . 1997a. "Support for Children and the African Family Crisis." In *African Families and the Crisis of Social Change*, edited by T. S. Weisner, C. Bradley, and P. Kilbride, p. 20—44. Westport, Conn.: Greenwood Press/Bergin & Garvey.

______ . 1997b. "The Ecocultural Project of Human Development: Why Ethnography and Its Findings Matter." Ethos 25, no. 2: 177—190.

Weiser, T. S., with C. Bradley and P. Kilbride, eds. 1997. *African Families and the Crisis of Social Change*. Westport, Conn.: Greenwood Press/Bergin & Garvey.

Whiting, B. B. 1996. "The Effect of Social Change on Concepts of the Good Child and Good Mothering: A Study of Families in Kenya." Ethos 24, no. 1: 3—35.

Wildavsky, A. 1994. "How Cultural Theory Can Contribute to Understanding and Promoting Democracy, Science, and Development." In *Culture and Development in Africa*, edited by I. Serageldin and J. Taboroff, p. 137—164. Washington, D. C.: World Bank. Proceedings of an international conference held at the World Bank, Washington, D. C., 1994.

｜第十二章｜

道义地图、“第一世界”的自吹自擂及新福音传道者

理查德·施韦德

经济学家的脑子：2.39 美元一磅！

吃人肉，有营养价值吗？抑或不过是又一种美味而已？这是人类学家庄严辩论的一个问题。可是众所周知，这帮人类学家在盛大典礼的场合也是爱说俏皮话的。作为一名人类学工作者，我想不妨在本章的开头以一种古怪的新形式讲讲一个老笑话，说的是巴布亚新几内亚的人脑子市场。

话说一个来自“第一世界”的家伙蹓蹓跶跶，走进了巴布亚新几内亚的一家美食店。他来到肉食餐厅，见到了“供各类西方人士”浏览的菜单。它将宾客分为两大类：一类是福音传道者（包括神职的和世俗的人士），他们认为自己的人生使命就是要以他们的道义之光使我们这个世界变得光明美好；另一类是浪漫的

相对主义者，他们认为世间万物皆有道理，都说 OK，点头称是。厅内的不少佳肴，排列得整整齐齐。

第一盘标明是“来自世界银行的经济学家的脑子：＄2.39一磅！”盘上的标签写的是：“这些人愿以非常优惠的利率给我们许多贷款（我们自然是决不会偿还的），条件是我们办事要更像他们在西方办事那个样子。他们要我们按正规格式签合同，建立独立的司法机关，而且禁止优先雇用本民族的人员。此为头道菜。”

第二盘标明是“基督教新教伦理学家的脑子：＄2.42一磅”。标签写着：“这些人要我们改变我们的工作习惯以及我们对美好生活的想法。他们要我们停止浪费时间去祭祖宗。他们愿以非常优惠的利率给我们许多贷款（我们自然是决不会偿还的），条件是我们对事物的想法要跟他们西方人（至少是西方的北部人）的想法一样。西方的北部人相信除了非人格化的工作追求以外，所有的事物都是邪恶的；相信只有富人能够得救。他们告诉我们说，接受新教价值观的当今代码是‘可持续增长’。他们认为上帝会保佑那些有物质财富的人，尤其是处心积虑聚财的人。他们要我们得救。他们要救我们。”

第三盘标明是“单文化女权主义者的脑子：＄2.49一磅”。标签上说：“这些人要我们改变我们的家庭生活、男女关系和生殖习俗。他们要求将子宫贬值，因为他们认为那是跟多子女大家庭、繁重家务和男女分工等‘坏东西’联系在一起的。他们要我们将阴蒂升值（他们认为那是跟妇女独立、平等和自我刺激求得快感等‘好东西’联系在一起的），说那是女性的生物精华，是妇女解放的象征和工具。倘若我们不答应加入全国妇女组织和女选民同盟，他们就要请北约派一支‘人道’部队入侵这里。”

最后一盘则标明是“人类学家的脑子：$15.00 一磅”。标签上写的是：“这些人认为我们应该拿了钱就跑！”

我们这位来客看到这里真是惊愕不已，气冲冲向掌柜的人走去质问道：“这是怎么啦！难道你没有听说过西方的道义优越性（至少是西方北部的道义优越性）？难道你不知道，我们（‘第一世界’）比你们（‘第三世界’）强，就是因为我们是人道主义者，赞成联合国的人权宣言？难道你不知道人的脑子基本上都是一样的？难道你不知道世界上有富有穷（‘人力资本’有差异），主要是因为地球南边的人是在穷文化（‘贫穷的文化’）当中长大的？正因为如此，他们才适应不了信息高速公路和全球快车道上的生活。正因为如此，他们才不值得信任，腐败，无纪律，无本领，贫穷。OK，经济学家的脑子、基督教新教伦理学家的脑子和单文化女权主者的脑子，价钱有一点差别，我可以理解。可是人类学家的脑子怎么要 15 美元一磅？真是荒唐！毫无逻辑！太不公道！毫无‘透明度’可言！”

那个掌柜的人回答道：“你可知道人类学家没有什么脑子，我得宰掉他们多少个才凑得上一磅？”

因此，我承认，现在为这本书撰稿，我是感到有点没脑子，因为此书的撰稿人包括这么多的杰出学者和福音传道者，来自我的专业之外的各个学科。主编劳伦斯·哈里森要我也来凑个数，以他特有的坦率告诉我，要我以一名怀疑论者和批评者的身份写文章，因为他认为我相信“文化”而不相信“进步”。他说他还打算邀请另一些怀疑者和批评者，例如那些相信“进步”而不相信“文化”的人。

其实我是相信进步的，至少在有限的意义上是如此。而我相信文化，其确切意义对于在这里主张“文化重要”的诸公而言，却未必是很有帮助的，甚至未必是可理解的。①

说“文化重要”，是什么意思呢？这要看说话的是什么人。

---

① 在这次会议上我听到了许多精彩言论，其中有几位来自非洲和拉丁美洲的世界主义的知识分子代表“当地”意见的证词。这几位来自“第三世界”的代表扮演了对现状不满的“内部人”角色，来证明他们自己本乡本土的文化是多么贫困，国内情况是多么糟。在如今这个后现代世界上，里里外外全翻了个儿，外面的东西翻了进来，里面的东西往外翻得到处都是（不妨想想 CNN 的电视新闻，VISA 信用卡，麦当劳的“巨无霸”），在这种形势下，他们扮演的角色已变得日益复杂，甚至是暧昧不明。对于多数的周游全球的办事者——其中包括从“第三世界”出来的世界主义知识分子——来说，旅行计划如今比祖宗更重要。因此，若单凭国籍（或民族属性）就说有权代表那“当地”的声音，那是不免叫人生疑的。毕竟，是谁的声音更能代表“当地”？是那些从达喀尔或德里出来到西方“受教育”，就再也瞧不起自己原有的文化传统，而眼睛向上瞅着美国乞求学识和道义指导及物质援助的 MBA（工商管理硕士）或 Ph. D（博士）？还是在非洲或亚洲乡下作了多年现场考察，因而理解和明白了那些“别人”传统之中含有的价值的“西方”学者？

我在会上听到的另一种值得注意的（而且令我惊讶的）言论，是全面地将善美和进步等同于基督教新教的教义，而且明白地暗示成功的新教传道可以加速经济的增长（皈依的人越多越好）。

这本书的主题是要表达一种学术立场，叫做“**文化发展论**”。文化发展论者说“文化重要”，那意思就是说某一些文化是贫困的或落后的，而另一些文化则是丰富的或先进的。这意味着，生活中有一些好东西（例如健康，太平，公正，物质繁荣，自我刺激的快感，以及人口少的小家庭）是所有的人都应该要求和应该得到的，可是他们的文化却让他们无法要求和（或）无法得到。

假如你是一位文化发展论者，请看看你会告诉我们一些什么，你愿意用一个伦理显微镜巡视全球，绘出世界“道义地图”吗？或者，大体上做同样的事，构建一套“生活质量”指数，用来给各种文化、文明和宗教从优到劣排排队，好吗？假如你是一位文化发展论者，你大概就会对各种“陈旧”的生活方式和“迷信”的信念体系的持久力和得民心的状况深深感到忧郁不安，因为你认为它们相对说来没有真理，没有善，没有美，或者没有实际效用。你大概就要去给那些“黑暗大陆”的居住者“启蒙开导”。你大概就要使劲帮他们脱离错误、愚昧、坏习惯、停滞和卑劣，把他们改造得比较进步，比较民主，比较科学，比较有文明意识，比较勤奋，比较有创业精神，比较可靠，比较理性，以及比较像我们（理想的人）。

文化在我看来也是重要的，但看法颇不相同：倘若我有朝一日也谈“贫穷的文化”，我大概是用这个名词来形容那些苦行、禁欲的群体，他们将摈弃财富和拒绝尘世名利视为一种客观美德。而且，按照我对文化起作用这一点的确切理解，我甚至可能会努力找出他们这种道德观念的若干长处。

虽说“贫穷的文化”并不是一种矛盾形容词的说法，它在我自己的实地调研中几乎完全无用。更糟的是，我对“文化”这一概念的信念是来源于我对其他各种文化的兴趣，把它们当作启示的源泉。（施韦德 1991，1993，1996a，1996b，1997；施韦德等，1998）我从来不曾看重某些人的一种观点，即认为对其他文化感兴趣的一个好理由在于那些文化阻碍了某些人所想象的一种境界的实现，即所有的人都普遍希望变得更像是北欧人。我虽然肯定地相信我们的生活方式重要而且在道义上有其正当性，但是我并不认为我们在道义上优越于所有其他的人。①

所以我并不认为北欧人对人类进步市场享有垄断地位。我并不认为认识上的、精神上的、伦理上的、社会上的、政治上的以及物质上的进步是齐头并进的。掌握了巨大物质财富和权势的社会，在精神上、伦理上、社会方面和政治方面却可能是有缺陷的。有许多重要的、学识上成熟的和值得称赞的文化——那里的哲学家是住在泥巴墙的房子里面——是在技术原始、物质财富匮乏的环境中发展起来的。因此，我并不认为“我们”或“他们”是实现了唯一可信的生活好的表现方式。

① 正像我们这些世界北边的人一样，世界南边也有许多人持有他们自己形形色色的民族优越感。他们往往不理解我们，就是因为他们不了解我们的想法，不知道我们要做什么，觉得我们生活方式中的某些方面，尤其是我们的小家庭生活习惯和性观念，从他们的道德观点看来是不可理解的。他们对我们的道德和理性无知，恰如我们对他们的道德和理性无知一样。

显然，我是这一次会议的异教徒之一，感觉不是非常好。所以，请让我在下文中先作两点自供，这样，我被召来充当怀疑论者角色的焦虑不安也许会有所减轻。

自供一：我是一个人类学工作者

当然，我的第一点自供是：我是一个人类学工作者。不幸的是，人类学这一专业如今也是动荡得很，所以这一点自供不是很说明问题。现在跟五十年甚或二十年前不一样了，这一自供还不足以表明，我对文化这一概念是怎样想的，我是赞成它还是反对它，它是使我笑还是让我哭。①

为了准确地描述人类学的现状，请让我指出，从前，在人类学界，如果使用“原始”、“野蛮”、“未开化”甚至“不发达”这一类字眼时，都是给它们打上引号的。从前，要是有人说只有一条路，即我们自己走过的路，才能通向道义上正当和合理的生活，人类学家老实说就会认为这种说法是卑鄙下流的。

可是情势变了。单文化的女权主义使得人类学之中简单明了的相对主义宣告终结，而且使“政治正确”这一概念有了新的含

① 关于人类学界现状的这一消息，显然要很晚才能传到学术圈子之外。人们有一种固定的看法，总以为人类学家大多是激进的相对主义者。“报界”又热衷于散布这种看法。

义。于是，与国际人权运动以及促进西方式全球化的各种机构（如联合国儿童基金会，世界卫生组织，也许甚至包括北约在内）一起，如今也有不少的人类学家把别人的文化当做鄙薄的对象。这么一条口号：“这是非文化的，是〔填空：犯罪的，不道德的，腐败的，无效率的，野蛮的〕”（或者说，“这是一种文化的，是〔填空：犯罪的，不道德的，腐败的，无效率的，野蛮的〕”），已成为形形色色的文化发展论者、西方干预主义者以及文化人类学某些流派的汇聚点。

我对事态的这种具有嘲讽意味的转变感到遗憾。文化人类学这一门学科曾经是明确地反对民族优越感和道义上的傲慢，同时还反对殖民主义而为别人的生活方式辩护，人类学曾以此为自豪。可是这已成为历史了。

如今有不少的人类学家（后文化主义者）想要与文化这一概念脱离关系。他们觉得“文化”这个词被滥用了，被用来为集权主义社会制度辩护，让独裁者可以杀人而逍遥法外，不受谴责。的确，文化人类学理论界的这种变化似乎令人感到“故态复萌”。尽管人类学多元主义者、相对主义者和背景主义者，诸如弗朗茨·博厄斯、鲁思·本尼迪克特、梅尔维尔·赫斯科维茨、罗伯特·莱文、克利福德·格尔茨等一代代人类学家，百余年来大声疾呼反对白人中心主义，可是一种与19世纪后期“白人的包袱”相似的学术立场，即文化发展论，又回来了。某些型号的西方自由主义那种沾沾自喜的、超脱野蛮状态的主题（包括那种轰动性的指责，说非洲的母亲是坏母亲，侵犯人权，毁伤女儿性器官，云云），又流行于人类学的舞台上，至少是流行于那些自以为政治上最正确的人类学家当中。①

人类学界的现状是够复杂的（而且是有悖常理的），有些人类学家甚至认为“文化”概念属他们所有，不许任何人（包括他们自己）去碰一碰。我不是这种人。不论文化概念是让我笑还是让我哭，我都很喜欢它。我摔不掉它。我觉得我们不能单靠普世教会主义过日子。对于个人特性和个人幸福来说，身为某一特定意义传统的一员，是一个必要的条件。在我看来，“浓厚民族性”和文化多样性二者皆有其地位，都是事物自然秩序和道义秩序的组成部分。我不认为大自然母亲要让所有的人都长着一样的面孔。

我说“文化”是什么意思呢？**我指的是各群体特定的真、善、美和有效率的概念。要成为“文化”的成分，这些真、善、美、有效率的概念就必须是社会继承而来的和通用的；它们还必须是不同生活方式的构成因素。**

换句话说，文化指的是以赛亚·伯林所说的“目标，价值观和心目中的世界图景”，它们表现为各个自我监控的群体的言谈、

① 奥伯梅耶（1999）和奥比奥拉（1997）详细叙述过医学界对妇女性器官手术给健康带来什么后果所作的研究。奥伯梅耶得出结论说，“有些大人力宣扬这种习俗必然会造成死亡或健康严重受损，必定会毁掉妇女的性交快感，其实是证据不足的”。（1999）

法律和日常习俗之中。

这一定义所包含的内容不是我在一章篇幅之内说得清的。常言道行动胜于言语，“实际做法”是文化分析的核心依据。由于这一原因和别的原因，我并不很喜欢就价值观问题列表调查的做法，对于那些根据官方信条分析作调查或者根据人们对一些抽象、独立的命题表示赞成与否的调查结果作研究的做法，我也很难感到热心。[①]

此外，“文化”肯定与“国民性格”无关。关于“国民性格”，我不想多谈。这方面的研究大约四十年前就不再时兴了，很有道理。它们不再时兴，是因为对于人的行为和动机，按照理性选择论者或明白事理的经济学家的方式去思考，要比按照性格论者的方式去思考好得多。理性选择论者认为人的行动来自“使然作用”，也就是说，在分析行动时，应将它视为“意愿”（包括目标、价值观和各种各样的“目的”）和“约束因素”（包括各种各样的“手段”，例如有关因果关系的信念、信息、技能以及物质的和非物质的资源）二者的共同产物，这二者均由理性的人

① 如何给“自我监控的群体”下定义，也是一个问题。例如，一个民族并不一定是一个适当的在文化上自我监控的群体。一种文明也不一定是。适合于文化分析的群体很可能并非相应于政治上的或行政上的或人口普查上的范畴，如“亚洲人”或“拉美裔”或“黑人”或“印第安人”等。从西方自由民主制国家“法治”角度看，有一些特殊文化群体（如门诺教派的严紧派 Amish 或撒特马尔的犹太教哈西德教派 Satmar Hasidim）的非正式规范如果得不到正式的法律界定和保护，是否还能存在下去，也是一个有待于回答的问题。（见斯托尔曾伯格，1997）

的意志加以调节。这一见解与性格论者的想法适成对照。性格论者认为行动是“强制而来的”。他们企图将行动解释为两类向量的共同产物，其中一类向量发自“内部”，即“人”（解释为一般化的动机和“执著”的全面特性），另一类向量发自“外部”，即“形势”。

事实已经证明，把探索人的类型作为解释文化习俗的途径，是不大有用的。如果从性格或一般化动机的角度看个人的特点，那就会发现“同一文化内部的个人与个人的差别比他们与其他文化的个人的差别还要大”。（卡普兰，1954）还会发现，如果说真有什么模态类型的话（例如“专制性格类型”，或者“需要取得成就”的性格类型），那么具有这些典型性格的人不会超过人口的三分之一。心理人类学家和文化心理学家们早就认识到，“不同性格类型可能与相同社会制度相联系，而相同性格类型又可能与不同的社会制度相联系”。（梅尔福德·斯皮罗，1961）试图用性格类型来解释文化习俗的差别，是走不通的死胡同。（参见施韦德，1991）

自供二：我是一个多元论者

我的第二点自供是：我是一个文化多元论者。我的这一种文化多元论的出发点是一条普遍真理，我将它称作“混乱主义”原则。“混乱主义者”认为，对于可知的世界，若从任何一个观察位置看去，它是不完整的；若同时从所有观察位置看去，它是不连贯的；若“不从任何特定位置”看去，它是空虚的。既然要在不完整、不连贯和空虚之间作一选择，我选择不完整，同时保持移动，不断变换观看和评价世界的方式。

这一种文化多元论与普世主义并不对立。文化理论工作者并不是只有两种，一种认为任何事物都行（“激进相对主义者”），一种认为只有一种事物行（“清一色普世主义者”）。我坚信“普世主义”，但是我相信的这种普世主义是“去掉清一色的普世主义”，正是它使我成为一名多元论者。换句话说，我相信存在着有普遍约束力的价值观，只是太多了（例如公正，行善，自主，牺牲，自由，忠诚，虔诚，责任等）。我相信这些客观上有价值的生活目的是多种多样的，非均质的，不能简化到几个公分母，例如“有用”或“高兴”，而且它们在本性上是彼此有冲突的。我相信生活中的好东西不可能全都同时达到最大限度。我相信当各种真实的价值观付诸实行时，总会有所取舍，正因为如此，才有各种不同的价值观传统（即文化），而且正因为如此，任何一种文化传统都不能说一切都好。[1]

文化多元论还有别的一些涵义，其中有的是很刺激人的。例如，它公开宣称，美国人类学联合会执行委员会的成员们在1947年认为联合国的人权宣言是一个民族中心主义的文件，决定不赞成这一宣言，是做得对，做了一件勇敢的事。在1947年的时候，人类学家们还曾经为自己反对殖民主义、为各种不同的生活方式辩护的立场而感到自豪。（见施韦德，1996b）

进步与多元论：二者能否共存？

多元论并不意味着是拒绝进步和衰退的概念。进步的意思是

---

① 一个人可以是多元论者而同时又承认确实存在着真实的和普遍有约束力的价值观以及无可辩驳的道义原则，例如“残酷是坏的”，“对相同事物同样对待，对不同事物不同对待”，等等。然而，多元论者的一个看法是，价值观和原则只有当它们保持完全抽象而不涉及什么内容时，才会是完全客观的。与此相关的一个看法是，在具体的道义争论中，任何抽象的价值观或原则其本身均不能提供明确的指导。换句话说，有可能出现这样的情况：两个人都是有道德和有理性的人，但彼此相遇而瞧见对方的习俗时，会不以为然地说“呸！”

我把这称作“互呸”反应。在当今世界上，这种“互呸”事例屡见不鲜。例如，行割礼和不行割礼的人几乎总是彼此看不顺眼。“互呸”反应之所以可能发生，是因为客观的价值观本身不能确定一桩婚姻的安排是对是错；屠宰牛羊之类大型哺乳动物祭天祭祖是好是坏；将年迈父母安顿在敬老院是恭敬还是不恭敬；保持三四代同堂的大家庭是善还是恶；人工流产是道德还是不道德；让男孩女孩到一定年龄通过包括修整性器官在内的仪式，与上帝立约或正式成为自己社会的成员，是值得称赞还是应受蔑视。有道德和安全理性的人对诸如此类的一些事情完全可能出现意见分歧，尽管他们有一大堆的共同的客观价值观。

拥有越来越多的"可取"的事物（因为是"好事"而想要得到的事物）。衰退则意味着这样的事物日见减少。具体说一件"好事"（例如赡养老年父母，消灭传染病），可以依照它客观判断有无进步。若将婴儿出生后头九个月的存活率作为判断成就的尺度，那么美国客观上就比非洲和印度先进。若将怀孕后胎儿在子宫头九个月的存活率作为衡量尺度，那么非洲和印度客观上就比美国先进（前者的流产率较低，后者的流产率较高）。

要具体说究竟什么是"好事"并据此绘制世界道义地图，这当中自然有不少任意性（即并不取决于逻辑或证据）。例如，进化生物学家对社会成就的一个评估标准是"生殖体质"，即人数多寡，一个部族或一个家族的繁殖程度高低。倘若采用这一尺度，那么对第一世界高科技社会的一些事物，如避孕药、人工流产合法化和家庭规模缩小，该如何评价呢？难道说那是衰退？

或者，再举一个例子，对于预期寿命，即出生以后可预期活到多大岁数，作为衡量"生活质量"的尺度，又该怎么讲呢？一个社会的人们活得越久，出现慢性病和机能损伤的频率就越高，因此该社会人们忍受的总痛苦量（一个实在的质量尺度）就越大。好事与好事（例如长寿和身体无病痛）并不总是可以兼备。长寿不见得就是幸福，对吧？再说，倘若长寿可以是社会成就的一个尺度，那么人口众多为什么不可以也是社会成就的一个尺度？那样，中国和印度就该名列世界第一和第二了。

还有，预期寿命为什么从婴儿诞生算起？是哪一条逻辑或归纳科学准则规定必须以此作为标准，来绘制世界道义地图和评估文化进步？为什么不是从40岁算起，或是从怀孕时算起？为什么不从更完整的生命过程着眼，从胎儿算起？上文中已说过，若考虑子宫内的胎儿安全，非洲和亚洲的许多社会要比第一世界和原第二世界强得多。美国和加拿大的流产率高达20%至25%，俄罗斯的流产率更在50%以上，相比之下，印度、突尼斯和“不发达世界”另一些地方的流产率只有2%到10%。

这里的问题不在于是维护生命权还是维护选择权（我个人是维护选择权的）。问题是：在绘制道义地图和评价自由程度时，把谁的理想挑选出来当作美好生活的金规则，这是有任意性的一面的。社会在技术上发达起来以后，流产率往往随之上升，这样，从怀孕时算起的预期寿命就降低了。在世界上某些地方，往往是那些珍视多子多孙和大家庭的地方，幼儿期是人生中相对危险的时期。在另一些地方，往往是科技发达、人们珍视小家庭的地方，子宫不再被认为是神圣的地方，人生的真正危险期来得更早，假如大人不想要你这个孩子，子宫对于你的健康来说就是危险的地方了。

一旦对于“好”和“坏”选定了具体标准，就可以对进步与衰退作客观评估。但是，如果认定某种文化传统最优越，以这种得胜进步论的形式依照特定的价值观作评估，情况就大不一样了。同样的事物可以显得是好或者是坏，就看你选择什么价值观作标准了。文化多元论者在评论生活中种种潜在的好事物时，认为大多数长期沿袭下来的文化传统都各有其利弊。（见施韦德等，1997）至于谈到进步问题，文化多元论者认为，由谁来说谁好一些谁差一些，这里面有任意性（及意识形态）发挥作用的很大余地。

依照特定的价值观评判进步不进步，还可能出现一种情形，就是不明白总的说来今胜于昔，或者说多数的变化是向好的方向变。这样评判进步不进步，甚至还有可能成为“新古董”而不承认世界只是在不久的过去才醒过来，摆脱黑暗，这在北欧是三百年前。“新古董”不认为新是进步的一个尺度，乐于以进步的名义重新高度评价遥远过去和遥远地方来的东西。

多元论者是作批判性的评价的。事实上，在我的文化分析框架中，重要的一条是“能证明有理的立场”；我认为一种“真正的”文化、值得给予肯定评价的文化，是那种经得住外来批评的生活方式。多元论是试图为“别人”辩护，而不仅仅是要纠正种种型号的当代民族中心主义和沙文主义的偏见和夸张（包括宣称西方比别的人都好的说法），尽管这也是相当重要的理由。如今，随着共产主义的衰落和全球资本主义的兴盛，包括我们的因特网的膨胀，我们西方人真是踌躇满志。在这样的时刻我们不妨记住，马克斯·韦伯，《新教伦理与资本主义精神》一书的作者，并不曾说过新教比天主教优越或者北方比南方优越。他是一位批判多元论者，警告我们要提防现代化的“铁笼”，要提防国家官僚机构的非人性统治——它居然将我们对亲友的道义贬为一种

“腐败”；要提防毫无拘束的经济理性的危险性。

纵观历史，凡是最富和技术上最先进的人都以为自己的生活方式是最好的，最顺乎自然的，是受到上帝恩赐的，是灵魂得救的最可靠手段，至少是世上通向幸福的快车道。在16世纪，到中国去的葡萄牙传教士以为他们非常引以为骄傲的钟表这一发明，不可抗拒地证明了天主教优越于世界上其他的宗教。（兰德斯，1998）据我所知，他们的机械计时器大概还被用来证明他们的专制君主国制度有理。如今，我们被CNN、IBM，汉堡包、牛仔裤、避孕药、信用卡等当代发明和玩具弄得晕头转向，感到自己的生活方式挺惬意，很可能也产生类似的幻觉和同样的自吹自擂。

千禧预言："新世界秩序"的三种形象

如今是令人困惑的时代，特别是当人们试图想象一种什么样的“新世界秩序”将会取代老的“三个世界”格局时，更是把人弄得糊里糊涂。

困惑的一个原因在于，曾一度自鸣得意的、来源于“启蒙论”的、预言世俗主义和个人主义及科学将得势的那种说法，在20世纪90年代挨了闷棍，如今在21世纪之初再用它来预言变化的方向，已不那么有用了。30年前，许多社会科学家就曾预言，在现代世界，宗教将会消失，而被科学所取代；部族将消失，而被个人所取代。他们说错了。无论从全球看还是从各地区看，他们预言的事没有发生，也不会发生。多种文化并存是活生生的事实。原先是一统天下的第二世界如今成了许多小天地。全球制度的发展和各地区本土伦理或文化复兴运动的兴起，看来是在齐头并进。在极端情况下，文化上的少数群体实行政治上的更替还可以领到奖赏。潜在的奖赏包括各种权力中心提供的财政援助和军事保护，也许还能在联合国得到发言权。

此外，我们当中的许多人如今所在的民族国家，正如约瑟夫·拉兹所说，是“由习俗和信念各不相同的一些群体所组成。其中有些群体的信念还是彼此不相容的”。我们将继续处于这种状态，这至少是由于全球人口迁徙的现实，还由于这样一个事实，即群体性和神性都是极其重要的东西，只有承认它们才能换来个人的身份及人类进步。当然，生活在这样的世界可能是危险的；对于生活在多文化国家中的外来移民或少数民族群体的成员来说，尤其是可能有危险的；对于身陷地缘政治冲突之中的不同文明和不同文化的人来说，亦是如此。在这样一个世界中，人们希望不仅是文化起作用，而且还有多元论的文化观念也起作用，因为有一个正确的文化观念，就可以用来尽量减少文化“差别”和多文化生活所具有的风险。

说现今是令人困惑的时代，还有另一个缘故。各个民族、文化或国家为什么有的穷有的富，如果有一条总的原因能解释清楚，那当然很好。可是我们没有。英国19世纪的哲学家和逻辑学家约翰·斯图尔特·穆勒指出过“原因”是指种种必要的条件结合在一起，才足以造成一种结果；如果我们照此理解“原因”，那就应该承认我们实际上还不知道经济增长的原因何在。比方说15世纪的西西里，16世纪的荷兰，今天的日本，或者别的哪一个民族、文化或国家，社会科学家都可以就他们的经济成败讲出若干方面的理由。但这绝不是什么一条总的理由。不妨读一读戴维·兰德斯论述为什么有些国家富有些国家穷的世界经济史巨著《国富国穷》（1998年），看看他谈到的穷富原因共有多少条。试问其中单有哪一条就足以造成经济增长吗？答案是，没有。

原因是多种多样的。有了枪炮是一条。有了犹太人又是一条。在这里是移民政策起了作用，在那里是奎宁解决了大问题。一处是解放了农奴，另一处是拥有了煤或石油。这里是气候适宜，那里是乐于开展外贸。殖民者的作用有好有坏，消费需求高自然重要。好的运气到处都管用。新加坡不是自由民主制，可是富。印度是世界上人口最多的民主国家，然而穷。瑞典在18世纪是人口稀少的民主国家，当时也是穷，以后才富起来。不信基督教也不信“男女平等”的人（例如犹太教哈西德教派的犹太人）也能富。完全世俗化和信奉平等的社会（例如东欧的原共产党国家）在经济上富不起来。在1950年，日本有“儒学价值观”（它在当时并不曾显得很像“西方”），当时比巴西还穷。到了1990年，日本仍旧有“儒学价值观”，这东西突然显得是颇与

"基督教新教相似"，因为这时日本已经超过巴西了。假如我是一个怀疑派，我就会说我们大多数能干的经济史学家真了不起，把一些并非必要的条件凑在一起，说它们造就了某某地方的财富。少持一点怀疑态度，我就会感到，尽管许多学者回顾历史时对各地经济增长的条件作了很不错的叙述，但是按照穆勒对"原因"的解释，究竟经济成就的总的原因是什么，人们真有些困惑不解。

那么，对于现今"世界秩序"正在发生的巨大变化该作何理解呢?"全球化"(世界各地经济相联系)、"西方化"(采用西方的观念、理想、规范、体制及产品)和经济增长这三者之间关系如何呢?假如你把耳朵紧贴地面，你就会听到有关"新世界秩序"的不少预言或者推测。我愿在本章末尾提及其中的三种。

预言一：西方是最好的，将成为全球的新秩序(或者说西方至少应努力接管世界)

这一预言是说，由于全球化，西方式的愿望将喷发出来或者释放出来，将成为经济增长的原因和相伴而来的产物。西方式的愿望包括希望有自由民主，权力分散，自由企业，私有财产，个人权利，性别平等，等等。大概还有喜爱西方产品的口味。对于"全球化"、"西方化"和"经济增长"这三者的关系，这一预言想象的是互为因果，四面开花。从根本上说，这是将西方"启蒙论”加以普遍化和投射到未来。

预言二：别的人会“分到一杯羹”而同时保持其独特的文化

在 20 世纪 70 年代初，我的一位苏丹学生做博士论文，利用有关信念和价值观的答问调查方式，分析非洲学生对现代化的态度。通过调查，他发现“物质主义”因素是与“个人主义”因素成垂直相交状态；人们可以重视物质财富而又不必放弃部族集体主义价值观。这一信息大受沙特阿拉伯人欢迎。他们雇请他到沙特阿拉伯的大学去教书。也许是由于同样的原因，亨廷顿 1996 年发表的文章说西方的文明是独特的但不是普遍的；其他的文明并不是需要变得和我们一样，才能分享现代世界技术的好处，这一说法在非西方世界很得人心。这种预言所看到的全球化和经济增长并没有很深的西方文化渗透。各种文化和文明可以保持各自的不同而人人都可以分享一块蛋糕。①

① 我还不是完全清楚，这一种预言所设想的全球化是仅为一种有限的形式（例如边境自由贸易），还是把西方的银行金融业务、投资方式、合同制等都深深渗入别的社会。当然，假如全球化的概念不仅限于经济领域，而且还包括社会、政治、伦理、信仰等其他领域，那么全球化就必定是与西方化齐头并进了。

预言三：一种开明奥斯曼帝国式的世界，人员分两“等”（全球性的自由派和地方性的非自由派）

我将第一种预言联系到福山（1992），将第二种预言联系到亨廷顿（1996）。现在，让我最后说说我自己卜的卦。试设想一种经典意义上开明的世界秩序。它的领导者们对实质性的文化问题采取“中立立场”。他们并不要求各个地方改变其性别理想、权力形式、亲戚关系结构或人们的成年仪式，不以此作为援助和保护的条件。他们并不试图告诉不同文化群体的人们必须生活在一起互敬互爱，或者必须具有同样的喜怒哀乐、审美理想和宗教信念。他们并不试图告诉人们怎样过自己的私生活或者必须有自己的私生活。试设想这样一种世界秩序中的各种奖惩机制，使得大家有可能实行最低限度的文明规则：出境签证随时可得；决不允许越境侵略。试设想这样一种世界制度将支持文化问题上的分散管理，因而促进地方文化繁荣。这样一种“新世界秩序”看上去也许像是一种后现代形式的奥斯曼帝国“米勒特制度”[①] 普及于全球。

我设想这一制度将是两层，在两个层面，即全球层面和地方层面上运作。我设想它的工作人员将分为两“等”。一“等”是

① “米勒特”（millet）：指奥斯曼帝国境内1856年以前享有自治权的非伊斯兰宗教群体。——译注

全球性的自由派，要学会在价值观事务上持中立态度并正确对待文化的多样性，负责全球性机构的工作。另一“等”是地方性的非自由派，负责各地有浓厚民族特性的事务，让各民族在文化上彼此有所区别，从而在世界上保持多样性，足以让负责全球事务的自由派人士去操心维护。后者，即全球性精英，当然是来自所有各民族。在这种世界制度的全球性层次上流行的，是新的全球性文化，在这一文化中，你的祖籍和肤色远远不如你的受教育水平、价值观和旅行计划重要。在后现代的国际大都会环境中已存在这样的情形，你不必是生长在西方的西方人，正如同你不必是生长在世界南方的南方人，人们不一定要具有某一地方的观点。最后，我设想在这一“新世界秩序”中，个人可以在两层次和两“等”之间往返流动，一生当中可能在全球性自由主义和地方性非自由主义之间来来回回。

至于全球化、西方化和经济增长，我不揣冒昧，试提出如下猜想。倘若仅仅依靠西方社会浅薄表面的东西（例如武器，信息技术，Visa 信用卡等）即可拉动经济增长，那么即使各种文化的人富起来了，这些文化也不会趋同。倘若经济增长有赖于接受西方文化深厚层次的东西（例如个人主义，女权理想，平等主义，《人权法案》等），那么其他的各种文化也不会与之趋同，而且不会在经济上发展起来，因为他们的文化特性会重于物质财富上的愿望。

参考文献

Fukuyama, Francis. 1992. *The End of History and the Last Man*. New York: Free Press.

Harrison, Lawrence E. 1992. *Who Prospers? How Cultural Values Shape Economic and Political Success*. New York: Basic.

Huntington, Samuel P. 1996. "The West Unique, Not Universal." Foreign Affairs 75: 28-45.

Kaplan, B. 1954. *A Study of Rorschach Responses in Four Cultures*. Papers of the Peabody Museum of Archaeology and Ethnology, 42: 2. Cambridge: Harvard University Press.

Landes, David S. 1998. *The wealth and Poverty of Nations: Why Some Are So Rich and some Are So Poor*. New York: Norton.

Obermeyer, C. M. 1999. "Female Genital Surgeries: The Known, the Unknown, and the Unknowable." *Medical Anthropology Quarterly* 13: 79-106.

Obiora, L. A. 1997. "Rethinking Polemics and Intransigence in the Campaign Against Female Circumcision." *Case Western Reserve Law Review* 47: 275.

Shweder, Richard A. 1991. *Thinking Through Cultures: Expeditions in Cultural Psychology*. Cambridge: Harvard University Press.

____. 1993. "Cultural Psychology: Who Needs It?" *Annual Review of Psychology* 44: 497-523.

____. 1996a. "True Ethnography: The Lore, the Law and the Lure." In *Ethnography and Human Development: Context and Meaning in Social Inquiry* edited by R. Jessor, A. Colby, and R. A. Shweder. Chicago: University of Chicago Press.

____. 1996b. "The View from Manywheres." *Anthropology Newsletter* 37, no. 9: Shweder, Richard A., ed. 1998. *Welcome to Middle Age! (and Other Cultural Fictions)*. Chicago: University of Chicago Press.

Shweder, Richard A., with M. Mahapatra and J. G. Miller. 1990. "Culture and Moral Development." In *Cultural Psychology: Essays on Comparative Human Development*, edited by J. S. Stigler, R. A. Shweder, and G. Herdt. New York: Cambridge University Press.

Shweder, Richard A., with N. C. Much, M. Mahapatra, and L. Park. 1997. "The 'Big Three' of Morality (Autonomy, Community, Divinity) and the 'Big Three' Explanations of Suffering." In *Morality and Health*, edited by P. Rozin and A. Brandt. New York: Routledge.

Spiro, M. 1961. "Social Systems, Personality, and Functional Analysis." In *Studying Personality Cross-Culturally*, edited by B. Kaplan. New York: Harper & Row.

Stolzenberg, N. M. 1997. "A Tale of Two Villages (or, Legal Realism Comes to Town)." *In Ethnicity and Group Rights-Nomos XXXIX*, edited by I. Shapiro and W. Kymlicka. New York: New York University Press.

丹尼尔·埃通加—曼格尔、卡洛斯·阿尔韦托·蒙塔内尔和马里亚诺·格龙多纳对本章第一条注释的评论以及理查德·施韦德对评论的答复

卡洛斯·阿尔韦托·蒙塔内尔

理查德·施韦德说有“几位来自‘第三世界’的代表扮演了对现状不满的‘内部人’角色”，典型地表现出他把拉丁美洲人的意见看做第三世界的反应。他根本不懂得拉丁美洲是西方的延伸。我不明白，为什么施韦德认为我们应该听天由命接受集权主义政府的统治，并忍受现有的经济模式使我们半数人民陷于苦难，而全世界——从日本人开始——却认为日本模仿西方的生产技术和社会组织是值得称赞的。也许施韦德觉得巴西那些favelas（棚户区，贫民窟）景色如画，可是我知道那里面苦难深重，简直不是人过的日子，应该予以消除，让那里的人们有机会选择较好的像样的生活。

我怎么知道拉丁美洲人想要什么？很简单：看看人口迁徙的趋势。调查表明，墨西哥、哥伦比亚、危地马拉等国的人有一半或半数以上愿意背井离乡迁居美国。为什么？因为美国可以给他们提供他们在自己国内得不到的东西。

施韦德说“来自‘第三世界’的代表扮演对现状不满的‘内部人’角色”，这话也可以用到一些美国人身上，因为他们也对

黑人和波多黎各人贫民窟的悲惨状况感到关切，希望改善那些人的生活。如果施韦德始终不想批判一种文化的价值观和态度，那么对于西西里黑手党徒立誓拒绝对同党作证的做法，他也该感到毫无问题了。

丹尼尔·埃通加-曼格尔

作为一名非洲的“对现状不满的内部人”和“世界主义的知识分子”，我感谢给我机会对理查德·施韦德的注释发表意见。只是我感到有点胆怯，因为他毕竟是一位西方学者，自称他比我更能反映“当地”的意见，因为他“在……或亚洲乡下作了多年现场考察，因而理解和明白了那些‘别人’传统之中含有的价值”。

我不得不供认我没有从哈佛研讨会得到所期待的“学识和道义指导及物质援助”，所以我得讲老实话：我们非洲人真的喜欢住在贫民窟中，得不到足够的食物和医疗，让我们的孩子上不了学。而且，我们腐败的酋长统治的政治制度真是了不起，让蒙博托的扎伊尔之类的国家为我们非洲人争了气，赢得了国际威望和尊敬。

此外，倘若非洲各地都组织自由、民主的选举，那岂不是乏味之至。那样一来，我们就不再是真正的非洲了，而且，一旦丧失了我们的特性——我们的专制集权，我们的血腥内战，我们的文盲遍地，我们的 45 岁预期寿命——我们就会不仅让我们自己失望，而且会叫一些西方人类学家失望，须知他们是怀着多么深厚的同情之心研究着我们非洲人，而且理解我们，知道他们不能期望我们像别的人一样在第三个千年即将来临之际寻求做人的尊严。我们是非洲，保持我们的特性可重要啦！

这些西方学者明智而又勇敢地承认我们非洲人是属于另一个不同的世界。让我们在这些学者的全力支持下，为保持我们的特性而奋斗吧。

马里亚诺·格龙多纳

在理查德·施韦德与卡洛斯·阿尔韦托·蒙塔内尔及本人这样的拉丁美洲人之间，从方法学上说，存在着差别。施韦德若集中研究拉丁美洲，他的目标就是理解拉丁美洲。我们则是要改变拉丁美洲。人类学家需要让他们研究的社会保持相对稳定和可以预测，就像昆虫学家研究蜜蜂和蚂蚁一样。蒙塔内尔和我却是生在这片土地长在这片土地：它是“我们”的世界，我们热爱它。正因为我们献身于它，我们希望它前进到新的水平，让人们的生活接近于发达世界的水平。

必须问一声，究竟是谁更能代表拉丁美洲，是施韦德及其他外国社会科学家，还是蒙塔内尔和我本人？我们属于我们自己的地区。我们感受到它。如今有成百万的拉美人“用自己的脚投票”而迁徙到发达国家，而在拉美各地的选举中，绝大多数的选民都投票支持进步的政府，这些事实雄辩地证明，我们的观点和见解是广大民众所共有的。

不错，我们是来回旅行于拉丁美洲和发达国家之间。但是这些经历并没有让我们疏远于拉丁美洲。相反，这使得我们更加关心拉丁美洲的现状，尤其是拉美穷人的现状，而且使我们更专心思考应当怎样做来改变这现状。像我们绝大多数的同胞一样，我们希望拉美各国得到民主的稳定、正义、进步的机会和繁荣，如同我们在先进国家中所见到的一样。

理查德·施韦德对蒙塔内尔、埃通加—曼格尔和格龙多纳意见的答复

我能说明的只是，在我的第一条注释（或是在我那一章之中）我根本没有建议要保留集权统治或生活贫困，或者让人们早逝。在集权制度下，当权者只顾为自己谋利而且无人能制止他们。我想，这个世界上若没有这种制度，将会是美好得多。我也根本没有说过，对于任何文化传统——包括我们自己的文化传统在内——所表现出来的观念、态度和习俗，都不得批判或应全盘接受。我在自己那一章中指出过，“多元论者是作批判性的评价的。事实上，在我的文化分析方式中，重要的一条是‘能证明有理的立场’；我认为一种‘真正的’文化、值得给予肯定评价的文化，是那种经得住外来批评的生活方式。”

一个人若真想对一种文化传统作出某种评价，通常就必须以参与者的身份作观察，投入同情理解的过程。最初他会试图排除一切民族中心主义的反应，努力发现“别人”的观念、态度和习俗中有哪些真、善、美或有效用的东西。并不能保证会得出评价。并不能保证什么都是OK，都是“真正的”。能证明是假、恶、丑或无效用的那些观念、态度和习俗应加以批判，甚至加以改变。关于激进相对主义的胡扯和唬人的鬼话，就说到这里。我的文章实际上是既批判激进相对主义（“凡是存在的都是OK”），也批判民族中心论的唯我独尊（“只有一条路通向有道德、有理性和令人们得到满足的生活，这就是我们的路”），只是据我所知，在哈佛的这次会上我没有见到许多的激进相对主义者。

过一会儿我就会答复卡洛斯·阿尔韦托·蒙塔内尔、丹尼尔·埃通加—曼格尔和马里亚诺·格龙多纳提出的一两点意见。不过，我首先要明确一下我在那条注释中实际上所讲的意思，这就是：在当今这个后现代世界上，若单凭国籍（或民族属性）就说有权代表那“当地”的声音，那是不免叫人生疑心的。我想给大家讲一个故事，来说明这一点。

泰戈尔是近代印度最杰出的诗人，1913年诺贝尔文学奖的获得者，印度民族独立运动的一位发言人，也是印度古典梵文文学的一位赞美者、翻译者和文学受惠者。1877年，泰戈尔第一次来到英格兰，时年16岁，到英国学法律。威廉·哈尔布法斯在《印度与欧洲》一书中引述了泰戈尔初访英国时的印象：

> 我原以为英格兰是一个小岛，居住在岛上的人都用功学习，所以在我登临该岛之前，我以为从英国这一头到那一头都反复回响着丁尼生诗歌的朗诵声；我还以为不论我在这小岛上走到哪里，都听得见格莱斯顿的演讲，听得见马克斯·米勒对吠陀经典的解释，听得见廷德尔的科学真理、卡莱尔的高见和贝恩的哲理。我以为我所到之处都会看到老人和年轻人沉醉于“知识”的享受。可是在这方面我失望得很。

对不列颠诸岛来说，年轻的泰戈尔是一个“外来者”，可是他在英国文化涵养上显然远远超过了多数英国人，对英国语言的掌握也比他们强。他提到了马克斯·米勒，这一点对于我的注释尤其有意义，因为这位马克斯·米勒是一位德国人，语文学家和“东方学家”，曾任教于牛津大学，当时印度的印度教僧侣纷纷投奔到他的门下，向他学习梵文和印度自己的古典文学传统。

这里，“外部人”和“内部人”位置掉了个儿，彼此掌握对方的宝贵文化遗产，这种情形并不少见，在当代世界上更是如此。在当今世界上，一些非洲裔加勒比海学者正在将古希腊文典籍译成现代文字；非洲、亚洲和欧洲的一些学者写出了很有见地的评介美国的书；马克斯·米勒式的角色多处可见。例如，肯尼亚的一些古西族知识分子已是研究西方哲学和科学的专家，又研读罗伯特·莱文从20世纪50年代到90年代的著作，从中了解他们古西族民俗和规范的意义、价值和历史。说这些，意思很简单：对于肯定或否定一种文化传统的意见，不能只根据族谱、国籍或民族属性，就以权威自居，别人也不应承认其权威。

我的第一条注释不过是一段旁白，是我对会议的组织安排有所感而附带发表的一点意见。这次会议安排巧妙，让来自“第三世界”的发言人都在一次会上发言，而且大致上用一种声音讲话，表示赞成说“西方文明”比别人都优越。当然，这种说法在亚洲、非洲和拉丁美洲许多国家的首都并不是不受欢迎的。它在一些西方的、西方化了的或正在西方化的精英人士当中尤其受欢迎，因为他们认为非西方民族甚至是他们自己同胞的信念、态度和日常习俗是愚昧的，迷信的，巫魔术士的，集权专制的，腐败的，或是从其他方面看来毫无价值的，或令人难堪的。然而，这种全盘接受“西方现代性”、承认它优越于各种非西方“传统性”的说法，不论是在“西方”还是“东方”、“北方”或是“南方”、“发达世界”或者“不发达世界”，都从来不是千家万户的唯一声音。在这次会上倘若也有不同的声音，倘若有“第三世界”的知识分子来表示为自己“本土”的观念、态度和习俗感到自豪，那岂不是大煞风景。那样，我也就不至于纳闷为什么要用“第三世界”的“内部人”来作证，证明基督教新教“第一世界”实在是高明。

蒙塔内尔和格龙多纳都对人口迁徙格局有深刻印象，说到“成百万的拉美人‘用脚投票’”表示赞成“发达”国家。我第一次听到“用脚投票”的说法是在20世纪60年代，当时一位著名的保守派人士用这一说法来形容迁入南非的黑人远远超过了迁出南非的黑人，说这证明了非洲黑人“用脚投票”支持南非当时实行种族隔离政策的政府，认为南非比别的非洲国家好！我猜想他们根本不是什么投票或者表达他们的道义立场和文化愿望，而只不过是想去多挣一点工资而已。

埃通加—曼格尔的话外之音似乎是：有尊严的生活和有非洲特点的生活，二者不可兼得。我在文章中已表示过，我不喜欢将文化群体按照“拉丁美洲的”或“非洲的”这样笼统的范畴作分类——巴西东部的巴伊亚州就与圣保罗市大不一样，非洲的约鲁巴人和马萨伊人也很不相同。我赞成爱德华·萨皮尔的看法：“不同的社会所生活于其中的社会，是各有特点的世界，而不是人们贴上标签所称作的同一世界。”在多元论者看来，“特点”或“区别”并不是贬词。

对于我的这三位批评者的真诚，我从来没有怀疑；能与他们共同与会和交谈，令我深感欣慰；他们的证词和论点令我入迷。在向他们表达我充分敬意的同时，我要十分坦率地承认，我拒绝以下这样一种观点：若想过上有尊严的、高尚的、理性的和完全有人情味的生活，唯一的或最好的办法，似乎就是像北美人或北欧人一样地生活。

第四部分

文化与性别

虽然文化不能定位为性别关系重大变化的一个原因，但是文化因素却深刻影响到妇女地位所得到的改善具有何种性质以及能否持久。文化规范和价值观为人们对性别关系的变化的理解提供框架，并决定着不同社会对实现男女平等这一点的认识。

｜第十三章｜

文化、性别和人权

芭芭拉·克罗西特

在美国和加拿大，过去十来年人们在文化特性和人权问题上发生了全面而重大的辩论，其激烈程度为任何其他国家所不及。在报界、学术界、民族社群和主要宗教团体中间，都可以感觉到北美文明在起变化。这一点有时受到欢迎，但又常常引起担忧。

人们感到疑虑，是并不奇怪的。历史上从来没有一个国家是像美国这样，在如此短的时间内就自愿改变了自己的种族/民族形象。我们只需要看看早期的好莱坞影片和20世纪50年代的电影节目，就能看出当年的精神面貌只体现为一个词，即“美国的”。在全国多半地区基本上只有两种面庞，一种是欧洲人的，一种是非洲人的，而他们心目中好歹共有的主流文化都主要是“美国的”，而并非是他们各自的祖先的。然而，如今到了21世纪初，从美国人的面孔可以看到世界上几乎所有的族群，而且许多人心目中还决心不要失去——或者，必要的话，还要重新唤回——自己祖先的文化。这是在使我们分裂吗？抑或是在使我们成为头一个真正具有全球性质的国家？

不论怎样，我们这种不断变化中的混杂状态使我们更频繁地听到人们在辩论人权的更广泛定义是什么，以及人权与文化底线关系如何。这一新环境还应该使我们更有见地、更清醒和更审慎地考虑国外的人权问题。然而，正如同我们祖先的语言多样性没有使我们成为一个多语言的国家一样，文化背景的多样性也没有使我们（包括我们的传媒）更好地去判断远方的各种习俗、传统或事业，尽管在我们海岸上的移民行李上就可以看见这些。要拯救核心的美国文化，又要给不同的生活模式让路，对这些生活模式又不总是具有必要的知识，这两个方面的必要性就起冲突。因此，我们对各种文化行为的反应在不同地点和不同时间就可能是自相矛盾的——例如，对于非洲和阿富汗的事情，我们就缺乏始终一贯的态度。

当我们在美国需要重新审视这些问题的时候，国外又出现了文化意识的新情况，在最坏的情况下则引起了带有破坏性的民族意识（经济困难和政治动荡更是对它火上浇油），在非洲、巴尔干和印度尼西亚都有这类事例。与此同时，各地区的国家都感受到深远社会变化的影响。妇女权利意识的觉醒对社会传统习俗的影响将是长远的。世界穷国人口过多，这一沉重压力，使得食品、水和空气等生活必需品的紧张形势逐年加剧。

世界迟迟才发现妇女与自然资源不是没有关系的。在孟加拉和印度尼西亚等国，妇女掌握较大权力后，人口出生率降低了，人们要求受到更多的教育，改善农耕技术，向土地和农村作更多的投资。联合国儿童基金会在它的《1999年度世界儿童状况》的报告中指出，非洲的母亲们正开始联合起来要求办好学校，认为这对于她们的孩子来说是改善生活的关键，对于她们自己来说也往往是如此。在布基纳法索——那里15岁以上的妇女只有9%的人识字——妇女们已组成23个学生母亲联合会，来监督学校招收和培训女生的工作。在巴基斯坦和埃及，一些地方已设法为乡村学校培养师资。

结果是迅速可见的："小学女生每增加10%，婴儿死亡率即可下降4.1‰；中学女生每增加10%，婴儿死亡率即可再下降5.6‰。以巴基斯坦为例，这具体意味着让1000名女孩子多上一年学，最后大约可防止60名婴儿死亡。"然而在不少的传统社会中，仍需要在文化上跨出一大步，才会听取妇女的意见。

由于世界处于社会动荡之中，学术界关于文化和人权的争论近年来变得更频繁了，当涉及国际问题时，尤其是如此。有些国际人权组织曾经被一些国家的政府视为偏激团体，但他们的调查工作和法律方面的工作卓有成效，赢得声誉。他们把一些早已被人淡忘的国际文件重新推到国际辩论的中心，成功地开展游说活动以争取成立常设的机构（例如国际刑事法庭），已经对外交政策界普遍产生影响。现在，美国国务院官员听取他们的意见，一些大学邀请他们设立研究中心，外交协会请他们作报告。可是这些人权问题专家大多是训练有素的律师，按其性格来说几乎都是纯粹主义者和普世主义者，不愿放弃原则去迁就文化上的复杂情况。此外，他们往往坚持公民权利和政治权利高于一切，这就与那些优先强调经济权利和社会权利的人发生冲突，因为后者对政治和公民社会的总的看法不同于西方主流社会，在安排轻重缓急和制定原则时坚持遵循他们自己的价值观。

除了世界范围内有关权利和文化的争论方兴未艾之外，那些认为自己文化特殊、与国际人权模式无关的人，现在也受到他们自己社会内部的异议分子的攻击。例如在东南亚，一些著名的“亚洲世界观”鼓吹者与他们国内的改革派公开争斗，这在几年之前还不是很多人料想得到的。经济困难使那些异议分子更来劲和激愤，说所谓亚洲价值观带来了腐败和任人唯亲，阻遏了政治进步，再也无法忍受了。在以好斗著称的伊斯兰世界，从北非到中东和南亚直到太平洋，已有越来越多的人在问：谁能代表伊斯兰教说话？多元论的主张已有人提出，异议者既有男性也有女性。

妇女的关键作用

现今一些最积极努力重新思索宗教、权利和文化三者关系的人，正是穆斯林妇女。但是她们不是孤立的。在 1995 年联合国第四次世界妇女大会召开之前的几个月当中，在非洲、亚洲、欧洲、美洲各地，妇女们都举行了大大小小的会议，为在北京召开的正式大会和同时举行的非政府组织（NGO）的非正式大会作准备。从这些不同文化和不同地区背景下向大会提交的充满激情的发言稿和文字稿中，人们看到有些目标是惊人地相似。在1994年的开罗人口与发展大会的基础上，妇女们又澄清和界定了对她们具有普遍意义的一些权利。

她们提出的要求遍及老概念中的各个领域，使学究们关于要公民权利还是要经济权利的争论变得毫无意义。她们很实在地谈到妇女应当有权拥有财产和继承财产，应当有权创办企业，而且需要有法律来保障她们的这些活动——这是一项经济要求，它同时又与一项政治要求相结合，即应当有更多的妇女参与立法。她们争取修改有关家庭的法律，让妇女在家庭中的权利与配偶或父母公婆平等。她们要求有权对不想要的孩子或不想要的性交说不，能控制自己的身体和生育，享有基本的自由权。“妇女的权利是人权”成了大家熟悉的一句口号。在北京，有一位尼泊尔家庭主妇耗尽自己的一点积蓄，旅行来中国参加这次会议，得以会见坦桑尼亚的女农民、德黑兰的女作家以及美国各种职业的内城区居民。背景各不相同的这些妇女大都发现她们之间的共同点比预料的还要多。她们之中的许多人回国以后，依靠新建立的联络网开展活动，对她们周围的文化观念有了新的见解。

对于妇女来说，社会流行的文化或风气对她们日常生活的影响决不是一个假设性的话题。尽管许多地方已有巨大的政治进步和经济进步，世界各地的妇女仍然大有理由对于文化的影响保持敏感的态度。的确，对于大多数的妇女来说，文化上的敏感性并不需要通过研讨班的老师来开导。文化上的变化和政治上利用传统习俗的做法可能造成妇女难以忍受的形势，即使还不是威胁到她们生命的那种程度。过去二十来年当中，伊朗、阿富汗和阿尔及利亚的中产阶级妇女都体会到，一旦风云突变，她们的生活就一下子被打得底朝天，她们的权利就会丧失殆尽。

男人的统治

在许多社会中，文化规则是由男人制定的，在这一点上是毫不含糊的。这些男人往往有意无意地在妇女身上做文章，以展现他们的信念或政策。领导人或政策一变，文化也会变。妇女该怎样穿衣戴帽，什么地方可以去或什么地方不许去，该怎样生活，都得听吩咐。虽然男人也受到一些约束，例如伊朗男人表示伊斯兰虔诚的制服是无领衬衫（不许系领带），阿富汗的塔利班规定了男人留胡须的长度，然而在这两个国家——一个是什叶派，一个是逊尼派——衣食住行最受限制的仍然是妇女。沙特阿拉伯也属于这一类国家，那里男人地位有多么神圣，就看妇女身体有多少部位不得外露；妇女连开汽车之类的微不足道的希望也不可能实现。

这种现象并不是仅限于保守的伊斯兰国家。在美国宾夕法尼亚州，门诺教派和严紧教派家庭中的女孩子至今仍被告诫说只许穿裙子而不许穿长裤，尽管遵守这一禁令的女孩不多，也很少有人由于不听这一套而肉体受摧残。在老挝，曾多年规定妇女到政府机关上班时，必须穿纱笼。1997 年，当推翻蒙博托的叛军攻进扎伊尔首都金沙萨时，他们命令妇女不得穿牛仔裤上街，否则就向她们挥刺刀，至少一连好几天是这样。游击队也好，各种牌号的意识形态理论家也好，甚至还有服装设计师，都爱在妇女着装问题上做政治文章或社会文章，告诉她们该穿什么不该穿什么。

妇女能参与制定宗教规范或社会规范，是很罕见的；她们往往是被迫投入一种文化，从最广意义上理解，这种文化包括宗教，经济，文艺，法律，休闲，以及往往定义含混的社会行为规范（涉及公共生活、家庭关系、孩子的地位等）。总之，在男人占统治地位的文化中，妇女天天忙碌于工作和家务之间、事业和家庭之间，所能享有的天地在大部分国家中均小于男人。

此外，任何一种文化环境都可能给妇女造成无法预测的、悖理的结果。政治上自由的社会不一定意味着妇女能生活得好一些。例如，在印度就有一亿以上的妇女无法逃脱种姓制度的文化隔离，生活贫穷，文盲，往往还遭受欺压蹂躏。在比较宽容的、甚至平等的文化环境之中，妇女也不一定能得解放。例如，在泰国——那里的妇女已经在经济和社会地位上取得不少进展——以及柬埔寨之类的一些国家，自由放纵的气氛使妇女和女孩很容易沦为性奴隶，因为那里满足各种需求的大规模卖淫嫖娼并不令人惊奇。

无论在全球南方较穷的国家或者较富的北方若干尚不发达的地区，当研究发展问题的专家们不再只是注重工程项目，而是转向以人为本时，各种文化环境之下的妇女生活的复杂问题才开始被人们所认识。现在可以肯定的一点是：忽视妇女生活的国家会付出经济上和社会上的代价。

印度立志要跻身于世界领先国家的行列，然而印度自己的发展事务专家已看到，他们的国家在妇女问题上处于困境。印度人口已接近10亿，很可能在21世纪上半期超过中国而成为世界上人口最多的国家。可是处于社会底层的人数仍很浩大。全国人口中近半数是文盲，这是走向发达国家的途中非解决不可的问题。不会读和写的妇女几乎占妇女总数的2/3。将近半数的新生婴儿未作登记，这使得千千万万的孩子成了“黑户口”，官方未承认他们的存在，所以他们也得不到基本的服务。不仅如此，据一些研究发展问题的报告指出，从一些更广泛的社会指标来看，印度正跌往撒哈拉以南非洲的水平或者低于那里的水平。

在印度北部，问题最尖锐。据联合国儿童基金会《1999年世界儿童状况》报告，在贫穷的比哈尔邦，许多村庄里竟然没有一个妇女不是文盲。从全国看，半数印度儿童营养不良，将近五分之一的儿童达到发育不良的地步，这方面又是北部问题最突出。5岁以下的儿童当中，20%过瘦，体重远在标准以下。能够讲卫生——有各种厕所，包括茅厕——的人口还不到30%；20%的人口没有干净的水。从联合国儿童基金会、世界银行和另一些机构的调研材料来看，印度若不能让妇女参与各地区的开发，该国大力宣扬的中产阶级就会是架在现今已是数以亿计而且将越来越多的穷人的头顶之上。随着生活水准差距日益增大而资源趋于缩小，社会动荡就可能变得无法避免。

妇女割礼/毁伤妇女性器官

将妇女置于中心地位的新发展理论到底在多大程度上使妇女问题在界定各地占主导地位的文化时起中心作用，还比较难以确定。现今不论是女权主义还是人权运动都还提不出世界各地均适用的准则，尚未构成全球统一的理念，在这种情况下考察任何一种文化习俗，都需要在一定程度上采取相对主义态度。此外，妇女和男人看待自己的文化时不一定眼光相同，在本已复杂的局面上再添上妇女问题，只会使局面变得更加复杂。男人控制文化的手段还很可能是控制权力，包括从乡村治安警察直到国家政府，他们往往以维护传统的名义置妇女的申诉于不顾。在许多场合，只有当身居要职的男人——村长、最高法院法官、总统之类的人物——改变想法时，妇女地位才会有所进步。

这种复杂局面就反映在学术界有关一种社会习俗的争论之中，有人把这一习俗叫做“妇女割礼”，另一些人则叫它“毁伤妇女性器官”，叫法的区别也表现出人们的立场有所不同。据埃及一位计划生育专家、埃及防止对妇女和儿童有害习俗协会的创建人之一阿齐扎·侯赛因的论述，这种割妇女阴蒂的做法的由来大致如下：

首先，这一习俗向来是为男人服务的，可以使他们娶来的妻子对性交无兴趣，对别的男人没有吸引力也无法接近，从而成为一件可以放心留在家中的财产，尽管是受到一点损伤的财产。其次，女孩子和成年妇女也养成一种信念，即未割阴蒂的女人是嫁不出去的。这就把它合理化了，形成了妇女自身的群体压力，强迫女孩子接受它，使它成为特定文化的一个组成部分。但是侯赛因指出，这一点并不能掩盖一个基本事实，即这种做法是为男人服务，多数妇女接受它是迫不得已，倘若她们有选择权，就会宁愿拒绝它。开罗一家儿童医院的一位大夫曾对我说，“为了消灭妇女性欲而毁伤性器官，是毫无道理的，更不用说这还是残酷的和危险的。”她补充说，“所有的冲动，包括性冲动，是起源于大脑”。

割阴蒂通常是环割阴蒂周围的一整块肌体，造成终身不愈的感染和小便失禁，损害健康甚至危及生命。可是，有的人为它辩护，说这一传统既然得到人们支持，就一定有它的价值。试问是什么人支持？我们该听谁的声音？侯赛因大夫指出，文化上的理由到一定时候也是站不住的，社会该重新考虑自己的决定，其根据应是科学，医学，也许还有对于人类性行为的现代认识，因为剥夺妇女性兴奋和性高潮的可能性，就是剥夺她们生命的一部分。

埃及的公立医院在1996年决定禁止做割阴蒂的手术。1997年12月，埃及最高法院决定支持这一禁令，反驳了某些伊斯兰学者声称这一传统有宗教依据的说法，指出“女孩割阴蒂并不是伊斯兰教法之中规定的一项个人权利。古兰经没有批准这一做法”。看来，要从法律上结束这一做法，还只是刚刚起步。

在伊斯兰世界妇女人权问题上，西方的反应有时是自相矛盾的。例如，某些很有影响的学者和文化事务专家认为非洲的割阴蒂习俗一定有其合理性，可是，当阿富汗的塔利班政权宣布禁止妇女上学和就业时，他们又坚决反对，寸步不让。在妇女能否上学和就业的问题上，美国政府也坚决表态，几乎可以说美国的对阿富汗政策完全以此为转移。这里的问题又是：我们该听什么人的声音？这一次答案是明确的，听取的是阿富汗首都喀布尔和其他城市中产阶级妇女的声音，不是男人的声音。但农村妇女的声音还是没有人去听。

在这里，我们的文化敏感性何在呢？希拉里·克林顿和玛德琳·奥尔布赖特宣布，塔利班必须在妇女教育和就业权利方面让步，否则就不会有外交承认或援助。这种女权绝对主义排除了阿富汗妇女的生活逐渐改善的前景。有几位国际官员（包括欧盟代表埃玛·博尼诺和联合国儿童基金会执行干事卡罗尔·贝拉米）向塔利班当面陈述了西方的意见以后，塔利班企图证明他们有理由得到援助，因为他们要改建阿富汗的教育系统，使之符合伊斯兰教义和他们的保守型穆斯林文化。他们需要新的师范学校，实行男生女生分校，学校将是一式两份。在某些地方，塔利班已允许办女生家庭学校，很少或根本不加干涉。在某些农村，女孩子受基本教育的机会已多于从前，因为早先是一批圣战者同盟统治国家，吵吵闹闹，打内战将近 10 年之久。那些圣战者游击队曾打败前苏联军队，曾得到过美国和欧洲的支援。

不丹的情况

在文化与人权的辩论中，不丹的情况是最隐晦难懂然而又能说明问题的事例之一。不丹是一个佛教小王国，位于喜马拉雅山南麓，夹在中国和印度之间，为藏传佛教密宗文化传统，以前与它相伴为伍的有拉达克、锡金和西藏，如今这样的王国只剩下不丹自己。20 世纪 70 年代中期，印度总理英迪拉·甘地和她的情报网搞垮了锡金佛教王国并将它并入了印度；到 80 年代后期，又出现了跟搞垮锡金的那种活动相类似的、大多为印度教徒的尼泊尔族第五纵队，似乎要对不丹采取同样的行动。在这十来年当中，信奉佛教的不丹精英陷入了惶恐不安。他们无力把守自己与印度的漫长陆地边界，尼泊尔族的人就从那时大量涌进来，作为非法移民，使当地作为少数民族的尼泊尔族人口迅速膨胀。

不丹当局企图实行文化上的强制政策。谁想当不丹国民，就必须穿规定的民族服装，住房也必须符合一定的样式，并接受不丹王国政府的领导，而不丹国王吉格梅·辛格·旺楚克并不是一个不容人的人。不丹境内的尼泊尔族人自然感到忧虑，可是他们还没有与旺楚克国王和解，就卷进了当时在尼泊尔国内风起云涌的要求民主的运动。在亚洲各地激进大学生的煽动下，不丹的许多尼泊尔族人参加了反对不丹王国的暴乱。他们失败后，逃离不丹，途经印度（印度当时没有采取任何行动制止动乱），进入尼泊尔境内的难民营，开展公关活动攻击不丹，使不丹处境十分为难，至今仍是如此。“自由之家”之类的一些人权组织主要是依据尼泊尔人士提出的并不可靠的资料，对不丹的公民权利和人权状况始终评价很低，尽管联合国一些机构认为不丹在人权方面优于它的多数邻邦。

西方人权组织曾一度相信不丹正在实行民族清洗。由于印度坚持掌管不丹的外交，不丹被孤立起来，西方国家没有代表驻不丹，只能依靠驻在尼泊尔首都加德满都的外交官，而这些外交官的消息来源又多半是尼泊尔人权组织或者在尼泊尔设有分支机构的外国组织。目光短浅的不丹政府往往禁止这些外国组织入境，这些组织则将不丹的局势描绘为民主力量反对专制暴政的斗争。

不丹人自己认为他们的文化已危在旦夕，要为挽救这一文化作拼死斗争。经过好多年之后，国际人权组织才认识到，不丹国王的话比较接近于事实，而他的那些敌人散布的骇人听闻的故事却不大可信。那些人把不丹看做是喜马拉雅山麓一大片人烟稀少的肥沃土地，适合于让尼泊尔过剩的人口迁居。不可理解的是，西方许多人乐于为西藏的达赖喇嘛摇旗呐喊，而对有人企图消灭不丹文化的行径却沉默不语。这一问题至今仍未解决，许多不丹人为此愤怒和忧心忡忡。有一次，我向一位不丹官员问及他管辖地区内听说有些尼泊尔族人受到暴力袭击一事，他向我大声喊道："你们到底要从我们这里得到什么?"问得好。

泰米尔问题、东帝汶问题和克什米尔问题

文化价值观和人权交互起作用的地区，往往隐藏着地雷。有一些特殊利益集团并不一定是以改善人权作为其主要目标，但却善于片面宣传他们的事业，利用各国媒体和议会为他们的利益服务。在当今信息过多过滥的时代，能打动人心的故事是否真实，不见得总会受到人们的细心核查。

在斯里兰卡，泰米尔人能说会道的对外宣传描绘他们正遭到种族灭绝式的迫害，这使得以僧伽罗人为首的、佛教徒居主导地位的斯里兰卡政府处于被动守势的地位。一些泰米尔人，包括印度教徒和基督教徒，在外国得到了避难权，据斯里兰卡政府说，

那些人的目的就是从国外为泰米尔猛虎组织筹款和买武器。泰米尔猛虎组织特别残忍，其目的是想把斯里兰卡东北部的泰米尔伊拉姆地区分裂出去。由于历史和种姓的原因，泰米尔人并不是都一样，有些泰米尔人在中部山区经营茶场，他们不支持猛虎组织。最后，泰米尔猛虎的暴行终于被世界认识，已被联合国列为一个恐怖组织。但是，尽管报界对此作了大量报道，一些西方人仍然对斯里兰卡的事态一无所知，对该国文化的看法往往离奇古怪，或者仅仅反映部分的实情。

这种错误的看法曾受到印度的鼓励，因为印度曾多年帮助泰米尔游击队，给他们提供武器和训练，支持他们反对斯里兰卡政府，直到后来，当拉吉夫·甘地总理向陷于内战困境的斯里兰卡岛国派进了多达5万人的印度维持和平部队时，猛虎组织企图扭转印度政府的方针，掉转枪口打印度维和部队，最后暗杀了拉吉夫·甘地总理（至少新德里相信是他们干的），印度才停止了对他们的支持。著名的泰米尔温和派人士、有国际声誉的宪政主义者尼伦·蒂鲁切尔瓦姆曾策划泰米尔人地区实行自治的方案，猛虎组织嫌他不够激进，无情地把他杀害了。被他们杀害的还有另一些著名斯里兰卡人士。

不论过去或现在，斯里兰卡国内的冲突都主要是政治的和经济的冲突，甚至还有意识形态的冲突，而不是严格的民族冲突和宗教冲突。然而，在东帝汶和克什米尔，文化却起着重要的作用。在东帝汶，即使没有政治煽动的暴力，根本的问题也是宗教和民族的分歧，分歧的一方是葡萄牙在东帝汶扶植起来的天主教势力和当地的土著民族，另一方是信奉伊斯兰教的爪哇人，爪哇人占主导地位的印尼政府和军队，以及迁居东帝汶的其他民族移民，尤其是来自南苏拉威西的布吉人。

在克什米尔，巴基斯坦和印度自从 1947 年以来就一直为它打仗，当地居民也分为不同的民族，说不一样的语言，而且对印、巴两国都不是很满意。克什米尔人是穆斯林，但又不同于印度的穆斯林，也不同于巴基斯坦许多地区的穆斯林。印、巴两方几十年打仗基本上是在克什米尔谷地，而那里的根本问题不在于宗教，而在于文化和政治。

东帝汶和克什米尔都被联合国列为有争议地区。但是东帝汶人引人注目，因为他们得到天主教会的强有力支持，过去支持过其他葡属殖民地（尤其是莫桑比克和安哥拉）革命团体的一些欧洲组织也支持东帝汶独立。印度尼西亚则备受谴责，可是当年印度把军队开进葡属果阿，不经任何民主手续就将它兼并时，却没有人大声抗议。

结　论

文化检验标准的作用如何，有时是可辩论的，不久前关于危地马拉的诺贝尔文学奖获得者里戈韦塔·门丘的生平的一场争论就表明了这一点。一些学者和从事调查的记者现在说，她的童年和青年时代虽然肯定是艰辛的，但并不像原先描述的那样充满了不幸和悲剧。看来是文化刻板模式起了很大作用，才创作出一个贫穷的危地马拉印第安女孩子在毫无心肝的“欧洲人”军事独裁统治下受尽煎熬的令人心碎的故事。这一形象使得她——也利用了她——成为代表拉美各地土著民族的一个文化偶像。尽管如此，有些人仍然争论说，这种包罗万象的文化象征主义比单纯的事实更加重要。

学术研究、新闻报道、人权事业——还有历史——所要求的，却是更高的标准。美国人对待国外的复杂民族冲突（或者披着民族外衣的政治冲突）的态度似乎往往表明，我们的文化敏感性是走到水边就止步了。具有讽刺意味的是，一些具有最良好意愿的行动实施起来却是浅薄的或信息不灵通的，而且往往带有其领导人的政治动机，这一点在我们美国恰恰跟那些遥远社会的情形一样。

说到底，在我们的价值观体系——包括我们对于诚实以及不带意识形态色彩的真实的重视——和我们的对外政策之间，应当建立一种有意义的联系。更何况这一价值观体系植根于西方和东方文化的核心成分已经通过联合国人权宣言而具有了普遍性。

第十四章

拉丁美洲的文化、制度与男女不平等

玛拉·赫滕

性别歧视向来是世界上多数文化中的一个显著特点。妇女到处都是在经济上、社会上和法律上处于劣势地位。男女不平等是一个普遍存在的现象，而各国文化都各不相同，因此，要在性别歧视和文化态度二者之间找出简单的联系，是困难的。重要的问题倒是：文化属性是否能促使性别关系朝着进步的方向变化并保持这种变化，以及什么样的文化属性能起这样的作用。

本章将分析文化在当代拉丁美洲妇女地位变化中所起的作用。从许多方面来说，文化影响着经济发展和民主制度的发展，其传统模式是有说服力的，可是这些传统模式却解释不了在世界各国和各种文化中，是什么力量推动着性别关系的变化。一些学者认为盎格鲁—基督教新教的文化特别有助于资本主义和自由民主制的发展，可是从历史上看，在这种文化中也有过系统的性别歧视。在美国，自从20世纪60年代以来在男女平等方面有重大进步，但主要原因不在于文化，而是在于经济的转型、妇女运动以及最高法院裁判规程上的改变。相形之下，在拉丁美洲，文化遗产被认为是不利于私人资本积累和自由民主制。然而这一文化遗产并没有阻碍拉丁美洲过去20年来在男女平等方面迈出大的步伐。

本文第二部分将从两个方面探讨文化属性对于推动和保持性别关系变化的作用。第一，基本的文化价值观能说明为什么不同的社会对于实现男女平等的看法有所不同。第二，与国家体制办事效率相关的文化属性，会影响到性别平等方面的进展能否保持。拉丁美洲广泛存在的一个特点就是政策与实际做法之间有很大差距，这一问题若不解决，妇女政治权利和法律权利方面的进步就可能长久不了。

南北美洲文化和性别关系对比

一些著名的社会学家和政治理论家，包括从托克维尔和韦伯直到本书的许多杰出撰稿人，都认为文化对一国人民的经济和政治发展起决定性影响。霍华德·韦亚达和劳伦斯·哈里森等学者认为，拉丁美洲的文化特点能说明为什么拉美地区有其独特的历史轨迹，表现为集权主义统治周期和公然的社会不平等。相形之下，盎格鲁-基督教新教的价值观则被认为是英美社会能创造财富和支持稳定的民主体制的原因。哈里森就指出："我相信，西半球北面和南面的演变之所以形成尖锐对照，唯一能令人满意的解释就在于文化——显然不同的价值观、态度和体制——它们来源不同，一个是盎格鲁－基督教新教的传统，一个是伊比利亚－天主教的传统。”①

对于这种认为文化决定了各国经济发展和民主制度差异的见解，我不想加以评价。我只想提醒大家注意，若用文化的论据来解释美国和拉丁美洲在性别关系方面的差别，应当慎重小心。盎格鲁－基督教新教文化强调努力工作，鼓励节约，要求切实保障个人权利，这一切也许促进了资本主义和民主，但从历史上看，它也容忍了严重歧视妇女的法律和政策。妇女地位只是不久前才有了重大变化。请想想那种将已婚妇女置于丈夫庇护之下的制度。美国在建国之后曾长期继续保留这种制度，让丈夫在法律上代表他的妻子，对妻子的人身和财产握有绝对控制权。到 19 世纪中期和末期，才通过了《已婚妇女财产法》，使已婚妇女的法律地位有所提高，但是男人在婚姻和家庭方面的特权仍一直保持到 20 世纪的很长时间。1992 年，美国最高法院对“计划父母身份与凯西”（Planned Parenthood v. Casey）一案的裁决指出“妇女并不因结婚而失去其受宪法保护的自由权”，已婚妇女由丈夫

① Lawrence Harrison, *The Pan-American Dream*（New York: Basic, 1997）, p. 18.

庇护的制度才最终完全废除。[①]

一二百年间，美国的盎格鲁－基督教新教文化容忍了对妇女就业和工资方面的歧视以及将妇女排除在一些职业之外的做法，司法界也宽容了这一切。在许多的州以及联邦机构中，曾普遍存在着歧视妇女的法规和条例，直到1963年颁布了《平等工资法》和1964年颁布了《公民权利法第七章》，才结束了这一情况。这两项法律的实施大大扩大了妇女的就业机会，然而，由于一些法庭办案马马虎虎，许多事实上歧视妇女的做法仍得以维持。

行政机构在性生活和生育问题上干预个人和夫妻的隐私，看来也是违背了自由价值观。直到1965年，美国最高法院裁决夫妻生活隐私属于宪法权利，才制止了一些州将夫妻使用避孕药品器具宣布为非法的行径。

国家迟迟才采取行动的另一个领域是针对妇女的暴力问题。规定联邦政府惩治对妇女行使暴力的罪行以及为各州预防和处置这类暴力的计划提供经费的法律，即《惩治针对妇女暴力法》，在1994年才颁布实施。保障男女经济平等、承认妇女控制生育的权利和政府谴责对妇女施加暴力，这几项进步并不是盎格鲁－基督教新教文化遗产的组成部分，而是社会变化和女权运动不久之前才带来的结果。

---

① Linda Kerber, *No Constitutional Right to Be Ladies: Women and the Obligations of Citizenship* (New York: Hill & Wang, 1998), p. 307n. 6.

强调文化影响发展的学者们认为，与盎格鲁一基督教新教文化相比，伊比利亚一天主教文化不那么有助于资本主义和民主制度。韦亚达就说过：

> 拉丁美洲的经济过去是而且现在仍然是重商主义和国家指导的，而不是资本主义和个人指导的；它的社会结构是二阶级的，而不是多阶级和多元的；它的政治体制是等级制和集权主义的，而不是民主的；它的文化和宗教是正统的，绝对论的，充满天主教—托马斯主义的教规，而与北美殖民地的不墨守成规和多元的新教教义适成对比。①

从罗马天主教传统的重男轻女和世俗社会中流行的大男子主义来看，伊比利亚一天主教文化的集权主义和等级制的特性似乎格外不利于妇女地位的上升。一位学者说过，拉丁美洲的性别关系是“严峻的父权制，其根深蒂固只有阿拉伯世界堪与之相比”。② 有些资料表明，拉丁美洲的文化价值观长时期来是连贯

---

① Howard Wiarda, “Introduction: Social Change, Political Development, and the Latin American Tradition,” in *Politics and Social Change in Latin America: Still a Distinct Tradition?* (Boulder: Westview, 1992), p. 14.

② Elsa Chaney, *Supermadre: Women in Politics in Latin America* (Austin: University of Texas Press, 1979), p. 32.

的和稳定的，[1] 但是拉美性别关系和妇女地位近年来的变化却是显著的。自从20世纪60年代以来，在社会、法律和政策上，变化之大不亚于美国。有些情况说明，在文化遗产不相同的一些国家中，妇女的地位正在趋同，而在文化遗产相同的一些国家中，妇女地位却存在着差异。

从政治、经济、教育和法律方面来看，拉丁美洲性别关系的变化是不小的。在整个拉美地区，妇女在国家议员中所占的比例的平均数现在是15.4％，这在世界各大区域当中占第二位，而且高于美国的13％（世界平均数也是13％）。在某些拉美国家中，这一比例很高，例如，在阿根廷和古巴为28％，哥斯达黎加为19％，厄瓜多尔、萨尔瓦多和墨西哥为17％，多米尼加共和国为16％。在经济方面，妇女的参与急剧上升。从整个拉美地区看，妇女占劳动力的比例1970年时为20％；到1995年，这一比例已升至35％（在美国为45％）。

男女工资差距仍然相当大，但与工业化国家相比，情况并没有多大的区别。在20世纪90年代初，妇女工资比男人低20％至40％。但从较年轻的妇女来看，差距小得多。根据一项调研材料，25—34岁女工的工资相当于同年龄组男工工资的80％至90％。在教育方面，进步是可观的。妇女文盲率已大幅下降，在

---

① Ronald Inglehart and Marita Carballo, "Does Latin America Exist? A Global Analysis of Cross-Cultural Differences," *PS*: *Political Science and Politics* 30, no. 1 (1997); see also Inglehart's chapter in this volume.

小学、中学和大学中，女生已差不多占半数。有几个国家的大学生中，女生超过了半数。在美国，则是女生占中学生的 50%和大学生的 55%。[①]

在改革法律而让妇女享有正式平等方面，拉丁美洲取得了明显的进步。一些国家的宪法承认妇女与男人权利平等：巴西、古巴、厄瓜多尔、危地马拉、墨西哥和巴拉圭的宪法均将男女平等列为一条基本原则。法典中原有的夫权制度取消了，改为夫妻在共同财产、家务和儿女抚养方面权利平等。

至少已有 12 个拉美国家针对惩治家庭暴力问题制定了新的法律条款，而且扩大了司法部门对家庭暴力受害者的保护权。数以百计的警察局配备了专门处置家庭暴力问题的女警官，整个拉美地区对性犯罪均有明文规定。已有 19 个拉美国家批准了联合国《关于消除对妇女歧视的公约》，阿根廷还把该公约纳入了宪法。在美国国会通过《惩治针对妇女暴力法》的同一年，美洲国家组织也通过了《泛美惩治针对妇女暴力公约》，至少已有 26 个

① Data on women in government can be found at Interparliamentary Union <http://www.ipu.org/wmn-e/classif.htm>; and the U.N. Women Watch <http://www.un.org/Womenwatch>. For other aggregate data, see FLACSO, *Mujeres Latinoamericanas en Cifras* (Santiago: FLACSO, 1995); Statistical Division of the U.N. Secretariat and International Labor Organization <http://www.un.org/Depts/unsd/gender>; and the U.N. Development Program <http://www.undp.org/hdro/child.htm>. The statistics used in this chapter all come from these sources.

成员国批准了该公约。①

然而，在妇女参政规模、经济机会、教育和法律地位等方面，拉丁美洲各国仍表现出颇大差异。在阿根廷，妇女占国会席位的比例为28%，而这一比例在巴西仅为6%，在巴拉圭仅为3%。妇女在乌拉圭占劳动力的41%，而在厄瓜多尔只占26%。在土著民族占人口比重较大的国家，例如玻利维亚、危地马拉和秘鲁，农村妇女文盲率比男人高得多。例如，秘鲁农村妇女文盲占46%，农村男人文盲则只占10%。妇女健康状况差异很大。例如，在哥斯达黎加，产妇死亡率为每10万次生育中占60名，而这一比例在玻利维亚高达650名。乌拉圭在1946年司法改革中明文规定已婚妇女享有充分的法律行为人资格和夫妇权利平等，可是智利迟至1999年仍保留着老的夫权制度，在夫妻财产关系方面全由丈夫负责。哥斯达黎加和委内瑞拉分别于1886年和1904年从法律上使离婚合法化，而做到这一点的时间在巴西是1977年，在阿根廷是1987年。在每个国家中，不同社会阶级和不同肤色之间，妇女地位也有巨大差异。

由以上事例可以得出两点结论。第一，总体说来，就妇女对经济、教育和政治的参与而言，拉丁美洲的妇女地位和美国的妇

① Mala Htun, "Women in Latin America: unequal Progress Toward Equality," *Current History* 98, no. 626 (1999); Htun, "Women's Rights and Opportunities in Latin America: Problems and Prospects," in *Civil Society and the Summit of the Americas*, ed. R. E. Feinberg and R. L. Rosenberg (Miami: North-South Center Press, 1999).

女地位正在趋同。尽管两地文化不同，但妇女地位在结构上日益相似。第二，拉美各国虽然文化遗产相似，但妇女地位始终有明显差别。文化和妇女地位二者之间并不存在着简单的关系。对于性别关系的变化来说，文化属性看来说明不了什么问题。文化上稳定形成男女平等的观念，看来是性别关系变化的结果，而不是原因。性别关系变化时，文化就相应前进。

文化框架与妇女地位上升的持久性

虽然文化不能定位为性别关系重大变化的一个原因，但是文化因素却深刻影响到妇女地位所得到的改善具有何种性质以及能否持久。文化规范和价值观为人们对性别关系的变化的理解提供框架，并决定着不同社会对实现男女平等这一点的认识。在美国，妇女权利的进步带有我们的价值观的明显标志。例如，有关家庭、离婚和流产的法律都强烈反映出个人主义的文化气质，其程度远远超出欧洲大陆和拉丁美洲的法律。美国的法庭认定个人自由和自决权是应予保护的最高价值观，而欧洲大陆的法官和议员们则是“更深地从道德上议论流产、离婚和依附关系”，而且在斟酌个人权利时更有可能“注意社会背景和个人责任”。[①] 美国已在法律上明文规定夫妻任何一方均可自由决定终止婚姻关系；认为在胎儿有生命力之前是否流产属于个人隐私，可以自决；明确夫妻性生活隐私属于宪法保护的权利。在这几个方面，美国都比任何其他西方国家走得更远。

拉丁美洲的文化遗产不同于美国，因此，妇女权利的变化也比较少带有自由个人主义色彩和拒绝国家干预的原则。一方面，这使得女权主义者和自由派人士争取放宽现有流产禁令的努力遇到了障碍。除了古巴以外，所有的拉美国家都认为流产是犯罪，其中多数国家规定，只有在产妇或孕妇的生命受威胁或者因被强奸而怀孕的情况下才可以作流产。私下的流产在拉美很普遍，可是争取流产合法化的活动却得不到广泛的公众支持。显然，天主教会的道义压力和政治压力是阻碍流产合法化的一个重要因素。然而，拉丁美洲缺乏维护隐私权和自决权的文化传统和司法传统，也是一个重要原因。

另一方面，国家保证让妇女参与公共决策的措施在拉丁美洲很普遍，这样的政策措施在美国几乎是不可想象的。在 20 世纪 90 年代，有九个拉美国家——阿根廷，玻利维亚，巴西，哥斯

① Mary Ann Glendon，*Abortion and Divorce in Western Law*（Cambridge：Harvard University Press，1987）；Glendon，*The Transformation of Family Law：State，Law，and the Family in the United States and Western Europe*（Chicago：University of Chicago Press，1989）.

达黎加，多米尼加共和国，厄瓜多尔，巴拿马，秘鲁及委内瑞拉——以法律的形式规定，各政党在大选时提出的议员候选人中，妇女必须占一定的比例（20％到40％）。在颁布实施这样的法律后，妇女在国会议员中所占的席位在阿根廷由5％升至28％，在玻利维亚由7％升至12％，在哥斯达黎加由16％升至19％，在多米尼加共和国从10％升至16％，拉丁美洲有着从托马斯主义和历代教皇通谕承袭下来的社团主义传统，这就提供了一个有利的文化环境，便于推进妇女作为群体参政的权利。由此可见，不同社会的文化属性以不同的方式调节其走向男女平等的行动，对问题的轻重缓急形成不同的看法，使国民有关妇女权利的辩论具有不同的调门。

法律与行为之间的差距

各种综合统计数字以及国家政策和法律的变化，从重要的方面显示出走向男女平等的运动，可是它们还不能说明整个的问题。民主选出的代表们批准有关的法律，在一个层次上表明了赞成男女平等的文化态度。法律和政策的措辞变化和象征性变化向整个社会传递了平等的信息。然而，制定好的政策是一回事，而政策的实施又是另一回事，二者之间的矛盾在拉美各国社会中是常见的。这一问题不仅限于妇女权利一个方面，因为贪污腐败、侵犯人权、偷税漏税和任意执行的趋势使得国家机构许多方面的效能都受到削弱。

在与性别有关的法律方面，法律与行为之间的差距至少跟其他方面一样严重，这就使得妇女权利近年来的进步能否保持下去成为一个问题。一方面，早已废除的法律仍会影响人们的行为，例如在巴西，仍可根据“正当捍卫名誉”而让那些由于妻子与他人通奸而谋杀了妻子的男子无罪释放。另一方面，新近通过的某些法律，例如多数拉美国家近年来针对性暴力和家庭暴力所作的改革，并未得到实行。要缩小法律与行为之间的差距，不仅需要在司法机构内部作深刻的变革，而且也需要在文化上作出相应的调整。

巴西的“正当捍卫名誉”

在 20 世纪 80 年代，一名男子谋杀了与他疏远的妻子及其情人，这个案子经巴西南部的帕拉纳州的一个法庭审理后，陪审团表决的结果是该人有“正当捍卫名誉”的权利，应宣布无罪释放。在上诉过程中，该州的上诉法院决定维持原判，但巴西最高民事和刑事法院于 1991 年撤销了原判，下令重审。同一年内，帕拉纳州重审过程中，另一个陪审团仍坚持“正当捍卫名誉”的理由而宣布被告无罪释放。这一裁决在国内外激起了愤怒，“人权观察”组织派了一个代表团到巴西，调查针对妇女的暴力问题。

“正当捍卫名誉”的论点在巴西法律中并没有明文的依据。在殖民地时期，“腓力法规”（Phillipine Ordinances）曾允许男人杀死被发现有通奸行为的妻子及其男伴。后来，1830 年，通过的巴西帝国刑法典、1890 年的第一共和国刑法典和 1940 年通过的现行刑法典都明确排除了以杀人的办法来解决通奸罪。然而，1940 年刑法典提出了一个概念，即一个人受到无理侵犯以致其基本权利遇到危险，有权作正当防卫，而某些法律理论将“名誉”列为一项基本利益或基本权利。既然法律上允许正当防卫，人们又默认名誉是一项合法的利益，司法界就出现了允许男人杀死其与别人通奸的妻子而宣布其无罪的做法。

法律重视名誉，是因为名誉在社会交往中很重要。一位著名人士解释刑法时说过：

> 人的名誉极其重要，构成其地位和社会效率的基础。好人只与名誉好的人交往。一个人若名声不好，朋友和熟人都会不理他，他将不再为好的社交圈子所接受。他将失去有身份的人在社会上享有的信任和威信。此外，一个人若名声不好，就不可能得到或成功担负有价值、有影响和负责任的职位，因为没有好名誉的人是

不值得信任的。[①]

一个男人若自己妻子与别人通奸，在巴西俚语中就叫做Corno（相当于“王八”的意思），必将失去自己的名誉、社会地位和机会。辩护律师以“正当捍卫名誉”作辩护，而陪审团也承认这一辩护，是因为人们认为男人在名誉受威胁的情况下杀人，是可以理解的。陪审团的行为表明，人们认为男人和整个家庭的名誉有赖于女人的贞操，而杀死奸妇及其奸夫，则可以使男人在社会公众面前恢复名誉。

早在1955年，巴西的高等法院就开始推倒下级法院以“正当捍卫名誉”为理由而宣判杀人者无罪的判决。然而，在巴西司法系统中，高等法院的裁决并不构成对下级法院有正式约束力的判例。因此，受理上诉的法院无权纠正下级法院涉及名誉辩护的审理。此外，初审法庭的法官虽然享有特权，就法律所允许的推理和辩护是什么，向陪审团作指示，可是他们有时并不行使这一特权，而宁愿尊重陪审团的自主权，即使陪审团的推理没有正式法律依据也不予批驳。陪审团能利用“捍卫名誉”的论据，这就表明在巴西文化中，对妇女性行为问题的看法存在着矛盾，而且在巴西法律制度中，对于“名誉”的地位以及正当防卫范围的意

① Jacqueline Hermann and Leila Linhares Barsted, *O Judiciário e a Violência contra a Mulher: A Ordem Legal e a (Des) ordem Familiar* (Rio de Janeiro: CEPIA, 1995), P. 63.

见也存在着矛盾。

性暴力和家庭暴力

在20世纪90年代，拉美各国都对刑法作了修改，重新规定了强奸罪的性质，而且制定了惩处和预防家庭暴力的新法律。人们以前只认为强奸是一种伤风败俗和有失体面的罪行，现在则明确它是一种侵犯个人性自由和尊严的犯罪。夫妻间的强奸也受到惩罚。拉美各地成立了数以百计的妇女警察局，受理妇女有关暴力的申诉。上文中已指出，至少有12个国家制定了家庭暴力方面的法律，使法官和执法人员有了新的解决暴力问题的权限。这些新的法律和政策成了推动文化转变的催化剂。越来越多的人认识到针对妇女和家庭成员的暴力是侵犯人权，因而是一个政策问题，家庭不再是在国家和正式法律的权限之外。然而，一些公民和执法人员的行为仍然不符合新法律的精神。

首先，性暴力报案率低。在墨西哥和秘鲁，估计只有10％至20％的遭强奸妇女向警察报了案。第二，对施暴者的调查、起诉和判处的比率也低得令人不安。在巴西的圣保罗州，有材料表明只有三分之一的暴力事件受到了警察调查，而且几乎没有几次调查最终导致起诉或定罪。在墨西哥一次强奸案抽样调查中看出，只有15％的罪犯被判刑。厄瓜多尔的材料表明，在报了案的性暴力案件中，只有1%最后作了宣判。[①] 一方面是性暴力案件的调查和起诉如此不积极，另一方面则是其他各种刑事案件的起诉热心得过分，二者形成鲜明的对照。

性暴力案件起诉和判决率低，是由于执法人员对受害者缺乏同情心，往往以为遭强奸的妇女是咎由自取或心甘情愿。对法庭审理情况的分析表明，法官比较重视的是处女遭强奸，他们还往往责备受害者，说她们的挑逗引起了强奸。许多法官和检察官对受害者施加压力，要她们与施暴者和解，而不是力促施暴者认罪。强奸受害者还抱怨说，对她们作医学检查的人员往往对她们的性生活史寻根究底，问个没完。[②]

另一方面，有些受害者自己不能配合调查，或者放弃起诉。有的人甘心与施暴者和解而认为没有必要再追究。还有的人屈从了亲朋的压力。1997年在秘鲁的一起轮奸案中，受害者在家人的压力下与轮奸者之一结婚，以维护家庭的名誉，申诉随之撤销

---

① Giulia Tamayo León, "Delegaciones Policiales de Mujeres y Secciones Especializadas," *Acceso a la Justicia* (Lima: Poder Judicial, 1996); Centro Legal Para Derechos Reproductivos y Polítcas Públicas y Grupo de Información en Reproducción Elegida (CRLP/GIRE), *Derechos Reproductivos de la Mujer en México: Un Reporte Sombra*, *December* 1997; Sara Nelson, "Constructing and Negotiating Gender in Women's Police Stations in Brazil," *Latin American Perspectives* 23, no. 1 (1996); OAS/IACHR, "Report of the Inter-American Commission on Human Rights on the Status of Women in the Americas," *Annual Report* 1997 (Washington, D.C.: Organization of American States).

② U.S. Department of State, *Peru Country Report on Human Rights Practices for* 1997. Released by the Bureau of Democracy, Human Rights, and Labor, 30 January 1998.

了。(秘鲁的刑法原先有漏洞，强奸者若与受害者结婚即可免予惩罚，这一点受到了国内外非议，于1997年4月取消了。)

成立妇女警察局，原本是想要解决上面提到的某些问题，但是它们财力物力不足，缺乏标准的办案程序，而且往往不在交通方便的地点。在妇女警察局工作，往往在警察队伍内部被人瞧不起。总之，对于拉丁美洲主张维护妇女权益的人们来说，现有法律如何才能得到适当的贯彻执行，是当前面临的最大挑战。

结　论

对于理解拉丁美洲争取男女平等的进步及其前景来说，文化是一个重要的理念，但只有文化的理念又是不够的。单从文化价值观的角度说明不了性别问题所发生的变化及这些变化的持续性。在拉丁美洲尽管存在着根深蒂固的歧视妇女的文化偏见，但最近几十年来，妇女的能力以及相对于男人而言的机会仍有不小的改善。各国情况仍有颇大差异，但是一些国家民主选举产生的政府和议会确已制定出一批促进男女平等的法律和政策，这反映出文化上也日益承认男女应有机会平等。然而，在法律和行为之间始终存在着差距，这证明重男轻女的习俗仍很顽固。拉美妇女地位的新近进步并不是文化上的变化所促成的，但是必须有文化上的变化，才能保障这些进步得到实施和持久。

要解决这一难题，能靠什么样的政策方针呢？促进政策变化的一个重要动力是总统的领导作用。事实上，在 20 世纪 90 年代，拉丁美洲一些国家有关性别问题的最重大法律和政策变化都离不开总统及其政党的热心支持。总统的支持还促进了法律和政策的实施。例如，阿根廷制定了议员候选人中妇女比例的法律以后，若没有总统行政命令的敦促，议会中的女议员就不会由 5% 升至 28%。从制度和规范方面看，总统的权力是很起作用的，尽管总统对男女平等的想法不一定是人人都同意的，但行使总统的权威，就可以有效保证性别方面的变化得以实行。然而，为了在 21 世纪让拉丁美洲各地都朝向男女平等迈出更大步伐，所有位于政治权力顶峰的人都需要不仅在言辞上，而且也在行动上作出努力，促进广泛的进步。

第五部分

文化与美国少数民族

同样的一些基本文化模式——有时是同一个基本模式——被用来完成多种多样的不同的任务：有时是用来确定行动目标，有时是计划如何达到这些目标，有时是指导这些目标的实现，有时是理解别人的行动和探测别人的目标，有时是形成能在上述各个方面以及在事后诠释已发生的事态方面起不同作用的言辞表达。

| 第十五章 |

认真对待文化：框架及非洲裔美国人实例

奥尔兰多·帕特森

对待文化的矛盾态度

在如何使用文化理念的问题上，现今存在着很奇怪的现象。一方面，人们非常热心地辩论它，严肃地思考它，其盛况是文化这一理念的历史上前所未有的。在学术界，文化研究成了较新的一个学科，繁荣兴旺。在美国公众舞台上，所谓的文化战恰如亨特所说，成了“别具一格的现实……公共生活的分界力量”。[1]然而与此同时，在学术界和知识分子中间，包括在一批很有影响的人类学家以及几乎所有的社会学家中间，又有一种强烈的意

① On which see James Davison Hunter, *Culture Wars*: *The Struggle to Define America* (New York: Basic, 1991), p. 291.

见，反对从文化的角度来解释人类行为的任何方面。[①]

在人文学科及一般的自由派人士中间现在流行着一种正统的观点，它可以概括如下：文化是一个应予以诠释、理解、讨论、界定、尊重和礼赞的象征体系，是特定人群的独特产物，与其他这类产物有着相等的价值。但是决不应利用它来解释它所由产生的那些人的任何事情。从人文学科角度来看，文化往往被比作一篇供人阅读和诠释的课文。对这课文作解释，是允许的，但任何这样的解释都不能宣称是客观的。对文化的理解完全是主观的，既反映被诠释的对象，也同样反映诠释者自己。

在社会学界，文化所占的地位正如马贝尔·贝雷津所说，是"一片有裂缝的地形"，学者们之间存在着"认识论上的不同意见"，"有些学者强调解释的可能性……另一些学者强调只能作诠释或注释"。[②] 然而即使是赞成作解释的学者通常也避而不谈文化还能构成其他事物的原因。恰如所谓的文化生产学派的看法那

---

① For recent reviews of the study of culture in the social sciences, see Diana Crane, ed., *The Sociology of Culture: Emerging Theoretical Perspectives* (Oxford: Blackwell, 1994); Jeffrey Alexander and Steven Seidman, eds., *Culture and Society: Contemporary Debates* (New York: Cambridge University Press, 1991); Richard Munch and Neil J. Smelser, eds., *Theory of Culture* (Berkeley: University of California Press, 1992), pt. 1; Robert Wuthnow and Marsha Witten, "New Directions in the Study of Culture," *Annual Review of Sociology* 14 (1988): 49-67; and Adam Kuper, *Culture: The Anthropologists' Account* (Cambridge: Harvard University Press, 1999).

② Mabel Berezin, "Fissured Terrain: Culture and Politics," in *Sociology of Culture*, p. 94.

样，典型的看法是认为文化是因变量，要由组织上、经济上及其他的“过硬”自变量来加以描述，或谨慎小心地加以解释。若有人想把这一解释方程式颠倒过来，将文化或文化的某些因素视为自变量，那就必定会遭到怀疑。奇怪的是，这种状态恰好与20世纪前半期流行的观点相反，那时占主导地位的是帕森斯学派的理论，它将价值观视作行动的目的和规范调节因素。可是，正如安·斯威德勒所指出的那样，在社会学家们普遍否定了帕森斯的见解以后，他们“对于文化作为原因的意义就提不出另一种见解，因而要么是避开原因这个问题，要么是走后门承认价值观范式”。[①] 斯威德勒提出了她自己的见解，将文化称作“工具包”，说人们可以从这个“工具包”里挑选适合自己目的的行动谋略。她的这一提法颇受欢迎，是向正确方向迈步的一个开始，但是它仍然过于不明确，过于随意，不足以提供真实的解释力。文化分析被减缩成理性选择论的一点补充。

反对从文化上作解释的态度，特别明显地表现在学者们对非洲裔美国人及其面临的诸多问题的研究之中。这当中的原因有好的一面，也有不好的一面。直到20世纪60年代后期为止，有关非洲裔美国人问题的论著过分依赖一种简单化的或经不起推敲的文化论，生硬地把非洲裔美国人的社会问题都归结到文化上去。非洲裔美国人的文化被看做是他们的过去种种经历堆积而成的硬

① Ann Swidler, “Culture in Action: Symbols and Strategies,” *American Sociological Review* 51 (1986): 273-286.

化了的冲积层，使它成为一种固定的、有解释力的黑匣子，被用来解释有关这一群体的每一件和任何一件事情。那种把文化视作某种“风俗糕饼”的19世纪文化观尽管已经过时，却仍滞留在许多著述之中。帕森斯学派那种过分强调文化决定作用的功能主义和价值观框架也未必更受欢迎。还有一个“贫困的文化”学派，其代表人物，如奥斯卡·刘易斯等人，是比较成熟的。如今一些外行的人津津乐道指责这一学派犯了这样那样的错误，其实大多是莫须有的；然而这一学派对非洲裔美国人文化问题的论述往往过于兜圈子、简单化和固定化。

不幸的是，过去出现过而现在仍然常常出现的一个情况，就是一些反动的分析家和公职人士利用从文化解释问题的这一论据，把穷人的种种社会问题都归咎于他们的“价值观”，从而把政府和纳税人扶贫济困的责任推卸得一干二净。看来，人类学家和社会学家——他们都是一些自由派——之所以回避文化解释论，主要原因也许就在于他们不屑于与那些反动分析家或头脑简单的公职人士为伍。用文化来解释贫穷的论点如今在学术界遭到冷遇，原因之一竟在于避免共犯。

这最后一点是这些学者们摈弃文化解释的一条最糟糕的理由。另一条这样的理由，是自由派学者经常念的一本经，就是说谁要用文化因素解释一个群体的问题，那就等于是指摘受害人。这显然是毫无道理，一个简单的比喻就能说明问题：我们常常见到有的人小时候受过性摧残，被人糟蹋过，因而长大以后缺乏自尊，行为上表现出自暴自弃。有的人出于同情之心，会给有上述表现的人指出她或他的心理问题，要求她或他求医治病。如果说这样做等于是指摘受害人，岂不荒谬。可是，有的人出于同情之心，哪怕只是暗示说非洲裔美国人的某些问题可能是他们以往受虐待的经历所造成的可悲后果，就被认为是在指摘受害人。

反对从文化上解释非洲裔美国人某些问题，还有一个不好的原因，即民族主义和所谓的黑人自尊心。为了纠正几百年受欺辱的影响，民族自尊曾经是必要的，可是它如今被强化成为民族颂扬和非洲中心主义，二者都正式出现在多文化的学术研究之中。这种自我感觉良好的态度坚持说非洲裔美国人有着“有用的过去”和值得自豪的、无问题的文化，它可以在美国多文化主义的大会演中炫耀自己；如果有人想从历史上、文化上解释非洲裔美国人的社会问题，就会被看做是居心不良，存心抹黑。

对于文化解释持怀疑态度，还另有一个原因，即有些人，特别是有些政策专家和负责纠正社会弊病的人，误认为人们对文化是无能为力的。这一误解起源于一种文化观，即认为文化是不可改变的。与此相关的是一种信念，即认为从文化上作解释就是种族主义。在这一信念的背后，有一大堆似是而非的学术观点。当代人类学对文化的研究一开始就表白自己是反种族主义的，反对社会达尔文主义，而在弗朗兹·博厄斯的文化相对主义的影响之下，他们这一立场更加明显。在 20 世纪上半期，人类发展史中的生物学并不曾应用于文化。可是文化相对主义却居然无事生非，堕落成实质主义。我在批判美国民族奋兴派和南非种族隔离制度辩护士于20世纪70年代利用文化相对主义的做法时，就指出过这一点。[①] 不久前，沃尔特·本·迈克尔斯对美国最新一轮民族颂扬活动作了同样的批判，明白指出当代的多文化主义的文化理念和民族特性理念已纯粹变成了种族主义的代用品。[②] 迈克尔斯等人从普世主义立场出发批判多文化主义时，指出多文化主义者对文化理念的利用，是种族主义；而许多多文化主义者谴责从文化角度解释社会问题的做法时，也用了同样激烈的言辞，说它是种族主义。他们对丹尼尔·帕特里克·莫伊尼汉参议员及其报告的长篇累牍的攻击就表明了这一点。在1970年，自由派社会学家罗伯特·布劳纳就把那些强调非洲裔美国人的下层而未强调他们生活的民族特点的学者称为“新种族主义者”。[③] 由此可见，令人难以置信的是，文化理念变成了咒骂的对象，普世主义者和持相对主义立场的多文化主义者在他们的彼此争论中，都骂对方的文化理念是种族主义的。

---

① Orlando Patterson，*Ethnic Chauvinism：The Reactionary Impulse* (Briarcliff Manor，N. Y.：Stein & Day，1977)，p. 177-185. Adam Kuper also emphasized this point in his Culture，p. xii-xiv.

② Walter Benn Michaels，*Our America：Nativism，Modernism，and Pluralism* (Durham，N. C.：Duke University Press，1995)，P. 15. Cited in Kuper，Culture，p. 240-241.

③ Robert Blauner，“Black Culture：Myth or Reality?” in *Afro-American Anthropology：Contemporary Perspectives*，ed. Norman E. Whitten Jr. and John F. Szwed (New York：Free Press，1970)，p. 347-366.

一个更具有嘲讽意味的事实是，有些人拒绝从文化角度解释社会问题，攻击说那是种族主义的表现，可是却又悄悄地从后门作了一次破例。这次破例发生在环境论者和遗传论者之间的论战之中。自由派环境论者的主要论点之一是：非洲裔美国人和欧洲裔美国人智商测验分数的单标准离差的一贯差别，应主要从社会经济方面加以解释。几年前，在最近一轮的智商论战，即所谓的《贝尔曲线》之战中，主张遗传论的理查德·赫恩斯坦和查尔斯·默里虽在论战中吃败仗，却使环境论者的上述基本论点受到重创。他们引证了大量的调查资料说明这一论点再也站不住了。对智商差别的结构性解释往往由于亚瑟·詹森所说的“社会学推理谬误”而失去说服力，这谬误在于这样一个事实：用以解释智商作用的所谓结构性自变量，有一部分其实是自我智商的作用。

我无意在这里重新挑起智商争论，只想指出一点：当尘埃落定时，有一个情况已变得清清楚楚，它可以从负面看，也可以从正面看。从负面来看，这就是：虽然遗传因素只能解释非洲裔美国人和欧洲裔美国人之间在社会和经济结果方面的种种差别之中的很小一部分，但标准的社会经济变量，例如家庭收入，也不能说明很多问题。这一点是重要的，而在辩论最激烈的时候几乎被人遗忘了，只是在最近因为一些研究成果而得到肯定，其中尤其重要的研究成果登载在一本比《贝尔曲线》学术价值高得多的书中，即克里斯托弗·詹克斯和梅雷迪思·菲利普斯共同主编的《黑白测验分数差距》一书之中。这一批学者的总的结论是：第一，非洲裔美国人和欧洲裔美国人之间的测验分数差距的确是重要的，能用以解释他们后来的职业地位和收入的高低，然而这种差距所衡量的对象与其说是天生的智力，不如说是后天学到的认知技巧和受教育技巧。第二，这一测验分数差距之所以形成，只能部分地用学生们的阶级或社会背景来解释。非洲裔美国人和欧洲裔美国人之间的收入差别仍然很大，但这充其量只能解释学生智商测验分数重大差距之中的大约一分。即使是把所有的社会经济背景因素，如财富和职业等，全都考虑进去，能加以解释的也不会超过差距分数的 1/3，这差不多与赫恩斯坦和默里的估计相同。①

如果说答案既不在于智商上的遗传负荷，又不在于两个群体之间的社会经济差别，那么答案何在呢？这就要从正面来看《贝尔曲线》论战所表明的情况：答案概括地说，就在于文化。心理学家霍华德·加德纳在批判《贝尔曲线》的文章中写道："文化信念和习俗影响孩子，至少是从孩子出生之时开始，也许还开始得更早，甚至是父母对尚未出世的孩子的期望以及他们发现孩子性别时的反应都会有影响。家庭、教师以及文化中的其他影响源都不断地让成长中的孩子明白什么是重要的，这些信息既有短期

① Meredith Phillips et al.， "Family Background，Parenting Practices，and the Black-White Test Score Gap，" in p. *The Black-White Test Score Gapp.*，ed. Christopher Jencks and Meredith Phillips（Washington，D. C.：Brookings Institution Press，1998），chap. 4.

的影响，也有长期的影响。”①

有意思的是，梅雷迪思·菲利普斯和她的合作者发现，孩子测验分数所受到的很大的影响来自其父母的习俗，这一点在非洲裔美国人和欧洲裔美国人测验分数差距中所占的比重在3.5分以上，他们的调研还有力地表明，这些习俗完全是环境性因素。

心理学研究证实了这些结论。值得指出的是，几乎早在《贝尔曲线》出版之前五年，亚瑟·詹森，这位无疑是遗传论最老练捍卫者的学者，就承认过“遗传的论点还是一种假设，在目前还看不出会在多久的时期之内，很可能一直到现今的科学家们谢世之后，它仍不会得到任何可接受的强有力的检验”，② 这就很接近于自己认输了。心理学家内森·布罗迪在透彻地评论这方面现有的知识之后，得出结论说，“这些差别的原因很可能是在于黑人在美国的独特文化经历。”③ 另一位杰出的心理学家理查德·尼斯比特在对赫恩斯坦和默里的观点作出反应时，得出了大体相同的结论。他指出“黑人儿童和白人儿童从摇篮时起，与社会的接触交往就有系统的差别”，这时评述了几个研究材料，其中之

① Howard Gardner, “Cracking Open the IQ Box,” in *The Bell Curve Wars: Race, Intelligence, and the Future of America*, ed. Steven Fraser (New York: Basic, 1995), p. 30-31.

② Arthur R. Jensen, “Differential Psychology: Towards Consensus,” in *Arthur Jensen: Consensus and Controversy*, ed. S. Modgil and C. Modgil (New York: Falmer, 1987), p. 376. Cited in Nathan Brody, *Intelligence* (San Diego: Academic Press, 1992), p. 297.

③ Brody, Intelligence, p. 309.

一谈到黑人与白人通婚所生育的孩子：

> 有一种看法认为，对于儿童智力发育来说，母亲比父亲更加重要，而且白人的社会接触交往有利于儿童掌握技巧，因而在智商测验中得高分。按照这种看法，母亲是白人而父亲是黑人所生的孩子，其智商应高于母亲是黑人而父亲是白人所生的孩子。实际情况正是这样。黑人白人通婚所生的孩子，其母亲为白人者，智商测验的分数平均高出9分。[1]

抽样调查当然总存在着一个选择调查对象问题，但选择会是有的偏向这一头，有的偏向那一头，二者会彼此抵消。尼斯比特相当合情合理地得出结论："母亲为白人的孩子智商较高，不能不主要归因于社会交往。"[2]

怎样看待和使用上面谈到的这一类调研结果，存在着十分自相矛盾的现象。当使用于智商争论以维护自由派环境论立场时，它们是可以接受的，甚至受到热烈欢迎。但若在任何别的场合使用同样的调研结果，就会激起愤怒。为什么？就因为像这样的调研结果会伤害民族自尊心、特性政治以及自由派学术界流行的相对主义，因而会受到诅咒。在任何别的场合，要是像菲利普斯和

---

① Ibid.，p. 41.

② Ibid.

她的合作者那样说“父母总希望自己的孩子测验得高分，而中产阶级父母习俗看来起作用”，或者说“父母习俗方面的种族差别看来也是重要的”，以及像尼斯比特那样声称欧洲裔美国人母亲的文化习俗比非洲裔美国人母亲的文化习俗更有效，那么在美国任何一座校园中准会受到谴责，被说成是铁杆种族主义者和死不回头的文化沙文主义者。

这种状况是荒谬可笑的。非洲裔美国人及其学术界支持者不能两头都占。既然文化因素在智商论战中被赋予首要的起解释作用的地位，那么多文化主义者和自由派社会学评论家们就不能把文化因素贬低到玛格丽特·阿切尔所说的“消极附属的地位”。[1]对文化因素一会儿使用、一会儿又不准使用的态度，已经扭曲了人们对非洲裔美国人社会历史和当代问题的研究。

其实，把文化作为原因来使用，以及把文化当作纯粹描写性的或附属的因素，这二者之间并不一定有冲突。只要懂得人们是在使用不同的文化概念，把文化作为原因加以研究以及把它作为象征性或描写性因素加以研究，这二者是处于完全不同的分析层次，那么，冲突通常就可以得到解决。此外，用文化原因解释问题，并不排斥非文化性的社会原因。在分析各种问题时，最有意义和有用的做法往往是识别和分清各种文化因素和非文化因素各自起解释作用的复杂相互影响，在这种相互影响中，两组因素在

---

① Margaret Archer, *Culture and Agency*: *The Place of Culture in Social Theory* (Cambridge: Cambridge University Press, 1981), p. 1.

各自的因果模式中都既可以是自变量，又可以是因变量。最要紧的是应当懂得，起解释作用不等于起决定作用。正如古德诺弗明智地指出的那样，“生物学有助于解释人的行为，但不是决定人的行为。同样，文化也是有助于解释人的行为，而不是决定人的行为。”①

文化理念

我理解的文化是指社会老一代向下一代传播的和同代人之内产生的关于怎样生活和怎样作判断的全套观念，既为泛指的也为针对特定生活领域的这类观念。它是具有不同特定性层面的信息体系：在一个层面上，它可以是广阔的，例如有关公共自我表现方式的一套观念；在另一个层面上，它可以是微观信息体系，例如规定如何最佳地制作硬面包圈、咖喱鹰嘴豆或牙买加猪肉干。关于这一信息体系，古德诺弗曾在一次研讨会上有创见地指出，它是“人们为了在社会群体成员相互交往的活动中能够以群体成员的身份按照可接受的方式从事活动而必须知悉的”，② 但又不

---

① Ward Goodenough，“Culture：Concept and Phenomenon，” in *The Relevance of Culture*， ed. Morris Freilich（New York Bergin & Garvey，1989），p. 97.

② Ibid，p. 94-95.

止于此。首先，如尤金·胡恩所说，“文化理念应包含的内容不仅仅有什么是从礼仪上看是恰当的，而且还有什么是从生态上看是行之有效的。”因此，“文化是一个人为了在自己环境中有效行动而必须知晓的事情。”① 其次，文化有时还包含传播而来的反社会行为，而不只是一个群体可接受的行为。② 这一点对于研究非洲裔美国人经历的人来说，特别重要，因为他们所要理解的文化过程往往恰恰是偏常的，对于更广泛的欧洲裔美国人社会和非洲裔美国人群体来说都不是可接受的。我们不能把文化的东西仅仅局限于规范的东西。

我接受罗杰·基辛的很明智的建议，即最好“缩小‘文化’这一理念，让它包括的内容少一点而说明的问题多一点”。③ 例如，罗伊·邓德拉德就谈到“一种特别的文化理论，它的内容是文化的‘片段’、它们的组合以及与其他事物的关系”。④

文化是人们作为个人所得到或学到的；它是他们所知晓的。然而，这并不排除文化还有集体的或共有的一面。从个人角度来看的内在的文化观，与作为群体共有现象的文化概念，这二者怎

① Eugene Hunn, “Ethnoecology: The Relevance of Cognitive Anthropology for Human Ecology,” in *Relevance of Culture*, p. 145.

② Robert Boyd and Peter Richerson, *Culture and the Evolutionary Process* (Chicago: University of Chicago Press, 1985), p. 33-37.

③ Roger Keesing, “Theories of Culture,” *Annual Review of Anthropology* 3 (1974): 73-97.

④ Roy D'Andrade, *The Development of Cognitive Anthropology* (Cambridge: Cambridge University Press, 1995), p. 247.

样得到调和呢？这就要通过文化模式的概念，而文化模式正如基辛所说“既是文化的又是公共的，恰如历史积累起来的有关一个民族的知识和一种语言的体现，还有认知力，如理解世界所依据的范式”。①

然而，这些模式不只是社会学家安·斯威德勒在她那篇常被人引用的论文②中所说到的“工具包”。她的观点强调了行为体在文化分析中的作用，对于社会学家们来说是可贵的，但它忽略了文化的另外两个重要的方面。如果不制造什么东西或不做什么事情，工具包就没有用了。而文化要素向来首先是生活的计划，思维、判断和做事的蓝图。如果没有使用工具的知识或技能，工具包也就没有用了。而文化模式正是实现文化计划的规划。

这些规则从何而来，人们是有争议的。看来，指导我们掌握语言的那种规则制作能力，大概也指导我们掌握某些文化模式，尤其是社会行为模式。虽然有些规则是由一个人内在的规则制作能力推断而来，但也有一些规则是从别人那里学来的，还有一些是来源于这两方面的组合。

多萝茜·霍兰和内奥米·奎因反对某些人所主张的将文化模式分成“内有模式”和“外用模式”的分类法，而提出他们的

---

① Roger Keesing, “Models, ‘Folk’ and ‘Cultural’: Paraligms Regained,” in *Cultural Models in Language and Thought*, ed. Dorothy Holland and Naomi Quinn (Cambridge: Cambridge University Press, 1987), p. 369-393.

② Ann Swidler, “Culture in Action: Symbols and Strategies,” *American Sociological Review* 51 (1986): 273-288.

见解：

> 同样的一些基本文化模式——有时是同一个基本模式——被用来完成多种多样的不同的任务：有时是用来确定行动目标，有时是计划如何达到这些目标，有时是指导这些目标的实现，有时是理解别人的行动和探测别人的目标，有时是形成能在上述各个方面以及在事后诠释已发生的事态方面起不同作用的言辞表达。①

换句话说，社会学上的文化模式相当于生物学上的干细胞。

这些模式是怎样得来的？方式有二。它们是通过社会接触交往而从前辈继承下来，同时它们是在一代人之内通过模仿和教学从同辈人或其他有身份的人学习而来，以及从媒体或名人间接学来。我同意罗伯特·博伊德和彼得·里彻森的意见，即社会学习是“稳定行为习性的传播”，而“稳定”意味着“基本上不受环境偶然性事件的影响”。② 我在下文中还会提及博伊德和里彻森的文化理论，但我有一点看法与他们不一致，这就是我认为，人

---

① Naomi Quinn and Dorothy Holland, "Culture and Cognition," in *Cultural Models*, p. 6-7.

② Boyd and Richerson, *Culture*, p. 40. They admit that these models have much in common with their conception of culture, but they confine the cultural to stable social transmission because only such transmission "gives it an evolutionary dynamic different from ordinary learning and its analogs" (p. 34)

们作为个人在他们对自己与别人或者环境或结构性力量的相互作用作出反应时，通过“尝试—错误”式的反复摸索而学到的行为模式，也应包括在文化领域之中。

在这里还要指出两点：第一，文化模式不应与行为相混淆。博伊德和里彻森指出，“文化习性相同的两个人在不同的环境之下行为可能完全不同。”① 第二，在文化理论中，文化的变化以及引起差异和不稳定性的力量，与导致稳定模式传播的力量一样重要。

文化与结构环境的相互作用方式：非洲裔美国人的实例

现在让我谈谈文化与社会结构之间的关系，并以非洲裔美国人的经历作为例证。文化模式和结构因素或环境因素都对个人引起文化上和行为上的后果，构成由以下四个方面形成的因果矩阵：A. 从前辈继承而来的文化模式；B. 更改了的文化模式，它们是由于继承的模式在教学和模仿中出现误差而有所改变，以及为应付环境而反复摸索新谋略作出调整，所产生的结果；C. 现时的环境因素，尤其是结构性因素及偶然因素；D. 我们所要解

① Ibid.，p. 36. Cf. David Lewontin，S. Rose，and L. J. Kamin，*Not in Our Genes*（New York：Pantheon，1984），chap. 5.

释的行为结果。图 15.1 所示即为以上四个方面的因果关系的相互作用。

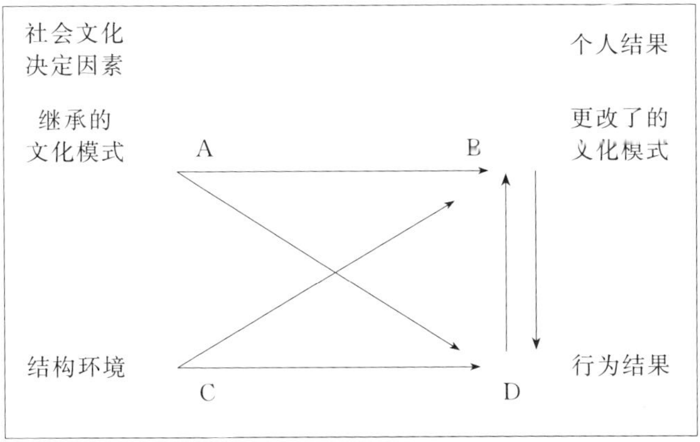

图 15.1 文化模式、结构环境和行为结果的相互作用

让我们以很高比例的为人之父的男性非洲裔美国人抛弃自己的孩子这一点为例，来解释图 15.1 的（D）行为结果。现今，60％的非洲裔美国人孩子得不到父亲的关心，这是非洲裔美国人这一群体的最大问题，也是其他一些严重问题的根源。这一行为问题的因果关系如何呢？

当代非洲裔美国人所继承的文化模式（A）起源于早期的奴隶制环境（约 1640—1865 年），以后又适应于第二个环境，即佃农收益分成制（约 1880—1940 年）并经过它传播至今。当年被贩运到美洲当奴隶的非洲人，本来有他们自己明确的家庭观念，可是沦为奴隶以后，原有的模式多半被毁掉了，尤其是身为丈夫和父亲的黑人失去了自己的法律地位和权益。男人对妻子和孩子均无监护权。然而，原先的西非模式中有两点，即人口高繁殖力以及按生殖力高低衡量男人气概和地位的观念，却迎合了奴隶制的需要。奴隶主关心的大事是奴隶人口的增长，在奴隶买卖于1807年被废除以后就更是如此。因此，庄园主鼓励奴隶结成稳定的繁殖单位。结果是这样一种行为模式：有2/3的单位包括一男、一女及其子女，另有三分之一为无男伴的妇女，在亲戚帮助下单身带孩子。①

在《血泪仪式》一书中，我指出过，把奴隶男女的这种结合称作“婚姻”，把他们构成的单位称作“稳定的核心家庭”，是对社会学的嘲弄。修正主义学者集中强调男女奴隶组合的这种结构形式，却不去注意它们的功能、关系的性质以及与之相关的文化模式。在当时，多数的男人并不经常跟女伴生活在一起。在稳定的组合单位中，半数男人是住在别的庄园，又有1/3的人有孩子却没有稳定的伴侣。因此，即使是根据修正主义历史学家自己的数字，至少有2/3的有孩子的成年男子不是跟自己的女伴和孩子住在一起，往往还不在同一庄园。此外，每个庄园都还有一批没

① For detailed references and a review of the historiography on this subject as well as an anti-revisionist interpretation of the evidence, see Orlando Patterson, *Rituals of Blood: Consequences of Slavery in Two American Centuries* (New York: Basic Civitas, 1998), p. 25-53.

有孩子的单身男子，约占男性总数的10%至15%，他们的性欲不论如何总得满足。所以，在奴隶制时期，至少有3/4的男人大部分时间是独处，不是跟孩子一起生活。这也包括所谓稳定组合单位中的许多男人。再进一步看，不论这种组合的性质如何，奴隶们也很少有时间与自己的孩子相处。奴隶制的整个特点正在于奴隶就是奴隶，得不停地干活。

经过了两个半世纪的奴隶制以后，相应出现了若干文化模式。模式之一就是补偿性的性生活。男人在广大社会毫无地位可言，对女伴或子女也毫无合法的权益，只有更起劲地发挥男性生殖力和高繁殖率这一个从西非继承过来的模式，以此作为男性自豪和地位的象征。与此密切相关的模式是男女伴侣关系不固定。美洲不是非洲，得适应于奴隶制度。奴隶主负责奴隶子女的吃穿，鼓励成年奴隶尽可能多生孩子。有些人甚至还精心策划奴隶人口的繁殖。① 他们希望拥有男奴隶生殖力的成果，所以鼓励男奴隶与自己庄园的女奴隶配对。这样一来，奴隶有了稳定的繁殖组合，逃跑的可能性减少，控制劳动力的成本也随之下降了。尽管如此，正如上面已谈到过的那样，有稳定组合而与女伴和孩子住在同一种植园的男奴隶仍然只有一半左右。

---

① Richard Sutch, "The Breeding of Slaves for Sale and the Westward Expansion of Slavery, 1850-1860," in *Race and Slavery in the Western Hemisphere: Quantitative Studies*, ed. Stanley Engerman and Eugene Genovese (Princeton: Princeton University Press, 1975), p. 173-210.

与上述两个模式相辅相成的，还有另一些模式。其中之一就是以母亲为中心，母子关系重于父子关系。另一模式是女性有独立地位，这是从西非祖先继承过来的，在奴隶制环境下稍有更改。西非传统社会中，女性就一向参与经济活动，享有相对的独立性。在奴隶制度下，妇女更是与男人平等地劳动，从经济上说，性别不具什么意义。由于庄园主需要更多的奴隶，妇女的生育能力更受到重视。尽管男女奴隶的生殖活动都受到鼓励，但奴隶子女在法律上的归属取决于其母亲一方。事实上，有些奴隶主大力扶植以母子关系为主线的家属联系，奴隶中的母女、姊妹都留下来，而奴隶中的儿子、兄弟则可以卖掉。[1]

最后，还有一个简单明了的事实：一般的男人对妇女享有支配地位，主要是依靠他们对财产的控制权，而奴隶中的男人却毫无财产控制权可言。

上述的与妇女相关的这些模式大大增强了与男性相关的两个模式：男奴隶的补偿性的性生活，以及为人之父的地位无保证和无力维持。在奴隶制期间，奴隶们还学到了另一些文化模式。北美的奴隶必然受到其欧洲裔奴隶主文化模式的强烈影响。他们接受了而且又多少变更了奴隶主所使用的那种语言、宗教和音乐(即音乐的某些成分)，自然还有奴隶主的性别关系模式、婚姻及

---

① Cheryll Ann Cody，“Naming，Kinship，and Estate Dispersal：Notes on Slave FamilyLife on a South Carolina Plantation，1786 to 1833，” *William and Mary Quarterly*，series3，39（1982）：192-211.

家庭模式。有些模式，例如稳定合法的婚姻、家庭和夫权制，是他们可望而不可及的（因而只能留在心中作为理想）。然而，美国南方许多欧洲裔奴隶主男人的对待性关系的双重标准和掠夺式的性行为，却是男奴隶很容易学到手的，这就有力地增强了他们正在形成的补偿性性生活模式。

在奴隶制之后，是佃农收益分成制，这 时期应特别指出的有两点。第一，虽然从法律上说奴隶主对奴隶人身的所有制于1865年废除了，可是奴隶制的文化显然尚未废除。事实上，在1865—1877年的重建期结束之后，它反而变本加厉，非洲裔美国人当中的男人得不到男性的尊严和名誉。南方白人为做到这一点而采取的典型办法就是种族私刑，我在原先的著述中已说明过，这种私刑是一种仪式化的人祭行为，对非洲裔美国人当中的男人实行象征性的和实际的阉割。

第二点也是重要的：非洲裔美国男人虽然得不到多数有意义的就业机会，也得不到土地的所有权，但是只要他们同意佃农收益分成的安排，他们还是好歹有一点土地供他们耕种。这带来了一些严重的后果。托尔内谈到：

> 通常人们以为，在农业经济中安家不易，结婚成家会被迫推迟，作出个人“牺牲”，可是对于农村黑人来说却并非如此。黑人在农业之外的部门就业机会相对有限，而且总的说来，内战之后存在着敌视黑人的氛围，

因此他们很难有别的经济机会。①

这种环境强有力地促进了早婚和多育。一个男人的唯一出路是把尽可能多的劳动力投入他所能佃来的土地，而劳动力的唯一来源是他的妻子和子女。因此，奴隶制之后的行为趋势是贫穷的非洲裔美国人早婚和多子女。在奴隶制之后的城镇中，当时人数尚不多的中产阶级和工人阶级终于能实现体面结婚和组建父权制家庭的文化理想，可是广大的农村佃农却谈不上这一切。

贫穷的佃农从表面上看是早婚和建立多子女的大家庭，可是在这一表面现象之下情况又如何呢？可悲的是，在奴隶制时期形成的两种男性模式变本加厉了。首先，为人之父的地位更加不确定了。生孩子之前，男人不需要为养家糊口操心。土地和其他生产资料是现成的。缺的只是人手——一个身强力壮的老婆和尽可能多的子女。子女从小时候起就得劳动，为赡养他们的父亲出力，而不是父亲抚养子女。（当子女的劳力能利用得最充分时，一家的日子就最好过。）由于孩子们要劳动，他们连最基本的受教育机会也往往得不到。

其次，占统治地位的欧洲裔美国人把男性非洲裔美国人当作虐待和恶毒嘲弄的对象，就使得广大的非洲裔美国男性穷人更加需要得到男人性补偿。他们得不到任何机会在较广泛的社会中证

① Stewart Tolnay, "Black Family Formation and Tenancy in the Farm South, 1900," *American Journal of Sociology* 90 (1984): 310.

明自己的价值，被局限于半农奴式的环境之中，在白人扮演黑人的讽刺剧和美国北方流行的说唱演出中受到百般挖苦，在美国南方公开忍受凌辱和仪式般的阉割。在这种状态下，贫穷的非洲裔美国男人唯一能表现自己男子汉气概的方式就是发挥男性生殖力和控制自己的女人。然而他们企图控制的女人并不是随便任人欺负的软骨头。两个半世纪之久的男女不分轻重的奴隶制造就了这些非洲裔美国妇女的性格。她们深深厌恶男人的性补偿行为，尤其是对妻子不忠的行为。不幸的是，她们也和男人一样没有机会到别处就业，大都只好呆在佃田的农庄里。她们只能从女性亲戚那里得到支持和安慰。在这样的背景之下，据安妮塔·华盛顿指出，“人们已注意到黑人母亲及其子女之间存在着强有力的联系，黑人妇女高度珍视她们作为母亲的作用，将这一作用置于她们作为妻子和工人的作用之上，这一切就都很容易理解了。”①

可见，在人口普查中登记的双亲家庭表面平安无事的假象之下，在修正主义历史学家片面文章之下，实际上进一步酝酿了非洲裔美国人男女之间的可悲冲突，还有奴隶制时期形成的男性文化模式，这一切在经历了向北方大迁徙之后，又传播到现在的大城市。

现在我们回过来谈现在。

---

① Anita Washington, “A Cultural and Historical Perspective on Pregnancy-Related Activity Among U. S. Teenagers,” *Journal of Black Psychology* 9, no. 1 (1982): 16.

图15.1中的C所表示的，是社会科学家强调的主要属于结构性的行为原因。最明显的例子包括失业，低收入，少数民族聚居区的街坊邻里影响，以及就业方面的种族歧视和性别歧视。此外还包括政府的一些扶贫措施，如对有子女家庭的补助，低收入税额减免，等等。在环境方面，还有一点对非洲裔美国人具有特别意义，这就是体育运动形成一重要产业，给人数不多但十分重要的运动明星提供了机会。以上种种因素在最终的解释中是重要的，但是它们对于D（行为结果）而言只能说明其中很小的一部分。

许多人认为，城市中年轻的非洲裔美国男人结婚率低，非婚生率较高，原因在于贫穷而且经济前景暗淡；① 另一些人指出，还有一个原因，在于相对于男人而言的妇女就业地位。② 这也许是对的，诚如凯瑟琳·纽曼所言，"没有本钱当一个好父亲的男人，通常也就不是一个好父亲。"③ 然而，事实依然是：在美国

---

① See, for example, Center for the Study of Social Policy, *The "Flip Side" of Black Families Headed by Women: The Economic Status of Black Men* (Washington, D.C.: Center for the Study of Social Policy, 1984); William Julius Wilson and Kathryn M. Neckerman, "Poverty and Family Structure: The Widening Gap Between Evidence and Public Policy Issues," in *Fighting Poverty: What Works and What Doesn't*, ed. S. H. Danziger and Daniel H. Weinberg (Cambridge: Harvard University Press, 1986), p. 232-259.

② See especially Neil G. Bennett, David Bloom, and Patricia Craig, "The Divergence of Black and White Marriage Patterns," *American Journal of Sociology* 95, no. 3 (1989): 692-722.

③ Katherine S. Newman, *No Shame in My Game: The Working Poor in the Inner City* (New York: Knopf, 1999), p. 198-203.

的几乎所有民族群体当中，包括比非洲裔美国人更穷的墨西哥裔美国人当中，而且在世界上几乎所有已知的人类社会当中，包括印度大批在贫穷和失业中挣扎的城市人群当中，贫穷并没导致大量当父亲的人抛弃自己的孩子。事实上，现在能得到的最好的统计资料也没有表明在就业与结婚率高低二者之间有多少关联。[①]经济学家乔治·阿克洛夫不久前争辩说，婚姻能解释的大量社会结果当中，有一项是男人在劳动中的活动状况。已婚的男人“有较高工资，更有可能留在劳动力队伍之中，较少可能因弃职而失业，失业率较低，更有可能干全日制工作，较少可能打零工和季节工”。[②] 阿克洛夫认为，变化中的社会因素（他的意思主要是指我们所说的文化模式）能解释为什么近几十年来结婚率急剧降低，而这一降低据他估计是犯罪率和其他社会问题增多的一个重要原因。可是，阿克洛夫并未试图说明这些文化上的变化是什么。他排除经济变数的做法也可能是欠周到的。本文中通过图15.1展现的相互作用模式应能更好地解释，文化因素是怎样与结构因素相互作用而造成不理想的后果。

一个可能的答案是继承的文化模式（A）直接产生后果

① Christopher Jencks, *Rethinking Social Policy* (Cambridge: Harvard University Press, 1992); R. G. Wood, “Marriage Rates and Marriageable Men: A Test of the Wilson Hypothesis,” *Journal of Human Resources* 30 (1995): 163-193.

② George A. Akerlof, “Men Without Children,” *Economic Journal*, March1998, p. 287-309.

(D)。对于怎样为人之父，非洲裔美国男人当中有很少数的人纯粹是仿效他们的先辈，这当然是可能的。但我认为这种由A到D的直接作用如同由C（结构环境）直接到D的作用一样，是次要的。首先，模式不等于行为。事实上，受到过这一模式影响的非洲裔美国男人，又接受了其他模式的影响，在行为上与先辈有所不同。有一点是无论怎样强调都不会过分的，这就是：60%的非洲裔美国儿童成了无父的孩子，决不意味着同样比例的非洲裔美国男人抛弃了自己的孩子。事实上绝大多数当了父亲的非洲裔美国男人在行为上是对子女负责任的。表现出抛弃子女行为的人只是非常穷而又受教育有限的少数人。但这些人生育率高，结果就造成了下一代的孩子多数无父的问题。如果根据这少数人的行为就笼统地责怪所有为人之父的非洲裔美国男人，那就跟低估这少数人的行为给整个群体造成的后果一样，是严重的错误。

所以，就这一问题而言，对于行为结果D的主要解释，应当是由A经过B再到D（ABD），以及由C经过B再到D (CBD)，还有更复杂的因果螺旋曲线CDBD。

首先考虑CBD。李·雷恩沃特多年前就对此作过迄今为止仍然是最好的分析。[①] 下层阶级的文化，据他指出，“体现出他们按照社会对平均功能所提出的要求以及他们在自己日常生活中

① Lee Rainwater, “The Problem of Lower-Class Culture and Poverty-War Strategy,” in *On Understanding Poverty*, ed. Daniel P. Moynihan (New York: Basic, 1969), 229-259.

所能掌握的资源，而作出的适应。”[①] 在遵从主流规范的同时，下层阶级男女养成了“在被剥夺应有权利的世界中生存的技能。随着时间的推移，这些生存技能逐渐具有寻求替代办法的特点，形成他们自己的行为指导规则。但是……他们这些行为规则很难持久地做到符合更广大的社会那些指导人际关系及婚姻、父子和母子关系等基本社会地位的规范。”[②] 相反地，“相对于常规文化而言，下层阶级的亚文化逐渐具有一种功能上的有限独立性，正如同下层阶级的生活不同于社会其他阶级的生活而具有一种功能上的有限独立性一样。”不幸的是，非洲裔美国人，尤其是妇女，坚持遵从主流文化的家长行为模式，而有些男人做不到这一点，这就导致婚姻瓦解和男人抛弃子女的行为结果。男人喜欢那些能容忍他们恣意玩弄的女人。但下层阶级的非洲裔美国妇女却拒绝忍受男人的这种行为，宁可作为单身母亲抚育孩子，也不愿放弃她们珍视的正派的（实际上就是主流文化的）婚姻和家长行为模式。从C到B这条线上还有一个重要的方面，就是当代的城市环境头一回给妇女提供了较好的经济机会，还有国家提供的福利补助。因此，现在跟佃农时代不同了，她们不再被迫忍受男人的行为，可以维护自己的文化模式和独立自尊。这就是CBD的情形。

① Ibid., p. 248.

② Ibid., p. 247.

请注意这一解释不仅考虑到男人的文化模式和行为，而且也考虑到妇女的文化模式和社会经济状况。它不是简单化地沿 CD 这一条线从男人状况说明行为结果。

AB 这一条线是指继承的文化模式在环境的压力（C）下，同时在上面谈到的适应策略的影响之下，而有所变更。我们如今看到，由于出现了一些新的结构性情况，男人为人之父的地位不牢靠和寻求补偿性的性生活这两种模式都变本加厉了。这两种模式融合成一种新模式，它有时带有找女人撒气的味道。有些下层阶级的男人文化水平低，原先却有高得脱离实际的保留工资，但在如今已出现的后工业社会再也混不下去了。更糟的是，1965 年以后有大批大批低技能的移民涌进美国，在许多大城市中，雇主们宁愿雇用那些新移民。[①] 黑人自豪感和高期望值导致了更高水平的异化。继承而来的补偿性性生活模式具有了更大的迫切性。由于妇女现在多少有条件予以抵制，男人发泄性欲一旦得手，就更加感到满足。男人的自豪如今比以往任何时候更加表现在能让多少女人怀孕。雷恩沃特在 20 世纪 60 年代中期作调查时，大多数调查答卷“表明小伙子们对他们的女友是否怀孕毫无顾忌，满不在乎，而且异常频繁地表明，他们为自己能让女孩子

---

① See Roger Waldinger, *Still the Promised City? Afro-Americans and New Immigrants in Post-Industrial New York* (Cambridge: Harvard University Press, 1996).

怀孕感到骄傲，因为这证明自己是男子汉！”[1] 在那次调查之后又过了四分之一个世纪，埃莱贾·安德森等人又发现了同样的文化模式，说明它已经传播成为一个体系。[2]

环境方面（C）还有一个新的特点，它直接影响到上述两种继承模式的加强和变更。这就是体育运动产业取消了运动员肤色的限制，使得相当一批非洲裔美国运动员成为超级明星，他们人多出身于黑人聚居区底层。这些新暴发成富豪的明星的实际人数跟广大的低层阶级黑人相比，当然还是少得微不足道，可是他们的影响却是巨大的。他们的所作所为成了许多人的榜样，使得更多的人纵欲玩弄女人和为人之父而不负责任。与此相关的，还有一个重大的文化现象，就是嬉蹦音乐文化的兴起，它也让许多人从社会底层一跃成为超级明星。这种文化公然露骨地促进了上述的两种模式，许多人通过“冈斯特说唱音乐”而自鸣得意。现在可以合情合理地下结论说，在大量的城市非洲裔美国人低层阶级的年轻男人中间，这两种模式已成为充分规范性的模式，他们只要有可能就会这样做。

由此可见，从 A 和 C 到 B，引起了一代人之内和两代人之间的变体，这两种变体在年轻男人中间导致一种熔合的经过变更

---

① Rainwater, “Lower-Class Culture,” p. 234-235.

② Anderson, *Streetwise*, chap. 5. See also Richard Majors and Janet Billson, *Cool Pose* (Lexington, Mass.: Heath, 1992), Chaps. 2-3; Carl Nightingale, *On the Edge: A History of Poor Black Children and Their American Dreams* (New York: Basic, 1993).

的模式，再到D表现为行为结果。这种结果反过来又促进他们对主流社会和工作的对立态度（CB）和影响到黑人聚居区的生活方式，这又增强了经过变更的补偿性兼掠夺式的性生活和为人之父不负责任的模式。在这种与主流规范相对立的背景之下，最后实现于D的结果就可能变得更加严重。

结　论

本章的主要目的在于将文化理念重新作为一个原因性的因素，应用于对非洲裔美国人问题的研究，而又不重蹈以前许多著述在方法、理论和意识形态问题上的覆辙。我指出过，这一任务现在具有头等重要意义，因为社会学该提供的最佳见解已经使我们走到了纯粹从结构方面解释这些问题的极限。

我在本文开头部分谈到过，许多社会学家不愿认真考虑文化与各种问题之间的因果关系，因为他们一直以为文化是停滞不前的，这其实是一个老掉牙的谬见。我在本章已强调，文化虽有其连续性，但人们不是文化的奴隶。人们利用文化，而一旦人们真想要改变文化时，他们也可以改变它。

文化模式往往可以比结构因素改变得更快一些，更有效一些。指出文化所起的作用，决不是让自己墨守现状。社会学在解释大部分事情时最爱提到的原因是阶级，其实这是够有嘲讽味道的。试问还有什么比阶级更难改变呢？

不妨看看美国文化的一个重要领域和美国阶级体系在20世纪后半期的状况。在此期间，美国的整个种族歧视文化——以前三个半世纪积累起来的、法定的和文化认可的公开在社会上、经济上和政治上实行的隔离和歧视的一套体系——已被实际废除了。人类几千年历史上形成的男尊女卑文化模式在这一时期也有了根本性的变化。

而阶级呢，社会学家十分喜爱（而且总以为到了该变的时候）的一个阶级变数，是美国人的经济不平等，可是它在20世纪后半期却更加增大了，其增长幅度超过了美国历史上的任何一个时期。

我们是不是该开始谈论阶级蛋糕的分享了？

第十六章

解构文化

内森·格莱泽

文化与美国各少数种族和民族群体的社会和经济轨迹关系如何，这一问题是嵌在一个大的背景之下，即文化在各国盛衰荣辱之中起什么作用。为这个大的背景定调的，是塞缪尔·亨廷顿、戴维·兰德斯、劳伦斯·哈里森和弗朗西斯·福山等这样一批学者有关国际冲突和各国贫富原因的充满刺激性的论述，以及有关亚洲价值观的持续辩论。我们在这一大主题讨论中所涉及的范畴，远远大于美国各少数民族群体，而这些少数民族群体大多是作为来自更大得多的社会、国家和文明的零星分子而开始他们在美国的生活，然后经过适应和同化的过程，很快融入美国社会。就这些群体中的多数而言，随着各民族间的通婚、生活方式的趋同和特性的改变，把他们与其他人分隔开的界线会逐渐消退。他们会成为美国的大社会和文明的一部分，这时他们还会保留多少文化特点，是可疑的。

在本书大的框架中，我们谈论的是世界各种宗教，世界各种哲学，世界各种文化，不仅涉及各国和各个社会，还涉及世界各大洲的范围。我们考虑的是国际冲突和国富国穷的原因。而在较小主题的讨论中，我们议论的是一些不那么宏大的问题，例如各少数民族群体在教育上和经济上成就的大小。这些少数民族群体的历史大多不长，要追溯到两三代以上就往往不容易。

美国少数民族和种族群体的成就和失败，跟世界文明、世界宗教和世界文化等大的范畴，有什么关系呢？大主题的讨论和小主题的讨论二者之间有何联系？不论人们能用什么原因来解释各国和各大洲的命运，它能帮助我们理解美国少数民族和种族群体的命运吗？

举例而言，美国少数民族群体当中有一个常见的现象，就是他们往往集中于经济活动的一隅，这跟他们祖籍的大的文明有什么关系？在纽约市，报摊成了印度人的领域，而在加利福尼亚，卖炸面圈的尽是柬埔寨人。印度人在纽约集中从事的行业跟印度教文明有什么联系吗？（我们还可以提到印度人集中的另一些行业，如医药和科学，若就那些行业提问题，也许不会显得那么荒唐可笑。）柬埔寨人集中在炸面圈的店铺，跟高棉文明又有什么联系？不论我们想到高棉文化——想到古老的吴哥或是现今很不相同的形势时，我们脑子里有什么印象，要把它跟美国的卖炸面圈的柬埔寨人联系在一起，都未免显得太牵强附会了。

印度教文明有3千年历史，受它熏陶的人口现今达10亿之多，它的影响还遍及亚洲大片大片的地区，而移居美国的印度人不过一百万左右，要把他们的经济、社会和政治特点跟那庞然大物印度教文明扯到一起，实在令人伤脑筋。这倒叫我们认识到，不论我们说的文明或文化是什么意思，当我们考虑它对印度的命运起什么作用以及它对美国的印度人群体的经济进步起什么作用时，我们所想到的，不能不是很不相同的东西。我在本章中将谈谈这一大一小之间的对比，并试图较仔细地考察一下，当我们用“文化”这一范畴来解释各种问题时，我们所想到的究竟是什么意思。

20 世纪的“文化”

我首先就过去百年来用文化解释各种问题的做法的变化，谈一点初步的意见。我们都知道，在我们今天要依靠文化这一原因来解释各国和各民族群体在经济进步和政治态度上的差别之前，我们都宁愿找别的原因。在人们的思想中，文化是比较不受欢迎的解释范畴之一。最不受欢迎的，当然是种族因素——遗传特征——用它来解释各种现象的做法在 20 世纪前半期曾长期大行其道，其邪恶后果已是人所共知，而它至今仍不时露头。我们今天都不想再提到它或利用它，然而在种族和文化之间却似乎有一点联系，也许只是偶然的联系。世界各大种族均有不同的文化作标志，而文化与种族的这一联系是我们对于用文化解释问题感到不舒服的一个原因。

曾经有过一段时间，在解释各种差别方面，文化因素显得比种族因素温和得多。请回想一下露丝·本尼迪克特的《文化模式》一书，它在20世纪30年代一出版后即备受尊重，到50年代和60年代在美国各院校都有众多读者，因为它是从非遗传、非种族的角度解释各群体的差别。从种族角度出发的解释向来是保守的，或者说比保守更糟。它似乎不允许有改变。进步的人类学家反对用种族的范畴来解释社会。相形之下，文化的解释曾显得是开明的，乐观的。人们不可能改变自己的种族，但可以改变自己的文化。

如今，作为一个起解释作用的变量，文化不再是那么温和的了。首先，我已经说过，文化与种族之间有着必然的联系，不是逻辑上的联系，而是事实上的联系。第二，用文化来解释一个群体或一国为什么没有富起来，是招人反感的。既然我们都承认经济发展是可取的，那么阻碍经济发展的文化就必定有些东西是不可取的。其实，在当代人的思想中，也有某些倾向在文化上受欢迎（例如反对经济发展给环境带来不良后果，或反对全球化带来文化上的副作用），却不利于经济的进展。然而，人们的思想却不顾这些。我想，用地理因素作解释比较得人心。它不需要依靠种族或文化，就可以说明问题，例如说非洲之所以落后，是因为它不像希腊或欧洲，沿海没有多少天然良港，因而对内对外贸易都受到限制。

政治上的左翼人士喜欢从武力和剥削的角度来解释各国和各大洲之间的差别。激进派，还有自由派，都对文化解释表示怀疑，认为那是“指摘受害者”。

因此，现在与弗朗兹·博厄斯、露丝·本尼迪克特和玛格丽特·米德的时代不同了，文化解释失去了昔日的开明、进步的光环。原先人们认为种族是不能变的，而文化能变。今天，我们发现文化几乎是同种族一样抵制改变。既然我们需要依靠两三千年前形成的世界各大宗教和古老文明，来解释当今各种文化的特点，那么我们又怎么能指望各种文化改变其基本特征呢？就美国少数民族这一小范围而言，如果我们要从文化上解释一些群体为什么落后，我们又怎么能指望他们一变落后为进步呢？

如今在我们看来，文化几乎是像种族一样，不肯改变。当年的进步人类学家认为文化是可变的；今天我们却不敢这么想。一个原因在于，我们要小心，别轻易去干预别人的文化让它改变其特点，似乎我们知道该怎么变。既然我们认为所有的文化都同样值得尊敬，我们又有什么资格去进行干预——公开干预或私下干预——让别人改变据我们认为是限制经济发展的文化特点呢？谁授权我们去干预？此外，我们也并不是很有把握，知道该怎样去进行干预，叫别人去如何改变文化，或是文化的哪些方面需要改变。文化是一个海绵似的概念，它包含的内容太多了——原先人类学上的文化定义就包含了一个群体之有别于其他群体的、除了遗传因素之外的几乎一切东西——所以我们会弄不清楚一种文化中阻碍经济进步的，究竟是什么？是家庭，还是宗教或工作态度，抑或是教育？更何况在这些范畴之下还有众多的亚范畴，有些人会觉得某些亚范畴对经济发展起重要作用。

这并不意味着社会科学工作者不应该利用文化这一因素来理解问题。但他们要明白，这样做是有危险的。把文化当作起解释作用的变量，会引起政治问题，差不多跟利用种族因素引起的问题一样严重。然而，我们首先要考虑一个问题，即我们可以怎样地把文化用作一个起解释作用的变量。

文化作为分析工具

在我们从世界各大洲、各大宗教和世界各国的大范围转移到美国少数民族这一小范围的时候，我们需要作两项大的调整。在作过这两项调整以后，我们也许会感到，需要用文化（如果指的是大概念的文化）来解释的事物就很少了。

第一道调整

美国的少数民族群体并不是从他们祖辈居住的地方随机任意抽出来的。在美国的约一百万华人代表不了比他们多一千倍的全中国人。在美国的印度人也代表不了全体印度人。美国的每一个少数民族群体都是如此。即使他们在美国繁衍至今的人口已经超过了他们祖辈所在国的人口——美国的爱尔兰裔人口就多于爱尔兰全国人口——亦不例外。访问爱尔兰的人会惊讶地发现那里的情况跟美国波士顿的爱尔兰裔居民大不相同。原因呢？是因为当年移居美国的爱尔兰人只是来自爱尔兰的某些地区或阶级，还是因为美国的文明或文化对世世代代的爱尔兰裔人口产生了影响？

移民的确是来自原先各个社会的特定的地区、阶级和亚群体，那些地区和亚群体往往有着向外移民的传统。最早一批人出去了，跟着出去的是他们家里的人，他们向国内亲戚朋友通报侨居地的情况，又可能带动更多的人出去，这个地方的人就可能持续地向外移民。他们在侨居的外国逐渐形成了一个少数民族群体，而这些人的原籍很可能只是同一个或几个很小的地区。例如，英国的孟加拉裔移民即是如此。有些移民，例如美国的印度裔移民，可能是来自原籍社会的上层精英；有一些，例如黎巴嫩裔和叙利亚裔移民，可能是出自原籍社会的工商界人士。而另一些人，例如早期移居美国的华人、日本人和锡克人，则可能是出身于贫苦农民。他们多半是代表原籍的穷人（尽管也许是较有事业心的穷人），而不是代表上层人士。

那么，试问这些人如何能体现或代表他们原籍的“文化”呢？当然，人人的表现都可以说是一种文化。但是，如果我们说的是大概念的文化，例如儒学文化、佛教文化或道教文化，那么，那些来自中国南方沿海地区、连中国的“官话”（普通话）

都不会说的贫苦农民，能让我们看到这些文化的什么东西呢？那些来自意大利南方、没有受过教育的意大利穷人，又能让我们对意大利文化了解多少？能说他体现的是天主教欧洲、地中海沿岸、农民生活的文化和文明吗？从文化解释的角度看，这些范畴都太大、太广阔了。马克斯·韦伯等学者当年曾对比过天主教欧洲和新教欧洲，以解释欧洲经济发展的情况，如今从天主教欧洲移民到美国最多的两个国家是意大利和爱尔兰，试问从这些移民身上能看出意大利天主教文化和爱尔兰天主教文化的什么联系，或者说他们共同的天主教文化能解释他们身上的多少事情？

既然到美国来的移民是来自他们祖辈那个大文化所属的不同的地区、不同的阶级和不同的亚群体，关于我们这里所说的第一项调整，我的意见就是，大的文化必须分解到很具体的各种变体，以分别体现我们的特点。在20世纪50年代，芝加哥大学的两位人类学家罗伯特·雷德菲尔德和米尔顿·辛格提出过一种见解，即我们所说的文化既有一个大的传统，又有若干小的传统。大的传统指它的经书、仪式、宗教僧侣身份和大的历史传统，它们对于各有各的“小传统”的乡下人或新兴市民可能并没有多大意义。大传统的部分内容会传播到他们身上，但会经过更改或变形，在乡村会跟那些土生土长而与大传统没有什么关系的当地小传统混杂在一起，而在城市则跟大众传媒带来的普遍文化相掺和。当这些乡下人或城里人移居到美国时，我们可能会不分青红皂白地把他们看做是那大传统的代表。我想，如果我们重温一下这些学者的著述和观点，对于文化与美国各移民群体的不同命运的关系，就会受到很大启发。我们会懂得，不论大传统特点如何，它都可能对小传统没有多少影响。

我们还会明白重要的一点，即大传统的上层体现者是极少出现在移民中间的。犹太移民的经历并非不典型，从大批犹太人17世纪离开西班牙，到19世纪离开德国，再到19世纪后期离开东欧，在每一次移民浪潮中，都没有什么学者和犹太教拉比，没有什么犹太大传统的体现者，在这些移民身上看不到我们心目中的那种犹太教和犹太文化典型的传统。近半个多世纪来，犹太移民中间受到高等教育的人比例极高，在自然科学、社会科学和各门学问中起着非常突出的作用，有人将这一切归功于犹太治学传统，我看到这种说法总是感到很奇怪。传统的犹太学问跟当今犹太人作出杰出成就的现代教育和学问其实是大相径庭的。犹太“大传统”对几乎所有的现代学问都是持怀疑和厌恶态度。当年并没有什么传统犹太学问的代表人物随移民一同来美国。当然，他们后来也来了，力图在美国传播拉比式的希伯来语和《塔木德经》教义，而且有所成就。可是他们这一套东西跟犹太人在当代理论物理学、法学、医学等学科的成就，恐怕是没有什么关系的。

我或许是特别适合于看到有些人直接用犹太传统解释当今犹太人学术成就这样一种做法所存在的问题，因为我知道我这一代人当中学有所成的人，都是出身于像我的家庭一样的清贫家庭，父母都没有上过正规的西方学校，也完全没有或基本上没有受过犹太传统教育，是文盲，或者最多不过是会念祈祷书。如果要用犹太人的大传统来解释这些从东欧来的移民家庭的孩子在20世纪上半期在高等教育方面所起的杰出作用，那真得挖空心思费一番心机。

因此，一个大传统和作为它的各种变体的小传统也许只有很遥远的联系，要从大的那一头走到小的这一头，一路上是有许多坑坑洼洼的。对于那些距离大传统如此遥远的人的命运，大传统究竟能解释多少呢？

新加坡经济学家约翰·王（John Wong）曾以怀疑的态度谈到儒家学说在亚洲和新加坡经济成就中可能起到的作用，他的话引起了我的注意。（这样的怀疑言论并不多见，所以它更加令人感兴趣。）王写道，对于用儒学传统解释经济成就的说法，经济学家们不会认真看待，除非：

> 这一假设经得起检验。仅仅一般地说儒家伦理有助于增加个人储蓄，因而有助于更高的资本形成，是不够的。还必须扎扎实实和具体地证明，这种储蓄究竟是有效地投入工商业，还是花销于非经济性的开支，例如尽个人的一些义务，它毕竟也是儒家价值观体系的一部分。还必须证明，儒家价值观是怎样地实际引起有效的人力开发，促使人们提高技能，而不是仅仅鼓励人们修

> 身养性或追求文字上的自我满足。一个古代典型的儒学夫子是公开鄙视低贱劳动的。①

王以怀疑态度提出的问题，实际上就是我们是否真的能够把儒学的大传统用来解释一些社会的成就，我们还可以补充说，是否能用它来解释世界各地能与它挂上钩的民族群体的成就。关于犹太人传统与当代犹太人在科学和各门学术中的出色成就二者之间如何联系，我也提出了同样的问题。从大传统一下子跳到可谓与之有历史渊源的群体和个人的身上，是再容易不过了。人们在那大传统的当代子孙后裔中间是看不见它的多少真实面目的。

对于儒学传统或儒学文化是否有益于经济发展持怀疑态度的，不只是约翰·王一个人。孙中山和另一些改良派和革命派人士不但对儒学传统的价值有怀疑，还指摘它是中国落后的一个重要原因，阻碍了中国的经济和政治发展。难道他们错了？难道儒学会变，所以在一个时期妨碍了中国的现代发展，而在另一个时期又促进了这一发展？对于华人或犹太人成就的解释，我们是不是有点马后炮的味道？儒学与美籍华人学术成就和经济成就到底有多少关系？

---

① John Wong, "Promoting Confucianism for Socioeconomic Development: The Case of Singapore," in *Confucian Traditions in East Asian Modernity: Moral Education and Economic Culture in Japan and the Four Mini-Dragons*, ed. Tu Wei-ming (Cambridge: Harvard University Press, 1996), P. 281.

当然，尽管一些人只注意大的传统、大的宗教、基督教新教伦理以及世界各地与之相当的伦理，但是我们仍然能够按照各种小的文化传统，例如某些地方的人善于经商的独特文化，或者辛勤劳动安心务农的独特文化，来很好地解释文化在美国少数民族群体经济成就中的作用。在成功的少数民族群体当中，经商和务农的文化背景都有，有些人还有其他的背景。然而，不论文化背景如何，在将文化与经济成就相联系的时候，都还要作第二项调整，这就是要考虑移民到达美国时的处境、经济状况、所能得到的机会、定居地点的特点，等等。

当代社会科学家在探索一种变量的作用大小时，都要让别的因素处于相等的水平。例如，在解释黑人收入较低现象时，如果要探索种族偏见或者文化的作用，就要作调整，让对比的群体为相同的年龄、相同的教育水平和来自相同的地区。因为就工资水平而言，地区与地区不同，农村和城市也不同，如此等等。这样做的结果就是减出一个差别，或者说“解释”一个差别。如果减的结果有一个剩余数，我们就可能找出种族歧视的作用或者文化的作用。有时可能没有剩余数，差别就完全被解释掉了。但是不论有无剩余数，怎样把文化作为与种族歧视相对照的因子计入算式，总还是一个问题。

第二道调整

问题出在怎样建立起解释模式。我们怎样把文化与另一些能解释差别的非文化因素区分开来？例如在上面谈到的这个例子中，能解释黑人白人收入差别的种种因素都与文化混杂在一起。为了解释收入差别，我们让年龄保持为一个常数。可是一个群体在年龄上低于另一个群体，或者有更多的孩子，这样的事实不是也带有文化的特点吗？我们让地理位置保持为一个常数——在城市比在乡村好一些，在美国北方和西部比在南方好一些。可是人口的迁徙和迁往何地的选择不也有文化因素吗？我们在对比中让家庭结构保持为一个常数，注意到黑人当中以母亲为家长的单亲家庭比例较高，从而使平均收入降低。可是家庭结构不正是一个地地道道的文化特征吗？

用这类模式分析差别，是为了解释差别。可是它们也必然带来政治上的后果。不论一个群体的状况是优于平均水平还是劣于平均水平，它通常都反对别人对它作文化上的解释。如果它比别人强，它会担心别人说它骄傲自大。它担心让别人注意它那被说成是优越的文化，会招致嫉恨、愤怒和更坏的反应。如果一个群体状况比别人差，它会担心遭人蔑视和鄙薄。每个群体都会觉得最好是被人看做是受害者，而不是高人一头。

举例来说，几十年前就已经看出，亚洲裔美国人家庭收入与白人一样高，照此说来，歧视的问题该不再提起了。但是仍有人指出，如果把教育因素考虑进来，亚洲裔美国人的收入还是低于同样教育水平的白人。一直有人努力说明犹太人收入高并无任何特别之处：犹太人生活在城市中，城市里收入总是高一些；他们平均年龄较高，收入是随年龄一起上升的；他们比较集中于高收入的职业；他们受教育于较好的高等院校；他们家庭人口较少，等等。考虑到这种种因素之后，犹太人收入高该不成其为问题。可是照样有人要对此作出文化的解释，莫名其妙地把种种能解释差别的现象都混杂在一起。

犹太人通常不愿意听到别人谈论他们的收入。人口普查不涉及宗教，所以在人口普查统计数字中没有单列出犹太人。由于这一点和另外一些原因，犹太人律师组织通常都反对在人口普查中提出任何有关宗教的问题。亚洲裔美国人在人口普查中是列为少数民族，他们通常都力图对那些能表明他们经济成就的统计数据加以解释，消除人们觉得他们有成就的印象，其原因之一是他们当中有些人希望保持受害者的地位，从而有可能享受某些优惠。（现在亚洲裔美国人在大学入学考试中已无照顾，但是在与政府订立合同时，他们仍被列为需要给予照顾的少数民族。）还有些人希望继续留在有色人种“彩虹同盟”之中，而倘若他们的处境已优于平均水平，他们留在这一同盟之中的资格就成问题了。

尽管亚洲裔美国人现今的收入和职业地位都不坏，他们仍声称自己严重受歧视，力图保持受害者的待遇，我们可以看到这种努力达到扭曲的地步。例如，我们可以看到美籍华人历史学家约翰·郭·维·成（John Kuo Wei Chen）的一篇文章。[①] 他先告诉我们，他每年见到“威斯汀豪斯科学人才搜索竞赛”公布的优胜者名单都很高兴，因为里面有许多的亚洲裔学生。“然而当我读到报刊的有关报道和公布的有关讨论时，我日益感到不安，因为他们对这些学生的优异成绩的看法有些不和谐的声音，把亚洲裔美国人说成是‘模范少数民族’，尽管有不少扎实的事实证明不能作过分的概括。”他对这些人的成就感到骄傲，可是又反对说他们是“模范少数民族”。

他为什么对这一名声感到不安，是难以猜测的。他接着写道，《纽约时报》在报道威斯汀豪斯竞赛以后，又报道了纽约市昆士区卡多佐中学一个学校就出了 11 名半决赛选手，全是亚洲裔学生。该报随后在专栏版发表了《美国艺术与科学学院院刊》主编斯蒂芬·格劳巴德的一篇文章。郭以不赞成的口吻写道，格劳巴德把亚洲裔学生成功的主要原因归结为稳定的单亲家庭，“他本着社会福利计划的精神猜测，对于几十万并非生活在这种稳定环境中的孩子该怎么办……格劳巴德推测是稳定的单亲家庭邻里街坊为成功提供了必要的前提条件”。

---

① John Kuo Wei Chen, “Pluralism and Hierarchy: ‘Whiz Kids,’ ‘the Chinese Question,’ and Relations of Power in New York City,” in *Beyond Pluralism: The Conception of Groups and Group Identities in America*, ed. Wend F. Katkin, Ned Landsman, and AndreaTyree (Champaign: University of Illinois Press, 1998), p. 126-129.

郭为什么反对这种似乎无可辩驳的和普通的解释，我们不清楚。再看下文也许能得到一点暗示：他以赞许的口吻引述了卡多佐中学的优胜学生为反驳格劳巴德而写给《纽约时报》的一封信。这些学生反对用任何概括的说法来解释他们的成就。他们指责格劳巴德的解释表现出“用固定的框框看人……这种看法的最极端形式就是偏见的根源，而偏见病是科学永远也治不好的。”他们在信中说，他们的家长对于他们的学习持有各种不同的态度，从不闻不问到积极过问，什么样的都有；他们参加威斯汀豪斯竞赛的原因也是各种各样的，都是个人的决定。郭得出结论说，像格劳巴德这样的对亚洲裔学生成就的提法是“把一个复杂的现象变成了简单化的和历史的（或许他说的是非历史的意思?）亚洲文化不变性的展现”。郭这番话只是他的论文的前奏，那论文研究的主题是19世纪纽约市的反华偏见。看来这是要让人相信19世纪的反华偏见与今天的“模范少数民族”神话二者之间存在着某种联系。

教育的关键作用

我已经指出，要科学地确定文化因素在民族群体经济成败中的作用，是不容易的；坚持说文化因素在民族群体经济成败中起作用，这在政治上对任何人都没有好处。

我认为，即便是运用现代社会科学的最佳方法和途径，也难以明确下定论说一个民族群体的经济成败是决定于它的文化特点。从社会科学的观点看，我们所能做到的，是确定有哪些因素经常与民族群体的经济兴衰有联系。这样研究后看到，最突出的因素是教育，它也是衡量人力资本的合适尺度。它与后期表现出来的较高声望的职业和较高收入关系最密切。

各民族群体在教育和职业方面的成就大小相差悬殊，这似乎为强调文化的重要性提供了一条明确的理由，因为对受教育的爱好似乎首先就是一个文化事实。可是事情并不这样简单。对受教育的爱好，以及随之而来的成就，随阶级而异。我们是不是要把阶级也包括在文化之中？是可以那样做，可是导致成就的，不是民族群体的文化——各民族群体的工人阶级和中产阶级都有许多共同之处。此外，我在上文中已谈到过，当我们试图把人们对受教育的爱好归结到某一群体的高文化（例如犹太教文化）时，这种联系会提出一些问题。当然，对一种学问的追求可能转变为对另一种很不同的学问的追求，犹太人也许就是这样的。印度的婆罗门种族的人也许是放弃梵文而追求科学；中国人也许是放弃儒学经典而追求物理学。凡此种种都有待于进一步考察，目前的了解是不足的。

日本农民的孩子和越南船民的孩子也都在学习方面表现得出色。人们也许会想，这两种人的社会大传统大不一样，他们学习的成功是什么原因，也有待于考察。

教育上的成就是衡量经济成就的关键因素，人们之所以要考察教育成就方面可能有哪些文化因素起作用，原因之一就是上面提到的斯蒂芬·格劳巴德专栏版文章中所说的那样，是为了从这些成功事例学习，以便指导人们去干预那些不大成功的群体的生活方式。我认为这样的学习是有可能的，我只是怀疑，由于政治上的原因，甚至是由于科学的原因，我们是否愿意把学到的任何东西称之为某一特定群体的文化的一部分。例如，许多人经研究后相信，给孩子朗读，有助于孩子学会自己朗读。这是通用的经验，并不是某一民族群体所特有的。最好是提倡这种做法本身，而不必说它是华人或越南人教孩子的办法。（事实上，尽管这做法可能有用，但对于美国犹太人、华人或日本人的第二代就可能用处不大，因为他们的父母多数不会用英语朗读。）

无疑，父母大力支持孩子求学，比不支持要好一些。（但上面谈到的卡多佐中学的优秀华人学生时，有的父母对他们的学习是“不闻不问”的。）可是调研材料经常表明，非洲裔美国学生的家长强烈要求他们的孩子认真学习，敦促他们重视学习。凡此种种可能有助于教育成就的因素都可以称之为文化因素，但是我们还必须很深入地对它们进行探索，才能明白为什么乍一看来是相同或相似的做法会在不同群体中产生如此不同的效果。

我认为文化是起作用的。可是以上的事例表明，要弄清楚是文化之中的什么因素起作用，并不容易。不论那因素是什么，我想它都是比较精细微妙的，而不是一种文化的大传统的泛泛特点，因为在同一种大传统之下，不同的时期会有太不相同的结果。它们都有过盛衰荣辱，有过大屠杀也有过慈悲为怀，有学者也有武夫，有过学术上的辉煌也有过愚昧无知，或者更糟。倒不如将它们设想为一座座仓库，所有的人都可以从里面找到合适的和有用的做法。无论如何，它们已经有过如此之多的变化，所以有人以为只要我们同意它们的教导，就可以到处加以应用，这是不切实际的。但是美国各民族和种族群体各自的一些特定的做法若加以同情的探讨，也许还能让我们受到一些有益的启发。

第六部分

亚洲危机

亚洲经济在连续十年保持 10% 年增长率之后，在 1998 年缩减了 15%，他们股票市场的股值损失了一半以上，货币贬值 30% 到 70%。在 1996 年，流入韩国、泰国、马来西亚、印度尼西亚和新加坡五国的资本约为 960 亿美元，可是在 1997 年流出的资本超过了 1500 亿美元。在一年之内，印度尼西亚的人均国民生产总值由 3038 美元降到了 600 美元左右。国际劳工组织估计亚洲失业人数约达 1000 万。

｜第十七章｜

法律、家族联系及亚洲经商方式

德怀特·珀金斯

亚洲金融危机爆发于1997年，随后波及亚洲之外不少地区，在此期间，许多人谈到了亚洲存在的商界和政界的密切合作关系。最常听到的名词是“任人唯亲”，言下之意是说这就是危机的直接原因。人们明说或者暗示说，倘若东亚和东南亚各国经济走了另外一条路，以法治为基础，政企分隔保持一定距离，这场危机就决不至于发生。

现在，关于亚洲金融危机的起源和性质，已有许多研究报告，它们有一点看法是共同的，即亚洲政企关系的性质的确对危机负有一定责任。① 在泰国和韩国先后出现的宏观经济管理不善触发了典型的金融恐慌，随即使两国经济呈螺旋形下滑，但衰退

① There are by now a great many studies of the nature and causes of the Asian financial crisis of 1997-1999. See, for example, World Bank, *Global Economic Prospects* 1998-99: *Beyond Financial Crisis* (Washington, D. c.: World Bank, 1998), esp. chap. 2.

的深度与两国体制中的弱点有重大关系。印度尼西亚和马来西亚的经济锐降与政企关系性质的联系更大。

然而，“任人唯亲”真的是这四国经济严重衰退的原因吗？抑或只是某种更深层问题的一种征候？本章的主要论点是：政企关系密切是一个更广泛现象的一种表现，这现象即是依靠个人关系来给商业交易提供担保，而商业交易的担保本是任何一种成功的商业制度所必不可少的一个组成部分。

自我封闭的农村社会或自治的封建庄园社会不需要为经济交易的担保太多操心。村长头人或封建领主可以任意实施他们喜欢的规则。但在远距离交易时，一个地方的当权者就不再能够保证交易的完成会符合自己既定的规则。一个商人可以为自己安排担保，用自己控制的船运货，坚持要收货人立即用金银付款。他还可以花钱请一支雇佣军一路来回保护他的货和收到的金银，防止土匪海盗或贪婪的外地豪强拦路抢劫。可是这样安排的生意要承受高昂的交易成本，只有当他的货物单位价值极高时，才能盈利。早期到亚洲贩运香料和丝绸的葡萄牙、荷兰和英国商船就是这样做的，它们自身的行径就往往与海盗没有多大差别。

对于价值较低的普通商品来说，必须设法降低交易成本。应当由一个总的权力当局负责沿路的安全，而不是让商人自己去操心。此外，还必须找到一种可行的付款办法，避免来回携带沉重的金银和铜币。贸易、运输和财务由专人各司其职，比什么事都全由一个人办，会效率更高，但他们彼此之间需要相互信任，而信任必须有可靠的基础。

在欧洲和北美，这种必要的担保是靠法律来提供，有一套司法机构来执法，而司法系统逐渐与政府的其他职能部门分开，具有越来越大的独立性。这种以独立司法支持的法治的建立花了几百年的时间，到18世纪已发展到相当的规模。本章的主题是要说明，在东亚和东南亚没有出现类似的法律制度。可是在亚洲内部各地以及与世界其他各地之间也开展了远距离的贸易，这种贸易需要有法治的某种替代办法。这一替代办法所依靠的，是东亚文化的强项之一，即以家族联系和由家族延伸的联系为基础的密切的个人关系。

东亚经商方式的历史渊源

家庭在中国社会中的核心作用至少可以追溯到孔子的时代，这里需要略加说明。孔子创始的儒学体系规定了明确的等级关系，在家庭内部如此，从家庭到更高的各治理层次直到至高无上的皇帝，亦是如此。这一体制至今仍是中国、韩国和日本文化的一个核心组成部分。东南亚商界原先也多为华人，所以同样的价值观在东南亚也起一种核心作用。

关于儒学的家庭世界观与经济发展的关系，早期的研究著作认为这种价值观严重阻碍了大型成功企业的成长。① 这种见解实质上是认为密切的家族联系导致裙带风，而裙带风与现代法人团体式经济是不相容的。这种论点受到中国学者广泛驳斥，但提出这一论点的著述可以看做是当代论述任人唯亲危害性的先声。

中国在历史上自然是一直有法律的。东南亚过去也有法律，大多是由殖民当局制定的。中国的法律是由县官执行的，县官又是中央行政系统的基层官员，因此权限很广，从赋税到治安直到排解纠纷，都由他办理。有的县官认为自己有责任保护当地的商贾，但这并不是一条规范。商人们很少为契据纠纷打官司，因为法律不是用来保护商契的。在多数情况下，打官司会闹到倾家荡产。

因此，为了寻求商业担保、惩治违约行为，中国商人想出了他们的一套办法。他们成立了行会，行会既按行业系统，也按地区原则来组建。例如，上海的宁波商人成立了自己的行会，直到19世纪末控制中国票号钱庄的山西商人也有自己的行会。这些行会很大，远远超出了家族范围，但他们所依赖的同乡关系也遵循儒学的人际关系准则。由于是同乡，彼此就相识，或者认识对方的亲友，了解对方的信誉。

① The best-known work in the 1950s was written by the sociologist Marion Levy. See Marion J. Levy and Kuo-heng Shih, *The Rise of the Modern Chinese Business Class*: *Two Introductory Essays* (New York: Institute of Pacific Relations, 1949).

但他们所依靠的不只是个人的信誉。在中国，家族对其成员的行为是集体负责。就山西票号而言，当一个人受委托负责办理他人财务时，他的家庭成员实际上就为他的行为充当了人质。倘若这个人携款潜逃，他就回不了家。虽然他可以到一个远方城市躲藏起来，但他不敢再与自己家庭联系，只好隐姓埋名，变得没头没脸。因此，山西票号能够相对安全可靠地将大笔款项从一地转到另一地。

东南亚的海外华人商界关系与中国的传统商界关系相似。英国、荷兰和法国殖民当局在东南亚建立了他们那一套法律制度，但是华人只要能避开那一套制度就避开。那一套制度所用的文字是许多华人所不认识的，殖民当局的法官所依据的文化和价值观也是海外华人所不理解的。海外华人大多是在他们自己当地社团和地区行会内部解决纠纷。地区行会有福建帮、广东帮或客家帮等社团，在一个行会之内解决纠纷，通常比不同行会之间解决纠纷要容易一些。因此，商界关系受原籍很大影响。

这些办法随时间而演变，有些海外华人也学会了按照殖民当局法律制度办事。香港今日的法治很说明问题。那里的法律制度最初是由港英当局制定，为它服务，现已逐渐变成了由当地居民掌管，为当地居民服务。然而，在东亚和东南亚大部分地区，早在当地人民开始珍视原殖民法律制度，使它变成为自己社会利益服务的制度以前，殖民制度就宣告结束了。

1945 年以后的制度变化

不论中国传统的商界关系和法律制度以及殖民时期的这些方面的制度有什么长短利弊，当共产党在中国执政以及殖民统治在东南亚、朝鲜半岛和台湾结束时，这些制度都有了变化。

中国的变化最激进。共产党当权的政府最初引进了苏联的经济体制，包括苏联的许多法规。在毛泽东发动的“文革”期间走极端，废除了大部分法律和所有的律师。任何人都没有什么安全保障，企业界人士更是如此，尽管那是国有的企业。毛泽东1976 年去世后，这一激进实验结束，中国基本上是从头开始建立新的法律制度，编纂和正式通过大量的商用法律相对说来并不困难。但是建立一套能有效、公正执法的法律制度，却是另一回事。

在东南亚，法律制度的变化不像中国那样激进，甚至连韩国在一定程度上也是如此。殖民地时期的法律，尤其是与商业有关的法律，大多保留在案。然而，执法的责任转移到了新独立的国家政府手中。有的国家，例如新加坡和马来西亚，在新政府管事的人对于殖民时期法律体制有较多经验，他们当权后，至少在一段时期之内，在处理商业事务方面仍然按照原先法律制度的精神和文字办事。

在另一些国家，特别是印度尼西亚，新政府官员对老法律制度没有什么经验，国家独立后，法律制度迅速恶化。印度尼西亚经过数十年的编纂法律和培训律师之后，到 20 世纪末，法律制度仍然受到金钱和政治权力的轻易操纵。在东南亚另一些地方，法律制度的演变趋势是它日益受到政治领导人的权力的摆布。

商业法律在东南亚、韩国和中国台湾经历的这种变化，意味着商界人士，尤其是华裔人士，不得不继续靠自己设法为交易安排担保。虽然他们继续依靠彼此之间和行会的联系，但他们也日益努力打开与当地政府的关系。这种关系在殖民地时期不大现实，因为殖民当局当时有意跟当地商界尤其是当地华人商界保持距离。

商界与政界关系的亲疏，因地而异，部分地取决于当地商界文化与政界文化和利益是否相通。在日本、韩国这样的国家，商界政界人士同宗同族，甚至是同校出身。事实上，官商界线有时都不易分清。在泰国，政界领导人在 20 世纪 50 年代曾起劲排华，但后来方针有变，充分吸纳当地华人进入泰国社会。

相形之下，印度尼西亚和马来西亚两国的政界与商界之间距离大，在 20 世纪后半期一直是如此。但与此同时，政府又奉行积极干预工商事务的政策，例如控制着许可证的发放和资本的流通，所以商界人士要发财就不能不打通与政府的关系。而这种关系又不能建立在儒学式的家族忠诚和地域忠诚的基础之上，因为马来文化和华人文化之间存在着鸿沟。由于长期存在着民族和教族暴力，要建立相互信任就更难了。

因此，在印度尼西亚和马来西亚这样的国家，当地华人与政界的关系是建立在利益结合的基础之上的。华人往往经商有方，政界头目可以从华人手里弄到钱，供自己的政党或个人花销。例如，印尼有几位华人就是先弄到采伐热带森林的许可证，靠此起家成为亿万富翁，然后靠钱财跟苏哈托总统的一些家族成员建立了密切的生意关系。在马来西亚，早期参加联合执政的各党派大多从华人商界弄钱维持本党活动。但是控制政府的马来人后来站稳脚跟，一步一步扶助马来人拥有的企业，如今，这些马来人的企业已成为主要执政党“马来民族统一机构”（UMNO）的主要财源。

新古典派的经济纯粹主义者也许会说，儒学式的家族关系也好，海外华商与当地政界领导人结成的同盟关系也好，都是以预期的经济回报为基础。但是，即使多数人的动机都是归结到钱财，儒学社会的家族联系也仍然比跨民族的个人交情更牢固，大概也更持久。

由这些价值观造成的制度

靠家庭联系或其他个人间联系寻求担保的做法，在东亚和东南亚大部分地区所造成的商业制度，有许多共同的特点。企业通常由一个家庭拥有和掌握。即使是在当地股市上市的一些责任有限公司也是由家族控制的。占少数地位的股东对企业的经营没有什么发言权，其权利也得不到什么保护；非家族成员的股东即便占了多数，也依然是如此。

只要有可能，企业的控制权总是由创办人传给自己的儿子，有时也传给女儿或女婿。华商公司这种代代相传的做法常常危及公司的兴旺，因为创办人的后代往往能力弱一些，或者下一代的兄弟姊妹之间合不来。在韩国、中国台湾、中国香港和马来西亚，直到 20 世纪 90 年代末，当地私营企业还差不多都是一代传一代。把企业经营管理权移交给非家族成员专业人才的现象是十分罕见的。

东亚和东南亚各地也有许多企业是由专业经理人管理，但它们是由欧美和日本投资者控制的企业。在马来西亚和中国台湾，甚至在新加坡，政府都曾掌握一批国有企业，以保证当权的群体握有一部分经济实力。马来西亚的土著马来人从国有企业及其随后的私有化中捞到了好处。在中国台湾，控制国有企业的，是 1949 年从大陆过来的人，而私营企业大多掌握在台湾本土出生的人的手中。在新加坡，强有力的文官系统和政界精英掌握国有企业，而私营企业是在外国直接投资者的控制之下。

家族联系和地区联系对企业之间的关系及各个企业内部的关系也有很大影响。然而，对于东南亚各国内部和各国之间海外华人中间起重大作用的家族联系和地区联系网络，学术研究著作尚属罕见。[①] 由于这种关系是非正式的，其环境又往往被视为敌对性的，因此也许永远不可能充分理解这种关系网的性质和规模。

在尚不存在这种关系网的地方，华人企业总是费时费力去建立关系网，甚至是跨民族界限的关系网。关于在中国做生意，一个标准的说法是：欧美商人总是带着自己的律师去谈判，准备签订周详的正式合同，而中国企业家却宁愿花上几年功夫来回拜访，招待，跟外国人厮混熟了，才准备坐下来作实际交易，有时签正式合同，有时也没有正式合同。

企业与政府的关系因地而异，上文中已谈到其中的一些模式。就许多模式而言，根本的一条是当地缺乏法治，而政府又积极参与指导经济，所以企业不能不寻求担保。例如，在中国早期的外商直接投资中，80％以上是来自香港和其他海外华人，其中多数又是投资于广东省，因为广东是多数海外华商的祖籍。

到 1997 年，法律制度已在中国沿海城市起着日益具有建设性的作用，然而即使到这时，来自欧洲和北美的外商直接投资总共还只有 84 亿美元。相比之下，来自香港一地的直接投资就有 215.5 亿美元，来自台湾的直接投资的正式数字是 33 亿美元，而实际上要比这多得多，来自小小的新加坡的外商直接投资也有

① An exception is the early work of G. William Skinner on the overseas Chinese community in Thailand: *Leadership and Power in the Chinese Community in Thailand*, 2 vols. (Ithaca: Cornell University Press, 1959, 1961). Volume 2 focuses on the nature of the networks Linking different business interests in the Bangkok Chinese community.

26.1亿美元。[①]

华人企业知道在合同往往得不到履行的环境中该怎么办。他们跟地方政府建立了有效的关系，必要时可以请地方政府帮忙。这种密切的关系至少可以保证地方政府不来干涉企业的运作。而欧美商人却没有这样的关系，只能求助于尚不完备的法律制度。

当政府官员与企业界人士的个人关系是建立在家族、同学、同乡等关系基础之上时，政企之间的界限往往是模糊的。东京大学的毕业生自然可以到日本政府的经济部门担任要职，然后在相对说来还年轻的时候就退休，到原先由他们管理的公司中取得待遇优厚的职位。韩国政府的高级官员可以方便地转到法人思想库或者担任企业行会的领导职务。

在马来西亚，政府的首要目标之一就是要造就一个当地马来人的亿万富豪阶层，政府的投资和许可证发放业务都为这一目标服务。上面已经说过，政府期待这一富豪阶层反过来为领导政府的政客们提供资金。泰国的许多政客是军人出身，他们身兼公私企业董事会的董事，这不是什么秘密，一点也不遮遮掩掩，至少在社会上层这被公认为正常的经商之道。

当统治精英与商界之间存在着民族鸿沟时，则如上文所述，政企关系的基础主要是权钱交易。这种交易被公众及交易者自己

---

① State Statistical Bureau，*China Statistical Yearbook* 1988（Beijing：Statistics Press，1988），p. 634-641.

视为非法贿赂的可能性要大得多。

这些关系对经济运作的影响

上述的经商方式三十多年来为亚洲服务得挺不错。东亚和东南亚不必等到商业法律体系完备，就做到了经济加速增长。在多数国家和地区，投资不断增多，上升到在国内生产总值中占有很高的比例，而且，除了若干值得注意的事例以外，这些投资按照国际标准衡量，也是使用得有效的。假若投资者担心当地政府贪得无厌和竞争对手狡诈无耻而导致自己的投资白白丧失，投资率就决不可能达到那么高的水平。假若安全没有保障，投资者就会像他们的同行在拉丁美洲采取的做法一样，把自己的钱转移到纽约和苏黎世的银行，东亚和东南亚的经济增长就会慢得多。他们也可能只谋取短期利润，而经济持续增长所必需的长期投资就无人问津了。然而，这种种情况并没有出现，投资者依然把钱投入到当地的工厂和基础设施。

但是另有一点也是事实：这种经商方式所形成的体制并不是总能经受得起经济发展过程中所不可避免的逆境风险。在一个企业之内或几个企业之间依靠个人的关系，这还不是主要的问题。个别的公司如果因为创办者的继承人无能或者因为依靠长期的个人关系而为某个低效率的供应商所拖累，是可以垮掉的，但这时会有别的公司取而代之。使整个经济受到威胁的问题，是出在企业与奉行干预政策的强权政府之间的关系上面。

由于政府与企业关系很密切，企业认为它们一旦遇到麻烦，政府自然会鼎力相助。既然政府在这些国家的经济中起着无所不包的作用，企业家无疑会以为政府有力量扶助某一企业或整个的商界。政府也会愿意进行干预，因为要帮助的人是自己的朋友和支持者。因此，企业有信心去冒巨大风险，实行自己的投资方针。这有好的一面，促进了高投资率，推动了许多成功的工程项目。不好的一面则在于，在某些情况下，风险过大，以致威胁到整个经济。

正是政企关系的这不好的一面，即“道德风险”的一面，在1997年的金融危机中起了作用。一些银行和非银行金融机构处境格外脆弱。亚洲的许多银行是直接由国家开办的，它们当然指望国家会拯救它们摆脱危机。另有许多私营的银行和非银行金融机构，例如泰国和印度尼西亚的许多这类银行和金融机构，是由政治强人控制的，它们也觉得可以依赖政府。泰国、马来西亚和印尼的政府确实也试图帮忙。

泰国金融机构大量从国外贷款，一旦泰铢严重贬值，它们以铢计量的债务就会增大到难以承受，因此，泰国当局决定保持汇率不变。其原因之一是想要帮助这些金融机构，但后来却几乎耗尽了外汇储备。在印度尼西亚，苏哈托总统玩弄汇价牌，原因之一大概也是想要帮助他的朋友们逃脱他们投机于美元、日元外债所造成的后果。马来西亚决定停止其货币林吉特的兑换，原因之一大概同样是想要帮助马来富豪们避免因他们的金融花招而垮掉。

关于以上三国政府干预金融市场的动机的这种看法，是有争议的，也无法得到证实。这些决策的许多当事人无疑会否认他们有如此动机，而声称他们的动机是维护全社会的利益。有些外界分析家也许认为那三国政府的干预措施不过是判断失误。无疑，当时还有许多别的考虑，可是，根据我们对这三国许多政治领导人举措动机的了解来看，上面谈到的动机至少是有可能的。

道德风险显然与金融机构的冒险投资行为和虚弱有很大关系。而这种行为又与亚洲金融危机期间所经历的经济衰退的深度有很大关系。同样几乎无疑的是，当时存在的道德风险是源于政府与商界的密切关系。可是，将这一切说成是“任人唯亲”的结果，那就意味着让人相信祸根在于政府的腐败，似乎亚洲的经商方式就某种普遍意义而言就是腐败的。

我在这里所要说明的是，经济增长的前提之一是法治，但是在不具备这一前提的环境之下，形成了亚洲的经商方式和政企关系，它们是商界和政界为了适应上述环境而采取的做法，在一段长时期内曾是行之有效的。虽然这一体制为人人几乎都会称之为腐败的现象造成了许多机会，但这一体制本身并不是生来就是腐败的，至少从 20 世纪后半期在东亚和东南亚流行的价值观来看，不能这样说。这一体制还造成了道德风险，道德风险则导致了某些过于冒险和欠明智的投资行为。许多种类的保险业务也造成道德风险形势，但我们不会因此而下结论说应当废除这些保险业务。

对于未来的涵义

建立在家族关系和其他关系基础之上的商界人际关系，在20世纪后半期曾相当不错地为东亚和东南亚服务了三十多年，但在最后三年却弄糟了。为经济发展而建立的这一套金融制度可能要经过许多年才会变得健全起来，但这些国家的经济恢复很可能会快得多——实际上在1999年夏季看来已在恢复。那么，是否可以说亚洲的这种经商方式和政企关系不过是半路上摔了一跤，只要爬起来再蹬自行车，就可以继续前进？

本章的主要论点并不是说建立在家族式关系基础之上的个人联系优越于其他的为经济交易提供担保的方式。这种个人联系在一定时期之内可以代替多数工业社会和后工业社会为达到同样目的而采取的方式。然而，至少有两点理由可以认为，这种通过个人联系提供担保的做法在今后大概不会很符合东亚和东南亚的利益。

第一点理由是，亚洲危机已充分暴露出在这种环境下成长起来的金融制度的弱点。问题之一至少是，这种金融制度一旦打开了，就显得太弱，无法承受或缓解国际经济制度所特有的各种资本流动。它们一下子崩溃了，把经济也拖了下去。

现在人们作了广泛的努力，写了越来越多的文章，谈论亚洲国家该怎样修正它们的金融制度。建议很多，例如要建立可靠的会计标准，加强审慎的调控，借助声誉卓著的国际银行从事竞争，等等。但是，任务并不在于简单地采取狭隘技术性的举措，如改写法律和培训银行工作人员。举例来说，多年来，哈佛国际开发研究所就在印度尼西亚从事这样的工作。法律改写了，银行工作人员培训了，私营银行得到批准而且开始迅速发展，商业银行被赋予了相当大的独立性，不再事事听命于中央银行。然而，到 1999 年时，所有的印尼银行从严格法律意义上说都破产了。

恐怕任何一个银行体系都经受不起本国货币贬值 80%。但是印尼银行界的问题也在于，许多银行在十来年期间一直充当了统治集团的玩物，若没有政府的支持，它们连一次不大的危机也经受不住。而 1998 年的麻烦是，政府当时也无法再提供支持了。要防止类似的危机今后重演，银行就不能再受政府高级官员的任意干预去资助他们宠爱的项目。只要政府直接大量干预银行业务，让银行保障政府倡导的具体工商项目，银行就始终是脆弱的，连日本的银行也在 20 世纪 90 年代出过这样的问题。要想让政府官员不作这样的干预，就必须有某种制度来强行保证这一点。这种制度在大多数工业和后工业社会就是司法独立所实行的法治。

政企间的个人关系今后不会再那么管用，还有第二点理由，这就是国际经济制度本身也变了。新制度的规则，正如世界贸易组织等机构所表明的那样，是着眼于各国经济制度均以法治为基础。也许国际经济制度可以设计得有所不同，但它不会为了接纳发展中国家而作根本改变。小而穷的发展中国家的经济可以不加入这一制度，也可能作为例外情况予以对待。然而东亚和东南亚各国不小，也不再是穷国。它们当中已有许多是世界重要贸易国。它们想要也需要进入欧洲和北美的市场。不论公平或不公平，这就要求东亚和东南亚各国加强它们的经济受透明的法律制约的程度，不能再让政府官员任意采取不透明的行动。

亚洲价值观在将近半个世纪的期间内为经济发展服务得不错。今后它们大概不会服务得同样好。如今的挑战，是要完成在法律基础之上建立强大现代化经济的过程。

第十八章

“亚洲价值观”：从狄纳莫[1]到多米诺？

卢西恩·派伊

在20世纪后半期，亚洲经济的盛衰经历了两次剧烈的转折，这在历史上是没有先例的。人们对亚洲国家基本文化因素所广泛持有的看法，竟然在大约40年之内两次翻了跟头。先是在20世纪70年代和80年代，出现了经济“奇迹”，尤其是出现了“四小龙”，人们原先长期认为亚洲文化缺乏造就经济增长的能量这样一种看法，剧烈粉碎了。然后，更加突然的是，在20世纪90年代后期发生了危机和崩溃。首先是日本经济没劲了，即使说不是萧条，也该说是严重衰退，迄今已持续整十年了。接着是东南亚和韩国的经济发生金融危机，导致更根本性的挫折。说了十年的“亚洲价值观”如何优越的大话一下子泄气了。[2]

① 狄纳莫的意思是发电机，电动机。此处原文中的dynamos和dominoes谐音，故此处皆用音译。——译注

② 不用说，在亚洲经济危机的起因方面，还有许多别的因素起了重要作用，其中包括国际货币基金组织和美国财政部的错误，以及一些西方投资者的行动。但鉴于本章的主旨，我们在这里将只谈到文化因素。

亚洲经济在连续十年保持10％年增长率之后，在1998年缩减了15％，他们股票市场的股值损失了一半以上，货币贬值30％到70％。在1996年，流入韩国、泰国、马来西亚、印度尼西亚和新加坡五国的资本约为960亿美元，可是在1997年流出的资本超过了1500亿美元。在一年之内，印度尼西亚的人均国民生产总值由3038美元降到了600美元左右。国际劳工组织估计亚洲失业人数约达1000万。[①]

因此，在一年工夫里，亚洲经济的未来变得很不明朗，宣扬亚洲方式伟大的吹鼓手们哑然无声了。然而，不应该因为“奇迹”垮了，就停止有关“亚洲价值观”的讨论，而是应该更冷静和批判性地分析价值观在造就可持续的经济发展这一方面的重要性。现在需要的，不是像新加坡和马来西亚有关亚洲价值观的那种“辩论”中的有点伤感情的民族主义责难，而是要解释，为什么同样的一套文化价值观居然既造就了狄纳莫式的动力，又造就了多米诺骨牌式的效应。亚洲经济先是从停滞走向了充满活力的经济增长，然后又走向了崩溃，像这样走极端的事实给人们提出了一个严肃的挑战，即根据文化因素来解释国家经济的发展是否还正确有理。要知道基本的文化在这期间并未改变。

为了探讨这一重大问题，我们需要首先揭开所谓亚洲价值观优越性的夸张言辞，争取比较现实地理解亚洲国家的经济表现。

---

① The numbers are from Nayan Chanda, “Surges of Depression,” *Far Eastern Economic Review*, 31 December 1998, p. 22.

我们还需要在理论上澄清有关亚洲文化和经济发展的几个问题，包括回顾一下马克斯·韦伯对儒学及资本主义发展的论述。

然后，我将提出两点假设，它们可能有助于解释为什么同样的文化价值观会造成如此截然不同的结果。第一点是：同样的价值观在完全不同的情况下起作用时，可能而且往往确实会产生不同的效果。这就是说，亚洲文化的价值观仍是原样的价值观，但环境变了，因此原先的正面结果变成了负面的结果。

第二点假设是，文化价值观总是成簇的价值观，它们在不同的时期可以有不同方式的组合，因而产生不同的效果。这是一个微妙的论点，要小心对待，防止有人利用它来争辩说不论发生了什么，总是有可能找到某种文化上的“解释”。有效的解释必须有适当提出的文化变量，以及准确的因果联系。

关于“奇迹经济”只要事实，不要夸大其辞

对于亚洲价值观辩论中出现的许多夸张词藻，人们会认为那不过是亚洲取得成就之后的得意洋洋情绪的一种表现，因为当时西方正因为赢得冷战胜利而得意洋洋，喧喧嚷嚷，亚洲想要盖过那种嘈杂，让别人听见自己的声音。因此，不难对这些夸张辞藻置之不理。然而，“四小龙”出现了，中国也显出了即将成为一个潜在的新超级大国的势头，它们都是程度不等地模仿日本的由

国家主导的资本主义的模式，这些就为亚洲声称自己有特殊性提供了依据。经济成就与集权统治的结合显然让人想到亚洲国家真是发现了某种值得注意的东西。亚洲价值观的概念迅速成为对经济成就的一种简洁解释，以及对集权政府做法的一种辩护。

亚洲价值观的辩论还由于以下的事实而变得更加复杂化了，这就是：在20世纪70年代出现的亚洲经济“奇迹”和西方衰落的景象，不仅吸引了亚洲人，而且也吸引了西方人的注意力。关于亚洲成就究竟有多么特别，出现了一些夸张的说法。因此，有必要从适当的角度看看实际的情形。

首先，某些人有一种奇怪的倾向，把日本这一个亚洲经济奇迹的领头者说成是一个第三世界的国家几乎一夜之间变成了世界上第二大的经济强国。事实上，日本在明治维新时期开始工业化，那是在19世纪的最后三十来年，美国开始工业化大约是与此同时。到第一次世界大战时，日本已是一个重要的工业国，它还利用了欧洲经济被战争打乱的机会，先在亚非，然后在欧美，挤占消费品尤其是纺织品的市场。

到20世纪20年代，日本拥有了世界上第三大海军，商船队也居同样地位。到30年代后期，它的经济居世界第三位或第四位（差别在于它在朝鲜、台湾和满洲的投资是否包括在内）。到第二次世界大战之前，它的汽车工业已与欧洲大体相当，当然，它还制造出一种很了不起的军用飞机，即零式战斗机。那些在20世纪60年代才看到强大日本崛起的人，往往忘记了日本在太平洋战争期间曾构成何等的挑战。

关于亚洲另一些地方原先的落后状况，也有一些言过其实。中国的乾隆皇帝当年写信给英王乔治三世，傲慢地表示中国不稀罕英国的小巧装置，不需要英国的工业制品。人们现在谈起此事，总以为乾隆皇帝是一个滑稽小丑，其实他在位时，中国经济的确大于英国经济。当世界经济尚未受工业革命改造而仍然以农业为主时，整个亚洲的产值在 18 世纪末占世界经济产值的 37％。而到了 20 世纪 90 年代中期，尽管亚洲经济奇迹被吹得神乎其神，亚洲在世界经济中的比重却只有 31％。在亚洲经济尚未遭危机打击之前，亚洲经济据估计也要到 2010 年才能重新达到原先的 37％的水平。

最近二三十年，亚洲经济的增长率给世人留下了深刻印象。亚洲经济有 10％的增长率，而西方经济增长率还不到 3％，相比之下，亚洲人曾令人敬畏。可是人人只注意百分比，而没注意净增长值的绝对数字。中国经济保持“十年的 10％年增长率”，这确实令人兴奋。但事实依然是：在这十年当中，中国经济没有任何一年的净增长值能与美国经济同年的净增长值相比。因此，在这十年增长期间，从绝对数字来看，中国不是在赶上美国，而是落后得更远了。简单明了的算术是：6000 亿美元的经济增长 10％是净增 600 亿美元，75000 亿美元的经济增长 2.5％是净增 1875 亿美元，前者尚不到后者的 1/3。这道理就是，只注意增长百分之几，而不考虑基数，是可能产生严重错误印象的。

我说这些，并不是想要贬低亚洲人的成就，而只是反对把他们说成那样神奇。高增长率确实给亚洲人千家万户带来实惠，他们的生活状况发生了历史性的变化。以中国人为例，在1985年时人均国民收入还不到100美元，1998年时已增至360美元，这意味着：彩色电视机原先平均每5户还不到1台，现在平均每1户已有1台以上，拥有冰箱的家庭原先还仅占总户数的7%，现在已达到73%。[①] 中国人生活水平的确有显著改善，他们有理由相信他们孩子的未来会更光明。

马克斯·韦伯实际说过些什么

在一定程度上澄清事实以后，我现在想探讨怎样从理论上分析亚洲文化价值观与经济发展的关系。但首先我要回顾一下马克斯·韦伯对这个题目是怎样说的。在论述资本主义的文化起源方面，韦伯当然是最大的匠师，至今无人能出其右。众所周知，他认为资本主义的文化起源在于基督教新教伦理，可是他的论述被后人通俗化以后，不幸变成了几句陈词滥调，跟童子军的誓词差不多：勤奋，奉献，诚实，节俭，可靠，不自满，重教育。其实，韦伯对资本主义文化起源的看法要复杂得多。他尤其对两个

① Economist，2 January 1999，p. 56.

看来似乎自相矛盾的现象感兴趣。

第一个现象是这样一个历史事实：僧侣们全身心修来世，在隐修院中过着苦行僧生活，但他们却建立了非常有效率的组织，赚取今世的利润。第二个现象是，在建造资本主义方面起了关键作用的角色，是那些相信得救预定论的加尔文派教徒，而不是那些相信善有善报的其他基督教徒。韦伯认识到，以会计账簿方式对待善报恶报，太容易使人陶醉或灰心，而相信只有上帝预先挑选的人才能灵魂得救，就会有一种深刻的心灵不安全感，因而会努力抓住每一个可能证明自己属于“蒙上帝挑选者”的迹象。关键的动力是心灵的焦虑。

韦伯细心分析过中国的文化，在对比儒学和基督教清教教义时，强调儒学很重视君子要“修身养性以适应外界，适应世情”。[①] 儒学文化的理想是达到心灵和谐，没有强烈的内心紧张或心灵不安全感，没有“神经”问题，而韦伯指出欧洲人的“神经”却有问题——即弗洛伊德所分析过的那些问题。

韦伯详细描述过中国人的性格，认为中国人是经过了良好的调节，有“无限的耐心”和“有节制的礼貌”，“不在乎单调”而且“能不间断地努力工作”。但是韦伯认为这些品质不能自发地产生资本主义。与此同时，韦伯又以相当大的先见之明指出，中国人的这些品质有助于他们十分能干地模仿资本主义的做法。他

① Max Weber, translated and edited by Hans H. Gerth, in *The Religion of China*: *Confucianism and Taoism* (Glencoe: Free Press, 1951), p. 235.

写道，“十有八九，中国人将会很能干地——*很可能比日本人更能干地*——将现代文化地区已在技术上和经济上充分发展起来的资本主义加以同化。”①

由此可见，有人批评说儒学国家近二三十年来的经济成就推翻了韦伯的理论，这是错误理解韦伯的理论。事实上，韦伯预见到中国早晚会模仿资本主义的做法。从许多方面看，韦伯都像启蒙运动思想家一样对中国持正面的看法，而历史的事实依然是，亚洲国家取得成就，是由于它们进入世界经济，而不是由于内在的、自主的发展。

儒学价值观与经济行为之间看似矛盾的关系

在考虑儒学文化对资本主义的同化时，我们碰到了若干似乎自相矛盾的现象，与韦伯对僧侣和加尔文教派信徒的经济行为的论述相似。例如，儒学将商人这一行业几乎列到了社会的最底层，其社会地位甚至在农民之下。中国商人不得不忍受这种窘况，没有别的选择，只好高明地赚钱。当然，他们可以让自己的

---

① Ibid., p. 248. Italics added. Contrary to Weber, Robert Bellah has demonstrated that the Japanese do have some cultural traditions that match the Protestant ethic. See his *Tokugawa Religion: The Values of Pre-Industrial Japan* (Glencoe, Ill.: Free Press, 1957).

儿子读书，通过一道道考试而当官。但这样一来，自己辛苦创办成功的事业就只能保持一代人时间。若想代代传下去，就只有留在儒学官吏和学者所鄙视的这一行成为精明高手。他们的处境是在社会的边缘，跟封建欧洲中的犹太人多么相似。

第二个现象是儒学鄙视辛劳和各种形式的体力劳动。美国人从小都读熟了霍瑞肖·阿尔杰写的那些故事，把艰苦工作看做是由穷变富的必经之路，所以对儒学的这一现象感到难以理解。儒学君子的理想是坐享清福，他们把手指甲蓄得长长的，以证明自己不必用手操劳。道教提倡“无为”，把它提到最高哲学原则的境界，主张以最少的力气将事情办成，这就进一步加深了人们对辛劳的鄙视。在中国的军事思想中，最理想的制胜之路是避免大动干戈，不战而屈人之兵。就我所知，在世界上各种文化中，像中国人这样崇尚无为而鄙视艰辛体力劳动的看法，是独一无二的。在中国人看来，希腊神话中所说的暴君西西弗斯死后入地狱，被罚推石上山永无休止，只是一个逗乐的笑话而已。肯定地说，在中国文化中，辛劳本身不是重大美德，而只是迫于环境不得已而为之。

中国人不崇尚辛劳，但强调“好运”的重要性，认为举止端庄得体可以增加交好运的可能性。在这方面，道教又起了作用，它讲究“道”，即自然和历史的力量，这就从哲学上支持了中国人的一种基本观点，即人生的许多事情不以人的意志为转移，而是由外界力量所决定的。有的人比较善于顺应潮流，能交好运。

有的人却是愚蠢地逆潮流而动，注定要失败。然而，强调好运，并不等于对生活采取宿命论的态度，人们总可以做一些事情增大交好运的机会。而一旦境遇恶化，那只是碰上厄运，但愿有朝一日会时来运转。

强调运气的作用，使人们对生活采取外向的、高度面对现实的态度，而不是内向的态度。人们需要时刻保持警觉，要抓住每一个有可能给自己带来好运的机会。他们认识到外界力量的头等重要性，因而对于客观形势、地形走向和行动时机都极其敏感。决策的焦点在于判断情况和利用一切有利条件。

因此，强调运气，乍一看来是强调超自然的东西，可是实际的结果却是生动地关注客观现实。这一倾向使得中国人很重视市场的特点和结构。在中国人看来，市场不是理论上的抽象事物，而是生动的和充满活力的现实。

中国人愿意从显然概念化的角度思考市场，这一点说明了中国资本主义与西方资本主义的一个重要区别。西方资本主义是技术驱动的——你造出了一种更好的捕鼠器，人们就会登门向你订货。但中国资本主义的驱动力向来是查明谁需要什么，相应地去满足市场那一需求。西方企业总是设法改善它们的产品，加强它们的组织结构，努力使自己的品牌得到人们的承认。中国企业家则是努力实现多样化，避免被人说成是只生产一种主要产品，总愿按照市场的需要改变自己的生产。美国人知道市场上有大量的中国台湾和大陆造的消费品，但却不知道生产这些消费品的公司的名称。

儒学文化虽然看不起劳力的人，鄙视辛劳工作，但却重视自我改善，因而尊重成就动机。中国这一重要的文化价值观用麦克莱兰的话说，就是“取得成就的需要”。麦克莱兰证明，凡是有成功发展的国家，按儿童读物中教导的行为动机来衡量，在“取得成就的需要”这一点上也都是得分高。不论用什么办法衡量中国人“取得成就的需要”，都能证实一般人对中国文化的一个印象，即中国人争取有所成就的劲头是高的。中国儿童所受到的教导都强调要有成就，否则就愧对自己的爹娘。

然而，看似自相矛盾的是，中国文化也强调依靠别人的好处，这一心理导向是与霍瑞肖·阿尔杰小说中倡导的个人自力更生的理想格格不入的。要有成就，又要依靠别人，这二者看来像是矛盾的结合，正是中国传统的人际关系的一个核心。中国的孩子从小就被教导说，要守规矩，善与人同，这是保障安全的最佳途径，而“与众不同”是有危险的。结果是从正面接受依靠的态度。

成就与依靠二者的结合，使得中国传统的人际关系有一个不言自明的目标：为了满足成就的需要，就要勤勉地履行自己在家庭中分担的一份责任，从而做到应有的依靠。在这一点上，中国人和日本人的家庭规范大不一样。在中国，成就会在家庭内部受到奖赏，儒学文化所规定的儿子对父亲的义务以及兄弟间彼此的义务是终身的责任。所以他们的传统是向内的，怀疑家族以外的人是一种基本的本能。[1] 但在日本，武士和商人家庭的成就主要看他们对外干得如何。日本人家族传宗接代是以长子为家族之长，但是小儿子可以自己出去闯，有了成就，就可以自己成为一家族之首，当“祖宗”。[2]

既要取得成就，又强调依靠，这两头保持平衡，就需要相互信任和保持个人关系的活力，从而有可能形成社会网络。就中国文化而言，家庭的纽带向外延伸到家族，再向外延伸到社会，形成“guanxi”（“关系”），即兴味相投、休戚与共的个人关系网。“关系”在经济发展中极为重要的一点是，只要有“关系”将一些人联系在一起，即使个人之间彼此并不认识，也可以期待对方承担共同的义务。只要是老同学，同乡，或曾在同一部队服役的战友，或是有别的什么共同背景将人们联结在一起就行。因此，“关系”的基础是彼此都能承认的客观考虑，而主要不在于有关方面的主观感情。

日本人也讲Kankei（“关系”），但其中主观因素多得多，重视是否对自己有恩和有利。两个中国人只要有某种共同背景就可以有“关系”，而日本人的“关系”更多地取决于个人之间的

---

① 弗朗西斯·福山认为，中国经济发展缓慢，关键在于中国人对家族以外的人缺乏信任，这恰与日本形成对照，日本人懂得他们必须与家族之外的人打交道。见 Fukuyama，*Trust*：*The Social Virtues and the Creation of Prosperity*（New York：Free Press，1995）.

② For a comparison of the influences of family patterns on East Asian developments，see Lucian W. Pye，*Asian Power and Politics*：*The Cultural Dimensions of Authority*（Cambridge：Harvard Univevsity Press，1985），chap. 3.

交往。

经济行为中的文化因素

上文已说过，本章提出的主要假设命题就是：同样的价值观在不同情况下会产生不同的结果。一些关键的价值观，如依靠社会关系网，采取长期观点，争取市场份额重于争取利润，提倡先苦后甜而防止过早满足，为了未来积极储蓄等，都依经济状况和经济发展水平而造成不同的结果。

信赖家庭成员和依靠“关系”意味着，在发展早期和政治环境不稳定的情况下，华人的企业大都局限于家庭运营。由于对外人缺乏信任，家族企业的扩张能有多少个分支，取决于老板有几个儿子去分头经营。① 然而，随着东亚和东南亚政治环境逐渐趋于稳定，企业也沿着“关系”的线索迅速扩展。这些地方的银行业务尤其具有个人关系链的特点。丹尼·昂格尔提出了一个有意思的论点，即海外华人按关系网开展业务的做法，使他们具有了一种“社会资本”，这不是罗伯特·帕特南所说的那种构成民主

---

① 欧洲的大银行集团罗思柴尔德家族也是这样，老罗思柴尔德（1743—1812）有五个儿子，这五兄弟就分别在伦敦、巴黎、法兰克福、维也纳和那不勒斯建了五个点，见 Niall Ferguson，*The World's Banker*（London：Weidenfeld & Nicolson，1998）.

基础的社会资本，而是构成经济发展基础的社会资本。昂格尔集中研究了泰国的情况，指出那里的华人依靠他们的关系促进了资本的流动，从而使泰国出现经济“奇迹”。[①]

海外华人在中国沿海的投资增长之快是惊人的，在这里面也是“关系”起了根本作用。在邓小平使中国对外开放以后，香港、台湾及东南亚华人纷纷返回他们的祖籍探亲访友，立刻受到接待，被鼓励投资于当地经济。香港人到广东，台湾人到福建，还有一些人到上海，去建立合资企业，合作的对方往往是当地的政治领导人，制造的产品向外销。结果，乡镇企业高速增多。合作的交易以高度个人化关系为基础，而不是以法律为基础。海外华人投资者争取了种种优惠，从多年安排的减免税，到固定的低工资，名目不少。

就这样，一段时期之内，依靠非正式关系办事的传统造成了奇迹，资本迅速流进中国，建立新企业，其速度要比依照法律谈判签约的办法快得多。甚至连一些外国银行家也迷上了他们所理解的亚洲价值观的精神，愿意根据中国官员的点头眨眼提供贷款。然而，企业缺乏透明度或法律文书，早晚必然导致任人唯亲的资本主义和广泛的腐败。商业交易缺乏法律基础，这在好光景时也许能加快交易，但一旦情况恶化，就没有明确的程序来处置破产。

---

① Danny Unger, *Building Social Capital in Thailand* (New York: Cambridge University Press, 1998), esp. chap. 1.

在日本，关系网的传统促成了企业家、官吏和政客结成紧密非正式联系的模式，这种局面被人称作“日本合股公司”。他们相互承担义务和保持特殊恩宠的联系，彼此之间可以有巨额信贷的流动，极少需要作正式的审计或审查项目是否合理。有一段时期，人们曾认为，只要国家的指导“使价格正确”，就基本上不需要担心知情人交易和腐败的可能性。可是后来受到了冲击：日本的社会精英并不像原先说的那样正派。在政企密切合作的情况下，当需要由国家对金融机构作更加强有力的调控时，国家却显得无力对付它先前的伙伴。

依靠关系网的做法还促使人们形成一种观念，即没有必要对企业赢利与否作短期的检查，最好是采取“长期观点”，力争挤占越来越大的市场份额。他们认为从长远着眼有好处，因为他们的文化习性是先苦后甜，不急功近利，宁可眼前吃点亏，坚韧不拔，以换取日后更大的报偿。一段时期之内，当各国经济都在上升时，这种做法得到了收益，日本人的成功曾使许多西方人相信，日本人找到了一种优越的创造财富的战略。因此，日本之外的许多亚洲地方都想模仿日本人的模式，不急于担心是否赢利，而力争更大的市场份额。

然而，到了一定时候，这种做法被证明是灾难性的，因为债台高筑，而强迫性地力争扩大市场份额的态度导致了生产能力严重过剩。银行贷款缺乏透明度和法律规范，而企业又不现实地指望扩大生产会带来好处，所以贷款急剧膨胀。人们终于看出，由于他们采取这种做法，资本是否得到合理配置，就得不到有效的监控。一个产业又一个产业都形成了生产能力过剩。1995年，韩国一家巨头得意洋洋地宣布要投资25亿美元建造一套新的炼钢设备时，人们居然没有意识到危机即将来临，真是怪事，因为当时全世界的钢已经是多得用不了。

西方的会计制度是每个季度都向经理人员和投资者提供盈亏报表，对资本是否得到有效配置提出批判性反馈信息，从而构成一套导向机制，去引导市场无形的手。而一心只想扩大市场份额，只从长远着眼，认为先苦后甜是英勇表现——凡此种种的亚洲价值观——在经济发展初期鼓励了经济上有用的行为，可是到一定时候就造成了生产能力严重过剩的问题和泡沫经济。

事实上，几乎所有的东亚国家都有严重的房地产泡沫。在日本，房地产价格之高达到了荒唐的地步，据说东京的皇宫一个大院的价格比整个加利福尼亚州的房地产还要贵。不只是消息不灵通的人相信这种说法，据说许多严肃的日本银行家也相信它。在上海，浦东区到处是起重机忙着转，盖摩天大楼——有些中国人说俏皮话，将这些起重机称为中国的“国鸟”。[①] 可是那里1997年建成的大楼只有15％的入住率，1998年入住率更低。建筑物仍在一幢幢往上盖，因为投资者觉得他们必须有长期观点，要勇敢大胆先苦后甜。

① 在英语中，这里的crane既作起重机讲，又作鹤、鹭讲。——译注

还有一个突出的例子，说明一种文化价值观在某些情况下能起有益作用，然后又会成为灾难的根源，这就是储蓄的习性。中国人是世界上储蓄率最高的民族之一，近年来储蓄率在30%左右，这在改革之初为经济增长提供了大量资金。随着人们的收入逐渐增多，储蓄款项不断流入国有银行，受到这些银行欢迎，因为这样一来，它们就有钱向国有企业提供贷款。可是国有企业现在成了好看而不中用的大白象，国有银行再也不能指望收回那些“贷款”。银行系统继续运转，现在靠的就是公民们的储蓄习性。正像国有企业无法还债一样，银行也拿不出那么多钱来给所有的存款人兑现。然而，既然老百姓的钱没有别处可存，只有存入银行，本来会破产的银行系统就可以运转下去。

在日本，同样的储蓄习性原先曾是一种美德，为战后的经济恢复提供了资金。但这一习性如今却使日本难以摆脱持久的衰退。日本政府官员曾指望国内消费需求上升以拉动经济脱离停滞，可是他们发现太难了，令人灰心，因为日本老百姓有些农民意识，觉得既然日子不好过，就该推迟消费，增加储蓄。尽管财政货币政策让更多的钱进了他们的口袋，他们还是不肯增加开销，宁愿再增加储蓄以应付未来的艰难时日。

文化分析要看清背景

本章要讲的事情太复杂了，但有一点是清楚的，即亚洲经济的起伏使亚洲价值观的鼓吹者们遇到了难题。然而，这些事态演变并不影响人们对于文化与经济增长关系的一种比较成熟的理解。问题是出在有些人企图从概括的文化特点一下子跳到经济的结果，而没有考虑到各种中间变数和背景情况。因此，想开出一张清单，笼统说什么文化价值观对经济发展有利，什么文化价值观对经济发展不利，这是不科学的。在某种情况下有利的，到另一种情况下又可能变得完全相反。

此外，我们现有的知识还不足以解开经济发展动力方面的许多奥秘。我们的理论尚未提供出足够明确的因果关系，来给各种特定的文化变数赋予明确的分量。除了地理、气候、矿藏、政府能力及其公共政策明智与否等这样一些一般性的考虑以外，经济行为这一总的范畴仍然太广阔，使我们无法精确地评价任何一个特定的文化价值观的意义。有的行为限于个人的作为，例如兴办企业所必需的首创性即是如此，而另一些行为却是集体的，界定着一个社会的特性和构成。在论述文化价值观的具体分量如何时，我们必须谦虚一些。我们知道它们重要，但在某一特定时候它们究竟重要到什么程度，却很难判断。我们与之打交道的，是云团，而不是钟表，是粗略的估计，而不是精确的因果关系。[①]

因此，当我们把这些分析的线索收拢时，可以看出，亚洲价值观的鼓吹者们对于亚洲经济奇迹和西方的无可救药都说过了头。然而，亚洲当然还会继续现代化，并且在此过程中产生出独特的样式和做法。这并不奇怪，因为西方作为现代化的领先者也不曾产生清一色的文化——西方各主要社会之间存在着活生生的差别。文化差别将持续下去，企图说什么文化优越、什么文化低劣，是没有什么道理的。它们的长处和短处是在不同的领域，涉及不同的做法。经济发展不是一次事件，而是一个持续不断的历史过程，因此所有各国的发展过程中都有许多的起起伏伏。一种技术状态下行之有效的组织形式到了新技术出现后又可能变成包袱。

说到这里，应当指出，有些东亚国家的经济正在恢复，其速度之快超出了许多人的估计，这一恢复无疑也部分地反映出那些前二三十年曾促进过经济快速增长的文化因素。

① 10. For a sophisticated examination of culture and economic development, see Peter Berger and Hsian-Huang Michael Hsiao, eds., *In Search of an East Asian Model* (New Brunswick, N. J.: Transaction, 1988).

｜第十九章｜

多重现代性：东亚现代性涵义初步探讨

杜维明

现代性既是一个历史现象，也是一个理念架构。多重现代性的概念，是基于三个相互关联的论断：传统作为在界定现代化过程方面起积极作用的因素是持续存在的；非西方文明涉及现代西方的自我认识；地区的知识具有全球性意义。

在考察日本和“四小龙”（中国台湾、韩国、中国香港和新加坡）的经济文化和道德教育的过程中，儒学传统对东亚现代性的持续存在的意义受到了跨文化和跨学科的研究。这几个地理区域差别很大，各学科（哲学、宗教、历史、社会学、政治学、人类学）的研究方法又极其复杂，它们的相互作用更使得画面朦胧不清。然而这几个地理区域被放在一起加以讨论，这表明，为理解工业东亚的政治经济和道德结构，关键的一条是认识儒学精英的关联以及受儒学价值观影响的思维习惯。[1]

“现代化”

从历史上看，“现代化”一词是用以代替“西方化”（“西化”）的，因为人们承认现代化过程的普遍意义。现代化过程虽是起源于西欧，但已从根本上改变了世界其余各地，因此表达这一过程的概念不能局限于地理上的“西方”，而应当比它更广阔。“现代化”概念具有时态上的一层意思，表明这是一个正在展开的全球趋势，而不只是某一地区的变化动力。

在学术界，现代化这一概念是比较新的。它是在20世纪50年代于北美由一些社会学家，尤其是由塔尔科特·帕森斯最先提出的。帕森斯认为，高度发达社会中释放出的力量，如工业化和城市化，将最终席卷全球。虽然这些力量可以定义为“西方化”或“美国化”，但从普世大联合的精神来看，更恰当而且在科学上也许属于中性的名词应是“现代化”。

有意思的是，在中国，“现代化”一词出现于20世纪30年代，大概是受到日本学术讨论的影响，中国当时最有影响的报纸

---

① See Tu Wei－ming，ed.，*Confucian Traditions in East Asian Modernity：Moral Education and Economic Culture in japan and the Four Mini-Dragons*（Cambridge：Harvard University Press，1996）.

《申报》就中国发展方针问题组织了一系列辩论。三次大辩论的中心议题是，中国要赶上帝国主义列强（包括日本），是应以农业为重还是应以工业为重，是实行社会主义还是实行资本主义，是以中学为主还是以西学为主。这在当代中国学术史上是很有意义的一页。[①] 此外，集中考察中国的情况还有助于判定现代化概念对于非西方社会的适用性。

然而，说东亚现代性有益于当代西方自我认识，是基于这样一条推断性的理由：如果说现代化过程可以具有实质上不同于西欧和北美文化的文化形式，那就可以明显看出，西方化或美国化的说法都不足以表示现代化过程这一现象的特性。此外，东亚现代化形式还可能有助于研究现代化问题的学者更多样和更细致地认识当代西方，把它看做是具有巨大可能性的复杂混合体，而不是仅含有单条轨道的单一实体。

如果我们开始从多文明角度看待现代化，那么，那种认为当代西方的经历应在世界其余各地予以重复的说法，就不再可信了。实际上只要仔细一看，就可看出当代西方远远不是一个统一连贯的发展模式，而是表现出一些彼此有冲突、有矛盾的发展方向。欧洲和美国对待广义的现代化的态度就不相同，这足以证明西方内部存在着多样性。西方现代性的英、法、德三个范例在现代化过程的一些突出特点上也彼此不同，其差别之大足以证明实

① Lo Rongqu, ed., *Xihua yu xiandaihua* (*Westernization and modernization*) (*Beijing*: *Beijing Uninersity Press*, 1985).

际上三地的知识都是不能加以普遍化的。这却丝毫没有损害人们的强烈印象，即几乎所有各种能够加以普遍化（即使不是普世化）的地方知识都是源于西方的。

尽管如此，我们是处在一个关键时刻，必须超越三种流行的但却又过时的非此即彼的二分法：传统与现代之分，西方与非西方之分，以及地方和全球之分。我们超越这些二分法的深远意义在于要成熟地理解全球化和地方化二者之间的有活力的相互作用。东亚的事例对于这种探索十分有意义。我将集中注意作为东亚政治经济基本价值观体系的儒学人文主义。

有人认为黑格尔的历史哲学是一个关键转折点，它将儒学以及非西方世界另一些精神传统归到了黑格尔所说的“精神”的拂晓阶段。不论这种说法对或不对，中国文化界通常将儒学伦理标准界定为“封建”的做法，就是基于黑格尔理论中也包含的那种强烈的历史必然性论点。具有嘲讽意味的是，整个启蒙运动正如康德划时代的问题“什么是启蒙?”所点明的那样，实际上是肯定了在西方之外，尤其是在儒学的中国，文化传统早已在未曾借助于天启式宗教的情况下建起了一个有秩序的社会。

正如于尔根·哈贝马斯等现代思想家所理解的那样，在19世纪，现代西方的动力使世界卷入了无休止地奔向物质进步，这时所发生的事情，肯定不是启蒙运动直接产生的结果。相反，人们所认识的启蒙运动的理性轨道被解脱束缚的普罗米修斯彻底毁掉了，后者象征着毫无节制地寻求摆脱过去和征服自然。要求摆脱权威和教条的一切束缚也许仍是启蒙运动思想的一个特征，对大自然采取积极进取的态度也是启蒙运动心态的一个组成部分。而对于世界其余各地来说，启蒙运动心态所启发出来的现代西方则是表现为征服，霸权，奴役，还有人间繁华的一些模式。

黑格尔、马克思和韦伯都觉得现代西方尽管有其种种缺陷，仍然是世界其他各地可以学习的唯一地方。“精神”的展开，历史必然性的过程，或者现代性的“铁笼”，实质上都是欧洲要解决的问题。儒学的东亚、伊斯兰教的中东、印度教的印度以及佛教的东南亚都处于这一过程的接受一端。最后，现代化作为同质化，会使文化多样性即使不是变得毫无意义，也会起不了什么作用。无法想象儒学或是任何别的非西方文化传统能对现代化过程起什么大的影响。从传统到现代的发展是不可逆转的、必然的。

在全球范围内，西方一些最杰出的思想家曾认定是不言自明的真理，却被证明是短视的。在世界各地，肯定也包括西欧和北美在内，预期的从传统到现代的明确转变并未发生。传统照常继续存在，作为积极起作用的因素影响着现代化的各种特殊形式，这意味着现代化过程本身继续采取了多种多样的植根于传统的文化形式。在 18 世纪，人们曾承认激进另类观点对自我认识有意义，而在整个 19 世纪和 20 世纪大部分时期内，人们却对于现代西方心态的任何挑战都不屑一顾。可是在现今的全球形势下，前者竟看来比后者更适用一些。在 21 世纪，18 世纪的开放性可能会比 19 和 20 世纪的排他性更适用于指导各种文明之间的对话。

现今“历史的终结”[1] 和“文明的冲突”[2] 之间的辩论只涉及我想要探讨的“问题”的表面。资本主义得胜了，许多人以为自由民主制将被全球普遍接受，因此曾产生过欢欣鼓舞，可是这种欢乐好景不长，是短命的。“全球村”充其量也只是一种想当然的景象，它的出现实际上象征着区别、差异和公然的歧视。人们希望经济全球化所产生的结果或者所带来的机会将会造成平等，这是想得太简单了。从财富和权力的分配以及获取信息和知识的条件来看，世界的分裂超过以往任何时期。从家庭到民族各个层次上的社会分解，成为世界各地的严重问题。自由民主制即使说作为一种理想已被世界其余各地许多人接受，但是硬说它将自然而然成为国际政治中唯一主导潮流，那也只是一厢情愿而已。

“文明的冲突”立论的基础是一个正确的判断，即文化多元性将是全球一个持续存在的特点，然而它的根源仍在于西方与世界其余各地相抗衡这样一个过时的观念。它的前提是只有西方式的地方知识才是可普遍化的（即便说不是普世化的话），为西方特殊论辩护。如果说“文明的冲突”是为提高作者钟爱的西方价值观的说服力献策，那么它的目标归根结底仍是跟“历史的终

---

① Francis Fukuyama, *The Ene of History and the Last Man* (New York: Free Press, 1992).

② Samuel Huntington, *The Clash of Civilizations and the Remaking of World Order* (New York: Simon & Schuster, 1996).

结”差不多，只不过它提醒人们，这一过程的起始阶段是会让西方自由民主制的鼓吹者们心烦的。

从更深的意义上说，不论是“历史的终结”还是“文明的冲突”都没有抓住现代西方知识分子深刻关切的问题。尽管启蒙运动有种种暧昧不明之处，但是为了人类的繁荣，启蒙运动的继续仍是必要的和可取的。这一努力的最令人抱有希望的迹象，也许就是人们所期待的哈贝马斯主张的交际理性和约翰·罗尔斯主张的政治自由主义二者之间富有成果的对话。这一类思想被不分青红皂白地称为后现代主义，它所面临的挑战是巨大的，但是这里不是细谈这些事情的地方。现在只要指出以下这一点就够了：环境意识、女权敏感性、宗教多元论以及社群伦理，都强有力地表明自然和灵性在人类本能反应中的核心地位。我们那些当代启蒙思想家未能认真对待人与自然的最终关切及和谐，未能将它们作为自己哲理论述的组成部分，这就是他们要对后现代批判作出创造性回答的主要原因。幕后的则是社群问题。我们迫切需要从全球角度对待人类现状，这取决于我们从全球社群思考问题的意愿。

法国革命提出的启蒙运动价值观之一是博爱，从功能上说它相当于社群观念，可是它几乎没有受到现代政治理论家们的注意。自从洛克发表了他的《政府论》的专著以来，学术界一直专注于个人与国家之间的关系，这当然不是现代政治思想的全部内容，但不可否认的是，社群问题，特别是家庭问题，一直遭到冷遇，在西方政治学主流中成为无足轻重的东西。黑格尔热衷于家庭之外、国家之下的“文明社会”，主要是受到中产阶级社会秩序动力的推动，而中产阶级社会秩序是威胁到所有传统社群的一种独特的城市现象。黑格尔对“文明社会”的论述是对未来的一种预见性的凝视，而不是对社群价值的批判性分析。从“礼俗社会”到“法理社会”的转变曾被认为是社会与其过去的一大决裂，所以韦伯曾指出“普世兄弟之情”是过时的中世纪神话，在不再抱幻想的现代世俗世界是不可能实现的。从政治上和伦理上说，世界民族大家庭需要作出艰苦的努力，才能超越出自我利益词藻之上，重获世界相互依靠的精神。

近几十年来，在北美内部，人们对社群的兴趣变得浓厚起来，其起因大概在于人们有了危机感，认识到社会的分解对共和国的福祉是一个严重的威胁。但是，美国和加拿大境内因种族/民族冲突和语言冲突激起的那种地区不安宁，在整个高度工业化的（即使不是后现代的）第一世界也是处处可见。一方面是贸易、金融、信息、人口迁徙和疾病等的全球化趋势，另一方面是种族/民族、语言、土地、阶级、年龄和信仰等根源造成的地方特性，这两方面的冲突是不容易解决的。世界上既有粗暴的对抗，也有令人鼓舞的和解，这就迫使我们要超越“非此即彼”的认识论，按照色彩和人生的多样性去认识想象中的全球社群。从儒学观点看东亚现代性，会有助于我们养成一种新的思维方式。

儒学人文精神

儒家学说作为政治意识形态、学术思想、经商伦理、家庭价值观或者作为抗议精神，自从20世纪60年代以来在东亚各工业地区、稍后又在东亚社会主义地区得到复兴，这是许多因素相结合的结果。尽管依然存在着根源于原始纽带（特别是民族、语言、文化上的民族主义以及人生观）的紧张局势和冲突，但是东亚总的格局是建立在与现代西方启蒙运动心理状况很不相同的价值观基础之上的整合。

东亚知识分子热心研究西学，已有一百多年。在日本，武士和官吏们先是从荷兰人、英国人、法国人和德国人，后来又从美国人那里学习了西方科学、技术、工业制造业和政治体制等方面的先进知识。同样，中国、朝鲜和越南的知识分子也向西方学知识来建设他们自己的现代社会。他们认真地学，还把第一手体验作为最好的学习方法，再按照他们的体会，致力于大规模的、综合的甚至是全盘的西方化，以便彻底改造他们的经济、政体和社会。

他们认同于西方，积极参与按照西方模式根本改造自己的世界，这在人类历史上是前所未有过的。东亚为了大量吸收西方文化而有意将自己丰富的精神资源置于次要地位，然而这使得他们更加有必要寻求本民族的模式以重塑他们从西方学到的东西。在第二次世界大战结束以后，这种创造性应用的模式帮助了他们处于战略性有利地位，来形成一种新的合成方式。

儒学传统曾被看作是遥远的以往封建时代的回声而置于边缘，被永远切断了它的帝制基础，可是它在以农业为基础的经济、以家庭为中心的社会结构以及以新的形式展现的家长式政体中，仍然保持了它的根基。儒学的政治意识形态在日本和“四小龙”的发展中都起了作用。它在中华人民共和国、朝鲜和越南的政治过程中也有明确表现。当东亚的资本主义和社会主义分界线开始变得模糊时，贯穿这一大片地区的文化形式从性质上看显然就是儒学。

东亚和各地华人的经济文化、家庭价值观和经商伦理也表现出儒学特征。把这些现象解释为一种后现代的辩解，是太表面了。即使我们同意说以儒学表达它们是一种事后的思考，但是在表述东亚经济一些突出特点时所用的一些名词，例如网络资本主义、软性集权主义、群体精神、共识形成和人际关系等名词的流行，至少也表明了儒学传统在东亚现代性中起改造作用的潜力。

具体说来，儒学传统影响之下的东亚现代性表示出一种连贯的治理观和领导观：

· 在市场经济中，政府的领导不仅是必要的，而且是可取的。有人认为政府是一个不得不有的坏东西，认为市场本身可以提供“无形的手”来维持社会秩序，可是西方或东方的现代经历却是与这种理论相反。对公众需求能作出反应、对人民福祉尽心尽职、对广大社会负责的政府，在建立和维持秩序方面，是极其重要的。

· 虽然法律是必不可少的，是保持社会稳定的最起码的必备条件，但“有机的团结”只能是人们保持仁爱之心以礼相待的结果。文明的行为模式是决不可能靠强制手段传播的。榜样的教育作用作为鼓舞人心的标准会促使人们自觉参与。单靠法律不可能产生羞恶之心以引导文明的行为。礼节的行动能促使人们不辜负自己的愿望。

· 家庭作为社会的基本单位，是使最核心的价值观得以传播的源泉。家庭之中人们的双向关系随年龄、性别、权威、地位和等级而有所区别，这就为学习做人提供了内容丰富的自然的环境。人际双向交往的互惠原则界定着家庭内部的所有各种关系。人类基本生存环境中最重要的差距之中，大概就包括年龄和性别，这二者在家庭中被纳入持续不断的亲切关怀之情的交流。

· 文明社会并不是因为它是家之上、国之外的一个自立的舞台而茂盛。它的内在力量在于它是在家和国之间起着有活力的相互作用。家作为国的缩影，国则被认为是家的扩大，这表明家的稳定对于国体至关重要，国的一个极重要功能则是确保家的有机团结。文明社会提供着多种多样的起调节作用的文化机制，使家与国之间保持富有成效的连接。公与私之间有活力的相互作用使文明社会得以提供各种不同的和丰富的资源以促进人类繁荣。

• 教育应成为社会的文明之教。教育的首要目的是人格养成。学校应致力于培养全面的人，德育和智育并重。学校应使学生学会通过交流而积累“社会资本”的艺术。除了掌握知识和技能以外，通过学习还应同时培养文化素质和领会精神价值观。

• 修身是立家、治国、平天下的根基，所以特定社会的生活质量有赖于社会成员修身的水平。社会鼓励修身，将此作为人类繁荣的必要条件，那么这样的社会就会珍视以美德为中心的政治领导，将互勉作为共同实现自我的一种方式，重视家庭作为学习做人的适当场所的价值，将文明作为人际交往的规范，重视教育以养成人格。

儒学与现代化

如果说上述这些社会理想在东亚得到完全实现，那就与实际脱离得太远了。事实上，东亚各社会表现出来的行为和态度往往与儒学现代性的特点恰好相反。在遭受帝国主义和殖民主义欺凌数十年之后，东亚现在至少在表面上露骨地显现出现代西方一些最负面的东西：剥削，重商主义，消费主义，物质主义，贪婪，自我主义，以及粗野竞争。尽管如此，作为第一个现代化的非西方地区，“儒学”东亚的崛起仍然在文化上具有深远的涵义。

受启蒙运动精神影响的现代西方为世界范围的社会转变提供了最初的推动力。推动西欧和北美现代化进程的历史原因并不一定是现代性的结构组成部分。启蒙运动的价值观，例如工具主义理性，自由，权利意识，重视法制，保护隐私，发挥个人作用等，都是可普遍适用的现代价值观。但儒学事例表明，一些“亚洲价值观”，例如同情心，分配上的公正，义务感，礼仪，公心，群体取向等，也是可普遍适用的现代价值观。[①] 正如前者应纳入亚洲现代性一样，后者也可供美国生活方式作批判性的和适时的参考。

如果说儒学现代性肯定能驳倒许多人声称现代化实质上就是西方化或美国化的说法，那么这是否意味着预示一个太平洋世纪来临的东亚的崛起就象征着一个新的范式将取代老的范式？答案肯定是否定的。有人以为应该是逆向趋同，即西欧和北美现在该向东亚寻求指引，这种看法是错误的。虽然西方尤其是美国的文明应当不仅是教训别人，而且也显然需要自我转变而向别人学习，但东亚现代性的意义是在于多样性，而不是搞另一个一元论。

儒学的东亚能在不彻底西方化的情况下充分现代化，这表明现代化可以有不同的文化形式。因此可以设想，东南亚可以实现

① For a recent discussion on this issue, see William T. de Bary, *Asian Values and Human Rights: A Confucian Communitarian Perspective* (Cambridge: Harvard University Press, 1998).

它自己的现代化，既不是西方化也不是东亚化。儒学的东亚使泰国、马来西亚和印度尼西亚受到鼓舞去实行现代化，这一事实意味着佛教和伊斯兰教形式的现代性，不言而喻还有印度教形式的现代性，不仅是有可能，而且是可能性很大的。没有理由怀疑拉丁美洲、中亚、非洲以及世界各地固有的传统都有转变的潜力，发展出自己的不同于西方的现代性。

然而，由于相信多元论而干净利落地做出这样的结论，也许是过早了。说这很有可能发生，是一种历史的必然性，都会带有一厢情愿的味道。但是我们不必是强硬的现实主义者，就会承认发生这种情况的可能性。如果第一世界坚持过度发展的权利，如果工业化的东亚继续向前加速发展，如果中华人民共和国不惜一切代价投身于“四个现代化”，那么，从现在起再过 50 年，世界将会是什么模样？东亚现代性究竟是一个大有希望的现象，还是一个梦魇？人们只好猜测。

尽管目前出现金融危机，儒学东亚近 40 年来的发展仍然是世界上空前活力旺盛的经济发展，具有深远的地缘政治涵义。日本从美国教导下的一个听话的学生变成了美国经济霸权的最强大挑战者，这一点使我们不得不考察这一地区特定知识的全球意义。中华人民共和国 1979 年以来的“改革开放”政策已经推动它成为一个发展的巨人。

虽然柏林墙的倒塌和原苏联的瓦解标志了国际共产主义这一极权主义实验的完结，但是社会主义东亚（中国，朝鲜，从文化上说还有越南）似乎正在重新改造自己的过程之中，即使在名义上并非如此，实际上仍是如此。数以千计的持不同政见者到了西方，还有一个支持西藏独立的网络在世界各地活动，在这种情况下，中国的另类激进性被美国大众传媒广泛视为一种威胁。似乎不言自明的是，由于中国受帝国主义西方欺凌了100多年，复仇可能是中国争取重建世界秩序的首要动机。对于第二次世界大战中的太平洋战区和朝鲜战争的记忆，不用说还有越南战争的记忆，使得黄祸的神话被一些人所相信。一些富有的华人从东南亚、台湾和香港移居北美、澳大利亚和新西兰，进一步加重了一些人的危机感，觉得中国人是在阴谋重新安排全球的强权关系。

“儒学”东亚——日本，四小龙，中国大陆，越南，可能还有朝鲜——的崛起表明，尽管全球趋势主要在于经济和地缘政治方面，但文化传统继续在现代化过程中起着强有力的影响。虽然现代化起源于西方，但东亚的现代化已具有大大不同于西欧和北美的文化形式，这就使我们从实证上不能不考虑西方现代性之外的其他形式。然而，这并不是说西方现代性受到东亚现代性侵蚀，更不是说被后者取而代之。有人说亚洲价值观比西方启蒙运动价值观更适合于亚洲现状，言下之意还是更适合于21世纪新兴的全球群体，这种说法即便不是全然错误，也是有严重缺陷的。现在世界面临的挑战是需要展开全球各种文明之间的对话，这是建立和平的世界秩序的前提。人们觉察到的文明的冲突使得这种对话的必要性变得十分迫切。

因此，看似悖论的是，我们要愿意而且有勇气去理解与我们不同的激进另类现代性，这是我们走向自我理解的必要一步。如果西方能认真了解东亚现代性，那么西方就会更敏锐地看到自己的模式对于世界其他各地所具有的长处和短处。现代西方加强自我反省，就能认识到，根源于具体社群的原始联系是怎样地促成了现代社会经历的各种不同形式。

这将是西方和其他地区朝向真正的交流迈出的一大步，而倘若没有这样的交流，各种文明之间就决不可能有基本的信任和有效的合作。从全球社会的角度来看，按照西方和非西方的界限将世界一分为二，是既不必要又不可取的。它在实证上也是站不住的。西方作为霸权的一方一直企图用强制手段主宰其他地方，而其他地方又通过劳工、资本、人才和宗教等多方面的迁徙移动而全面渗透西方。现在是时候了，各种文明之间该本着相互依存的精神开展对话了。

第七部分

促进变革

一个国家能否繁荣，文化是一个重大的决定因素，因为文化影响到个人对风险、报偿和机会的看法。在人类进步的过程中，文化价值观确实是重要的，因为它们影响到人们对进步的想法。文化价值观之所以重要，尤其是因为它们形成人们组织经济活动所遵循的原则，而没有经济活动，就不可能有进步。

｜第二十章｜

改变国民的心态：致富过程中的各种因素

迈克尔·费尔班克斯

引言：繁荣不起来怨牛不好

博德公司（Monitor Company）曾受哥伦比亚政府和私营企业委托，研究哥伦比亚这个安第斯山区国家的皮革制造商怎样才能扩大向美国的出口，并提供相关建议。我们首先在纽约市采访了产自世界各地的皮革手提包的买主，还采访了美国各地大约两千家零售商。我们收集到的资讯错综复杂，但归结起来，信息却简单明了：哥伦比亚的手提包定价太高，质量太低。

我们回过头来，到哥伦比亚的皮革制品制造商那边去了解他们的产品质低价高原因何在。他们的回答是："这不是我们的过错。"他们说这都怨那些向他们供货的鞣皮厂。哥伦比亚政府却保护这些鞣皮厂，对进口皮革征收15%关税，从而使阿根廷向哥伦比亚出口的皮革变得太贵，难以与国内厂商竞争。

我们再去哥伦比亚农村采访那些鞣皮厂的主人。这些鞣皮厂采用劣质化学制剂，造成了附近土壤和水的污染。厂主们很高兴地回答了我们的问题。“这不是我们的过错，”他们解释说，“这都怨那些屠宰场。他们向我们提供的生牛皮太次了，因为他们一心只想多卖些牛肉，既省劲又可以赚更多的钱。他们把牛皮弄破了却一点也不在乎。”

我们转到南美草原去采访屠宰场的赶牛工、屠宰工和挥动着秒表的管理人员。他们的回答还是那句话：这不是他们的过错。这都怨那些牧场主。他们说，“你们知道吗，他们为了防止那些跟毒枭狼狈为奸的游击队偷牛，就往牛身上打了太多的烙印。”烙印多，皮弄毁了。

我们最后奔赴远离省城的牧场。牧场主们说话带有浓重的地方口音，既快又不好懂。他们告诉我们，“这不是我们的过错。这都怨牛不好。”他们解释说，这些牛太蠢了，为了驱赶叮在它们身上的虻蝇和挠痒，老往铁丝网上蹭，把皮都蹭破了。蠢牛不会说话，我们没有谁再好采访，调查到此结束。

我们长途跋涉，行车在搓衣板似的路上，还得在车上不断敲点我们的笔记本电脑，鞣皮厂的化学污水和一路的泥泞把我们的鞋都毁了。我们最后得知，哥伦比亚的牛皮手提包难以打进有吸引力的美国市场，原来是因为他们的牛太蠢了。

对问题的多种解释

对于我们的哥伦比亚朋友所面临的问题，人们会作出许多不同的解释。“怨牛不好”的这件事该怎么办，一位宏观经济学家会建议取消关税保护，“让市场找到新的平衡”。非政府组织（NGO）会争取让那些牧场更换铁丝网栅栏，而工商管理学者也许会研究怎样切分消费市场。社会学家可能说当地的“人际信任度”太低。人类学家也许会说那里的人们不过是处于“一个不同的经济发展阶段”，该让他们自然地进步。

对于我们在哥伦比亚所遇到的问题，可能有不同的解释，这就表明，对于创造繁荣的路上遇到的障碍也会有不同的解释。说到底，要给繁荣下定义也不容易。正像许多人对牛的故事会有不同的见解一样，对于什么是繁荣和如何创造繁荣，也会有许多不同的看法。为了进一步探讨这一问题，我将分解一下繁荣大体上包括哪些组成部分，说明繁荣为什么重要，以及创造繁荣的变革过程中有哪些因素。

什么是繁荣？

繁荣是指个人、群体或一国国民在满足衣食住行等各种物资需求方面均能过上好日子的能力，[1] 至于什么样的生活算是好日子，则依人们当时当地的定义而定。繁荣有助于人们在心灵上开拓出空间，按照自己的爱好发展健康的情感和精神生活，不必为日常生存的物质需要而忧虑。

我们可以从流通和贮存两方面考虑繁荣状态。许多经济学家将它视为收入的流动：人们购买一批商品或分享他人创造的价值的能力。我们采用一种更新了的收入概念，叫做“购买力”。[2] 例如，罗马尼亚人均收入约合 1350 美元，但其购买力约近 3500 美元，因为许多东西的价格低于世界市场。

繁荣亦指有助于提高生产率的环境。因此，我们可以将繁荣视为一系列的资财。[3] 这里，我列出以下七种资财，或资本，其中后四种构成社会资本：

1. 自然资源，如地理位置，矿藏，森林，海滩，气候；

2. 一国金融资源，如储蓄额，外汇储备；

3. 人造资本，如建筑物，桥梁，道路，电信设施；

---

① Debraj Ray, *Development Economics* (Princeton: Princeton University Press, 1998), p. 9.

② Ibid, p. 12.

③ Amartya Sen discusses the difference between a stock and flow in “The Concept of Wealth,” in *The Wealth of Nations in the Twentieth Century: The Policies and Institutional Determinants of Economic Denelopment*, ed. Ramon Myers (Stanford: Hoover Institution Press, 1996).

4. 制度资本，如有形和无形资产的法律保护，效率高的政府办事机构，能最大限度使股票增值并保障职工薪资和培训的企业；

5. 知识资源，如国际专利权，大学容量和思想库能量；

6. 人力资本，如技能，智力，能力；

7. 文化资本，不仅指文化的有形表现，如音乐、语言和礼仪传统，而且指与创新有关联的态度和价值观。

不将繁荣概念化为人均收入的流通，我们就可以考虑到在一种更丰富和更有能量的“高效”环境中的一种更广泛的体系和投资的决策。[①] 诺贝尔奖获得者阿马尔蒂亚·森指出，“资财的观点的好处在于它让我们更好地认识一国在未来生产财富的能力”。[②]

① For the best practical example of this view of prosperity, look at James Wolfensohn's internal but now widely accessble memorandum on the Comprehensive Development Framework (CDF), spring 1999. The president of the World Bank has begun to implement a “holistic” approach to development around the concept of a “social balance sheet.”

② Sen, “Concept of Wealth,” p. 7.

为什么繁荣重要?

我们知道，世界各地个人购买力高低相差悬殊，各国拥有的财富贮存大小也不成比例。托马斯·索厄尔指出，“我们必须面对最明显的事实，在社会史上已存在千百年之久的事实，即人与人之间的生产率相差悬殊，这种差别所产生的经济后果和其他后果也相差悬殊。”[①] 世界银行近年来的报告表明，非洲、拉丁美洲和亚洲许多地方的生活水平还因生产率下降而受到威胁。

贫困与营养不良二者之间有着密切的关系：肌肉劳损，发育不良，更易受传染病感染，儿童认知力受破坏。世界上的儿童有84%生活在贫困之中，当地人均收入每日不足2美元。世界上的婴儿绝大部分出生于贫困状况之中。预期寿命、识字率、饮用水和婴儿死亡率均与一国的生产率和繁荣度成正比。1990年产妇死亡率在低收入国家为607/100000，在经济发达国家仅为11/100000。[②]

可是贫困的危害超过了统计数字所能表达的程度。贫困能损害人的志向、希望和幸福。在这方面，贫困的影响无法衡量，却

① Thomas Sowell, *Conquests and Cultures* (New York: Basic, 1998), p. 329.

② Alex Inkeles, *One World Emerging* (Boulder: Westview, 1998), p. 316.

感受得到。大量的文献表明了较高的收入有助于积极进取，宽厚待人，支持公民自由权，对外国人持开放态度，对下属持正面关系，养成自尊心，对个人能力有信心，愿意参与社群活动和国家事务，保持人际信任，以及满意于自己的生活。例如，参加了我们这次研讨会的罗纳德·英格尔哈特就曾写道，较高的主客观福祉自我报道率，是与较高的国家繁荣度成正比的。①

我们应如何谈论信念与繁荣？

对于什么是繁荣和怎样创造繁荣，每个社会都有一些人持有不同的信念。承认和理解这一点，是创造变革的基础。斯特斯·林赛和我在《劈波斩浪——在发展中世界培育潜在的增长源》一书中，提出了有关心理模式的若干原则：②

·心理模式系由第一人称的、具体的和特定的信念、推论和

① Ronald Inglehart, *Modernization and Postmodernization: Cultural, Economic, and Political Change in Forty - Three Societies* (Princeton: Princeton University Press, 1997), chap. 1.

② Michael Fairbanks and Stace Lindsay, *Plowing the Sea—Nurturing the Hidden Sources of Growth in the Developing World* (Boston: Harvard Business School Press, 1997).

目标所组成。它是反映世界运转情况的心理图景。[①]

• 信念和态度，有些是有利于创新并为繁荣创造条件，有些则是反创新的。[②] 这些信念构成心理模式。

• 心理模式可以围绕一个特定的、明确的目的予以界定、说明和检验。诺贝尔奖获得者道格拉斯·诺思指出，人们利用“心理模式……和制度”以“影响经济的运作”。[③]

• 最后，心理模式是可以改变的。虽然文化涉及意义的代代相传，[④] 但这不大可能是一种遗传过程。[⑤]

亚历克斯·英克尔斯认为，世界各地存在着行动和信念的普遍趋同。他指出，“世界各国都表现出一种强烈的趋势，即日益采用新的生产方式，以机械动力为基础，进而依靠现代技术和应

---

① We adapted this concept from the domain of cognitive psychology, first coined in 1948 by Kenneth Craik, to enrich our set of economic development tools. See also Chris Argyris, *Reasoning, Learning, and Action: Individual and Organizational* (San Francisco: Jossey－Bass, 1982); and Peter Senge, *The Fifth Discipline* (New York: Doubleday Currency, 1990), chap. 10, “Mental Models.”

② Symposium participants Mariano Grondona and Lawrence Harrison have developed this rich concept of pro-and anti-innovation value systems.

③ Douglass North, “Institutional and Economic Change,” *Distinguished Lecture Series* 12, The Egyptian Center for Economic Studies, February 1998.

④ Clifford Geertz, *The Interpretation of Cultures* (New York: Basic, 1973), p. 89.

⑤ Edward O. Wilson, “From Genes to Culture,” *Consilience* (New York: Knopf, 1998), chap. 7.

用科学。”他指出这些“新的生产安排”造就了新的制度格局和个人所起的新的作用，而且**“引出……新的态度和价值观”。**①

世界银行前任首席经济学家约瑟夫·施蒂格利茨写道，“发展表明社会的一种转变，从传统的关系、传统的思维方式、传统的对待健康和教育的方式和传统的生产方式转向现代方式的一种运动。”②

既然这些杰出人士都发表了这样的看法，为什么各国政府和国际机构的行动日程上却如此缺乏心理模式研究呢？为什么各国或各地区如此缺少改变人们心态的正式变革过程呢？世界上一些最重要的发展机构在这一点上持何种立场？他们无所作为是由于缺乏认识，或没有发达的手段，或内部共识不够，或政治上受制于股东和报界，或治理无方，还是由于他们自己的心态？连当今世界上最有影响的经济学家之一保罗·克鲁格曼也承认，“在思考个人及其动机方面，经济学的明显特点是粗陋得惊人……对于人们的思维和感受，经济学家们显然是不感兴趣。”③

心理模式的研究往往是慢得令人失望，但毕竟发展了五十来年了，能为理解和争取解决贫困问题提供最好的途径。本次研讨

---

① Inkeles，*One World Emerging*，P. 24；italics added.

② Joseph Stiglitz，“Toward a New Paradigm for Development：Strategies，Policies，and Processes”（The Prebisch Lecture at UNCTAD，Geneva，18 October 1998）.

③ Parl Krugman，“Does Third World Growth Hurt First World Prosperity?” *Harvard Business Review*，June-August 1994，p. 113-121.

会的组织者劳伦斯·哈里森指出过，这方面的变革将是困难的，“因为它需要有能力对于那些触及最敏感的自我形象和自尊心问题的内在因素进行客观的反省和定性。”① 英克尔斯也认为反省是重要的。“一个现代国家的标志就在于它强调持续不断作自我分析的过程……〔现代国家〕能作自我矫正。”②

有些国家要求我们帮忙出主意以改善它们的经济，而我们作为实干的人，经常在思索这样的国家能否建立更大的自我矫正能力。变革的过程有许多步骤，我们在向这些要求作出反应时，必须首先采取一个步骤，就是问问它们创造繁荣的模式是什么？

变革过程的因素

变革是一个无固定节奏的过程，永远不会按照一个能轻易描述的序列步步进行。尽管如此，想要构建自己经济变革的人们除了要具备范围广泛的技能和涉及众多领域的真知灼见以外，还必须有一个大家都赞成的纲领，并且在一定程度上意识到为促进变革所必需的组成因素。

一些国家的公私部门领导人邀请我们去帮助他们改善经济，

---

① Lawrence Harrison, *The Pan-American Dream* (New York: Basic, 1997), p. 261.

② Inkeles, *One World Emerging*, P. 83.

特别是提高他们的出口竞争力。十几年来，我们已认识到，北美和欧洲政界和学术界所设计的宏观经济疗法是不够的。在这方面，方法学是复杂的，是从许多不同的学术领域吸取灵感，但是我愿将它们归结为十项关键因素，而且用我们在若干国家工作的实例加以说明。在本章，我将着重谈其中的前五条，因为它们为理解后五条创造条件。①

解读现行的致富战略

未能高速创造财富的国家，在做法上有不少共同之处。据我们了解到的情形，它们都过分依靠自然资源，包括过分依靠廉价劳动力，而且单纯相信气候、地理位置和政府扶助的好处。② 因此，它们往往不去努力生产那些能创造更大价值的差异化的商品和服务，以满足那些要求高而又愿意多付钱的消费者的需求。

---

① This schema for change was inspired by the work primarily of Roger Martin, a director of Monitor Company and dean of the School of Business at the University of Toronto, and by John Kotter at the Harvard Business School. The schema has been practiced, shaped, and improved by Monitor country competitiveness advisers Joe Babiec in Bermuda, Jim Vesterman in Colombia, Kaia Miller in E1 Salvador, Jeff Glueck in Venezuela, Ethan Berg in the Republic of Tatarstan, Randll Kempner in Peru, Matt Eyring in Bolivia, and Josh Ruxin in Uganda.

② This conclusion is shared by Jeffrey Sachs and Andrew Warner. See their "Natural Resource Abundance and Economic Growth," National Bureau of Economic Research, Cambridge, Working Paper 5398, December 1995.

它们只看重那些易于模仿的有利条件，只看重那些较低级形式的资本，因而只能在价格的基础上从事竞争，从而往往压低工资。靠低工资竞争，就是比赛看哪个国家能保持得最穷最久。这是贫穷基础上的出口，不是创造财富基础上的出口。一个国家必须能够同时为国内和国外的消费者既创造以价格表现的价值，又创造非价格表现的价值，才能提高生产率，从而臻于繁荣。①

被认为是自然资源富庶的国家，往往实际上并不富。以委内瑞拉为例，这个国家面积与得克萨斯州相当，拥有丰富的森林、石油和美丽的海滩，人口既包括土著民族，又有来自西班牙、德国、意大利和中东的群体。许多人认为委内瑞拉是拉丁美洲潜在的最富国家。然而从 20 世纪 70 年代初以来，它的人均购买力一直在下降。它 1997 年以石油为基础的利润相当于 140 亿美元，除以它的 2100 万人口，就可以看出石油收入平均到每个公民头上一天还不到两美元，更何况这些利润的分配从来不是公平的：在南美洲，委内瑞拉的贫困率上升幅度是最高的。该国的出口 90%以上是未加工的自然资源。我们的调研表明，一国出口品中的自然资源比重愈大，它为本国百姓创造的繁荣就愈低。

从本章上文中列出的七种形式的资本可以看出，委内瑞拉自然资源丰富，当相关商品价格高时，它暂时收入高。然而，它的交通运输和通信设施日趋退化，自 20 世纪 70 年代以来质量逐渐

---

① See Paul Krugman, "Does Third World Growth Hurt First World prosperity?" *Harvard Business Review*, June-August 1994, p. 113-121.

降低；政府机构无能和腐败；高等院校与私营企业关系疏远，不利于创造知识资本。至于人力资本，委内瑞拉初等和中等教育水平属于南美洲最低之列。最后，委内瑞拉的某些价值观和态度是不利于创新和进步的。例如，国家领导人所受到的信任和尊重，在我们衡量过的各国中是最低的。委内瑞拉吃亏于它的虚假成就、自然资源过于丰富以及它未能学会如何作出艰难抉择而努力创新。

形成紧迫感

有些国家时刻准备变革，有些国家却不然。在一定条件下，有些人能形成高度紧迫感，另一些人却形不成足够的紧迫感。当期望与现实之间出现差距时，就会形成紧迫感。期望成形于心目之中，靠的是对外界事态的了解及自己的使命感。

我知道的一个非洲国家本来需要变革，但却不那么乐意实行变革。它是世界上人均负债率最高的国家之一。自 1991 年以来，它得到的赠款和贷款达 80 亿美元，而在同一期间，它的人均生活水平却每年降低 4%。每 10 人中有 3 人 HIV（艾滋病病毒）抗体化验呈阳性。由于投资不足，消费需求降低和缺乏竞争力，传统的出口产业破败不堪。70%的人日均收入在 1 美元以下。

我曾经跟他们讨论过他们的艾滋病预防计划经费不足的问题，问他们需要采取什么措施来防止艾滋病蔓延，他们的一位政府内阁成员回答说，“我们正在告诉人们停止性交。”当我建议是否参考一下乌干达的措施时，他们对我说，他们对乌干达不感兴趣，因为25年前生活水平在非洲名列第三的是他们，“不是乌干达。”他们说他们的内阁有律师和会计师，“不需要再回到学校去学习”别的国家在做什么。他们在报刊中批评世界银行和国际货币基金组织，把他们的问题归咎于外界事态，例如种族隔离的遗留影响和安哥拉的内战。他们的计划是转向出口玉米，因为在玉米方面他们有“自然优越条件”，同时继续从世界银行贷款。他们今年得到的将近4亿美元的贷款中，一多半要用于老债的还本付息。

人们也许会把这个国家的行为归因于宿命论，怀念昔日好时光，盲目自尊，以及随之而来的不肯虚心学习和创新。有一点是肯定的：这个国家注定会蒙受更多的失败，直到有朝一日它的人口增长危机会迫使他们反思一下，是哪些根深蒂固的因素妨碍了他们提高生产率。

理解战略选择的范围并加以适当分析

企业和政府所能作出的众多选择，可以归结为下列范畴：

微观选择。企业战略的基础是一整套选择，其目的在于合情合理而又及时地实现一系列特定的目标。在发展中国家，我们很少见到企业战略是以周全调研为依据，明明白白，构成公司领导者们的共识。在微观经济层次上，我们见到过以下七种不利于竞争的行为模式：过分依赖自然资源和廉价劳动力；对国外消费者的购买爱好缺乏了解；对竞争对手的情况知道得太少；企业间合作不足；缺乏积极向前融入全球市场的精神；政府与私营企业之间存在家长制关系；政府、私营企业、工会和媒体持守势态度。

在老百姓生活水平偏低又不上升的国家里，以上七种模式在企业界是普遍可见的。其结果是在要求越来越高的市场上，只能出口简单的商品，靠低价格竞争，收益变小，并压低国内的工资。

要减少这些行为模式，就需要在企业层次上作出新的选择，其中心是构建新的学习和决策模式。这样就会有机会创造繁荣。

宏观选择。这第二种选择，就是政府应在什么样的程度上支持私营企业。有的人说政府应更多地扶助私营企业，有的人则说政府应完全放手不闻不问。如果我们认为政府对经济的干预只是一个程度的问题，那么，在经典社会主义和货币主义之间，有着广阔的选择范围。在古巴，政府包揽了老百姓的福利，负责提供住房、医疗、教育、就业和食品，甚至还包括娱乐和新闻。所有权属于国家，通过集体经办，伴之以中央集中计划，采用定量指标和行政价格。收入分配相对均匀，而经济增长相当慢。

货币主义的做法则是政府与私营企业之间保持一种简略然而严格的社会契约关系，实际上是说政府将创造一个稳定的宏观经济环境，而私营企业则创造经济增长。它强调稳定市场，放开工资和汇率，允许市场发展。它看来会造成较多人的贫困和较大的贫富差距，在短期内尤其如此。它没有认识到政府在创新过程中也应发挥作用。我们认为，这是在政府干预经济的政策（例如20世纪70年代和80年代在非洲和拉丁美洲曾流行一时的进口替代政策）失败以后所作出的过分反应。

我们的意见跟上述两种战略均有所不同。我们认为政府应尽自己力所能及帮助私营企业成功，只是不要妨碍竞争。这意味着政府投资于或是帮助私营企业投资于创造较高级形式的资本。穷国政府需要做的事应多于富国政府，关系应随特定情况而定，根据各国经济发展阶段和公私两部门各自能力而定。

形成高瞻远瞩的眼光

远大的眼光有助于形成使命感，鼓励人们去改变他们的行动。根据我们与乌干达领导人一起工作的体会，一个好的心理模式应包括以下八点核心因素：

1. 所有乌干达人应有高的和不断上升的生活水平。

2. 认识到世界已在迅猛变化：通信、交通和学习的费用在迅速降低。

3. 承认乌干达是过分依靠矿藏、气候、政府扶助和廉价劳动力等这样一些基本的、极易被模仿的有利条件。

4. 认识到财富是立足于真知灼见、成熟的人力资本以及聚焦于竞争的态度，后者作为一种力量能促进创新和推动人们发挥首创性，努力学习，建立人际信任和合作。

5. 认识到乌干达的战略并不是在经济增长和社会平等二者之间选择其一，而是使经济增长促进社会平等，反之亦然。我们在人的方面投入愈多，公司和国家发展的机会就愈佳。

6. 认识到生产率不只在于依靠乌干达拥有的自然资源作竞争。竞争力即是生产率，而生产率涉及我们要在哪些产品门类作竞争，我们选择在何处作竞争，以及我们选择如何竞争。

7. 承认乌干达政府应尽自己力所能及帮助私营企业，只是不要妨碍竞争。它应投资于人力、各种专用基础设施和教学机构，与私营部门、反对党、工会和别的国家进行非守势的对话。

8. 认识到乌干达私营企业应投入更多的力量去了解消费者的爱好、竞争对手的活动和新的销售渠道，并投资于自己员工的培训和产品的改进。

发展中国家要提高自己的水平，让更多的人富起来，就应具有这样的眼光，考虑到以上这些核心因素。

建立新的关系网络

萨尔瓦多人在经历了 12 年内战之后，如今正致力于全国性的变革，其中的一个方面就是在国内生产者和国外消费者之间，以及在他们自己与移居美国的萨尔瓦多同胞之间，建立新的关系网络。观赏植物生产商出差到佛罗里达和荷兰，会见那里的销售商，了解销售渠道的情况。蜂蜜生产商调查研究了德国消费者的想法。咖啡是萨尔瓦多最老的出口商品，咖啡生产商原先也是最因循守旧的，可是他们现在也有尝试新事物的表现，开始栽培对环境无害的咖啡，而且与其他产业一起试验开辟新的市场，例如颇具创新性的咖啡旅游业。

萨尔瓦多政府制定并开始实施“全国竞争力计划”，培训了一批工作人员去辅导中小出口商制定其经营战略。政府正投资于教育网络，在农村建立互联网，派一批优秀大学生到印度接受软件培训。政府和私营企业通过会议和互联网与移居美国的富有的萨尔瓦多人建立联系，邀请他们做生意合伙人，帮助开辟市场和获得知识、技术和资金。

萨尔瓦多领导人懂得，在农村地区和首都之间、生产企业与国外消费者之间、国内与侨胞之间建立联系，可以沟通信息，加快信息的流通，为提高竞争力和增进繁荣打下基础。

传播新思想

为促进国民心态转变，应动用一切可用的手段，例如电子传媒和印刷传媒，广告，领导人演讲，会议，讲习班，数据库，互联网网址。新的思维方式将按照可预见的程序得到传播和采用。

我们注意到，创新者往往并不是主要的变革行为人。事实上，最早采用新思想的人往往只是给多数国民充当示范的角色。在我们的工作中，我们注意发现那些乐于接受新思想、能领会有关竞争力、生产率和繁荣的新观念并身体力行的人，让他们当带头人。我们发现，在这传播过程之初最起作用的人通常不是地位高的领导人，但是他们掌握了竞争力和创新的观念以后，就能把它们传播开去。在萨尔瓦多，我们先找到一位咖啡种植者，经过培训，他就去说服他那一行业思想保守的上层人物了。在百慕大，出租汽车行业四分五裂，我们先找到一位富有想象力的出租车司机，他再向他的同行做工作，创建一个新的出租车导游团体。他们的主要目标是展现“创新精神”。

建立富有成效的联合

许多社会科学家认为，实行变革能促进新的心理模式的形成。因此，我们发起了一些相关产业的周会，请大家交流战略意见。我们请本章一开头说到的“怨牛不好”一事的有关单位在一起开研讨会，以改善彼此之间的关系和增进人际信任，寻求共同的战略眼光。我们通过“有成效推理”的办法，为他们今后解决有争议的难题创造了一定条件。[①]

我们安排过一个地方的旅馆行业的经理们和雇员工会代表们坐到一起，集中商讨如何为新类型的顾客服务。我们约请过收买国有企业的买主和零售商们一起开会，共同研究怎样改善前者的战略计划。我们还让一国政府的部长们与农业生产者坐到一起，激烈辩论该国的宏观经济日程。这种“有成效推理”的实验已导致有关各方拟定出一些试点计划，目标明确，而且经过周密推敲提出了一些衡量计划成就的标准。

及时通报近期成功的事例

当人们看到了成功的事例时，他们就更有可能改变自己原先的态度和行为。政治家们很懂得这一点，在办事过程中充分利用近期取得的成就。在任何争取变革的努力中，我们都要注意发现新的眼光带来了什么好的东西。开发一种新产品，找到海外新顾客而完成一笔大的出口生意，或是劳资双方达成协议准备投资于职工培训或改善劳动条件等，都可以是这样的事例。近期的成就不一定很大，但它是按新的思维和办事方式取得的，就这一点应让大家都知晓。

---

① The founder and leader in this field is Chris Argyris, professor emeritus at Harvard and director of the Monitor Company. His flagship book on this subject is *Overcoming Organizational Defenses* (New York: Prentice-Hall, 1990).

使变革制度化

诺思指出，制度就是规范。[①] 变革需要构成新的行为规范。我们注意的不是建立新的制度，而是让那些由于当今的全球化、创建繁荣的方式变更以及由于世界范围价值观和态度的变化，而已经达到自己能力极限的现有制度，得到更新。这意味着大大小小的各种事情，从加强法治和建立民主制，直到改善学校、私营企业和公民组织，这都是需要努力的。

例如，我们曾帮助一个行业联合会实现自身的转变，它原先是一个从事院外游说活动的团体，后来则从事企业管理教育，促进新产品研发，向小企业提供资讯，支持对国外消费者市场的研究。

评估和确认变革

最后，我们还需要建立各国反思和自我矫正的空间。我们要建立全国高峰会议和别的活动形式，让公、私、民、学各界领导人聚在一起。这类活动可以让这些领导人讨论本国正在出现的经

① Douglass North，*Stucture and Change in Economic History*（New York：Norton，1981），p. 201.

济结果和社会结果，以及造成了这些结果的战略方针、体制机制和心理模式。议程可以包括一些具体问题，如采用什么样的量化标准？非量化目标有哪些？可以改进什么样的工具以进行自我评估？哪些变革可较快完成，哪些变革需要两三代人的时间？

国家实行变革和创造繁荣的战略，要经得起实际行动的检测。它应使过去和未来求得平衡，应是明确的共识，经受过分析，立足于一整套的选择，能帮助人们成为自己所想要成为的人。

结　论

多数人都相信繁荣是好事。他们也知道实现繁荣不容易。在世界上将近两百个国家中，已经做到大多数公民富起来的，只是极少数。即使如何由穷变富的信息是简单明了的，各国人民怎样去做，也不能靠外人告诉他们。对于外人的水平如何，有何道义权威以及有何意图，都可以理所当然地提出问题。① 然而，我们当中有些人关心而且了解这些事情，有义务向各国领导人证明

① The debate on cultural relativism is outside the scope of this chapter but will be developed in detail in our book-length format. For now, look at both sides of the argument in Daniel Boorstin, The Seekers (New York: Random Horse, 1998), p. 195, and symposium participant Richard Shweder's chapter in this volume, "Moral Maps, 'First World' Conceits, and the New Evangelists."

“繁荣是一种选择”，[①] 而且说明可以有什么样的选择，有何利弊得失。

在大家注重经济发展已达半个世纪之后，现在是时候了，该摆脱简单的规范框架、自上而下地发指示、把繁荣狭隘概念化以及几乎完全用国家数量指标衡量经济成就的做法了。现在该把国家和区域的积极性协调起来，改变心理模式。现在该把注意力集中到繁荣的微观经济基础，扩展“创新精神”。

霍华德·加德纳在他的著作中，曾将组织机构和民众的直接领导者和创造学术、左右舆论的间接领导者加以区分。[②] 在我们这次“文化价值观与人类进步”研讨会上，有一位领导成员是来自世界银行，一位地区问题小组主持人是美国国际开发署的副署长，他们是根据经济发展问题调拨大量财力物力的领导人。同时，我们又有一些最杰出的经济学家、人类学家、政治学家和公共政策专家，他们就人际信任、企业层次的竞争力、男女平等、童年时期的发展等这样一些不相同而又相关的问题发表了他们的意见。

通过每天川流不息经过我们的书桌和电脑屏幕的大量社会指标和经济指标以及其他的种种抽象化了的资料，我们看见了贫

---

① The phrase “prosperity is a choice” is language shared with me by Michael Porter.

② Howard Gardner，*Leading Minds：An Anatomy of Leadership*（New York：Basic，1995），p. 293

困。可是你也会遇见这样的贫困：眼见一个聪明伶俐但却是低贱种姓出身的印度小男孩，因为穷而上不了学，这令你感到心酸。在内罗华的街巷里，你也许会碰到这样的贫困：突然一把砍刀架到了你的脖子上，令你胆战心惊。你还会瞅见这样的贫困：在波哥大的街上，一个少女没有手指和脚趾，因为她一出世就被抛弃到一条古老潮湿的阴沟里，手指脚趾被饥饿的老鼠给啃掉了，见到这般情景，你会非常难受。

如此这般的一些情景一直萦回于我们心头，而本书诸位撰稿人的论述又使我们深受启发，我们不禁琢磨，像东非中非大湖区或巴尔干半岛这样一些地方的社会和政治问题，是不是都跟贫富问题有关系。我们在想，对这些地区来说，怎样才能有一个整体的变革过程来补充现有的政治和军事解决办法之不足，甚至是由前者来取代后者。

本书的每一位撰稿人都愿意让世界各地的生活得到改善，但是我们当中的多数人在发表意见时，观点都强烈受制于我们的学术专业和职业特征，以及我们自己的心理模式。我们所面临的挑战，多少是像“怨牛不好”那个故事里所说到的那样，如何全盘考虑综合设法解决那个问题，要做到：把一批见解和另一批见解结合到一起，在发展中国家展开当地所适合的变革过程，这一过程应经过周密整合、稳妥引导和卓有成效的讨论，从而开始让各国和各族人民走上日臻繁荣的道路。迄今为止，世界还没有见到这样的局面出现。

｜第二十一章｜

文化、心理模式和国家繁荣

斯特斯·林赛

一个国家能否繁荣，文化是一个重大的决定因素，因为文化影响到个人对风险、报偿和机会的看法。本章的论点是，在人类进步的过程中，文化价值观确实是重要的，因为它们影响到人们对进步的想法。文化价值观之所以重要，尤其是因为它们形成人们组织经济活动所遵循的原则，而没有经济活动，就不可能有进步。

21 世纪的全球经济为世界各地创造繁荣提供着前所未有的机会，同时也对世界各地的千百年文化传统构成潜在的威胁。下面一个故事颇能说明这一点。不久前，我在加纳向一批政企领导人发表演讲，谈了经济竞争力以后，一个年轻人找我，问我的演讲是否意味着他的国家若想在全球经济中取得成功，就需要改变自己的文化。他指出，在他的民族，文化传统要求十分尊敬长者，而他那个乡村的许多长者都希望年轻的领导人不要太多卷入商贸事务。

他的疑问表明了一个令人深思的问题：发展中国家的人们是不是需要改变他们的文化遗产，才能更有意义地参与全球经济？一个地区是否有可能既保留自己的历史和特性完整无损而且尊重自己的文化，同时又具有全球竞争力？

这样的问题，本书许多撰稿人都提出过，可是没有明白的答案。本书两大主题是文化和人类进步，要理解二者之中的任何一个，都不容易。要理解它们二者而且把它们结合在一起，更是难上加难了。

戴维·兰德斯、迈克尔·波特和杰弗里·萨克斯这三位撰稿人谈到了另一些影响经济发展的变量，如政府政策、地理和疾病等，就它们的作用提出了重要的问题。另一些人谈到了文化在形成人们对待工作、信任和权威的态度方面所具有的重要性——所有这些都影响到人类进步。然而，一个根本的问题仍有待于回答：在发展中世界怎样才能促进为不断提高生活水平所必需的变革？此外，正如理查德·施韦德所问到的，这样做，会不会威胁到当地文化的完整性？它会不会限制我们让其他文化照亮我们自己文化的能力？

我们博德公司的同仁和我本人给一些地方的商界和政界领导人当过顾问，费了不小力气考虑如何创造较有竞争力的经济，提供相关建议。我们在这样做的时候，都注意尊重当地的文化遗产和制度。一次又一次，我们提出了有力的论据，指出需要改变某些特定的政策、谋略、行动或人际交流模式。在多数情况下，我们荣幸地为之出主意的那些领导人都承认我们的看法有道理。然而，我们也明白了，对于怎样发展经济的紧迫问题提供了好的答案，并不足以引出必要的变革而扭转经济运转不灵的势头。人们往往是接受了有理的意见，懂得了他们需要变革，表示决心要变革，可是随后又回头走老路。这种回头走老路的倾向其本身并不是一种文化特征，而是表明，那些希望促进一种不同的、较繁荣的前途的人们，面临了更深刻的挑战。

经济进步有赖于人们改变对如何创造财富的想法。这意味着要改变领导者们在作出那些导致经济运转不灵的决策时，所持有的基本态度、信念和见解。霍华德·加德纳在谈话中提到，研究认识论的学者们都力图理解人们用以认识世界的心理表象。若要开创持久的变革，就得从这里变起。彼得·森吉等人将这种表象称为“心理模式”，森吉给“心理模式”下的定义是“影响着人们如何理解世界和如何采取行动的那些根深蒂固的见解、泛化概念、直至图像或形象”。①

本书的许多撰稿人谈到，分析文化价值观和经济进步关系时，“分析单位”不明确。它应是一批具有相似宗教信仰遗产的国家，还是具有独特历史和文化价值观的单个国家，抑或是国家内部由共同信念联结在一起的各不同社群？罗伯特·埃杰顿就指出，可能存在着经济单一而文化多样的情形。

① Peter Senge, The Fifth Discipline (New York: Doubleday, 1990), p. 8.

根据广泛的宗教信仰或其他广泛的文化特性来解释经济表现的优劣，并不能帮助我们就文化问题进行有成效的对话。正如马里亚诺·格龙多纳所说，学者们曾经用儒学来解释亚洲的失败，以后又用它解释亚洲的成功，然后还是用它解释亚洲的危机。在基督教方面，对比天主教和新教的职业道德观念，可以得到一些有意思的看法，但这些分析仍然太抽象了，不足以引起变革。何况总有例外情况：在不利于进步的文化之内，有些天主教徒干得卓有成效，很成功，而在有利于进步的文化之内，有些新教徒干得很糟糕。因此，我们需要把分析方式弄得比较明确一些。

在理解文化对经济繁荣的影响时，将心理模式用作过滤器，是有助益的。心理模式是影响人们行为方式的基本信念。文化是一个更广泛的、宏观层次上的变量，心理模式则是微观层次上的变量。心理模式适用于个人和人群，而且是可识别的和可变的。文化反映的是个人心理模式的总和，反过来又影响着个人所具有的心理模式的类型。二者相连系于一个不断演化的体系之中。

开创变革的真正着力点很可能在于帮助改变个人层次上的心理模式，首先是改变个人对于如何创造财富的想法。心理模式与繁荣之间有着重要的关系，而这一关系并不一定强行带来全球文化的均质化。为了理解这一关系，不妨先简要综述一下国家繁荣所面临的挑战。

国家繁荣的挑战

经济增长的引擎

本书总的目的是探讨文化价值观与人类进步的关系。在下文中，我们的第一点论断是，经济进步是人类进步的根本。要共同认识到，发展中国家的领导人所面临的挑战是如何促进经济增长。经济增长是必不可少的，因为其他形式的人类进步（例如保健、教育、基础设施等的进步）均有赖于成效好的经济活动。于是，问题就在于要理解什么是经济增长的引擎，它们是怎样运作的，以及怎样才能最好地促成卓有成效地利用一国的资源，为人类进步创造机会。

这就引出第二点诊断。我认为成功的企业是经济增长的引擎，因为正是在各个企业的层次上创造着财富。产品制造出来，服务提供出来，生产率得到提高，财富就得以产生。没有成功的企业就不会有经济进步，而没有经济进步就不会有人类进步。这些诊断就导致以下的三段论：

> 没有经济增长就不可能有广义的人类进步
>
> 成功的企业是经济增长的引擎

因此成功的企业是人类进步的必要前提。

在作出这些诊断以后，我们讨论的重点马上就转入到企业成功靠什么，如何促进这样的企业。

比较优势和竞争优势

杰弗里·萨克斯和博德公司对世界各地不少国家经济情况的研究表明，自然资源最丰富的国家，其经济运作往往不如那些自然资源并不丰富的国家。① 虽然经济学上的比较优势理论认为，拥有独特比较优势的国家应当专门发挥它们的优势，可是，自然资源丰富而集中向全球市场销售这些资源的国家，按其人均收入计算，往往是最穷的国家。

自然资源丰富的国家经济运作较差，其原因一般在于，自然资源产品通常是大宗商品，其生产者对这些商品的价格没有什么控制权。事实上，过去 25 年来，大宗商品的价格实际上在逐渐下跌。结果，许多国家是出口更大量的货物，实际挣来的钱却更

① See Jeffrey Sachs and Andrew Warnetr, "Natural Resource Abundance and Economic Growth," National Bureau of Economic Research, Cambridge, Mass., Working Paper 5398, December 1995; see also Michael Fairbanks and Stace Lindsay, *Plowing the Sea: Nurturing the Hidden Sources of Growth in the Developing World* (Boston: Harvard Business School Press, 1997), chap. 1.

少。在今天的全球经济中，自然资源方面的比较优势并不会保证经济繁荣。

有的国家想发挥它们在廉价劳动力方面的比较优势，其结果也是一样。靠低劳动力成本从事出口，就必然需要保持低工资。如果提高工资，产品就失去竞争力。这样就陷于由穷到穷的循环。一旦产品失去竞争力，企业只有改行，或是转到工资更低的邻国去。

依靠自然资源和依靠低工资的战略都可以称之为比较优势战略。事实证明它们都不能创造高的和不断上升的生活水平。

一个国家的经济能否取得成功，显然还取决于其他许多因素，例如稳定的宏观经济环境，政府机构办事的透明度和效率，充足的基础设施，有文化的劳动大军，高质量的医疗保健，等等。这些主题都得到了大量的分析，然而，发展中国家在企业层次上取得成功的必要条件如何，却研究得相对不足。

在过去20年，迈克尔·波特在他的许多著作中详细论述了企业、地区和国家这些层次上的竞争优势，他的研究促使人们更深入地考察影响经济成就的微观经济变量。在《1998年全球竞争力报告》中，他提出了用以衡量一国竞争力环境品质的“微观经济竞争力指数”。他指出：

> 已有越来越多的人同意，包括政府稳妥财政的宏观经济政策，适度的政府开支，政府在经济中起有限的作

> 用，以及向国际市场开放，能促进国家繁荣。然而，要确保繁荣经济，稳定的政治环境和健全的宏观经济政策虽是必要的，却仍是不够的。同样重要的——或许还是更加重要的——是经济发展的微观经济基础，其根基在于企业的运作方式和谋略，以及企业的投入，基础设施，还有构成一国企业竞争环境的制度和政策。除非在微观经济层次上有适当的改善，否则政治上和宏观经济上的改革是不会结出果实的。[1]

既然越来越多的人对宏观经济管理基础达成了共识，人们也开始对微观经济的竞争力基础有了认识，现在的问题是：在经济表现欠佳的国家中，为什么实现变革如此困难？是不是必须先有一个稳定的政府、健全的经济和扎实的微观经济基础，然后才能有长足进展？显然，具备那些条件，是理想的。然而，经济发展这种现象往往也是先有鸡还是先有蛋的问题。商界领导人会争辩说，如果政府没有把事情安排就绪，他们是无法筹划更好的谋略的，而政府领导人则争辩说，如果商界没有竞争的愿望而老是指望政府的保护，政府是无法采取什么重大步骤的。

繁荣需要具备一定的基础，但也要求人们具有“竞争心态”以促进国民经济中的创新和生产率。

---

① Michael Porter，“The Microeconomic Foundations of Competitiveness，” in the *World Cowpetitiveness Report*（Geneva：World Economic Forum，1999）.

需要有竞争心态

根据我们给商界和政界领导人当顾问的体会，对他们面临的谋略问题找答案并不难，即使是在政府政策不高明和基础设施不完备的情况下，找答案也不难。难的是怎样才能改变他们办事的想法。在许多发展中国家都存在着老一套的比较优势思想，在体制、法律和政策中都有这种根深蒂固的表现。这老一套的想法使得领导人很难作出别的不同的选择。

下面，我们把自己在发展中世界观察到的各种思想模式，简明概括起来，列表加以对照。按照格龙多纳和哈里森的分类，左边是企业层次上的“抵制进步的特点”，右边则是与之相对应的“有利于进步的特点”。

比较优势与竞争优势

抵制进步的特点	有利于进步的特点
市场受保护	全球化和竞争
注重宏观经济	注重微观经济
有事找领导人	企业层次上提高生产率
注重物力/财力资本	注重人力/知识资本
按等级制刻板办事	精英领导灵活管理
规模经济	生产灵活

依靠外资合伙人	实行迁徙战略
消极被动	积极主动
政府说了算	协商合作
财富再分配	创造财富
家长式管理	创新

再说一遍，企业要改变竞争方式，还会遇到许许多多实际存在的政治障碍和物质障碍，例如国家经济运转不灵，基础设施薄弱，技术工人不足，等等。然而，时不待人，企业领导人已不能等到全国基础设施改善了，再改变自己的竞争想法和经营谋略。如果他们不能本着创新的精神解决自己的经营问题，全国经济也不会有改善。最好是政企双方协商合作，共同改进，搞活经济。

经济增长和社会资本

许多发展中国家现有的竞争模式造成一种恶性循环。企业竞争靠的是廉价劳动力和丰富的自然资源。这使得它们陷于大宗商品交易，很难赚取高额利润。可是，没有高利润，它们就无力为人力资本作重大投资；不对人力资本作重大投资，它们就建立不了较深的创新源泉。

然而，也有另一种做法，能在可持续基础上实现经济增长和社会资本的良性循环：企业发挥首创性，开发较复杂的商品和制定较成熟的经营谋略。这样就可以建立高利润率的企业，有条件为人力资本作更大投资。职工受教育水平提高了，就会促进较高的创新率；创新率提高了，就有能力提供日益复杂的商品和服务。这样看世界，就有可能设想如何建立可持续的竞争优势，取代那老一套的比较优势。

虽然凭直觉也能看出这一模式有道理，但是要说服企业和政府领导人改变他们现有的竞争模式却相当困难。迈克尔·费尔班克斯和我过去十年来花了很大功夫去鼓励一些国家的政府和企业领导人采取新的政策和发展战略以促进可持续的增长，放弃那种虚幻的靠自然资源和廉价劳动力这两种基本因素去竞争的想法，转而设法建立竞争优势。我们的经验使我们看到，企业和政府领导人经常是沉溺于以下一些谋略模式和行为模式，因而难以创建较复杂的竞争优势源泉而在全球经济中保持可持续的成就：

谋略模式	行为模式
过分依赖基本因素	缺乏合作
对顾客缺乏了解	被动守势
对相对地位缺乏了解	家长式作风
缺乏垂直整合	

我们在世界各国为改变这些行为模式所作的努力，使我们深信这些微观经济上的问题的根源在于文化。通过有说服力的分

析、有效的经营实践及努力的学习，上述的谋略模式应是可以改变的，可是要看到、认识和改变上述的行为模式，却困难得多。

这些模式有助于解释，为什么有些企业在全球经济中不具有竞争力。然而，在政治、经济、社会和文化传统很不相同的各个国家，这些模式竟然都会出现，这是为什么，还不清楚。这么多的发展中国家，宏观经济变量大不一样，可是微观经济模式却惊人地相似。

这些情况表明了文化与经济竞争力之间是有联系的。人们对企业、经济或竞争的想法，影响着他们所作出的战略选择的质量。

理解领导人的想法

要理解企业领导人为什么按照他们自己的方式组织他们的企业和采取他们的谋略，有一个办法，就是理解他们对自己日常紧急问题是怎么想的，怎样采取对策。为了做到这一点，我们试图理解一国的各个不同群体对当前的关键问题是怎样想的。

全国调查。从 1992 年起，我们博德公司派出一个小组到各个发展中国家，逐一研究如何提高它们各种产业的竞争力，向企业和政府领导人提出相关建议。我们起先研究的是政府的政策和企业的谋略。可是我们认识到，现有的政策环境和现用的谋略与其说是我们观察到的模式的原因，还不如说是那些人对如何创造财富的想法的结果。于是我们安排了一系列调查，了解各关键群体对怎样创造财富的想法。我们在哥伦比亚开始这项工作，调查对象为政界商界领导者近四百人。调查内容是他们对国内政治、经济和社会等各方面问题的想法。我们的目的是要看出，在哪些关键问题上可以促成广泛的共识。

我们的调研从衡量他们在关键的全国性问题上的态度差异开始。我们设计的一套调查表格是为了看出他们在哪些问题上看法相同，在哪些问题上看法不一样。结果，我们发现这些领导人在许多人认为并不非常重要的一些问题上，例如在双边贸易协议和促进出口等问题上，有着高度的共识，而在他们认为非常重要的汇率和控制通货膨胀等问题上，却共识程度很低。从这一结果可以看出一些问题，但还看不出该从何着手变革。为了使我们的分析更有利于促进变革，我们决定把按问题分类改为按部门行业分类，以便能利用分析结果激励相关的部门和行业变革。

我们看到政府官员和企业领导人有高度防范心理，所以我们推论，需要得出明确的分析结果才好推动全国性的辩论。我们认为，如果我们能看出在哪些关键领域意见不一致，我们就可以设法促使商界和政界领导人形成共识，共同努力提高哥伦比亚的竞争力。

例如，我们发现，反走私对于纺织行业来说很重要，他们正在努力反对大量纺织品的非法进口，但是对于别的行业和政府官员来说，这一问题就不那么重要了。控制通货膨胀对于花卉行业极其重要，但是皮革行业不那样重视它。随后，我们按部门行业请这些领导人参加一些研讨会，尽力让他们明白，他们信念中普遍存在的比较优势观念实际上严重阻碍了他们提高竞争力。

以上的这些努力使我们较好地认识到，是哪些关键问题上的意见分歧妨碍大家形成共识。但是，看出人们在政治问题和宏观经济问题上的意见分歧虽然重要，却仍然无法解释企业层次上的行为。

然而，我们发现，不但政企领导人之间意见不一，而且不同城市的领导人之间意见也有明显差别。于是，我们对哥伦比亚五个大城市的经济表现作了深入调查。我们发现，它们在观念、作风、工作方式以及经济成就方面，均各有特色。

地区调查。我们调查的五个城市是巴兰基利亚，布卡拉曼加，卡利，卡塔赫纳和麦德林。它们的领导人对于自己城市竞争力靠的是什么，见解很不一样。人均收入水平最高的城市是麦德林，它的领导人认为该市优势在于文化和人力资源，即现在人们所说的社会资本。五市当中人均收入水平最低的是巴兰基利亚和卡塔赫纳，它们的领导人自称优势在于自然资源。这就有力表明了一个地区人们的心态与经济成就高低的关系。每个城市的人总的说来对于本市竞争优势的源泉的看法都表现出了高度的可变性。竞争心态最佳的城市麦德林则创造了哥伦比亚全国最高的生活水平。

心理模式与变革的努力

我们在哥伦比亚五个城市对领导人作调查的结果使我们确信，一个地区所作出的选择，质量高低不一，其中有影响的，不是文化本身，而是该地区领导人对于如何创造财富的认识。这就是他们在创造财富、社会资本和行动方针这几个层面上的信念的总和。总之，我们发现的这些城市的差别是由于它们领导人心态的不同。

注重比较优势的心态，是人们长期以来对于如何创造财富的一些根深蒂固的观念所形成的结果。它是一种抵制变革的心态。倡导变革的人们所面临的主要挑战在于，他们所提倡的解决问题的办法是他们那里的民众并不都很理解的。通过深入细致的分析而得出的明智见解应当足以启发人们去变革。可是，我发现的情形跟彼得·森吉下面的看法是一致的：

> 新的见解未能付诸实施，因为它们与我们内心深处固有的事物运作图景相冲突，那些图景把我们限制在我们所熟悉的想法和做法上面。正因为如此，处置心理模式的学科——研究如何展现、检验和改善我们内心深处

的事物运作图景的学科——有希望成为建立学习机制方面的一个重大突破。[1]

改变心理模式将是一大突破，有助于领导人把自己的国家变得在全球经济中更有竞争力。首要的任务在于突破那些妨碍人们建立有竞争力的企业和建立竞争心态的心理模式。文化上的变化必然会随之而来，但是任务不是要改变文化。任务在于为创建有竞争力的企业创造条件，因为这样的企业将是支持人类进步的经济增长的引擎。

我们在国家层次上对政府和企业领导人所作的调研，使我们识别了是哪些全国性的问题妨碍了建立全国共识。我们在地区层次上所作的调研则使我们识别了地区经济繁荣所面临的挑战。可是，当我们开始试图变革现状时，我们认识到应当着手于一个更有活力的干预层次，这就是识别各种想法相似的人群。

为了创始有意义的变革，就有必要识别什么样的人将从变革受益。笼统地区分一个人是否属于“政府”或是否属于某一城市，是没有用处的。有用的做法是识别人们对于怎样创造财富所持有的想法，而不问他们是属于哪个部门或地区。

当我们在委内瑞拉工作时，我们为了做到这一点而想出了一套调查方法，以后在世界各地也是这样做的。我们不单是看当前

① Senge，Fifth Discipline，p. 174.

有哪些问题使人们产生分歧，而且还很仔细地分析各类人对竞争问题有何看法。这样，不是按机构部门或地区作区分，而是按信念体系作区分。例如，在委内瑞拉，我们发现有五类人各自对关键问题持有与其他四类人不同的看法。这“五种委内瑞拉人”不是按所属单位或地区，而是按照他们对影响经济的各个变量所持有的信念，来加以界定。

1997 年，凯亚·米勒和博德公司小组在萨尔瓦多对该国近四百名领导人作过调查，证明就变革因素而言，最有意义的分类标准是心理模式。他们在调查中运用了几十个变量作衡量，这些变量再归结为十一类因素，看出这些人对萨尔瓦多竞争潜力的看法可分为五大类。①

人数最多的一类被称作“失望者”。他们的主要特点是对政府和私营经济均感失望。至于什么样的经济发展模式能帮助萨尔瓦多改善其境况，这类人没有什么强烈的意见，但他们十有八九认为萨尔瓦多正处于危机之中。

人数占第二位的是“中央集权论者”。他们认为萨尔瓦多克服现今困难的唯一办法是由很少几位政府决策人来处理所有的社会、经济和政治问题。

---

① Special thanks to Jonathan Donner, who both designde the surveys and performed the analysis to generate this data. A more detailed discussion can be found in his forthcoming article, “Making Mental Models Expicit: Quantitative Techniques for Encouraning Change.”

第三类人是“奋斗者”，他们与“中央集权论者”见解相反，认为应依靠的是老百姓。他们相信，在政府适当支持之下，老百姓能为萨尔瓦多创造较美好的未来。

人数最少的一类是“保护主义者”。虽然几乎各类人都多多少少赞成政府对经贸实行保护，但保护主义者的这一主张最强烈。他们公开主张采取的政策包括政府补贴、保护性关税以及其他各种政府保护主义措施，认为萨尔瓦多只有这样才能在全球经济中成功地竞争。

与以上四类人显著不同的是“经济开放论者”。这类人认为，重要的是要通过贸易、教育交流等方式建立国际联系。他们觉得政府对私营企业的支持不够，但是即使没有政府的帮助，他们也决心努力前进，争取成功。

应当指出，这次调查的对象包括商界、政界、学术界、劳工界等各方面的领导人。调查的地区也广，包括圣萨尔瓦多、松索纳特、圣安娜、圣米格尔等城市。调查结果按职业和地区加以分类，都能看出一些问题，这一点与五年前哥伦比亚那次调查相似。然而，按心理模式作出的上述分类中，每一类都包括了不同职业和不同地区的人。换句话说，在这个国家，人们之间的真正分野不在于他们是生活在什么地方或从事什么职业，而是在于，对如何创造财富这一问题，他们持有什么样的基本信念、见解和态度。

萨尔瓦多是中美洲面积最小、人口密度最高的国家，在20

世纪70年代后期和80年代又饱受长期内战之苦，它有自己的历史，显然有它自己的民族文化。在那里，我们既与担任过法拉本多·马蒂民族解放阵线游击队领导职务的人们交谈过，也与民族主义共和联盟这一保守政党的领导人交谈过，从这些谈话中，我们看出，即便是在这个饱经战难的国家，只要对人们作正确的分类，仍可看到人们的共识。从政治、经济、职业或地区上分类，还不足以看出人们对其现实的想法。另一方面，从心理模式上分类，才能突出表明人们态度和信念上的分歧，看出是哪些态度和信念妨碍着创造财富的进程。

一件有意思的事是，我们在委内瑞拉向一批领导人说明我们调查心理模式看出有“五种委内瑞拉人”以后，听众中有一个人举手，问我们怎样使他们“再成为一种委内瑞拉人”。他头一次明白，在心理模式基础上创造共识，就有可能实现变革。

结束语

文化重要。但是要在文化的层次中行动起来，那是十分艰难的。本章的论点在于，人们作出自己的选择时所依据的基本心理模式，才是开创变革的真正着力点。再回头看看本章开头时谈到的那位加纳人的问题：是不是一定要改变文化才能适应全球经济？无疑，文化会起变化。但是，这里应当讨论的，不是文化本身如何，而是人们对待相应变革层次有哪些信念体系。着力看出有哪些心理模式限制着创造财富的进程，并加以理解，这就是朝着人类进步的正确方向迈出重要的一步。

我提出以下五点看法，作为本章结束语。

成功的、逐步增长的企业是进步的必要前提，它们是经济增长的引擎。人们要进步，就必须能够创造不断上升的生活水平。虽然政治理论家和经济学家在继续帮助我们加深理解一定的政策架构或治理方式是怎样影响着经济进步，但如今日益重要的是要理解，问题的核心在于企业才是经济增长的引擎。必须花更大力气帮助企业提高其竞争力。

有些谋略比另一些谋略更能成功。有一些企业比别的企业更能成功。它们找到了可持续的经营谋略，投资于产品和服务的差异化和创建竞争优势。每个企业都有潜力这样做，但做到这一点的企业却很少。

竞争心态（心理模式）影响谋略。良好经营谋略的限制因素不是教育水平，不是政府政策，也不是宏观经济的稳定性。良好的经营谋略要求具有竞争心态，即指导着人们如何看待竞争和创造财富的一套信念、态度和见解。

心理模式分布在各类职业和各地区的人群中间。缺乏竞争心态，不能怪国家政策不好，也不能归咎于总的文化或某一组织机构。我们就心理模式进行调研后得出的最重要结论，就是各种心理模式都广泛分布于各地和各行业的人们中间。有某些心理模式

——笼统地说，是比较优势心态——限制着企业成功的能力。

为促使企业成功，需要调整心理模式。为促进经济增长和人类进步，凡影响到人们对待风险、信任、竞争、权力及其他重要变量态度的基本心理模式，均须得到适当调整。

最后，改变心理模式可能会引起一国或一地区文化的明显变化。但是为改变文化而努力，并不会改变一国经济的优劣。适当的分析层次应是个人和企业这一层次。应当努力去认识是哪些心理模式驱动着人们作出他们的战略选择，然后将这些心理模式作为变革的焦点。

第二十二章

促进社会进步的文化变革

劳伦斯·哈里森

美国学术界大体上未曾注意到的一个现象是，一种新的范式：一种内向的聚焦于文化价值观和态度的理论——正在逐渐填补拉丁美洲曾流行一时的依附论垮掉以后所留下的理论真空。拉丁美洲近来已经带头阐明这种以文化为中心的范式，并且致力于将它化作行动，不仅要加速经济的增长，而且要巩固民主体制和促进社会正义。这一文化范式在非洲和亚洲也得到响应。

当然，过去30年来研究过东亚经济奇迹的许多分析家曾得出过结论，说“儒学”价值观——如强调面向未来，强调工作和成就，强调教育和美德及节俭——在东亚的经济发展中起了重要作用。（这些与基督教新教伦理相似的价值观，不仅来源于儒家学说，而且也来源于祭祖传统和道教等信仰体系。）东亚在世界市场上的成就与拉丁美洲流行的依附论是格格不入的，曾长期没有受到拉美学界和政界的重视，人们从文化角度对东亚奇迹的解释也未引起他们的注意。直到最近几年，拉丁美洲才大体上接受了东亚的经济政策教训，如今正在思索一个问题：既然依附论和帝国主义论不足以解释为什么我们的经济欠发达、政治上依然存在着集权主义传统以及社会上极其缺乏正义，那么这一切又当如何解释呢?

这个问题，是委内瑞拉作家卡洛斯·兰赫尔在他的一本书中提出来的，该书于20世纪70年代中期出版了法文版和西班牙文版本，书名直译过来是《从高贵的野蛮人到高贵的革命者》，以后又出了英文版本，书名是《拉丁美洲人——他们与美国的恩恩怨怨》。[①] 兰赫尔认为，相对于美国和加拿大的“成功”而言的拉丁美洲的“失败”，其主要原因在于拉美的传统价值观和态度，以及反映这些价值观和态度而又反过来加强了它们的制度。兰赫尔并不是得出这一结论的第一个拉美人。作过类似结论的人，包括曾给玻利瓦尔当过助手的弗朗西斯科·米兰达（于18世纪末），玻利瓦尔本人（19世纪20年代），杰出的阿根廷人胡安·包蒂斯塔·阿尔韦迪和多明戈·福斯蒂诺·萨缅托及智利人弗朗西斯科·毕尔巴鄂（于19世纪后半期）以及尼加拉瓜学者萨尔瓦多·门迭塔（于20世纪初）。

西班牙人何塞·奥尔特加—加塞特、费尔南多·迪亚斯·普拉亚、米格尔·德乌纳穆诺和萨尔瓦多·德马达里亚加也作过类

---

① Carlos Rangel, *The Latin Americans — Their Love-Hate Relationship with the United States* (New York: Harcourt Brace Jovanovich, 1977). The French edition was published in 1976 by Editions Robert Laffont, S. A., Paris.

似的分析，他们分析的主要问题是为什么西班牙现代化迟缓（最近几十年有变化），但其见解显然也适用于拉丁美洲。

让·弗朗索瓦·雷维尔为兰赫尔的书写的前言中强调了拉丁美洲缺乏自我批评。兰赫尔此书使他受到了拉美多数知识分子的敌视，北美和欧洲的拉美问题专家大多也置此书于不顾。然而，事实证明此书意义重大。1979 年，诺贝尔奖获得者奥克塔维奥·帕斯在解释北美和拉美的对比时说："一个，是讲英语的，继承的是那个创建了现代世界的传统，即宗教改革，连同其社会和政治后果，民主和资本主义。另一个，是讲西班牙语和葡萄牙语的，继承的是普世天主教君主制和反宗教改革。"[①]

兰赫尔的观点在克劳迪奥·贝利斯 1994 年出版的《哥特狐的新世界》一书[②]中得到了强有力的响应。该书对比了北美洲和拉丁美洲的盎格鲁—新教和伊比利亚—天主教两种不同的文化遗产。贝利斯在阐述新范式时，引用了著名秘鲁作家马里奥·巴尔加斯·略萨的言论。略萨断言，拉丁美洲现代化所需要的经济、教育和司法改革是实现不了的，

> 除非在这些改革之前或与它们同时，也改革我们的

---

① Octavio Paz, *El Ogro Filantrópico* (Mexico City: Joaquín Mortiz, 1979), p. 55.

② Claudio Véliz, *The New World of the Gothic Fox—Culture and Economy in English and Spanish America* (Berkeley: University of California press, 1994).

> 习俗和观念，我们整套的习惯、知识、形象和仪式，即我们所说的“文化”。我们现今在拉丁美洲生活和行动于其中的文化，既不是自由开明的，也不是完全民主的。我们有民主的政府，但是我们的体制、我们的习惯性反应和我们的心态却远不是民主的。它们仍然是民粹主义的和寡头政治的，或者专制主义的，集体主义的或教条式的，夹杂着社会和种族偏见，完全不能容忍政治上的对手，一心想搞最坏的垄断，即垄断真理。①

拉丁美洲最近有一本书十分畅销，书名是《拉丁美洲十足白痴指南》，② 它的三位著者是哥伦比亚的普利尼奥·阿普列约·门多萨，秘鲁的阿尔瓦罗·巴尔加斯·略萨（老作家略萨的儿子）和古巴逃亡者卡洛斯·阿尔韦托·蒙塔内尔，他们在该书内封上写明此书是献给兰赫尔和雷维尔的。此书批评了20世纪一些拉美人士散布拉丁美洲是帝国主义受害者的观点。这些人士包括乌拉圭学者、畅销书《拉丁美洲开放的血管》③ 著者爱德华

① Ibid.，p.190-191.

② Plinio Apuleyo Mendoza，Carlos Alberto Montaner，and Alvaro Vargas Llosa，*Manual del Perfecto Idiota Latinoameriano*（Barcelona：Plaza y Janés Editores，1996）. Madison Books is Planning to publsh the English edition in 2000.

③ Eduardo Galeano，*Las Venas Abiertas de América Latina*（Mexico City：Siglo XXI Editores，1979）. This is the twenty-sixth edition. The first edition was published in 1971.

多·加莱亚诺，菲德尔·卡斯特罗，切·格瓦拉，前巴西总统的费尔南多·恩里克·卡多佐，以及解放神学的创建人古斯塔沃·古铁雷斯。门多萨、蒙塔内尔和巴尔加斯·略萨有力地说明，拉丁美洲不发达的真正原因在于拉美人的心态。

在此书的续集《苦难的制造者》一书①中，这三位著者进一步阐述了传统文化对政治家、军人、企业家、教会神职人员、知识分子和革命家六类精英阶层人士的不利影响（请参阅本书第5章）。

蒙塔内尔最近的一本书《让我们别再失去21世纪》② 着重分析了拉丁美洲在文化上和政策上迄今未认真汲取先进民主国家的成功经验而付出的代价。阿根廷媒体名人马里亚诺·格龙多纳1999年的新书《经济发展的文化条件》③ 分析和对比了有利于发展的文化（如美国和加拿大的文化）和阻碍发展的文化（如拉丁美洲的文化）。

诚然，拉丁美洲的价值观和文化观念正在起变化，过去15年来向民主政治和市场经济的转变就表明了这一点。有几种力量在促进这一变化，其中包括这里所说到的知识界新思潮，通信传

---

① Plinio Aprleyo Mendoza, Carlos Alberto Montaner, and Alvaro Vargas Llosa, *Fabrixcantes de Miseria* (Barcelona: Plaza y Janés Editores, 1998).

② Carlos Alberto Montaner, *No Perdamos También el Siglo XXI* (Barcelona: Plazay Janés Editores, 1997).

③ Mariano Grondona, *Las Condiciones Culturales del Desarrollo Económico* (Buecnos Aires: Editorial Planeta/Ariel, 1999).

播和经济的全球化，以及福音派/五旬节派新教势力的上升（新教徒占人口的比例在危地马拉已超过 30%，在巴西、智利和尼加拉瓜占 20%左右）。[①]

论述新范式的书以及蒙塔内尔的每周专栏文章（在西班牙语地区，他是拥有最多读者的专栏作家）在拉丁美洲产生了深刻的影响，可是在美国、加拿大和西欧却没有引起多少人注意。这些地方的一代拉美问题专家一向受到依附论的熏陶，或是持一种不那么极端的观点，认为拉美问题的解决有赖于美国以更加宽宏大量的态度对待拉丁美洲，因此，他们听到有人说应从拉美文化找原因时，觉得简直无法理解。在几次不同的研讨会上，我听到美国一位著名的拉美问题专家说强调文化原因是企图"转移视听"，另一位断言文化与拉美发展毫不相干，还有一位争辩说委内瑞拉令人头疼的政治史根本与文化无关。我想，玻利瓦尔假如尚在人世，也不会同意他们的看法。

我特别重视兰赫尔的那本书。倘若我没有读过它，我就不会写出我的第一本书《不发达是一种心态——拉丁美洲实例》，[②]该书是 1985 年出版的。我最近的一本书《泛美梦》[③] 于 1999 年

① For an analysis of the Protestantization phenomenon, see David Martin, *Tongues of Fire* (London: Basil Blackwell, 1990).

② Lawrence E. Harrison, *Underdevelopment Is a State of Mind — The latin American Case* (Cambridge: Center for International Affairs, Harvard University; Lanham, Md.: Uninersity Press of America, 1985).

③ Lawrence E. Harrison, *The Pan-American Dream* (New York: Basic, 1997).

出了西班牙文版本，也是献给兰赫尔的。

文化如何影响进步

在《泛美梦》一书中，我列举了进步文化区别于停滞文化的十点价值观、态度或心态。这一提法与马里亚诺·格龙多纳在本书第四章中所作的分类是密切相关的。

1. 时间取向：进步文化强调未来；停滞文化强调现在或过去。面向未来，意味着一种进步的世界观——影响自己的命运，让美德在今生得到回报，主张双赢的经济学。

2. 工作：它在进步文化中是美好生活的关键，而在停滞文化中却是一种负担。在进步文化中，工作构成日常的生活；勤奋、创造性和成就不仅带来经济上的回报，而且带来安慰和自尊。

3. 节省：它在进步文化中是投资之母，也是财政保障之母；它在停滞文化中却被视为对“平等”现状的威胁，人们往往认为一方之所得即为另一方之所失。

4. 教育：在进步文化中是进步的关键，在停滞文化中却只对精英阶层重要。

5. 在进步文化中，功绩是地位上升的关键；在停滞文化中，地位上升是靠关系和家族。

6. 社群：在进步文化中，人们彼此之间的认同和信任半径超出家族范围而达到广大社会。在停滞文化中，家族局限着社群。认同和信任半径狭小的社会较易出现腐败、偷税漏税和任人唯亲，较难推广慈善活动。

7. 在进步文化中，道德准则一般比较严格。在透明度国际的“腐败感指数”中，发达民主社会（除了比利时、台湾、意大利和韩国以外）均名列前25位之内，而前25位之中的第三世界国家只有智利和博茨瓦纳。

8. 在进步文化中，人们普遍期待得到正义和公平待遇，不以个人感情为转移。在停滞文化中，公正待遇跟地位上升一样，往往取决于你认识什么人和付得起多少钱。

9. 权力：在进步文化中趋向平行和分散，在停滞文化中则趋向垂直和集中。罗伯特·帕特南在《使民主运转起来》一书中对意大利南北差别的分析是很说明问题的。①

10. 世俗生活：宗教机构对公民世俗生活的影响，在进步文化中不大，而在停滞文化中往往很大。进步文化中，宗教等方面的不同意见受鼓励，而在停滞文化中受鼓励的是思想正统和顺从。

---

① Robert D. Putnam, *Making Democracy Work-Civic Traditions in Modern Italy* (Princeton: Princeton University Press, 1993).

以上这十条显然是经过概括和理想化的提法，实际生活中的文化差异并不是黑白分明，而是不同颜色彼此渗透。如果按这十条评分，恐怕没有哪个国家会得满分，也没有谁得零分。然而，几乎所有的发达民主社会——还有一些成就高的民族群体和宗教群体，如摩门教徒，犹太人，锡克教信徒，巴斯克人，居住在美国和其他一些地方的东亚移民——总的说来得分会大大高于几乎所有的第三世界国家。

有人会针对这一结论推断说，真正起作用的是发展，而不是文化。对于透明度国际的腐败指数，也可以这么说。实际上，文化与进步之间的因果关系是复杂的，但文化的力量是明显可见的。有些国家中，某些少数民族在经济成就上远远超过当地占人口多数的民族，泰国、印度尼西亚、马来西亚和菲律宾的华人即是一例，这就可以看出文化的作用。哥斯达黎加也是如此，它的经济属于第三世界水平，但民主体制已很发达。帕特南指出，意大利千百年来的演变证明，文化价值观比经济发展的影响更大。格龙多纳在《经济发展的文化条件》一书中得出结论说，文化的力量大于经济或政治。

我提出的十条，并不是定论。格龙多纳对于促进发展和阻碍发展的文化作分类时，列出了20个因素，其中有许多与我列的十个因素相互重叠。但是这十条至少表明，在“文化”这一辽阔领域内有些东西是会影响到社会的演变的。此外，拉丁美洲的新范式著述的作者们（到少还另有非洲的一位作者）在分析他们国家现代化进展缓慢的原因时，也在很大程度上提到了这样一些传统的价值观和态度。他们的观点令人回想起冈纳·默达尔对南亚的分析以及伯纳德·刘易斯对伊斯兰世界的分析，更不用说还有托克维尔、韦伯和班菲尔德等这样一些文化大师的论述。有的人把民主发展的原因归结为地理或制度因素，他们尤其该重温一下托克维尔的《论美国的民主》一书。托克维尔说：

> 欧洲人夸大地理对民主制度持久力的影响。太重视法律而太不重视民德……假如在本书中我迄今尚未能让读者感受到我是何等重视美国人的实际经验，重视他们的习惯和见解，一言以蔽之，就是重视他们的民德在维持他们的法律方面的作用，那么我就是未能达到此书的主要目的。①

另一些地区的文化诠释

1968 年，瑞典学者冈纳·缪尔达尔在研究南亚问题 10 年之

① Alexis de Tocqueville, *Democracy in America* (1966; reprint, New York: Doubleday Anchor, 1969), p. 308-309.

后出版了《亚洲的戏剧：对一些国家贫困问题的研究》一书。[①]他得出结论说，受宗教深刻影响的文化因素是南亚现代化面临的主要障碍。文化因素不但干扰企业活动，而且渗透政治、经济和社会行为，使它们变得僵硬，而受这种文化左右。缪尔达尔指出，种姓制度“趋向于使现有的不平等变得格外僵化和顽固”，而且“加强了人们普遍轻视和厌恶体力劳动的态度”。[②] 他认为，人们之间认同和信任半径有限，助长着腐败和任人唯亲。

缪尔达尔批评人类学家和社会学家没有“提供一种有更广泛基础的理论和理念体系，而这种体系却是科学地研究发展问题所必需的”，但是他承认“态度，体制，生活方式和水平，总起来说就是文化……要对它们作出系统的分析，那要比分析所谓的经济因素困难得多”。[③] 他最后呼吁文化变革，由政府带头，尤其是要通过教育系统作这样的变革。

多数伊斯兰国家现代化步伐迟缓。许多国家中文盲率，尤其是妇女文盲率，仍然很高，儿童死亡率和人口增长率也高。撇开土耳其对库尔德人和宗教激进主义异议分子的压制不谈，土耳其是唯一的接近于现代多党统治方式的伊斯兰国家——当然它是实行了政教分离的伊斯兰国家。马来西亚相对说来较富，但它的经

---

① Gunnar Myrdal, *Asian Drama — An Inquiry into the Poverty of Nations* (New York: Pantheon, 1968).

② Ibid., p. 104.

③ Ibid., p. 27-28.

济成就不成比例地反映出它的华人少数民族（占人口32%）的经济开创性。盛产石油的沙特阿拉伯、阿拉伯联合酋长国和科威特等国虽富裕，但在许多方面仍然很传统，例如沙特妇女半数以上是文盲，就证明了这一点。[①]

伊斯兰教自从穆罕默德于7世纪初创建之后数百年期间曾是进步的力量，奥斯曼帝国在15—16世纪曾是一大强国，可是伊斯兰世界近几百年来却进步缓慢，与过去形成鲜明对比。有些人将伊斯兰教势力的下降归因于文化因素，伯纳德·刘易斯是其中杰出的一位。他强调指出，自从伊斯兰教学者于9世纪至11世纪之间关闭了"伊智提哈德"（Ijtihad）之门（不再允许人们作独立分析）以后，事事皆须合正统，这造成了一些后果。刘易斯认为这种后果包括压制兴业、实验和独创精神，加重了宿命论的世界观。[②]

丹尼尔·埃通加—曼格尔分析了非洲文化（见本书第六章），指出非洲的贫穷、集权主义和缺乏社会公正主要归因于传统的文化价值观和态度，例如：

- 权力高度集中和垂直的传统

---

① World Bank, *World Development Report* 1998/99: *Knowledge for Development* (New York: Oxford University Press, 1999).

② See, for example, Bernard Lewis, "The West and the Middle East," *Foreign Affairs* 76 (*January-February* 1997).

· 注重过去和现在，而不是注重未来

· 不抓紧时间

· 不爱工作（“非洲人是工作为了生活，而不是生活为了工作”）①

· 压制个人首创性、成就感和节约（必然带来的是妒忌别人的成功）

· 信巫术，养成非理性和宿命论

埃通加—曼格尔有一句话很有见地，令人回想起托克维尔，这就是：文化是制度之母。有些人，特别是国际开发机构中的一些人，认为解决第三世界问题的办法在于“制度建设”，他们最好对埃通加—曼格尔这句话深思一番。

10年前，萨尔瓦托尔·特雷西——欧洲工商管理研究所创建人之一——着手调查西西里岛政界商界情况，其目的首先是要更好地了解该岛不发达的原因。调查的结果与爱德华·班菲尔德1958年对意大利南方村庄调查的结果惊人相似：西西里文化的主要特点是“令人气愤的”个人主义、对人不信任和怀疑心。②与埃通加—曼格尔对非洲文化的分析相似，西西里的价值观体系压制合作，但又不鼓励竞争，把竞争视为“侵犯”。取代合作和

① Ibid., p. 45.

② Edward C. Banfield, *The Moral Basis of a Backward Society* (Glencoe, Ill.: Free Press, 1958).

竞争的是相互勾结，特别是官商相互勾结，与埃尔南多·德索托在《另一条路》一书中对拉丁美洲“重商主义”的描述差不多。[①]

这一调查发现的另一些文化因素也是我们听来耳熟的：只注重眼前，很难有战略策划，缺乏创业心，集权主义的尊卑关系。这次调查的结果令西西里精英阶层受到震动，导致了一项后续计划，其目的是改变价值观和态度，而且加强管理、策划、协调和兴业精神。

改变传统文化

在拉丁美洲和别的地方，已有越来越多的人行动起来，倡导进步的价值观和文化态度，这部分地是由于新范式作者们的影响，但有些人由于自己的亲身经历而得出了同样的结论。

奥克塔维奥·马维拉在秘鲁经销本田牌汽车达30年之久。他是靠自我奋斗立业，现在已经七十多岁了，曾多次去过日本。大约十年前，他得出结论，认为日本和秘鲁的唯一真正有意义的区别在于，日本的儿童学习了进步价值观，而秘鲁的儿童却没有。1990年，他在利马成立了“人力发展研究所”，倡导他所说

---

① Hernando de Soto, *El Otro Sendero* (Lima: Instiuto Libertad y Democracia, 1986).

的“发展十诫”：秩序，整洁，准时，负责，成就，诚实，尊重他人权利，遵守法律，职业道德，以及节俭。十年来，这个研究所动用了自己在秘鲁的几乎全部人力物力，让两百多万名秘鲁学生参加了它安排的学习班。

“发展十诫”在秘鲁境外也得到提倡。在尼加拉瓜两届政府中担任过教育部长的温贝托·贝利将这“十诫”列入他的教育改革计划核心内容。墨西哥声名卓著的蒙特雷理工学院的蒙特雷院本部的院长拉蒙·德拉培尼亚提倡在该学院各个系统都宣扬这“十诫”。

对文化变革采用讲道的方式，收效还是有限的。正如加拉加斯天主教大学校长、耶稣会教士路易斯·乌加尔德所指出的那样，如果孩子们在学校学了进步伦理，可是出了校门以后就发现这些伦理与己无关，那么伦理教育就没有什么收效了。乌尔加德深信价值观和态度是重要的，他号召政界、商界以及各行各业都开展反腐倡廉的活动。

腐败在很大程度上是一种文化现象，我认为，与它相关的因素包括人们之间认同和信任的半径有限，这又表现为社群感有限和道德准则不牢靠。这一结论从利普塞特和伦兹在本书第九章中的分析得到了证实。在拉丁美洲，腐败问题已很突出。美洲国家组织于 1998 年 3 月 3 日通过了泛美反腐败公约，长达 14 页的这一文件到 1998 年底已为 13 个国家批准。人们并不指望这一文件本身会大大减少腐败行径。批准国中就包括透明度国际列出的

10 个腐败最严重的国家中的 5 个拉美国家之中的 4 个：巴拉圭，洪都拉斯，委内瑞拉和厄瓜多尔（第五个是哥伦比亚，它尚未批准该公约）。然而，人们显然已经比过去更加注意腐败问题，例如，世界银行和另一些开发援助机构也日益注意到这一点。

性别（男女平等）问题也受到了重视，人们对传统文化中的大男子主义提出了挑战，玛拉·赫滕在本书第十四章中谈到了这一点。拉丁美洲的妇女日益意识到世界上尤其是第一世界国家中近几十年来的男女平等趋势，她们也日益组织起来，争取纠正传统文化中男尊女卑的观念。不少国家都在父母对子女监护权、财产权和离婚问题等方面制定了尊重妇女的法律，还有九个拉美国家规定了议员候选人中妇女应占的比例。这些选举法并不都是行之有效的，但它们毕竟表明改变传统价值观、实行男女平等的革命已来到拉丁美洲。

近些年来，在拉丁美洲还自发成立了一些组织，它们至少将进步文化变革作为奋斗目标之一。例如：

· 墨西哥的一个妇女组织“相会于社群”（ENLACE），虽经费很少但会员广泛，致力于公立学校教学改革，提倡家长、教师和学生共同参与，在教学中强调价值观和品格、家庭稳定、力争向上和重视教育。

· 委内瑞拉的巴基西梅托地区中央合作组织，它的领导人深信，若不改变传统的小农价值观和态度，委内瑞拉乡村就不会有真正的进步。

·哥伦比亚、哥斯达黎加和墨西哥都出现了倡导慈善活动的组织。拉丁美洲向来缺少慈善活动，反映出人们之间认同和信任半径小，这是传统文化的一个特点。

·阿根廷的一批以律师为主的专业人士成立了“公民力量”组织，其主要宗旨是倡导公民责任和公民参与以及反腐败。

还有一些专业人士致力于文化变革。哥斯达黎加的精神病专家路易斯·迭戈·埃雷拉提醒人们注意童年时期的人格形成和文化传播。一批政治学家和社会学家参加了“世界价值观调查组织”，调查人们价值观和态度的变化。其中有墨西哥学者巴萨内斯，他是美国重要民意测验机构之一“市场与民意调查国际”（MORI）的总裁，还有盖洛普民意测验组织的阿根廷办事处主任马里塔·卡瓦略。

倡导文化变革的理论家和实干家当中，不少人——包括蒙塔内尔、格龙多纳、乌加尔德等人——彼此都认识，主要是因为他们都参加了两次讨论文化价值观和态度在拉丁美洲发展中所起的作用的研讨会，一次是1996年在哥斯达黎加的中美洲工商管理学院举行的，另一次是1998年在华盛顿的世界银行举行的。1999年哈佛研讨会——本书即由此而产生——的与会人士中，就有些人参加过上述的两次研讨会或其中之一，他们是：蒙塔内尔，格龙多纳，埃通加—曼格尔，费尔班克斯，英格尔哈特，林赛以及我本人。

迈克尔·波特1983年于马萨诸塞州坎布里奇成立了一家咨询机构，即博德公司。它成长迅速，在世界各地尤其是在第三世界提供竞争力方面的建议，影响日著。博德公司的“国家竞争力策划活动”是费尔班克斯和林赛二人创始的。他们分别是本书第二十章和第二十一章的作者，二人还在1997年合著了一本书《劈风斩浪》。① 这一书名取自玻利瓦尔1830年的遗嘱，玻利瓦尔当时指出谁想要在拉丁美洲发动类似于美国革命的革命，就得有“劈风斩浪”的精神。

费尔班克斯和林赛都有在第三世界工作的实际经验——费尔班克斯是在非洲，林赛是在中美洲和加勒比海地区。他们在咨询活动中很快意识到，以传统的态度对待竞争力，即强调市场分析、合适定位、提高生产率和加强管理，还不足以保证第三世界具有成功的竞争力。他们得出结论说，首要的障碍是一些植根于文化价值观和态度的“无形”因素，因此他们在咨询活动中注意到“心理模式”。他们的目标是改变传统的心理模式，因为它们妨碍企业竞争力和经济增长所必需的创造性和效率。

墨西哥裔美国作家利昂内尔·索萨也主张改变心理模式，不过他研究的对象是移居美国的拉丁美洲人。他针对这些人而于

① Michael Fairbanks and Stace Lindsay, *Plowing the Sea-Nurturing the Hidden Sources of Growth in the Developing World* (Cambridge: Harvard Business School Press, 1997).

1998年出版的《美国梦》一书①指出，有一系列价值观和态度障碍了这些人融入美国主流社会以实现地位上升。它们听起来都是人们所熟悉的：

· 认穷："穷可升天堂，富要入地狱，今生受苦是好事，来世可得永久回报。"②

· 不重视教育。"女孩子其实不需要上学——她们早晚得嫁人。男孩子呢？最好是去工作，帮助养家。"③ 这里我愿补充一点：美国拉美裔中学生辍学率在30%左右，远远高于美国白人和黑人。

· 宿命论："既然抱着'我们不能违背上帝意志'的态度，就谈不上什么发挥个人首创性、争取有所成就、自力更生、远大抱负和积极进取……在美国取得事业成功所必备的美德，在拉丁美洲教会看来却是罪恶。"④ 这就令人想到，拉美裔美国人的自我立业率低于全国平均水平。

· 不信任家族之外的人，这也是拉美裔美国人的企业规模通常都小的一个原因。

---

① Lionel Sosa, *The Americano Dream-How Latinos Can Achieve Success in Business and Life* (New York: Penguin, 1998).

② Ibid., p. 2.

③ Ibid., p. 2

④ Ibid., P. 7.

索萨接着提出了“拉美裔成功经验十二条”[①]，它们的主旨与奥克塔维奥·马维拉的“发展十诫”相似。

结束语

一种注重文化和文化变革的重要而且令人抱有希望的思潮正涌动于世界各地，它关系到穷国，也关系到富国中的贫穷少数民族群体。它其实并不新。它的源泉可以回溯到班菲尔德，韦伯，托克维尔，至少再追溯到孟德斯鸠。它从一个重要方面说明了为什么某些国家和民族/宗教群体的境遇优于另一些国家和民族/宗教群体，不仅在经济上如此，而且在巩固民主体制和社会正义方面亦是如此。这些经验教训正日益得到实际应用，尤其是在拉丁美洲得到实际应用，将会为世界上绝大部分尚未得到繁荣、民主和社会正义的人民照亮进步之路。

---

① Ibid.，title of chap. 4，p. 47-68.

译后记

译完此书，总的感觉是：此书值得一读。

先看书名：《文化的重要作用》。文化当然重要，自不待言。但此书所说的文化，是指社会中占主导地位的价值观、信念和态度，因此有了副题：《价值观如何影响人类进步》，引出此书的主旨。撰稿人中的许多人——但远非全部——声称当今人类的进步，即“经济繁荣”和“政治民主”，实有赖于像现代西方社会那样的文化价值观；有人进一步解释，是基督教新教文化的价值观，或再进一步，说是“盎格鲁－基督教新教文化”的价值观。据这些人说，舍此类文化价值观即无“进步”可言；即使有的地方，如东亚，一度呈现“经济奇迹”，到头来也还得陷入“危机”。亚、非、拉美，直至东欧、南欧，概莫能外。谁不按西方模式实现文化变革，谁就得落后，贫穷。

如此说来，此书似乎不过是兜售西方价值观的那一套陈词滥调，或者，如书中一位唱反调的撰稿人所言，不过是“第一世界”的“自吹自擂”而已，那么还有什么好看的呢？

有。请首先看看此书撰稿人的名单：差不多全是当今的学术名流，例如《文明的冲突与世界秩序的重建》一书的著者亨廷顿，《国富国穷》一书的著者兰德斯，“竞争优势”理论的首创者波特，在苏联刚解体后就迫不及待推出了一部《历史的终结》而名噪一时的美籍日本人福山，以及一大批治学严谨或者不那么严谨的作家和教授。除了个别文章像是卖弄学问、存心不让一般读者看懂以外，绝大部分的文章还是写得有板有眼，头头是道。他们的观点，你可以同意，也可以不同意，但文章并不浅薄，某些文章甚至还是可供思考的。

更有意思的是，书中 22 篇文章，加上前言和绪论，绝非同一腔调。原来，此书实际上是哈佛大学国际与地区问题学会 1999 年举行的一次学术研讨会的文稿汇编。会议的主要组织者哈里森虽然给会议——随后也为此书——定了基调，但仍有意邀请了一些持有不同学术观点的人士与会。从这本书中就可以听到，有高调，也有低调，还有变调直至反调，挺热闹。例如，说“文化重要”，重要到什么地步？有人说，当今世界上有贫富强弱、“先进”与“落后”之分，用帝国主义论、殖民主义论、“依附论”等都说不通了，“唯一能令人满意的解释”就在于文化；也有人——其中包括本书两主编之一的亨廷顿——说文化重要，“但不是唯一的因素”；还有人说比文化更重要的是自然条件、历史因素和社会制度。有人含蓄地甚至是赤裸裸地声称，只有基督教新教文化的地区才最发达，最“民主”，最“自由”，似乎还最少腐败；也有人说各种文化皆有优劣，说任何一种文化都不能“对人类进步市场享有垄断地位”。有人说必须有稳定的西方式的“民主化”才能有持续的经济发展；但也有人说必须从经济发展入手，才会有随之而来的社会进步。有人说经济全球化势必带来文化上的全球趋同，甚至说“现代化”即是“西方化”的代名词；但也有人认为各种文化会彼此交融，但特点不会消失，华裔教授杜维明就专文论证了“现代性”的“多样性”。如此这般的意见分歧，大大小小或明或暗，不一而足。人类学家施韦德与三位“第三世界”名流打笔仗，一直打到了文末的注释之中。这不就有点看头？

书中有些文章颇有分量。比如说，工商管理学泰斗波特专论经济文化如何影响经济进步，而不谈政治。他一如既往，强调繁荣的源泉在于竞争优势，竞争力之本在于生产率，创造竞争优势不仅要靠宏观经济条件，更需具备必要的微观经济因素。他早在1983年就创办了国际咨询机构“博德公司”（Monitor Company），该公司两员干将费尔班克斯和林赛在此书中分别撰文，生动介绍了他们在拉美和非洲的活动，论述了如何转变心态以创造财富，强调自我反省和自我矫正，自立兴业和创新。书中有的文章学术性强而显得有点枯涩难懂，但细读之后也会发现其中不乏真知灼见。例如社会学家格莱泽的《解构文化》一文的中心思想是主张对各种文化的特点作具体分析，反对泛泛评论。

再说说此书的头一篇文章：它是兰德斯的《国富国穷》一书若干段落的摘录。读过该书原文版或者中译本（新华出版社2001年版）的读者都知道，兰德斯分析世界各国500年来的荣辱盛衰时，谈到了从“大自然的不平等”和历史机遇直到民族心态和习俗等各种各样的因素。这里为适应全书的主题，他只说文化的作用，但仍指出经济发展的原因是多方面的，而且经济与文化相互有影响，强调脱贫致富归根结底靠振奋精神，自强，实干。尤其要指出的是，他这里的文章第二段谈到中国时，添加了原书中所没有的话，说中国现今的快速经济发展正在把这条“龙”从第三世界“推向第一世界”。

此书之中，谈到中国之处尚有不少。尽管有一些已经让我们听得耳朵起老茧子的攻击之词，如“集权主义”、“一党专政”等，但是对中国改革开放以来的经济发展，谁也无法否认。在谈论“亚洲危机”时，有人对于以中国“儒学”为主要代表的“亚洲价值观”大发议论，简直把这说成是“危机”、“衰退”的祸根。可是，为什么中国昂然挺胸度过了“亚洲危机”，而且在如今“第一世界”也经济不景气的形势下，中国依然生机盎然，继续保持着充沛旺盛的活力？不是早就有人宣布了社会主义与资本主义并存的历史已告“终结”吗？为什么在中国这片辽阔的大地上却正在创造出社会主义波澜壮阔的新历史篇章？对于这样的问题，此书中无人回答，看来也无人能回答。

其实，即使不谈什么“儒学文化”的优劣长短，看看中国人民近百年来历经苦难之中的思索和觉醒以及再思索和再觉醒，看看从五四运动到毛泽东思想的形成，再到邓小平建设有中国特色社会主义理论这面光辉旗帜的出现，中国的文化恰恰是展现出不断解放思想、自我变革和自我完善的壮丽画卷。当前，在江泽民同志“三个代表”重要思想的指引下，我们要继续认清中国先进文化的前进方向，把思想认识从那些不合时宜的观念、做法和体制中解放出来，树立正确的世界观、人生观和价值观，开拓创新，与时俱进。

在此时，我们要继续吸收和借鉴人类社会创造的一切文明成果。这一本论述“文化与人类进步”的书，多多少少，从正面或反面，会有一些有用的东西。

最后，说一句并非故作谦虚状的大实话：译者才疏学浅，尽管费了牛劲，也难译出好文章。译文中肯定有一些错谬之处，祈多指正。

程克雄